语言规划经典译丛

语言政策再思考

〔以〕博纳德·斯波斯基 著

张治国 译 周明朗 审订

商务印书馆
The Commercial Press

Rethinking Language Policy, by Bernard Spolsky
Copyright © Bernard Spolsky, 2021
First published in UK by Edinburgh University Press Ltd
Simplified Chinese rights arranged through CA-LINK International LLC

顾　问

陈　骏　陈章太　戴庆厦　李　嵬　李宇明

主　编

方小兵　徐大明

副主编

王铁琨　姚小平　范德博(Marinus van den Berg)

编　委(按音序)

蔡永良　陈　敏　陈新仁　丁言仁　范德博(Marinus van den Berg)
郭龙生　郭　熙　刘丹青　王海啸　王建勤　王铁琨　徐大明　姚小平
赵蓉晖　周洪波

本书献给以下三对语言活动者伉俪，他们是：为了依地语的约书亚·费什曼（Joshua Fishman）和吉拉·费什曼（Gella Fishman）夫妇，为了毛利语的托尼·瓦霍（Toni Waho）和佩尼·泊涂（Peni Poutu）夫妇以及为了纳瓦霍语的韦恩·霍尔姆（Wayne Holm）和艾格尼丝·霍尔姆（Agnes Holm）夫妇。

了解世界怎样做语言规划

——序《语言规划经典译丛》

李宇明

"语言规划"(Language Planning)是指政府、社会组织或学术部门等对语言生活(Language Situation)所做的干预、管理及相关计划,其中包含语言政策的制定及其实施等内容。研究语言规划的学科可称为语言规划学。

传统上,语言规划可分为语言地位规划(Language Status Planning)和语言本体规划(Language Corpus Planning)。地位规划确定语言(包括文字)及其变体的社会地位,内容较多涉及语言政策,比如国语的选择、民族共同语的确定等等。本体规划是在地位规划的前提下进行的,目标是促进国语、民族共同语等这些有社会地位的语言不断规范、完善,使其能够很好发挥地位规划赋予的语言职能。本体规划的内容,包括文字的创制与改革,语音、词汇、语法等方面的规范,拼音或注音方案的创制,以及各种语言技术的发展等等。今天常说的语言文字的规范化、标准化、信息化,基本内容都属于语言的本体规划。

时至今日,越来越多的语言规划者认识到,国家语言规划的主要任务应当是管理语言生活,而不是管理语言,虽然管理语言生活必然会涉及语言本体。语言生活在哪里?在各行各业中,在各个社会领域中,因此,管理国家语言生活,主要任务就是管理各领域的语言生活,为各领域做"语言功能规划"(Language Function Planning,见李宇明《语言功能规划刍议》,《语言文字应用》2008年第1期)。语言功能规划,是在语言地位规划的总体框架内,更仔细地确定各种语言文字(及语言变体)的社会功能,规划各个社会领域怎样综合发挥各种语言文字的作用,目的在于使各种语言文字各安其位,各得其用,各展其长,构建起多种语言现象互补共生、和谐相处的"多言多语"生活。

人类语言规划的活动早已开始,但是语言规划学却十分年轻。1959年,豪根(Haugen)最早提出语言规划的概念,之后涌现出一批语言规划的经典著作,如《发展中国家的语言问题》(Fishman, Ferguson and Das Gupta 1968),《语言可以规划吗?——专为发展中国家所用的社会语言学理论和实践》(Rubin and Jernudd 1971)、《语言规划的进展》(Fishman 1974)等。这些著作奠定了语言规划学的基础。

20世纪八九十年代,语言规划研究仿佛走入了低谷,但进入21世纪之后又重受关注。这得益于新的国际形势和国际思潮,如新一轮的世界一体化进程,世界性的大移民,复苏的族裔—民族主义,语言危机,英语在全球的传播,一批新国家的出现等。据研究,当前国际语言规划研究表现出四大特点:

第一,研究范围急速扩展。除传统的研究内容之外,又增添了当代语言生活的许多问题,如语言认同,语言复兴,少数族裔和外国移民的语言权利,双语教育,全球化与语言多样性,语言的国际传播,语言濒危与语言保护,语言信息化等等。

第二,研究视野涉及全球。过去,语言规划主要关注摆脱殖民统治的亚非国家,而今的研究视野几乎遍及世界各个角落。美国等移民国家、西方老牌的单一民族国家、苏联解体后出现的新国家、各种国际组织和地区组织等,它们的语言问题都引起了语言规划者的浓厚兴趣。可以说,世界所有国家或地区都纳入了语言规划的研究视野。

第三,研究观念发生转变。20世纪六七十年代,语言多样性常被看作社会麻烦,看作阻碍国家建设的离心力量。那时语言政策的宗旨,就是确定单一或有限的官方语言,并尽力去完善、推广。但是,随着世界一体化进程的加快,特别是最近十年,人们对待语言多样性的态度发生了根本转变。各种语言及其变体,被看作是值得珍视、应当努力保护的人类公共财富,是不可再生的文化资源。联合国教科文组织的一系列文件,欧盟的一长串官方语言名单,便是维护语言多样性这一态度的具体体现。

第四,多学科共同参与。语言生活是人类最为重要的社会生活,也是众多学科研究的对象;语言规划绝不仅仅是规划语言,规划的是众多学科共同关心的社会语言生活。事实上,政治学、社会学、法学、经济学、民族学、传播学、信息科学等学科,都已纷纷进入语言规划领域,并发挥着越来越重要的作用。语言规划正在成为政治家关心、多学科参与、影响国家与国际新秩序建构的学科。

中国是世界上最早进行语言规划的国家之一。先秦诸子早就从伦理学的角度提出了人的言语行为规范。孔夫子主张"言而有信"(《论语·学而》),提倡在庄重场合使用雅言("子所雅言,诗、书、执礼,皆雅言也。"《论语·述而》)。战国时代的鸿儒子思,在《中庸》中已有"书同文"的记述,虽然其真其伪后世莫辨,但在秦国席卷天下、横扫六合之时,确实以政府力量推行了"书同文"政策,用小篆统一了六国文字。北魏孝文帝"断诸北语,一从正音",进行了著名的语言改革。历史上许多朝代都颁布过字书、韵书,统一文字、音韵等标准。特别是从清末到民国,语言规划的实践进入现代阶段,切音字运动、国语运动、白话文运动等,都汇入到救亡图存的滚滚历史洪流中。新中国实行语言平等政策,普通话推广、汉字改革、少数民族文字设计、汉语拼音方案的制订与推行,《国家通用语言文字法》的颁布等重大语言规划,对维护国家统一、促进民族团结、保障语言权利、和谐语言生活等,都发挥了重要的作用。

尽管我国有悠久而广泛的语言规划实践,有关于语言文字工作的法规与言论,有专门的语言文字工作机构,但是语言规划学的发展却不怎么理想。其一,对中国语言规划的三千年历史缺乏系统梳理,对百年来的中国现代语言规划缺乏科学总结,对中国当下的语言生活缺乏全面研究,对中国语言生活的未来发展缺乏逻辑预判。其二,对世界各国语言规划的情况了解不够、研究不够,对各种国际组织的语言规划关注不够、参与不够,对国际语言规划学的成果介绍引进不够。其三,没有全面及时地向外介绍中国语言规划的情况,因而也妨碍了国际语言规划学界从中国语言规划的实践中汲取学术营养。

当前,中国语言生活正进入一个新的历史发展阶段,其主要表现是:第一,以国家通用语言文字为主导的"多言多语"生活正在形成,解决语言矛盾,维护语言权利,做好语言服务,成为国家重要的语言文字工作。第二,混合型语言交际方式(人与人的交际、人与机器的交际、机器与机器的交际)已经实现,虚拟空间的语言生活快速发展,社会正在产生一批新的语言产业、语言职业,语言与经济的关系空前密切。第三,中国正在由"本土型国家"向"国际型国家"转变,中华语言的国际传播步伐空前加大,国外语言生活需要给予更多关注。第四,公民的语言能力关乎人力资源强国的建设，已经写入国家的语言规划，并且也提出了"国家语言能力"的概念。衡量国家语言能力的基本要求是，世界任何地方发生需要国家解决的事件，国家都能得到合适的语言支持；当然更为远大的目标，是在国家发展中能够充分获取政治、经济、外交、军事、文化、教育、科技等方方面面的"语言红利"。

在语言生活新的历史发展阶段，显然需要更为科学的语言规划；科学的语言规划显然需要语言规划学的支撑，语言生活的现实呼吁中国语言规划学的发展。《语言规划经典译丛》便是在这样的背景下产生的。

《语言规划经典译丛》酝酿多年，列入译丛的都是本学科的经典之作，并聘请外语水平高且谙熟专业的行家进行翻译。遴选经典的过程得到了国外专家甚至作者本人的大力支持，翻译过程又有专家团队支援，完稿之后再经专家认真审订。这种"精品意识"和严谨的操作，本身也具有"经典性"。

大约是2004年，一些学界同人曾经建议编辑出版三套系列丛书：《中国语言生活绿皮书》，从政府的角度发布中国语言生活的现状；《中国语言生活蓝皮书》，从学术的角度讨论语言生活中的突出问题，并提出对策和建议；《语言生活黄皮书》，介绍国外语言生活状况，并及时引入国际语言规划的学术成果。数年过去，《中国语言生活绿皮书》已形成AB两个系列，其中的《中国语言生活状况报告》从2005年开始逐年发布，已在社会上产生广泛影响。《中国语言生活蓝皮书》也曾数度开会，数拟提纲，但因其工作难度大，至今仍是理念之物。《语言规划经典译丛》大约可以看作《语言生活黄皮书》的一部分，它的出版，把语言生活系列"皮书"的计划向前推进了一步。而这套丛书更为重要的意义，是能够促进中国语言规划学的发展，并可以为中国语言生活的规划实践做出重要贡献！

2011年4月5日，清明节

目　　录

前言 ··· 1
引论：语言政策中的非语言因素 ······································ 3
 0.1　人类生活环境 ··· 3
 0.2　人类地理 ··· 5
  0.2.1　人口因素 ··· 5
  0.2.2　不断扩大的语库 ······································· 7
  0.2.3　人类的出生秩序和人口密度 ··························· 9
 0.3　技术发展 ··· 11
 0.4　语言管理中的非语言因素 ·································· 12

第1章　语言政策和语言管理中的个体因素 ··························· 13
 1.1　寻找语言政策的理论模式 ·································· 13
 1.2　语言信仰 ··· 18
 1.3　语言自我管理 ··· 20

第2章　家庭、家人和语言政策 ······································ 22
 2.1　家庭的意义 ··· 22
 2.2　移民家庭 ··· 24
 2.3　海外侨民和城市化 ··· 26
  2.3.1　家庭语言政策受到的外部压力 ························· 30
  2.3.2　家庭在语言管理中的重要性 ··························· 33

第3章　教育中的语言政策 ··· 34
 3.1　学校语言的影响 ·· 34
  3.1.1　学校教学语言的重要性 ································ 35
  3.1.2　学校语言实践中的语言变异 ··························· 37
  3.1.3　精英经书誊写学校和希伯来语大众识字 ··············· 38

i

3.1.4　传统印度和中世纪欧洲的语言教育 ………………… 39
　3.2　经济因素对学校语言教育的影响 ……………………………… 40
　3.3　家庭语言和学校语言之间的差距 ……………………………… 43
　3.4　谁制定学校的语言政策？ ……………………………………… 45
　3.5　语言教育政策的运行 …………………………………………… 49
　　　3.5.1　学校里的标准语体和地方语体 ………………………… 54
　　　3.5.2　双语教育 ………………………………………………… 54
　　　3.5.3　学校作为语言管理的一种主要工具 …………………… 57

第 4 章　居住小区和工作单位的语言政策 …………………………… 59
　4.1　同龄人和父母 …………………………………………………… 59
　4.2　居住小区的语言标识 …………………………………………… 61
　4.3　什么是居住小区 ………………………………………………… 64
　4.4　职场语言 ………………………………………………………… 67
　4.5　工作单位的语言管理 …………………………………………… 68

第 5 章　公共机构的语言政策：媒体、宗教、医卫和司法 ………… 70
　5.1　各层级的互联互通 ……………………………………………… 70
　　　5.1.1　媒体 ……………………………………………………… 70
　　　5.1.2　宗教 ……………………………………………………… 74
　　　5.1.3　医卫 ……………………………………………………… 75
　　　5.1.4　司法 ……………………………………………………… 77
　5.2　公共机构的语言管理影响 ……………………………………… 80

第 6 章　军队的语言政策和语言管理 ………………………………… 81
　6.1　军队的语言政策 ………………………………………………… 81
　　　6.1.1　语言情报工作 …………………………………………… 85
　　　6.1.2　军队语言情报人员的培养 ……………………………… 87

第 7 章　帝国主义、殖民主义和语言政策 …………………………… 89
　7.1　古代殖民地 ……………………………………………………… 89
　7.2　葡萄牙帝国 ……………………………………………………… 90
　　　7.2.1　在南美洲的殖民地：巴西 ……………………………… 91
　　　7.2.2　在亚洲的殖民地 ………………………………………… 92
　　　7.2.3　在非洲的殖民地 ………………………………………… 93
　7.3　法兰西帝国 ……………………………………………………… 95

  7.3.1 在北美的殖民地 ·· 99
  7.3.2 在亚太地区的殖民地 ·· 102
  7.3.3 在加勒比海地区的殖民地 ······································ 105
  7.3.4 在撒哈拉沙漠以南非洲的殖民地 ···························· 108
  7.3.5 在北非和阿拉伯世界的殖民地 ······························ 117
  7.3.6 在中东的殖民地 ·· 120
 7.4 殖民语言政策 ··· 122
 7.5 西班牙帝国 ··· 122
 7.6 比利时帝国 ··· 124
 7.7 德意志帝国 ··· 126
 7.8 意大利帝国 ··· 127
 7.9 大英帝国 ··· 127
 7.10 殖民语言遗产 ·· 132

第 8 章 经济因素、新自由主义和语言政策 ···························· 133
 8.1 语言学习的动机 ··· 133
  8.1.1 语言的真实值和假定值 ·· 134
  8.1.2 语言经济价值的建立 ·· 135
  8.1.3 多语社会的语言价值 ·· 136
  8.1.4 语言作为商品 ·· 138
  8.1.5 语言和政治经济的关系史 ······································ 140
 8.2 经济因素对语言政策的意义 ·· 142

第 9 章 语言濒危和语言转用 ··· 143
 9.1 什么是语言濒危？ ··· 143
  9.1.1 一个更加复杂的濒危语言研究模式 ······················ 146
  9.1.2 是语言丧失还是语言进化？ ·································· 147
  9.1.3 语言学家提倡的语言多样性案例 ·························· 149
  9.1.4 印度的少数民族语言 ·· 152
  9.1.5 瓦努阿图的少数民族语言 ······································ 159
  9.1.6 巴西的少数民族语言 ·· 160
  9.1.7 尼日利亚的少数民族语言 ······································ 162
  9.1.8 俄罗斯联邦的少数民族语言 ·································· 163
 9.2 濒危语言的命运 ··· 164

第 10 章　语言管理机构和语言提倡者 ·················· 167
10.1　语言提倡者和语言管理者 ······················ 167
10.2　不同层级的语言提倡和语言管理 ················ 169
10.3　语言学院 ································ 172
10.3.1　语言管理机构 ························ 174
10.3.2　盖丘亚语学院 ························ 176
10.3.3　希伯来语活动 ························ 177
10.4　语言警察 ································ 181
10.4.1　苏联的语言管理 ······················ 182
10.4.2　中国的语言管理 ······················ 183
10.4.3　毛利语复活的成功提倡 ·················· 186
10.5　语言提倡 ································ 189
10.5.1　语言提倡者：语言改革家 ················ 189
10.5.2　创造书写体系 ························ 191
10.5.3　语言提倡者：个体 ···················· 193
10.6　语言管理者 ································ 196

第 11 章　超国家组织条约、宪章及其他文件中的语言权 ········ 201
11.1　人权和语言 ································ 201
11.2　少数民族的语言权 ·························· 203
11.3　语言权的区域性认可 ························ 207
11.4　欧盟 ···································· 208
11.4.1　欧洲委员会 ·························· 209
11.4.2　权利的提倡 ·························· 211

第 12 章　作为语言管理者的民族国家 ·················· 212
12.1　谁在乎？ ································ 212
12.2　国家语言管理：法律 ························ 224
12.3　国家语言管理：代理人和管理机构 ·············· 228

第 13 章　几个国家的语言政策案例 ···················· 234
13.1　新加坡和马来西亚的语言政策 ·················· 234
13.2　东非的斯瓦希里语 ·························· 236
13.3　苏联加盟共和国的语言政策 ···················· 241
13.4　中国和朝鲜半岛国家 ························ 243

  13.5 欧盟 …………………………………………………… 246
  13.6 印度尼西亚、以色列、爱尔兰和印度 ………………… 247
    13.6.1 印度尼西亚:选择新国语 ……………………… 248
    13.6.2 以色列:古典祖裔语的世俗化和复活 ………… 253
    13.6.3 爱尔兰:转用英语 ……………………………… 254
    13.6.4 印度语言的多样性与复活 ……………………… 254
第14章 语言政策理论再思考 …………………………………… 255
  14.1 语言政策的当前模式 …………………………………… 256
  14.2 语言需要管理吗? ……………………………………… 257
  14.3 语言政策再思考 ………………………………………… 260
  14.4 语言命名和统计的难处 ………………………………… 262

附录 ………………………………………………………………… 264
参考书目 …………………………………………………………… 278
语言索引 …………………………………………………………… 337
话题索引 …………………………………………………………… 343
译后记 ……………………………………………………………… 351

前　　言

　　当我们在研究类似语言政策这样的新学科时,由于它的内容复杂动态,且杂乱无序,所以我们会时不时地发现该学科中所存在的新成分以及这些成分之间的新联系,这也不足为奇。自从我开始涉足该领域的研究以来,就不断地面临并探究这样的问题。我对语言政策的全面研究始于我以研究员的身份在美国首都华盛顿的国家外语研究中心做研究的那一年(确切地说,该中心最初位于巴尔的摩的约翰斯·霍普金斯大学,后迁至马里兰大学帕克分校,两校离华盛顿都很近,但中心得到美国联邦政府的资助,并为联邦政府服务。译者注)。在那里,时任中心主任的理查德·兰博特(Richard D. Lambert)及其同事以及一些其他的访问学者都在探讨语言政策。我在那里也开始认识到语言政策是一个大概念,而教育语言学是其中的一部分。我有关语言政策研究的第一个成果是与艾拉娜·肖哈米(Elana Shohamy)合著的一本有关以色列语言教育政策的书籍。在撰写此著的过程中,我们提出了如下观点:人们若想要更好地理解语言政策,就要了解语言政策中三个相互独立但又相互关联的成分。它们是言语社区中人们实际表现出来的语言实践,言语社区的成员对语言及语言选择所形成的语言意识形态或语言信仰,个体或机构为了改变言语社区的语言实践或语言信仰所付出的一切努力。这一理论模式成了我们两人在为以色列教育部从事相关语言教育研究并随后书写专著(Spolsky and Shohamy 1999)的基础。

　　在接下来的几年里,我继续学习和思考该理论模式,并把我的研究成果发表出来,从而相继发表了两本专著(Spolsky 2004,2009a)和许多期刊论文。《剑桥语言政策手册》(Spolsky 2012b)共有47位学者围绕语言政策的各个方面进行了探讨,当我在编辑该著作时,从中又学到了很多新知识,并用于我后来的学术论文写作中。

尽管在我这个年龄要再写一本专著的确会感到有点吃力，但我又经不住一位同事的劝说，该同事建议我采用系列专题的形式来完成专著，并取名为"……再思考"。于是，我便写了此书。该著作的大部分内容都是我静静地坐在耶路撒冷家里的桌前完成的，但期间我的印度之行也使我认识到在那样一个复杂的发展中国家要出台一项语言政策是多么的困难，这使得我对语言政策有了更深刻的思考，最后才形成我在本著中的思想内容。

在此，我想表达我对许多同事及学生的感谢，因为他们与我共同分享了语言政策领域的学术成果；同时，我要感谢我的家人、朋友和医生！他们支持我的学术研究，并使我能够一直做下去。另外，我还要感谢出版社、编辑和读者！他们帮助我把我的学术经历和思想变成文字。尽管当前世界受到诸如流行病、气候变化和不负责任政府等因素的威胁，但假如我们还想在这个世界活下去，那么，语言政策和语言管理依然是一个很重要的东西。

引论:语言政策中的非语言因素

0.1　人类生活环境

　　语言政策不是存在于真空中,而是处于人类生活中各种各样的复杂环境里。在阐明这一观点的同时,我反对我称之为"语言中心主义(linguicentrism)"的观点,即认为语言可以脱离其周边环境而独立生存。在本书的引论部分,我将简述许多与语言政策相关的非语言因素及其特点,研究表明它们都会影响到语言政策的三个成分——语言实践、语言意识形态和语言管理。这些非语言因素的内容非常广泛,其中就包括自然地理(physical geography),诸如农业资源和矿产资源的自然地理可以促进人类居住事业的发展,而像高山、大海和恶劣气候这样的自然地理则会阻碍人类居住事业的发展。此外,非语言因素还包括人口结构(如族群定居与迁徙的强度与种类所带来的人口结构变化)、技术进步、社会潮流(如现代化和全球化)、内战与外战、流行病以及腐败等。这些非语言因素都会影响语言政策的实施。显然,这方面的研究做得较好的是学者杰瑞德·戴蒙德(Jared Diamond),他撰写过好几本这方面的著作,从中探讨了地理学、人类学和语言学三者之间的关系(Diamond 1997,2005,2013)。尽管本书对这些非语言因素仅做些简单的描述,但它也有助于我们避免犯如下错误:把语言政策与人类以及人类赖以生存的环境割裂开来。

　　我在新西兰长大,该国很幸运,地处温带,这里土地充足,雨量充沛,但大海隔断了新西兰跟其他国家的人民及语言发生近距离接触的机会。当我十几岁的时候,周边的毛利人几乎都不会说自己的祖裔语(heritage language),而那些会说毛利语的人都居住在新西兰的村庄、城镇和城市郊区,他们远离我的生活圈。在新西兰的移民当中,他们也很少说其他语言,这种现象直到第二次世界大战后才有所改变。我父母打小就说英语,我祖父母也是如此。那时,在我看来新西兰似乎是一个理想之所,大家生活无忧,社会使用单语。

后来,我在加拿大的蒙特利尔市教了几年的书,同时还在这里攻读了博士学位。在加拿大的第一个冬天,我看见公路两旁的积雪越堆越高,我在想:人们为什么会生活在这么寒冷的地方?不过,我也在尽力学会适应该城市的英法双语生活。后来,我搬到了以色列居住,我以同样的方式问自己:贝都因人(Bedouin,阿拉伯人的一支,主要分布在西亚和北非广阔的沙漠和荒原地带。译者注)是如何在炎热缺水的沙漠里打理自己的生活的?我还曾在美国的新墨西哥州教过书,且有好几年的时间。同时,我与当地的纳瓦霍人(Navajo)一起完成了一个研究项目。在此研究的过程中,我对纳瓦霍人也产生了好奇:他们是如何在这些贫瘠的山地上生存下来的?在上述三个国家中,我学会了如何在多语的社会中生活,但在新西兰却没有,因为在那里我的祖裔语——英语享有较高的地位。

根据我本人在不同国家的生活经验,我获得的感悟是人类能够应对各种不同的自然地理和气候环境。但是,自然地理的确会影响当地的文化形成和语言实践。过去有些研究人员指出,人类的语言发音(如嘴形和舌头的使用)都会受到人们居住环境的影响,如今我们尽管不再完全赞同这种观点,但是,自然地理严重影响语言政策的发展是显而易见的。其中最重要的影响是与外界接触的可能性:孤岛、山脉和丛林都会造成当地人的与世隔绝,他们从而维持老旧的语言形式或衍生出新的语言变体。海岸及河流让不同民族的人有机会接触,于是他们就建立了多语的城市和城镇。但是,这些海岸及河流同时也给外来的袭击者或征服者提供了入侵的通道。不过,地理障碍不是绝对的影响因素,正如库里克(Kulick 1992:2)所说,巴布亚新几内亚有很多的微小语言(tiny language)——在得到国家认可的语言当中,还有35%的语言仅有不到500名的使用者,导致该国这种语言现象的原因并非因为它与外界的隔离,而是由于这里的村民形成了一种把语言视为划界符号的文化习惯。可见,人类的语言观有时能够克服自然地理所带来的影响。

0.2 人类地理

自古以来,人类在选择居住社区时都特别看重两点:一是农业环境是否良好,二是矿产资源是否丰富。在山区地带,植被较稀疏,人们需要进行更多的农牧开发,于是人口居住密度就会更低。而在洪泛区,冲积土比比皆是,水资源充沛可用,农业发展会更好,居住的人口也就会更多。但是,洪水(尤其是如今因全球气候变化而加剧的洪水)影响着人类在洪泛区的定居,并迫使人们迁居他乡。

全球气候变化威胁着人类,它的影响可能比我们想象的要更加严重:暴风雨的威力更强;建立在低洼地带的许多城市将被洪水淹没;海水温度升高,会导致渔业资源减少,而陆地温度升高,则会导致毁灭性大火的频发。所有这一切都能潜在地影响到人类相关社区的语言实践。此外,自然地理跟人类的某些行为也有关系,例如,奴隶制的发展为殖民地的种植园提供了大量的劳动力。矿产资源带来的财富可用于发展公共事业,或转化为腐败官员发家致富的资金。可见,人类与自然是紧密相连的。

0.2.1 人口因素

我们从人类地理(human geography),尤其是人口因素中[1],可发现许多非语言因素都会影响语言政策。克洛斯(Kloss 1966)在其早期的研究中探讨了美国德裔移民语言维持(language maintenance)的原因,他指出许多因素对移民的语言维持既有积极有利的一面,也有消极不利的一面。其中有一个因素显然是有利于移民的语言维持,它就是宗教与社会的隔离现象:当一个群体"脱离世界"后,它的语言维持就会保持得更好。尽管有些人口方面的特点,如移民迁居的时间长短以及语言岛(language island)的形成与否,都对语言维持有重要的影响,但克洛斯还强调说,对于语言维持而言,人口数量大是优势,不过,如果他们所形成的群体效应不大的话,其影响还是小的。

---

[1] 这一部分的内容主要来自本人(Spolsky 2019f)发表在《语言战略研究》2019 年第 6 期的《语言政策中的人口因素》一文(张治国译)。该文最初是应英国伦敦大学学院李嵬教授的邀请而写的。

纵观美国之外的移民群体，并对大量多语国家①的少数民族语言②进行研究后，我发现语言的使用人数并非是语言维持的决定性因素，这一结论与我们的想象不一样。例如，有些人口数量小的语言活力四射，而有些人口数量大的语言却处于濒危状态③。此外，研究表明，还有一些其他因素也比纯粹的人口因素更重要。例如，约书亚·费什曼认识到欣欣向荣的社会经济发展趋势对其语言维持作用甚大，而赫勒和麦克希尼（Heller and McElhinny 2017）及其他学者都认为，人们如何看待语言在祖裔身份、职业发展和经济收入中的地位是至关重要的。尽管如此，人口状况依然是一个重要因素，它是语言自然代际传承（natural intergenerational transmission）的根本基础，也是学校语言政策制定的核心依据，而学校语言政策通常又是语言转用（language shift）和语言维持的基础或依据。

在亚马孙河流域，由于这里的原住民部落与世隔绝，因而才有它们如今这样的语言状况。正是因为这些部落不跟外界接触，从而保护了自己，它们也不用担心原住民会转用其他更有价值的语言（Spolsky 2018b）。语言转用首先取决于人口接触④。巴布亚新几内亚有一个名叫加普的小村庄，这里的人们使用加普语（Gapun）。该村庄与外界隔绝，即便是走到邻村，也需要穿过一片丛林，耗时两日。可是，如今甚至像加普语这样的语言都难以抵挡外界语言——托克皮辛语（Tok Pisin，一种基于英语的克里奥尔语，是巴布亚新几内亚的官方语言之一，译者注）的入侵。其实，托克皮辛语只是村里一些外出务工的年轻人在种植园打工时学会并带回来的一种语言。村里的儿童就从这些人那里不知不觉地学会了托克皮辛语，并发生了语言转用。这种现象一开始连儿童的父母都没有发觉（Ku-

---

① 我已密切关注过太平洋的瓦努阿图、亚洲的印度、欧洲的俄罗斯联邦、美洲的巴西以及非洲的尼日利亚。这些都是极其多语的国家。详见本书第9章。

② 若想了解更多有关欧洲和南亚对"少数民族"及"土著"等术语的界定与探讨，可参看罗兹等（Rautz et al. 2008）编写的材料。如想知道更多有关应用语言学对土著语言复活的研究及讨论，可参看麦基弗（McIvor 2020）的文章。

③ 根据《民族语》杂志（Ethnologue）所使用的"扩展版代际语言差异级别表"（Expanded Graded Intergenerational Disruption Scale, EGIDS）的标准（Lewis et al. 2016），"活力语言"（vigorous language）是一种"能够被每一代人用于面对面交流的语言，且这种生存状况具有可持续性"；"临危语言"（threatened language）是指正在丧失使用者的语言；"转用语言"（shifting language）指不再传承给儿童的语言，其状况比濒危语言还糟糕（Lewis et al. 2016）。

④ 罗德里格兹—奥多涅斯（Rodriguez-Ordonez 2019）指出，接触语言学应该探讨那些容易引发语言转用或语言维持的语言意识形态。

lick 1992)。人口依然是影响语言接触的一个重要因素。个体双语现象的存在依赖于语言使用者语库(linguistic repertoire)中两种语言的使用与接触(Weinreich 1953)。因此,社会多语现象的存在则取决于单位、家庭、村庄、城市或国家对多语语库①的使用以及它们对各种语体的态度。

0.2.2 不断扩大的语库

语言环境的改变对语言维持至关重要。格罗斯让(Grosjean 2019)最近出版了一本专著,该专著以第三人称的口吻描述了他个人语库不断扩大的现象:

> 弗朗索瓦·格罗斯让(Francois Grosjean)一辈子走南闯北。他在巴黎郊外的一个小村庄度过了自己的童年,那时他还只是一个单语使用者。后来,他人生的很长一段时间都是在故乡之外(如瑞士、英国、美国和法国其他地方)度过的,此时,他也成了一位双语言双文化的践行者。在他的一生中,所使用的强势语言总是在英语和法语之间轮换。同时,他也学习过一些其他语言(如美国手语),但后来又都荒废了。

在我小的时候由于家庭宗教生活的原因,我学会了一些希伯来语,于是自己的语库中也就增加了希伯来语。此外,我在新西兰上学时还学过一些法语、拉丁语以及一点德语。正因为这些原因,所以我后来去了法语使用流行的蒙特利尔生活过一段时间,再往后则来到希伯来语使用盛行的以色列。正是我的这些生活经历使得我有机会提高英语之外的语言的水平。

正如个人语库会受语言环境的影响一样,社区语库也会受到环境因素的左右,如社区所处地理位置的改变以及由此带来的人口结构的变化都会影响社区的语库状况。村民只要与外界不来往,其语言状况就会稳定不变,但是,当他们有些人迁往城市居住时,则会经历较大的语言使用变化,因为城市的特点之一就是人口结构的复杂化以及语言使用的多样

---

① 我发现"语库"一词的概念比"特定语言"更好理解(Benor 2010;Gumperz 1965;Laitin 1992;Lüdi 2006)。

化(Cadora 1970)①。这方面的显著例子有以下两个：一个是新西兰毛利语使用者，他们在20世纪上半叶离开自己居住的村庄，结果后来大多数人都转用了英语；另一个是当代中国城市化的发展，这大大地促进了普通话的使用(Seto 2014)。城市化是发生在国家内部的一种移民现象，也是导致语言转用的一个主因，具体情况则取决于移民到了新的居住地之后跟其他语言群体所发生的社会和经济接触程度。不同语言群体间的通婚、教育和工作最容易促成语言接触。但是，居住小区、宗教生活和族群关系都可以阻隔群内人与群外人之间的接触，从而可以减少双方交流的机会，降低双方交流的程度，最后则减少语言转用的可能性。

有些儿童生活在语言多样性很丰富的社区或小区，他们甚至在当地学校开始强制学生学习语言或扩大自己的语库之前②，就早已听过自己居住小区儿童所说的各种语言变体。于是，哈里斯(Harris 1995，1998)指出，儿童同龄玩伴的语言影响潜力巨大，且绝不亚于儿童父母对他们的语言影响，这种现象对家庭语言政策来说是一种挑战。通常，乡村学校都着力于给儿童教授国家或地区强势语言，而城市学校在面对学生丰富的语言多样性时则会给儿童教授交际广泛语言(language of wider communication)，同时，还把它作为儿童珍贵的教学语言来使用。

但是，我们不要过于简单地认为，农村就不存在语言多样性现象了。例如，印度乡村的性别语体(gender-marked variety)丰富多彩，尤其是有关与异族通婚现象或者是有关种姓现象的表达更是五花八门(Gumperz 1958)。再如，汤加农村有很多的汤加语(Tongan)变体(Haugen & Philips 2010)和其他的波利尼西亚语(Polynesian)变体。尽管现代城市的确都变得越来越多样化了(Blommaert 2013)，但它们在语言的复杂性方面与中世纪的海港城市没有两样，因此，"超级多样化"(superdiverse)一词也许是多余的(Pavlenko 2017)。然而，城市化的演变过程对语言使用和语言维持的影响是巨大的，以下两例都证明了这一点：一是伊拉克城市化

---

① 美属萨摩亚或亚马孙丛林的案例都说明，乡村公路的修建能促进乡村与城市之间的接触，进而导致乡村语言的丧失。当我在研究美国印第安语言纳瓦霍语的案例时首次发现了这一特点(Spolsky 1974b)。

② 儿童上学后，学校使用的教学语言不是儿童的家庭语言，这种现象在全世界都有，其比例超过40%(Walter 2003)。我会经常重复这一令人担忧的数据，因为这说明学校的语言教育严重不足。

进程中曾经有很多的穆斯林从乡村迁移到首都巴格达,而巴格达已有不少使用不同语言的基督徒和犹太教徒(Blanc 1964),后来这些穆斯林的语言使用发生了很大的变化;二是中国在城市化发展过程中有大量的农民进城务工,之后,他们的语言使用也发生了很大的变化(Xu 2015)。

0.2.3 人类的出生秩序和人口密度

诚然,语言使用者人数并非影响语言管理最核心的因素,但是,还有其他人口因素对语言管理影响至深。例如,在一个家庭中,成员数量及结构是非常重要的:家庭成员结构如果足够大的话——家庭成员包含夫妇两人、双方父母、儿女、(外)孙子孙女,那么,人们此时就很难简单地界定何为家庭以及家庭语言政策。而且,夫妻未必就一定会使用相同的语言变体,他们对各自语库中每一门语言的态度也未必相同①。其他的重要家庭人口因素还包括各种亲戚、保姆或家政人员。如刚来家庭不久的(外)祖父母、叔叔、伯伯、舅舅、阿姨、伯母或姑姑等,他们可能使用某一祖裔语,而保姆或家政人员则可能说其他语言(Lorente 2017)。独生子女家庭(如中国直至数年以前都实行独生子女政策)更有可能仅使用一门语言,而家有几个小孩的家庭则情况不同,因为上学的儿童往往会把他们在学校学会的语言变体带到家里来,从而为家中更小的弟妹提供了更多的语言变体。

人口结构除了与家庭因素密切相关外,还受到以下三个社会因素的重要影响:首先是社交模式。社交模式越多,语言影响越大。例如,多语的居住小区或地区为语言维持带来机会,也为语言转用形成压力②。第二是社交网络。同样,社交模式越多,语言影响也越大。例如,米尔罗伊(Milroy 1980)指出,当家庭成员坚持外出工作,并与居住在别地的亲戚保持联系时,他们便形成了自己的社交网络,这有助于他们的语言维持。如今,电话得到普及,基于电脑的社交媒体,如瓦次艾普(WhatsAPP)和瞵目(Zoom),也得到很好的发展。这些都为远程的语言维持提供了技术

---

① 这方面的案例可参见如下文献(Bahalwan 2015;Cheng 2003;Johansson 1991;Novianti 2013)。
② 这方面的案例可参见如下文献(Leventhal and Brooks-Gunn 2000;Ma and Herasimchuk 1971;Vicino et al. 2011)。

支持①。第三是语言群体、民族群体和宗教群体的聚居密度。人类的饮食习惯及社会文化关系促进了那些具有相同语言、民族或宗教信仰的人聚集在一起，进而为他们的语言维持提供了生存环境②。此外，基督教堂、清真寺和犹太教堂都同样能把居住在其周边的信徒吸引过来，从而增加那些说同一种宗教语言的人口的居住密度。

同时，社会经济、宗教、民族和语言的差异也可以在各群体间筑起藩篱，限制彼此间的交流。例如，当我们居住在耶路撒冷老城时，经常被问道我们家的小孩是否会跟居住在同一街道的阿拉伯人小孩一起玩耍，我们回答说他们甚至不跟不在同一所学校上学的犹太人小孩玩。可见，同一个社区中的人口变异是影响语言维持的一个重要因素。但影响语言维持的更大因素是由移民和城市化所带来的人口模式的改变。移民和城市化两者是相互关联的，因为把人口从农村迁往城市的行为必然会带来社会环境和语言环境的改变，这跟人口从一国到另一国的迁移（不管是被迫的还是自愿的）所带来的社会环境和语言环境的改变是一样的。不管是语言使用的个体或家庭，还是语言使用的社会群体或民族群体，当他们移居到一个新的社区后，可能依然是独来独往，与新社区的人员保持隔绝的状态。只有当这种相互隔绝的状况得到改变后，人口数量才能成为影响语言维持的一个重要因素。

无论是政府强制的人口迁移政策（如古巴比伦、纳粹德国及20世纪苏联的人口迁移政策），还是出于经济或民族压力所实施的人口迁移政策（如20世纪末及21世纪初不少国家都制定过人口迁移政策），或者是有些人为了寻求更多的个人自由或经济发展而自发兴起的人口迁移行为（如数个世纪以来迁移到世界各地的犹太人、华人和印度人）（Spolsky 2016b），或者是有些人为了逃避宗教迫害而寻求的人口迁移活动（如美国的早期白人定居者），或者是有些国家出于经济发展的考虑而实施的人口迁移措施（如有些国家在不断地鼓励本国的城市化发展）。不管什么原因，人口及环境的改变为语言的转用提供了条件。

---

① 2019年9月5—6日，英国伦敦大学学院的教育学院举办了家庭语言政策研讨会，其中有一个分会场报道了芬兰、挪威和瑞士三国当代多语家庭中数字媒体交际（digitally mediated communication）的研究结果。如今，新冠病毒无疑增加了数字交际（digital messaging）的重要性。

② 有关这种居住小区语言使用变化的经典研究要算是费什曼、库帕和马姓学者（Fishman, Cooper, & Ma 1971）在美国新泽西州对一个西语人社区的双语使用状况所做的研究了。

0.3 技术发展

许多行业的发展(如农业的进步和矿产的开采)都受到技术发展的影响,而且,技术发展也会影响人们的语言实践,特别是当机器代替人类劳动的时候。最近,我才知晓,我祖父之所以在1906年从英国的苏格兰移居到新西兰,是因为总部位于伦敦的英美烟草集团公司(British American Tobacco Company)刚成立不久,公司需要扩大全球业务。但是,当美国分公司发明了卷烟机后,英国总部在东欧招聘的大量卷烟工人就显得多余了。

同样,织布机的发明也改变了纺织厂的员工结构。最近,通信行业的技术发展更是引人注目。以前,我们都是用电话与本国人进行通信交流,通过电子邮件和无线电接受来自国外的消息。现在,我们通过电脑和智能手机就能与家人、朋友、同事及商业伙伴进行全球性的即时通信交流,也能通过电视观看到甚至发生在月球上的事情,还能通过"瞩目"之类的软件举行线上会议。这些交际手段的即时性和廉价性是促进全球化发展的一个主要原因。纵观全球化的发展过程,它始于贸易的需要,例如,中国的"丝绸之路"以及世界许多帝国都是通过开拓通往世界的海路和陆路来发展自己的,但全球化的飞跃式发展则得益于国际之间便捷的通讯连接[1]。截止到2020年,全球智能手机的数量已接近35亿部,其中3亿多部在印度。这些智能手机为世界将近一半的人口提供了语音和视频联系的服务。

当人类刚发明计算机时,大家都以为它只能用来处理用拉丁字母书写的语言。1970年的时候,我们都还无法在计算机上输入纳瓦霍语文本(Spolsky et al. 1973),但现在的计算机标准系统——万国码(Unicode)能够处理150种以上的语言书写体系,这就意味着许多语言的使用者都可以通过计算机来增加自己的语言交际权力。如今的电子翻译系统日益完善,这就等于说,操不同语言的使用者(包括口头和笔头使用者)能够进行跨语言的交流。可见,技术能够促进语言的多样性生存与发展。

---

[1] 1957年,我从澳大利亚坐船到英国的旅行花了6周的时间。不过,据说两国不久就将开通直飞航班了。

0.4 语言管理中的非语言因素

正如本书第 12 章所指出的那样,现代民族国家的政府都偏袒单语霸权行为,并设法鼓励自己的公民仅用本国国语。我们理应探讨这种语言政策所引发的反对势力,但是,在人类社会中还有许多非语言因素也会影响语言政策的实施,而且语言政策的实施通常都要依靠教育的手段。这些非语言因素都将在本著中得到更加详细的探讨,尤其是本著第 7 章将分析殖民因素的影响——殖民地国家在独立前后的语言命运(linguistic fate)。非语言因素包括许多内容,例如,战争、旱灾和其他气候影响、腐败以及其他妨碍教育资金获得的各种行为。

可见,所有这些非语言因素都为我们理解语言政策(包括语言实践、语言意识形态和语言管理)的发展提供了较好的背景,并有助于我们解释为什么有些甚至规划得很好的国家语言政策在实施过程中却遇到种种困难乃至失败。假如你在印度驾车游玩,就会发现这个国家面积很大,情况很复杂,其公路系统的建设很不均衡:有些地方的公路完全未成形,坑坑洼洼,而有些地方则建有高速公路,并带自动收费系统。另外,你还会发现印度的一些新建大学和城市郊区的周边尽是大片大片的贫穷村庄。此时,你马上就会认识到,非语言因素的力量以及人们对这些非语言因素的担忧都能影响语言政策的实施。但是,语言中心主义淡化了非语言因素的影响,其实,语言政策的制定与实施都需要依靠这些众多的非语言因素。

第1章 语言政策和语言管理中的个体因素

1.1 寻找语言政策的理论模式

1996年,我发表了第一篇有关语言政策主题的论文(Spolsky 1996)①,在那之后的20多年里,我一直致力于语言政策理论模式的提出与完善,而且,随着我所碰到的语言政策案例的增加,我越发觉得自己有必要不断地丰富本人以前提出的理论模式,以便能清楚地解释现实中的各种语言政策现象。1999年,我与同事艾拉娜·肖哈米合作,我们接到的第一个挑战性任务是为以色列学校起草语言教育政策(Spolsky and Shohamy 1999)。在完成该任务的过程中,我充分发挥了自己以前的研究经验:对美国纳瓦霍语的研究(Spolsky 1975)、对新西兰毛利语的研究(Spolsky 1989)以及长期以来饶有兴趣地对语言教育的研究(Spolsky 1974a)。我们在设计以色列语言政策框架的时候提出了一个理论模式:语言政策应该由三个相互关联,但又各自独立的成分组成(Spolsky and Shohamy 1999)。它们是语言实践、语言信仰或语言意识形态以及语言管理。语言实践是指语言社区中人们对自己将要使用哪种语言变体所做出的选择行为,语言信仰则指人们对自己社区应该使用什么语言所持的观点,而语言管理则指社区内外的人们或机构为了改变社区成员的语言实践和语言信仰而付出的努力(Spolsky 2004)。这就是我们起初提出的

---

① 2001年我获得梅隆研究基金(Mellon Fellowship)的资助在美国马里兰大学国家外语研究中心做访问研究员。该中心的创始主任是理查德·兰博特,他原本是一位科班出身的历史学家,但因第二次世界大战中受美军委托而开始从事语言项目的研究,并把语言政策视为一个能够驱动外语教育发展的领域。在此,我也开始把研究兴趣全面转向了语言政策。

语言政策基本模式，它至今依然有用。

尽管我一直用上述语言政策模式来做研究，并试图阐明世界各国国家语言政策失败的共同原因（Spolsky 2006a，2006b），但是我发现我们有必要从不同的层面来看待语言政策，如从家庭到国家及其他层面，而且，我们还需要通过不同的语言域来管理语言，如从家庭域到政府域（Spolsky 2009a），并且还认识到不同层面的语言政策都会干扰到国家层面的语言政策。我在研究了大量的语言政策案例，尤其是一些以前帝国及其继任者的语言政策案例后（Spolsky 2018b，2019c），开始拓展我以前提出的语言政策理论模式，即增加了非语言的环境或因素，因为它们会影响语言政策的实施（Spolsky 2019e）。近来，我还逐渐认识到个体在语言政策中的作用：他们不但可以选择自己的语言实践，而且还可以通过自我语言管理①的形式来阻止外部的语言管理以及扩大自己个体和所在群体的语库。总之，这就是我在本著中所要研究的问题来源，而以下便是我研究这些问题的对策：我们有必要重新思考语言政策这一主题，传统上大家都把研究重点放在国家层面的语言政策上（Jernudd and Nekvapil 2012），但本著将打破这一惯例，即颠倒我们常见的问题呈现的顺序，故本书的研究将从语言使用的个体开始，而非国家。

但这里有一个重要的前提我们需要知道，那就是并非所有的国家都喜欢制定显性的语言政策，美国就是这方面的一个显著例子（Spolsky 2011a）。所以，多数语言使用者可能并不清楚自己语库的变化是因为自己的对外接触以及由此带来的外部压力所致②。例如，我出生在新西兰，在那长大，这是一个语言同质性较强的单语国家。我家是一个严守教规的犹太家庭，每个人在家里或犹太教堂祷告时都要使用希伯来语。正是家里的这一宗教语言行为使我小时候开始认识到，在这个世界除了英语外还有其他的语言。而我的那些家里信仰新教的同龄人可能要等到念中学时才能体会到这些，因为中学会为我们开设法语课。在此，体会英语之外的语言甚至还成了学校的一个课外作业——学生通过观看一场法语电

---

① 哈灵顿等（Harrington et al. 2001）根据他们对英国女王圣诞致辞（The Queen's Christmas Broadcast）的研究，指出了英国女王伊丽莎白每年发音的变化，它跟其他英语使用者的发音变化是一致的。

② 尽管我对捷克语言学家（Neustupný and Nekvapil 2003）提出的自我语言管理概念暂时难以接受，但正如本章所说的那样，我现在认识到个体在语言政策及管理中的重要性。

影或者登上来访的法国军舰来感受法语。当我在新西兰的吉斯伯恩(Gisborne)中学教书时，班上有毛利人学生，他们使用毛利语，这是我第一次接触到英语之外的当地语言。后来，我在以色列和加拿大的魁北克都住过，也能接触到更多的英语之外的语言。如今，全世界的现代城市通常都具有多语环境，对于在这样的城市里长大的人来说，如果他们的父母、(外)祖父母或同龄人又都拥有复杂的个人语库，那么，他们在很小的时候就能意识到每一种语言所承载的价值，同时也能意识到想要改变自己的语库是要付出代价的，但也是有好处的。

语言或语库

在此，我选用"语库"一词，而非"特定语言"短语，为的是避免后者可能带来意思表达上的过度简单这一问题。贝诺尔(Benor 2010)以及斯波斯基和贝诺尔(Spolsky and Benor 2006)都曾指出，使用"语库"(包括个人语库和集体语库)一词具有一些自身的优点，而且，还可以消除当代人对"特定语言"一词的某些疑惑①。使用语库这个概念并非意味着要放弃那些有特定名称的语言，尽管我们很难单纯地从语言的角度来界定什么是语言，因为语言在本质上都依赖于政治因素或社会因素。例如，我们怎么能通过英语的各种国家变体和方言次变体来界定英语？或者说，我们为什么要在语言上而非政治上区分塞尔维亚语和克罗地亚语？在南斯拉夫铁托(Tito)时代，这两种语言合称为塞尔维亚—克罗地亚语(Serbo-Croatian)，南斯拉夫解体后它们才被分开，并成为两种不同的语言变体，得到国际标准组织(ISO)的认可，尽管这种认可行为与该组织最初的语言划分标准——语言互懂度(mutual intelligibility)是相违背的。此外，我们还有不少问题，如我们什么时候能把类似弗里斯兰语(Friesian)或阿非利堪斯语(Afrikaans，也译为南非荷兰语，译者注)这样的地区性荷兰语方言看成是一门跟荷兰语不搭界的独立语言？而且，为什么西班牙的加泰罗尼亚地区没有实行政治独立，而它的语言——加泰罗尼亚语却是一门独立的语言？为什么斯堪的纳维亚语的各种变体可以相互交流，却被认为是各自独立的语言，而汉语中各种相互听不懂的方言却被认为是

---

① 同时，我也受到我第二个孙子个人语言政策行为的鼓励，那时他尽管年龄不大，却坚持使用英语，而比他更大和更小的兄弟姐妹都已转用希伯来语了。

同一种语言①？可见，语言的变体是根据政治来界定的②，或者是根据人们的使用习惯来沿用的③。

儿童会在自己所处环境中根据听到的语言变体来创建语库和扩大语库。如果一个儿童的父母都说同一种语言，那么该儿童就会以父母所说的这门语言为内容开始创建自己的语库，以后还可能在语库中增加一些对自己生活很重要的人物所使用的语言，这些人物包括祖父母或外祖父母、保姆、哥哥、姐姐（因为他们会把在学校里学到的语言带回家）、居住小区的同龄人玩伴，等等。对这种现象的普遍研究就成了语言政策的一个分支领域——家庭语言政策，而且，对语言维持来说，家庭可能是最重要的一个语言域(Spolsky 2012a，2018a)。当一门语言不再传承给婴儿或小孩时，它就面临生存危机了。

但在语言使用的个体层面上，还有其他两个重要过程值得我们关注。第一是语言的顺应，即个体在与人对话时往往会无意识地调整自己的语库，以便对接会话者的语库；第二是语言的自我管理，即个体会有意识地采取措施，以便调整或增补自己的语库，因为在他们的语言信仰中他们已认识到语言的自我管理是有益无害的。语言顺应理论（accommodation theory）提出的事实基础是"个体的言语模式在某种程度上取决于与之对话者的言语模式"(Giles et al. 1973：177)。个体语言使用者一般会根据自己对别人诸多情况的感知而做出自己的语言调整，这里的诸多情况包括社会地位④、年龄以及对谈话主题的知识面。同时，个体语言使用者也知道在与不同的听众说话时要采取不同的方式：在与母亲谈话时要避免使用骂詈语；在与（外）祖父母或刚从母国过来的亲戚（如姨妈等）对话时要使用移民语言；在公众场合讲话时要使用更加正式的语体。贾尔斯

---

① 汉语的"方言"翻译为英语的"topolect"，这比翻译成"dialect"更好，因为这是指区域性语言变体，如广东话和福建话(Mair 1991)。《民族语》杂志(*Ethnologue*)认可了13种不同的汉语方言成员码，而"zho"是汉语或中文的代称，它的国际标准组织码或ISO码是ISO 693-3(Lewis et al. 2013)。

② 一位纽约布朗克斯(Bronx)中学教师在一次聆听威因里希(Weinreich 1945)的课程时，威因里希对他说，"语言是拥有陆军和海军的方言(A language is a dialect with an army and a navy)"。

③ 重大语言变体的使用者对它的认可状况是感知方言学(perceptual dialectology)所要研究的主题(Preston 1999)。

④ 有些语言，如萨摩亚语(Samoan)(Ochs 1988)、印度尼西亚语(简称印尼语)和韩语或朝鲜语(Chang et al. 2018)，都具有敬语使用的风格，进而可体现人们之间的社会关系。

(Giles 1971，1973)指出，当不同的语言使用者为了获得社会的认可而在改变自己的口音时，最终就会出现趋同的语言顺应现象；而当他们仅是为了表现自己的语言风格时，他们的语言顺应则会朝相反的方向变化，即趋异的语言顺应现象。在语言使用的群体层面上，少数族裔的语言趋异行为或许有助于他们的语言维持。费什曼(Fishman 1966)曾对正统犹太教中哈西德派(Hasidic)的依地语(Yiddish，也译意第绪语，译者注)使用情况进行过研究，并证明了上述观点。语言社会化(language socialisation)理论也指出了与这大抵相同的语言顺应过程(Duranti et al. 2011；Ochs 1986；Ochs and Schieffelin 2011)。其实，语言社会化现象可通过民族志的方法来得到解释，该方法能探究儿童及成人在加入日益壮大的言语社区和文化社区时是如何提高自己的语言文化熟练程度的，因为在这些社区中人们使用着许多不同的语码和符号系统。

　　语言顺应的某些重要内容在本质上并非指语言转用，而是指人们对某些方言差异的调整，例如，贾尔斯最初是指人们对口音的调整。再如，克斯威尔(Kerswill 2003)解释说，英国英语的地方特色正在减少，导致这一现象的原因是语言的地理扩散(geographical diffusion)：语言的影响从人口更多以及经济更发达地方扩散到周边城市，然后再扩散到这些城市之间的农村地区。此外，他还把个人之间的面对面语言交流与库帕(Cooper 1982)所使用的"语言接纳者"——接受语言创新的人联系起来。克斯威尔提到的第二个机制是特拉吉尔(Trudgill 1986)提出的"方言拉平"(dialect levelling)现象，这是语言顺应带来的又一结果。霍恩斯比(Hornsby 2007)在英国和法国都发现了方言拉平现象，他认为这种现象的出现与城市化的发展有关。吉布森(Gibson 2013)对突尼斯的方言拉平现象进行过研究。最近，也有人研究过以色列的方言拉平现象(Cerqueglini 2018)。在以色列，城市、农村以及贝都因人所使用的阿拉伯语方言是无法相互沟通的，现在70岁以上的老人还保持着这些方言的使用，但这种传统的语言差异在年轻人身上正在消失，尤其是那些在公共机构工作以及在学校接受过标准阿拉伯语、希伯来语以及其他现代语言教育的年轻人。人们若能使用更加标准的语言，其语言的价值就会更高，进而导致个体及社区语库的变化。

　　面对现实社会的各种语言实践，不管是个体的语言实践，还是大型社区的语言实践，我们若要阐明它，采取语库描述的方式是比较科学的，而不是采取语言描述的方式。正如语言学家乔姆斯基(Chomsky)的大批追随者所研究的理想语言只是一个美丽的神话一样,特定语言也是如此。因此,我们最好从语库的角度来研究语言使用者个体或社区的语言交际水平。特定语言不会出现在社会的语言实践中,但会存在于人们的语言信仰里;它们的存在是语言使用者和语言学家的重要语言信仰;它们也是语言管理的重点,因为语言管理需要依靠人们赋予这些特定语言及其变体各种价值。

1.2 语言信仰

语言信仰也会影响二语或外语学习的成功。加德纳和兰博特(Gardner and Lambert 1972)对部分学生的二语学习进行过研究,这些学生都是说法语的加拿大及美国学生和说英语的加拿大学生。依此,他俩注意到学生的语言态度和语言动机在二语学习中的重要性,它们是学生在学校习得语言的关键因素。加德纳和兰博特还提出并区分了融入型动机(integrative motivation)和工具型动机(instrumental motivation)。前者是指学生之所以学习某一门外语,是因为想要让自己看起来更像该语言社区的代表性成员或者是想要与该语言社区建立联系。而后者是指学生之所以学习某一门外语,是因为想要获得社会认可或经济利益。但是,这种动机模式后来受到多内等人(Dornyei 1999;Dornyei and Ushioda 2009)的挑战。他们在研究中把外语学习动机与认知心理兴趣以及人们所处的具体社会文化环境联系起来。如今,用于二语学习的动机自我系统(motivational self-system)有三个成分:理想自我(ideal self)、应该自我(ought-to self)和语言学习经历(language learning experience)[①]。

个体语库的大小(相当于社区的语言实践)取决于个人所处的语言环境,而个人语言信仰或语言意识形态的状况则要看个人对周边各种语言使用者及其语言潜在功能的反应态度。对儿童而言,最早影响他们语言

[①] 西里戴库和德威尔(Siridetkoon and Dewaele 2018)分析了动机自我系统是如何用于三语学习的,从而为多语制提供了一种新的解释。

使用的重要人物是自己的看护者（即父母或其他人），以后则是同辈人，如自己的哥哥、姐姐和来自隔壁邻居的小朋友，再往后可能就是学校的教师和单位的雇主（包括实际的雇主和潜在的雇主）。个人语库不断变大的原因是由于个体自己处在一个有意义的语言环境中，而且，在这个语言环境中，周边的人们及其使用的语言变体能为他或她带来相关的语言价值。此外，个人语库的变化还很容易受到权威人物（如教师或雇主）或机构（如国家某部门）语言管理的影响。移民家长或许会设法维持自己的祖裔语，也或许会鼓励家人接纳当地的强势语言。在社会的每一个语言管理域或语言管理层面，我们都需要大量的懂得不同语言的使用者，这为个人语言水平的提高增加了新动力。

我最初提出的语言政策三成分模式对于个体语库发展的解释很有帮助。首先是个体所处环境的语言实践至关重要。在家庭里，成员之间对话时的语言选择，尤其是大人在跟成长期儿童说话时的话语选择，都会影响个体初期语库的建立。这些语言或话语选择行为还得依赖两个基本的先决条件：第一是其他家庭成员愿意与该个体使用某一语言，第二是对该个体使用的这些话语必须是有意义的①。在世界上的有些地方，如在巴布亚新几内亚的卡卢利人（Kaluli）村庄，那里的大人在跟婴儿和儿童说话时，他们的话语是毫无意义的（Ochs and Schieffelin 2001）。在这种情况下，儿童最早接触到的有意义的话语却是自己哥哥或姐姐所说的话。另外，经研究证实，在巴布亚新几内亚的另外一个村庄（Kulick 1992），这里的大人在跟婴儿说话时都是用当地土话说些毫无意义的句子，但当婴儿长大一些后，大人就开始用托克皮辛语跟他们说话。托克皮辛语是巴布亚新几内亚的一种皮钦语，在一些种植园使用，而该村庄在这些种植园打过工的人后来把托克皮辛语也带回了当地，后来还被当地妇女学会，而这些妇女又把托克皮辛语教给儿童。于是，村庄里13岁以下的儿童均不再习得当地语言，而是都转向了托克皮辛语。

上述案例说明了语言信仰或语言意识形态的重要性，尤其是人们为某些语言赋予价值的重要性。婴儿打小就意识到妈妈所说的语言与自己的食物和舒适程度相关；小学生上学后就会认识到教师的语言与自己的学业发展相连；成人工作后就能体会到自己若能掌握某一国际语言，这将

---

① 克拉申（Krashen 1981）曾经研究过语言习得中有意义的可理解性输入的重要性。

有助于自己找到薪资更高的工作岗位。人们对语言价值的观念在很大程度上影响着自己个体语库的继续扩大。

1.3 语言自我管理

个体语库的扩大把我们带到了语言自我管理这一概念上,这个概念是根据跨国企业员工外语自愿学习情况的研究而提出来的(Nekvapil and Nekula 2006)。在这种情况下,企业员工就会觉得自己有必要学习一门新的语言,以便自己有提升的机会。例如,在捷克的德国跨国公司工作的当地工人若想要成为一名工头或管理者,就必须掌握德语,为此,他们心甘情愿地自费参加德语学习班①。当一个人决定学习某种有价值的语言时,这就是个人的语言自我管理行为,这种行为刺激了全球性语言(global language)教学的产业发展②。当我们把众多个体情况整合起来进行分析时就会发现世界各地公立学校的全球性语言教学需求情况。这种现象在亚洲和澳大利亚表现得更加明显,如亚洲的英语教育利润日益增长(Kweon and Spolsky 2018),而澳大利亚出台的语言政策则鼓励本国的中文和日语教学(Lo Bianco and Wickert 2001)。

语言自我管理和语言顺应理论有许多相似之处(Giles et al. 1973),但是,语言自我管理通常被视为一种积极行为,但它也有消极的时候,如抵制某些语言的学习或阻碍语言管理者的一个或多个行动。有关语言学习者态度影响的研究证明了这一点,这类研究还发现,对语言或语言使用者有利的态度能给语言学习带来更好的效果,但是,反之亦然,即不利的态度则会阻碍语言学习的发展③。例如,有人决定在学校继续学习二语或者决定寻找一种更适合自己的语言习得方法,这些行为都属于语言的

---

① 古因等(Gouin et al. 1892)曾经详细描述过一位法国学者为了去德国留学而学习德语的情况,他曾尝试过各种外语学习方法,如熟读短语手册、背诵语法书籍和双语词典,最后才找到适合自己的外语学习方法(或系列方法)。

② 最近,美国市场研究机构"万事通报告"(Wise Guy Reports)研究中心发布了《2025全球数字英语学习市场、地位和预测报告书》(Qy Research 2019),该报告估计英语教育产业将继续在全球(特别是亚洲)得到增长。

③ 我怀疑自己1951年在大学学习德语时之所以会失败,是因为受到以下一件事的影响:自己越来越了解第二次世界大战时德国纳粹对犹太人大屠杀的史实。

自我管理,而语言的自我管理则受到人们赋予语言的价值以及语言的使用者的影响①。在任何言语社区,可能都有许多人想要扩大自己的个人语库,但也有不少人可能会抵抗语言管理者的行为,不管这些语言管理者是来自社区内部还是社区外部,因为他们的语言管理都是想要改变社区成员的语言实践或语言信仰。

在不少人的语言信仰中,他们认为人们英语水平的高低反映了他们之间"英语鸿沟"(English divide)的大小。所谓英语鸿沟是寺泽(Terasawa 2017)在日本所发现的一种与英语使用有关的社会现象:在日本,实际上在世界各国都一样,就是社会精英群体都具有较高的英语水平,他们能用英语进行流畅的表达,从而享有较高的社会地位。如今,在世界许多国家,一个人如果没有较高的英语水平,他或她很难步入单位最高层级的员工队伍,这已成了大家的一种共识(Block 2018)。

个体对语言管理的潜在影响

当我们在探讨各种不同层面以及不同社区的语言政策时,需要不断提醒自己,社会上还有很多个体(以及由个体所组成的群体)都有他们自己的语言信仰,从而促使他们发展了自己与众不同的个体语库。于是,社区的语言实践和语言信仰总是丰富多彩的,进而形成了一种复杂多维的语言政策模式,假如我们对此仅做简单的分析,那总也说不清道不明。因此,如果我们像本书一样从个体开始来研究语言政策,尽管该做法也可能容易导致其他语言域和语言环境被忽略的后果,但它有利于我们更好地理解个体在进入一个新的语言环境以及语言要求更严格的场合时他们的语库是如何得到扩大的,同时,也有利于我们更好地理解不同层面公认的语言管理者是如何设法让大家形成社区语库的(先不考虑这些语言管理是否成功)。最后,语言政策的命运取决于言语社区中个体成员对它的接受能力和接受意愿。尽管许多语言使用者也许未能意识到语言及语言选择的重要性,但是,任何有关语言管理的努力如果未能得到言语社区成员的认可,那都是徒劳的。

---

① 1948年,英国结束了对以色列统治后的头几年里,以色列出现过抵抗英语学习的现象,但后来,以色列由于受到全球化魅力的影响而克服了讨厌英语的心理。

第 2 章 家庭、家人和语言政策

2.1 家庭的意义

对于那些不是在类似孤儿院或基布兹(kibbutz,以色列的一种集体农庄,译者注)机构或这种集体环境下长大的儿童来说,家庭是他们人生初次接触到的语言环境,因此,家庭的语言政策对于他们来说是非常关键的。如今,有关家庭语言政策研究的文献越来越多,如凯尔达斯(Caldas 2012)、勒利弗(Le Lievre 2019)、沙利和爱森齐拉斯(Schalley and Eisenchlas 2020)、施瓦茨(Schwartz 2010)和斯波斯基(Spolsky 2012a, 2018a)都发表过这方面的研究成果。为了更好地了解家庭语言政策的复杂性,关注家庭的多样性和动态性就显得至关重要。

沃尔什(Walsh 2012)最近做过一项有关家庭语言政策的研究,结果发现要界定"正常家庭"这个概念都不容易,因为家庭的模式和大小都存在很多变化。例如,美国在 20 世纪 50 年代被视为典型的核心家庭(nuclear family)模式取代了在那之前流行的庞杂家庭体系——居住人口多,亲属关系复杂。但是,由于现代家庭性别角色及其关系的极大改变(如丈夫一人挣钱的家庭、夫妇两人挣钱的家庭和家庭主男型家庭),社会多元文化现象的不断增加,社会贫富差距的日益加大以及家庭生活在安排上的五花八门,所以,我们现在必须从不同的视角来看待各种家庭,如同性夫妇家庭以及其他模式的家庭(Walsh 2012:10)。美国的家庭结构变化很大,具有丰富的多样性,当我们从国际的视野来看时,家庭结构的种类就更多了,例如,尼日利亚的大家庭(extended family)、撒哈拉沙漠以南(sub-Saharan Africa)其他非洲地区的家庭结构(Oni 1995)以及肯德里克和伊丽莎白(Kendrick and Elizabeth 2016)在乌干达发现的孤儿家庭(child-headed family)。如今,世界各地的家庭结构无处不变,且变化速度极快,以下家庭现象越来越多:未婚同居、单亲家庭、同性恋伙伴、父母传统角色的改变、离婚率的提高、非婚儿童的增加、由于产妇死亡而带来的继父母比例的变化、出生率和死亡率的下降、贫穷现象的持续、移民现象的增加以及宗教信仰和宗教实践的减弱(Abela and Walker 2014)。

什么是家庭?

在我们探讨家庭语言政策的过程中,家庭结构的多样性给我们的研究带来了一个严重的挑战。因为家庭可以是结了婚的一对夫妇,也可以是居住在同一屋檐下或同一村庄里的一群人。或许,我们最好从语言的角度给出一个有关家庭的定义,如家庭是儿童习得语言的第一环境。可是,该定义未能包含无小孩的家庭,在这种家庭里,一对夫妇生活在一起,他们彼此相互适应对方的言语特点。

一对夫妇(包括同性夫妇)生活在一起,他们会有自己的语言习惯和规则,而且,各地的情况会不同,不同时代的情况也会不同。邦帕斯和斯威特(Bumpass and Sweet 1989)的研究指出,美国1987—1988年全国家庭及人口调查结果显示,将近有一半的人在30岁刚出头时就与人同居,此外,将近有一半的新婚夫妇在婚前就同居了。不过,世界上也有一些传统社区,这里的父母包办婚姻,男女婚前的会面必须在一些公共场所进行。例如,我在耶路撒冷的某些酒店休息室里时常能见到一些年轻的极端正统派犹太人正忐忑地坐在那求婚。

在已婚夫妇中,通常双方都具有相同的语言背景,但随着现代城市多样化的发展,夫妇双方可能使用不同的方言或强势语言。在这种情况下,本书第1章所描述的语言顺应理论就起作用了。我妻子来自美国,而我本人则来自新西兰,我们俩都是从小就开始说英语,但也存在词汇和口音上的一些差异。例如,我和我妻子对辅音[t]在词中间的发音是不同的,但我发现我已逐渐放弃了我最初的发音,而改成了我妻子的那种发音,即把[t]发成[d],如单词"butter"(黄油)就有这种发音现象。在家庭中,尤其是在语言混合型家庭(linguistically mixed marriage)中,若存在任何语言变异现象,则需要进行家庭的语言管理。这种情况在语言外婚制(linguistic exogamy)常见的社会尤其凸显(Fleming 2016;Jan et al. 2016)。

正如世界上有许多地方严禁近亲之间的乱伦行为一样,世界上甚至还有些地方,如美国的纳瓦霍印第安人禁止同一部落的异性有任何身体接触①,同理,世界上也有些地方不许说同一种语言变体的人结为伉俪。目前,有关家庭语言政策研究的文献主要是以夫妻来自不同语言背景的家庭为目标,而这种婚姻大多是由于移民(包括同一国家因城市化而带来的移民)行为而产生的。

2.2 移民家庭

纳瓦罗和麦卡利斯特(Navarro and Macalister 2016)指出,如今全球的移民行为影响着数百万人的语言生活,这些人为了融入新语言和异文化的环境而不得不面对各种挑战。这是各国家庭语言政策研究的一个共同焦点。例如,舒伯巴赫(Schüpbach 2009)收集了许多移民的语言生活故事,并对 14 个在不同时期移居到澳大利亚的瑞士家庭进行了采访,这些家庭在瑞士都是说德语的。他调查后发现,在语言同化倾向更强的年代,移民家庭在祖裔语的传承方面表现更差。耶茨和特拉斯克(Yates and Terraschke 2013)采访了 13 位来到澳大利亚不久的新移民,这些人后来都与说英语的人结婚了。结果发现,他们的小孩比前面来自瑞士家庭的小孩更有可能丧失自己的祖裔语。总之,在家庭语言政策的研究中,大家都发现了移民丧失祖裔语这一现象。

语言外婚制

家庭语言政策对于阻止土著语言的快速转用具有重要意义,现在有越来越多的人对此进行研究(Hale 1992;Krauss 1992),而且,研究成果已初见规模(Schalley and Eisenchlas 2020;Spolsky 2008a,2019a)。该领域的大多数学者都赞同费什曼(Fishman 1991:92)的观点:语言的自然代际传承是保证语言生存的一个关键因素,而它的实现主要是靠家庭。迄今为止,我对家庭语言政策的关注焦点是来自家庭外部的压力,但也探

---

① 来自英国盎格鲁民族的教师认为,纳瓦霍男女生在任何情况下都不愿意相互牵手的原因是他们打小就清楚自己部落的性别禁忌。但这些盎格鲁教师却在努力打破这一清规戒律,于是,年长的且思想比较传统的纳瓦霍人抱怨说,学校正在引导学生乱伦。

讨过语言外婚制现象,因为它会形成语言混合型家庭。如今,随着移民现象的猛增以及许多传统婚姻戒律的淡化,语言混合型家庭或语言混合型同居者越来越多。对于这些人来说,他们首先遇到的交际挑战是语言的选择问题。语言交际的便利有助于双人组合的形成,所以,大多数的婚姻还是发生在使用同一种语言的人群之间,但也有许多例外现象(Thibaut and Kelley 1959)。在语言混合型家庭,夫妻双语者在彼此交流时选择何种语言,这往往取决于他们首次相遇的地方或所处的环境。约翰逊(Johansson 1991)曾做过一个小规模的家庭语言政策调查,其研究对象仅有五对跨族婚姻的夫妇,其中一对会说瑞典语(Swedish)。研究表明,当这对会说瑞典语的夫妇居住在男方的母国——瑞典时,他们在家就会选择瑞典语来交流,但语码转换现象是家常便饭。对于多语夫妇来说,语言选择是一个重要问题,特别是当夫妻谈到要选择哪种语言传承给他们的后代时更是如此。于是,一个多世纪以来,语言混合型家庭的语言政策就成了一个受学界广泛关注的研究课题。

在有关该主题的一个早期调查中,朗沙特(Ronjat 1913)曾研究过一个家庭的语言使用状况:父亲说法语,母亲讲德语,并由此总结出家庭中夫妻"一人一语"模式的发展状况。巴伦-豪瓦尔特(Barron-Hauwaert 2004)调查过世界上100个符合夫妻"一人一语"模式的双语家庭,研究发现这些家庭的语言政策既有成功的,也有失败的,而且,家中儿童的语言发展还会受到兄弟姐妹和学校等因素的影响。此外,她还列出了一些家庭语言发展的管理策略:在家使用少数族裔语言;支持儿童在家学习今后很难有机会学到的语言①;为每一种语言设置一个使用时间和使用地点;等等。

现在学界有较多有关跨国婚姻带来语言问题的研究。巴哈尔万(Bahalwan 2015)调查过一个国际家庭,夫妻中一个来自澳大利亚,另一个来自印度尼西亚。结果发现生活在同一个家庭的儿童对语种选择的偏好是不同的。德克勒克(De Klerk 2001)调查了十个南非的语言混合型家庭,夫妻一个说阿非利堪斯语,另一个则讲英语。研究显示这些语言混合型家庭在语言使用上大相径庭。张晓兰(Curdt-Christiansen 2013)调查过新加坡许多说英语和华语的语言混合型家庭,结果发现这些家庭的父母

---

① 有人曾经跟我说过这样一个故事:有位摩洛哥犹太老人,他是一家之长。当他全家还居住在摩洛哥时,他坚持在每星期六安息日(Sabbath)的餐前祷告上使用希伯来语。然而,当他全家移居到以色列以后,他却反过来了,即在餐前祷告上坚持使用犹太阿拉伯语(Judeo-Arabic)。

对儿童的语言管理采用了各种各样的策略。多普克(Dopke 1992)调查了六个来自德国和澳大利亚的语言混合型家庭,观察了这些家庭父母的语言使用情况,结果发现环境对家庭语言的选用非常重要。简等人(Jan et al. 2016)分析了中国台湾地区客家话使用式微的原因,他们发现(跨国)通婚(intermarriage)是主因。莫理斯和琼斯(Morris and Jones 2007)对英国威尔士十个语言混合型家庭的语言使用进行了历时研究,并发表了他们初期研究的结果,他们发现这些家庭都存在祖裔语被转用的现象。诺维安笛(Novianti 2013)调查了一些印度尼西亚万隆(Bandung)商人的家庭语言政策。这些人的家庭都是语言混合型家庭,夫妻各使用着巽他语(Sundanese)或米南加保语(Minanghabau),研究结果发现夫妻双方都想把自己民族的语言文化传承给后代,但父亲占据强势地位。欧唐内尔(O'Donnell 2000)比较了西班牙加泰罗尼亚和加拿大魁北克两地的语言外婚制的情况,研究发现在这些家庭中,加泰罗尼亚语的维持状况不错,但魁北克的法语状况则稍微有点不利。耶茨和特拉斯克(Yates and Terraschke 2013)对澳大利亚的案例进行研究后指出,在语言混合型家庭中,属于移民一方的语言处于劣势地位。程姓学者(Cheng 2003)研究过新加坡一个语言混合型华裔家庭几代人的语言使用情况。

聋人家庭的语言政策是一种特殊情况。如果父母或儿童任何一方属于聋人,那么这种家庭的语言政策就需要特别对待。派泽(Pizer 2013)调查过父母为聋人、小孩为听人的家庭的语言交际问题。这些家庭既需要用到口语,也需要用到手语,以便维持家庭成员之间的语言交流。尽管在该调查中有一小部分家庭的手语实践与众不同,从而导致小孩在手语能力方面也存在一些差异,但是,避免家人之间的语言交流障碍似乎是大家共同的语言意识形态。麦基和斯麦勒(McKee and Smiler 2016)调查了家有聋人小孩的家庭的语言困难,这类家庭的父母不但需要考虑家庭内部的语言政策——家人交流是选择手语,还是口语,或者是为儿童植入耳蜗(cochlear implant),而且,还需要考虑儿童上学的择校问题。

2.3　海外侨民和城市化

众多人口的外迁产生了大量的海外侨民或侨胞(diaspora),这种现象是引发语言转用的一个重要因素。中国是世界上移民数量最大以及迁移范围最广的国家之一(Li 2016b),此外,还有数据表明,在中国范围之内,由于城市化的发展而导致的国内移民现象已成了影响家庭语言政策的一个主要因素。加之,汉语具有如下特性:方言众多,它们实际上可算作是汉语的不同语言变体,但悠久的历史传统以及相同的书写方式又把它们视为一个整体。汉语的这些语言特性使得中国的语言状况更加复杂。"中国的城市化规模……在人类历史上史无前例"(Seto 2014),它促进了汉语各方言之间的相互接触。塞托(Seto)继续报道说:"1950 年,中国仅有 13% 的人居住在城市,但到了 2010 年,城市居民占 45%。据推算,2030 年将达到 60%。"中国乡村和小城镇的人迁移到城市后,他们需要面对这些城市所使用的汉语方言,而且,还需要响应国家推广标准语即普通话的号召以及适应学校的语言实践、语言意识形态和语言管理。于是,这些人在语言意识形态和语言实践方面都要承受一定的外部压力,从而导致他们有些人家里和家外的语言实践有所不同(Li and Li 2015b;Spolsky 2016a)。蒋冰冰等(Bingbing et al. 2015,作者在英语里把中国人的姓和名颠倒了,译文已做纠正,译者注)描述了上海打工子弟学校的语言使用情况,这些学校的家长都是来自安徽等省份的农民工,学校的教师几乎都支持使用普通话为教学语言的政策,但由于学校的对外接触不多以及经费短缺,学生的普通话水平并不高。

在世界各地的华侨华人中(Li 2016b),他们若想在家中维持自己的祖裔语变体(heritage variety),通常就要面临以下三种情况带来的压力:当地语言的大量使用;来自中国各地的移民使用着各种不同的汉语方言;当地所有的中文学校都是用普通话进行教学。李嵬(Li 2016a:8)在介绍该主题时指出这是一个尚未得到学界太多关注的领域,而且,这些华侨华人很多都是来自诸如广东话、福建话和客家话等汉语方言区的人。这些人并没有试图把自己的祖裔语教给当地人,而是学习了当地人的语言;他们的多语使用过了一段时期后,通常就会出现自己祖裔语变体丧失的现象,因为它们容易被贬低。当这些移民的儿童在学校学习中文时,他们学习的都是普通话,而不是祖裔方言(heritage topolect)。

国际上,许多学术研究都探讨过海外侨民社区的语言使用情况。

张晓兰(Curdt-Christiansen 2013)研究过加拿大魁北克十个华人移民家庭的语言使用情况,她发现社会政治和经济的压力都会影响家庭的语言意识形态，从而会鼓励这些家庭的成员去学习英语和法语，但汉语依然是他们身份的一个符号，也是他们保持儒家文化的一种方式。印度尼西亚有一个华人家庭经过三代人的变迁，他们使用着九种不同的语言变体。黄某与何某（Ng and He 2004）两位学者调查了新西兰华人家庭的中英语码变换情况，研究发现这种现象发生在孙子辈的情况要多于发生在他们父辈或祖父辈的情况。家庭语言三代转用的现象也出现在爱尔兰的爱尔兰语使用区（Antonini 2002）以及马来西亚的部分马来人家庭——他们从马来语转用英语（Burhanudeen 2003）。在新加坡，张晓兰（Curdt-Christiansen 2016）研究后发现，华人社区的人们使用着各种诸如福建话这样的汉语方言，而且，他们在人口数量上占据全国的75%左右，但是，该国的国家语言政策却宣布英语、华语、马来语和泰米尔语为官方语言，从而导致这里的华人出现双重的语言转用现象，即从汉语方言转用普通话以及从华语转用英语。现在，华人父母相互交流时都倾向于使用英语和华语，家庭中有一半的兄弟姐妹彼此使用英语交流，有三分之一的华人使用两种语言变体。可见，出现超语（translanguaging）现象是正常的行为。

另一个拥有大量海外侨胞的国家是印度（Oonk 2007a），这也是一个多语国家。

> 根据1961年的统计，现代印度有1652种语言，在谱系上属于5个不同的语系。此外，还有527种语言尚未分类……多语人的数量大得惊人，约占印度总人口的19.44%。（Mallikarjun 2004）

马哈帕特拉（Mahapatra 1990）指出，根据印度1981年的人口普查数据，15种附则语言（scheduled language，也译为列表语言，即印度宪法列出的官方语言，译者注）占据了印度95%家庭的语言使用，而印地语（Hindi）则占40%。

印度有关家庭语言政策的研究较少。有一位学者（Sahgal 1991）调查了印度德里三个中产或上层社区的家庭语言使用情况，这些家庭成员的母语是印地语、孟加拉语或泰米尔语。萨加尔（Sahgal 1991）研究后发现，英语的使用已侵占到印度的家庭域。而且，在这些被调查的家庭中，仅有一半左右的人在家还使用自己的母语，在母语为孟加拉语或泰米尔语的家庭,人们很少使用印地语,他们宁可选择英语也不使用印地语,因为英语的经济吸引力更大(Azam et al. 2013)。同时,还有研究报道说,如今印度人民对自己母语的情感奉献(emotional commitments,也译情感承诺)得到不断加强,这在19世纪中叶之前是难以见到的现象(Mitchell 2009)。

在印度的海外侨民中,他们的祖裔语维持情况受到两个因素的影响:一是他们来自印度母国的所属地区,二是他们目前居住所在地的语言情况。在南亚的2000万印度移民当中,其中很多人都希望自己的小孩能在当地发展,于是都鼓励他们学会当地语言,但也有些人更希望自己的小孩能够维持自己的祖裔文化(heritage culture)和祖裔语,并能与那些说同样祖裔语的人结婚(Oonk 2007a)。在美国,泰卢固语(Telugu)的印度移民使用者都设法让自己的小孩维持该祖裔语,但结果发现这些小孩都不愿意学习(Bhat and Bhaskar 2007)。在东非,奥克(Oonk 2007b)研究发现,这里的印度第二代移民维持了印度古吉拉特语(Gujarati)的使用,但第三代却失传了。康特等学者(Conteh et al. 2013)研究后报道说,旁遮普语(Punjabi 或 Panjabi)和乌尔都语(Urdu)家庭把多语看作是理所当然的事情,他们设立了周六课堂,以便鼓励儿童来学习自己的家庭语言。

学界还有些研究探讨了混合移民家庭的语言使用情况。在伊朗的大不里士城(Tabriz),这里的人口大多属于阿塞拜疆人。米尔瓦赫迪(Mirvahedi 2016)调查过这些人的家庭语言政策,结果发现阿塞拜疆语(Azerbaijani)面临严峻的挑战,因为伊朗的政府和语言教育都强调其国语——法尔西语(Farsi,即波斯语,译者注)的使用。这种现象验证了豪根(Haugen 1972)在早些年提出的语言生态范式理论。

家庭语言政策的形成会受到家庭内外因素的共同影响(Macalister and Mirvahedi 2016)。诺鲁(Noro 1990)对加拿大多伦多的两组日本移民进行了对比研究,一组是早年来到这里的老移民,另一组是1966年加拿大宽松移民法背景下来到这里的新移民以及日本跨国公司往这里的分公司派送的越来越多的日本雇员。调查结果发现,不同的语言意识形态会导致不同的家庭语言政策。而且,老移民支持当地政府发起的祖裔语维持项目,而新移民则通过建立日语家庭课堂(Japanese Home Classroom)以及后来的日本学院(Japan Academy)来表达他们对祖裔语维持的支持。结果是,多伦多的日本移民儿童在日语水平方面参差不齐。

舒伯巴赫（Schüpbach 2009）调查了十四位在澳大利亚的瑞士移民，他们都以德语为母语。结果发现，在澳大利亚更加强调英语同化时期来到澳大利亚定居的移民更有可能放弃自己祖裔语的传承。在苏联统治时期，政府迁入大量的俄语使用者到立陶宛、拉脱维亚和爱沙尼亚三国。如今，这些国家都已独立二十多年了，它们各国的家庭语言使用情况也发生了巨大变化，不管是在私人领域，还是在公共空间，当地语言的使用都得到大大地增加。例如，尽管俄语是立陶宛最常见的家庭语言，但如今有越来越多的人开始在家说立陶宛语，并送自己的小孩上立陶宛语学校（Ramonienė 2013）。此外，在苏格兰，立陶宛人的移民社区相对而言是比较小的，而且，他们当中多数人都是天主教徒，因此，教堂还保持着立陶宛语的使用。尽管如此，宗教的影响也无法强大到可以阻止这些移民的第三代逐渐丧失立陶宛语的地步（Dzialtuvaite 2006）。不过，在爱尔兰，宗教语言政策可以与学校语言政策结合起来，共同支持爱尔兰语使用区的爱尔兰语维持行为（Antonini 2002）。根据摩尔（Moore 2016）和雷维斯（Revis 2016）分别对喀麦隆北部富尔贝人（Fulbe）以及新西兰移民的家庭语言使用状况研究，宗教也是影响家庭语言政策的一个重要因素。

2.3.1　家庭语言政策受到的外部压力

家庭语言政策的外部压力来源众多，也许其中最重要的是家庭所处的外部语言环境。哈里斯（Harris 1995，1998，2011）在其发表的研究成果中指出，人类语言使用中的"教养"（nurture）比"天性"（nature）更重要。她描述了儿童如何把地方语言带回家，并传给与自己年龄相仿的兄弟姐妹：她观察到儿童在家使用自己的祖裔语时，经常会模仿他们外族朋友在学校学习该祖裔语时所使用的口气。于是，她劝告儿童家长说，要想确保自己的小孩在学校表现良好，他们的最佳方案是选择一个尊师重教的学区。此外，还有一些学术研究则反映了儿童家长在与外部语言环境作斗争中所遇到的困难。例如，美国路易斯安那州的法国人后裔卡真人（Cajun）在语言使用上都纷纷从法语转用了英语（Valdman 1997），而凯尔达斯（Caldas 2006）就此情况调查过这里的一个法英双语家庭。该家庭的父母想要把自己的三个小孩都培养成法英双语人，并鼓励大家进餐时说法语。这对于他们的儿子来说是难以做到的，尽管两个小女儿可能不成问题，因为她们都在学校的法英双语班读书。等到他们的儿子长大成青少年后，情况就有所改变：他们全家每年夏季都到加拿大的魁北克去度假，从而改变了他们所处的外部语言环境，因为法语是魁北克的强势语言，于是，儿子后来就用法语跟父亲交流，一改以前在路易斯安那时使用英语的做法(Caldas 2006，2008；Caldas and Caron-Caldas 2000，2002)。

近年来，以色列的前苏联移民成了该国学界家庭语言政策研究的主要目标。20世纪90年代，有许多前苏联人移民到以色列，数量多达百万，约占以色列总人口的五分之一，这些人逐渐形成了俄语社区①。尽管他们能够用俄语在社区内部开展各种社交活动，并建有免费的俄语学校(Remennick 2002)，但是，希伯来语在以色列享有霸权地位，从而导致国家教育系统会给本国的其他语言学习带来压力，教育部门也鼓励这些移民子弟进行语言转用(Spolsky and Shohamy 1999)。科佩利奥维奇(Kopeliovich 2006，2009，2011，2013)长期以来利用民族志观察法和访谈法对居住在同一个小区的前苏联移民开展过详细的调查研究，他观察过该小区的语言实践、语言信仰和语言管理，尤其是关注过一个典型家庭的语言使用，该家庭有10个小孩，他们的语言使用能反映家长对家庭语言政策所付出的努力程度，同时也能反映跨度较大的不同年龄段儿童对家庭语言政策的个体反应。这些儿童的家长都希望自己的小孩能够在掌握学校强制学习的希伯来语的同时，也能维持自己的祖裔语——俄语。为此，母亲会敦促孩子们说俄语，但父亲则通常会采取中立的态度和有效的办法——经常用俄语为孩子们念故事。当孩子们长得更大的时候，他们发现俄语的价值比希伯来语的更小，尽管他们承认本言语社区的婴儿应该学习俄语，直到青少年，即他们服兵役的年龄，到了这个时候他们才后悔自己的俄语没学好。该家庭的大女儿为了能够提高自己的俄语水平，自愿到俄罗斯跟一些潜在移民(potential migrant)一道工作②。

各种案例研究表明，家庭语言政策的研究不能脱离家庭外部的诸多影响因素，我们不能把家庭看作是一个封闭的领域。跨族婚姻是影响家庭语言政策的一个内部因素，家庭语言的选择，不管是小孩个人做出的，还是父母做出的，或者是家庭其他重要人物做出的，它也是影响家庭语言

---

① 在这些移民当中不光有以俄语为母语的人，还有苏联时期以其他语言(如乌克兰语和格鲁吉亚语)为母语的人，不过，他们多数都是双语人，会说俄语。
② 科佩利奥维奇(Kopeliovich 2013)继续在该社区的幼儿园工作，并鼓励这些小孩掌握双语。

政策的一个内部因素。家庭的常见情况是选择父母所使用的语言，但是，当父母的结合属于跨族婚姻时，他们则需要做出有关家庭语言选择的决定，以便让他们的后代遵从。假如家中还有说其他语言的重要成员，那么小孩就有机会学习这些语言，如（外）祖父母使用的祖裔语或者是保姆使用的语言。此外，父母出于许多原因的考虑，还可能决定让小孩再学习一门其他语言，如宗教语言、祖裔语或将来能给小孩带来经济利益的国际语言。

家庭语言政策也会受到许多家庭外部因素的影响，例如，城市化或跨国移民所带来的家庭外部语言环境的变化，使得家庭小孩的同龄玩伴或学校都会把当地语通过小孩带到家庭内部来。此外，还有两个重要的外部影响因素：一是宗教领袖，他们也许会坚持选用某一语言，进而影响家庭语言，如正统犹太教中哈西德派的拉比（rebbe 或 rabbi，相当于基督教的牧师，译者注）要求他的信徒都使用依地语。二是学校教师或社会工作者，他们会设法劝说家长使用当地的强势语言。另外，还有些社会机构或团体，如语言活动者群体、地方政府或国家政策，他们都会千方百计地影响家庭语言政策的制定。例如，新西兰的毛利语语言委员会（Māori Language Commission）认识到家庭对毛利语维持的重要性，于是就出台了极其优惠的政策来影响毛利人的家庭语言使用，并要求毛利人部落要把这项任务看作是他们的工作重心。由于家庭对于儿童的语言选择至关重要，所以，任何社会机构或团体若想要在语言管理方面取得成功，他们就不能不考虑家庭这个领域。

除此之外，家庭还能通过各种方法在家庭之外实施自己的家庭语言政策。其中一个显著的方法是在家庭之外选择符合家庭语言政策的语言环境，哈里斯（Harris 1995）认为，要想影响儿童的语言使用，其最好的办法是选择合适的生活环境。凯尔达斯（Caldas 2006）调查的家庭案例就证明了这一点，该家庭的父母为了鼓励自己的小孩说法语，每年夏天都会带小孩到魁北克生活一段时间。韩国不少旅居家庭（sojourner family）就是带着这种目的前往海外的。例如，有些韩国家庭为了让小孩学好英语就短期旅居英国（Moon 2011）或新加坡（Bae 2013），还有些韩国父亲则把自己的家人送到英语国家生活，而自己却留在韩国工作，这种父亲在韩国被称作是"大雁"（wild goose）爸爸（Lee and Koo 2006）。这种现象在新西兰的萨摩亚人家庭当中也是常见的，父母会在每年的寒暑假把自己的小孩送回自己在萨摩亚的老家,以便小孩学会萨摩亚语(Spolsky 1991b)。另一个在家庭之外实施自己家庭语言政策的策略是,把小孩送到自己所属言语社区建立的语言周末学校(Conteh 2012; Conteh et al. 2013; Curdt-Christiansen 2013; Nolan 2008; Schwartz et al. 2011)。

2.3.2 家庭在语言管理中的重要性

家庭成员可以参与周末学校、午后学校(afternoon school)以及其他的语言活动,而这些行为都体现了他们对家庭语言政策的支持。这些内容的详情将在本著后面的章节中进行讨论。但是,很显然,家庭语言政策是语言管理中一个极其重要的影响因素,它与社会其他层面的语言管理者所面临的诸多困难都有一定的关系。家庭对语言管理的关键性和重要性体现在家庭中语言的自然代际传承,即从小就教婴幼儿学习家庭祖裔语,并认为有必要这样做,而且,还把语言的自然代际传承看作是语言维持的最佳行为。在语言幸存的程度方面,语言的自然代际传承以及学校教学语言的选择也许是两个最能反映一门语言是否能够延续下去的预测项。家长做出有关家庭语言选用的决定,这就为家里的小孩提供了学习被选语言的环境。儿童是最具可塑性和最为听话的语言习得者,他们可快速地提高自己所处环境中的语言水平和流畅度,从而能轻而易举地发展和扩大自己的语库。尽管家庭语言政策或许会受到来自儿童户外同伴以及学校语言政策的挑战,但它却为儿童今后的语言实践奠定了扎实的语言基础。社会其他领域的语言管理者或机构以及语言提倡者(如教师、宗教领袖、语言活动者群体及语言管理机构)正是认识到家庭语言政策的这一功能,于是,他们经常会采取一些办法来影响家庭的语言选择,并期待这些家庭选择某些特定的语言。在有些言语社区,父母与自己的后代交际甚少,结果可能会发现这些小孩早已转用了其他语言。所以,当家庭成员能够团结在一起,并一致使用自己的祖裔语时,家庭语言政策就能得到加强。即使家庭成员并未意识到家庭语言政策的存在,但它依然影响巨大,效果显著,进而给社会其他领域的语言管理带来不小的挑战。总之,尽管家庭语言政策会受到其他任何因素的影响,它也能为个体语库的发展奠定良好的基础。

第3章 教育中的语言政策

3.1 学校语言的影响

能够较大程度地影响个体语库的语言域除了家庭域外,接下来就是学校域,因为学校可以利用儿童在语言学习方面所具有的相对优势。自从儿童开始进入学前教育或在学校读一年级时,他们在接下来的数年里就会接触到以下几类语言:学校选定的教学语言;同学所使用的一种或多种语言;学校课程表中所规定的外语或附加语言(additional language)。由于学生会受上述语言接触环境的影响,这也许就是引发学生语言转用的主要因素。现在我们需要弄清楚一个重要问题:学校的语言政策是谁决定的?可能是国家政府或地区政府,也可能是学校的董事会,还可能是宗教机构、家长或教师。这些语言管理者一定会有不同的语言意识形态和语言目标。

我不能确定,本著在论述完家庭域的语言政策后是该探讨学校域还是宗教域的语言政策。直到我想起一句话,我才选择了学校域。这句话就是:通常,(宗教)学校的建立是为了传承宗教信仰,为此,学校会用宗教语言来教大家如何识字。尽管美索不达米亚(Mesopotamian)的经书誊写学校(scribal school),例如,该地区南部苏美尔(Sumer)的经书誊写学校,都是为宗教系统的官僚设立的(Foster 1982),但是,这些学校后来都被赋予了经文保存的职责(Tov 2018)。犹太人学校、基督教徒学校和穆斯林学校都受到宗教的控制,它们的教学起初都是从教授某一特定的宗教语言开始。西欧的基督教学校回归世俗教育的历史可追溯到法国大革命时期,自那时起国家开始接管教会学校。这些学校(特别是西欧的学校)在宗教恪守方面每况愈下,从而致使学校在意识形态上留下了内容上的空白,而这一内容空白后来则由民族主义来填补,进而影响学校教学语言的选择。于是,我把有关儿童宗教教育的内容放在本章中论述,而把有关成人的宗教语言政策则留在下一章来分析。

语言教育是一个概念广泛的主题,我曾经编辑过有关双语教育的一部百科全书(Spolsky 1999)、一本手册(Spolsky and Hult 2008)和两本著作(Spolsky and Cooper 1977,1978),还撰写过许多有关该主题的文章以及书的章节。因此,这一章的内容仅限于有关语言教育主要问题的概述以及数个案例的解释。我先是根据语言政策三成分的理论模式,综述当前有关语言教育的状况,然后分析相关的语言信仰和语言意识形态,并尽力总结有关语言管理的各种方法。当然,这需要我们跳出教育系统来探讨其他的语言管理者,但研究的核心关注点依然是教育系统,因为教育系统对家庭语言政策构成的挑战是首要的,而且,它还是语言管理者最喜欢使用的管理工具。那么,有关语言教育的总体状况如何呢?

3.1.1 学校教学语言的重要性

这里介绍两个重要的相关研究。一个是沃尔特(Walter 2003,2008)的研究,他的研究结果表明,学校教学语言的选择对教育效果影响巨大。他指出,目前世界上至少有三分之一的儿童听不懂学校(幼儿园或小学)的工作语言,而且,这里还不包括那些生活在饱受战争蹂躏或存在其他危险因素国家的儿童,或者是那些从这类国家移居到别国的儿童,而且,现在这种儿童越来越多。另一个是沃尔特和本森(Walter and Benson 2012)的研究,这个研究的结果更加清晰。根据格莱姆斯(Grimes 1996)的研究结果,世界上有 6833 种口头语言,但其中仅有不到 599 种语言用于教育领域(Walter and Benson 2012:283)。因此,全球有超过 23 亿人(约占世界总人口的 40%)会潜在地受到教育领域中有关语言使用政策的负面影响(Walter and Benson 2012:282)。

语言教育政策对社会带来的最大影响是,它可以强迫儿童学习一种新的语言变体,以便他们能够理解学校教师的教学。而且,研究还表明,这种语言教育政策对一个人的影响可以长达七年之久(Levin et al. 2003;Shohamy et al. 2002)。此外,由于同一种语言的各种方言之间存在不少差异,所以,学校也需要语言教育政策。例如,比利时的儿童打小在当地荷兰语方言或法语方言的环境下长大,当他们上学后,还需要学习学校所使用的标准荷兰语或法语(Aunger 1993)。

　　学校的语言政策在实施效率上会受到许多教师在现实需求或配合意愿方面的影响,有些教师对学校语言政策充耳不闻,并继续使用当地的语言变体,从而导致语言政策和语言实践之间存在差距。在现实中,我首次发现这种现象是在密克罗尼西亚(Micronesia)。那时,我在该国旅行,有人告诉我这里的学校都用英语教学。但是,当我在一所学校走了一圈后,我听见有些教师在课堂上是用波纳佩语(Ponapean)上课的,不过,他们的教材都是用英语编写的。此外,据报道,巴勒斯坦的有些教师在课堂上不是使用学校规定的古典或标准阿拉伯语,而是选用当地的一种阿拉伯语口语变体。有些教师漠视学校的官方语言政策,这是完全可能的,因为教室通常是一个密闭的环境——四周都是墙,里面有一位教师和一群学生,校长偶尔才会通过广播监控系统来听听教室里的上课情况。如今,有些教师在课堂上选用(儿童)学生在家所用的语言变体,有些学者把这种语言行为称作超语现象,并鼓励教师这样做(Garcia and Li 2013; Li 2018a; MacSwan 2017; Otheguy et al. 2015),而学校也持开放的态度。否则,学校的语言使用状况就会像我首次参观美国印第安人事务局所办的一所大型寄宿学校时所见到的情况一样,该校位于纳瓦霍人保护区中心地带,其语言使用情况是:教师都是英语使用者,他们在课堂说英语,而学生都是纳瓦霍印第安人儿童,其中90%的人在上学前从未听说过英语(Spolsky 1970),可是,学校却没有倾听学生的诉求①。沃尔特和本森(Walter and Benson 2012)指出,世界上有许多主要语言(major language)都未能在学校得到使用;而且,全球有97种语言的使用者达到1000万以上,这些语言共有使用者超过10亿人,但其中仍有45种语言未能进入学校。

　　国际性语言或全球性语言,如英语、法语、标准阿拉伯语、西班牙语、德语和葡萄牙语,都能在学校的各个阶段得到重视,即使它们不是当地学生家庭所使用的语言也能得到学校的支持(Coupland 2011)。其他大语言,如荷兰语、俄语、汉语、土耳其语、日语、朝鲜语(或韩语),都是它们所

---

① 韦伯斯特(Webster 2010a)曾描述过美国纳瓦霍学校的语言政策情况,并揭露了政策实施的实际效果。

属国家的教学语言,但在教育的高级阶段,这些语言越来越受到来自国际性语言(尤其是英语)的挑战(Ammon 2001)。在沃尔特和本森(Walter and Benson 2012)的语言分级中,处于最低层的语言有以下三类:欠发达的国语,如艾马拉语(Aymara)和马尔加什语(Malagasy,也译马达加斯加语,译者注);次国语(subnational language),如伊洛卡诺语(Ilocano,菲律宾的第三大语言,译者注);地方化的口语,如墨西哥的奥托米语(Otomi)和中国的彝语。这几类语言在学校几乎都得不到任何使用。斯古纳伯-康格斯和菲利普森(Skutnabb-Kangas and Phillipson 2010)认为,造成这种现象的主要原因可能是语言转用和语言死亡,土著语言的情况更是如此(Magga et al. 2005)。

3.1.2 学校语言实践中的语言变异

当我们在探讨学校以及其他教育机构的语言实践时,还需要考虑到语言社区之间以及语言次域(sub-domain)之间的差异性。对此,兰普顿(Rampton 2014)把研究的注意力放在了他称之为"语言的民族穿越"这一现象上,如"来自非洲裔加勒比家庭的青少年和具有英国血统的青少年所使用的旁遮普语,以及具有印度旁遮普人家庭背景的青少年和英国人家庭背景的青少年所使用的克里奥尔语"都属于语言穿越现象。但是,小学生在运动场玩耍时通常都会继续使用他们家庭或居住小区所使用的语言或语言变体。教师应该在课堂上使用学校所规定的语言,然而,现实中仍有不少例外现象。同时,学校也要求学生在课堂上回答问题时说学校所规定的语言。小孩在语言使用上不断得到家长的表扬,例如,他们在说出人生的第一个单词时,父母会为他们感到高兴并庆祝。几年之后,当这些小孩上学读书时就会认识到教师在课堂上掌控着话轮和语言。在有些小学,例如前英国殖民地国家的小学,当地语言可以用来作为学生上学头几年的教学语言,最晚通常也不得超过中学。但在那之后,学校就要正式转用国家标准语言了。此外,在教育的某个时期,学校还会在学生课表中增加一至两门的外语课,每周数小时。这个时期通常是中学阶段,但如今,由于受到全球化的影响以及学生家长对外语教学的迫切心理,学校为学生开设外语课的时间都越来越提前了(即小学或幼儿园)。到了大学阶段,有越来越多的课程都用世界性语言来教授。人们由于受到上述极其多样化的语言实践的影响,于是便会形成许多共同的语言信仰和语言意识形态。对这些语言学习和使用的状况进行总结,将有助于我们更好地理解语言政策的复杂性。

3.1.3 精英经书誊写学校和希伯来语大众识字

在此,我们首先要回顾一下历史背景。以前我曾提到过,宗教教育有两个目的:一是为宗教当局培养文字誊写员(scribe),二是为世俗百姓提供接触宗教文本的渠道。它们两者重视的都是语言的书面形式,而非人们所通用的口头语。誊写学校曾培训过少部分的办事员,使得他们能够用文字来记录当时的法律或财产等信息,同时也能用文字来传播当时的法令或其他官方文件。在古代的中东地区,这里曾出现过九大法典,其中包括《汉谟拉比法典》(Hammurabic Code),该法典用楔形文字(cuneiform)书写,存在于类似苏美尔语(Sumerian)和希泰语(Hittite)的众多语言中(Westbrook 1985)。在古埃及,人们采用象形文字(hieroglyphic script)来书写语言,他们的誊写材料记录了曾有的公债、税收、法院程序、合同和遗嘱。这些都是当时官僚体制中重要的内容组成部分,使得当时的王国能够正常运作。一个誊写员的培训需要花费几年的光阴,而且其候选人仅在社会精英阶层中挑选(Williams 1972)。

《圣经·犹大书》(Biblical Judah)中也提到过文字誊写员,这些人很可能是在誊写学校接受过培训,然后就负责圣经及其他宗教文本(包括在死海中所发现的宗教古卷)的誊写工作,其中也许还包含文字的编辑和创作工作(Tov 2018)。王海城(Wang 2014)研究了文字誊写员对中国、近东和美洲三地众多古国发展的贡献。此外,誊写员不光要接受文字书写方面的培训,他们还要接受有关财会(Ezzamel 1997)和数学(Trouche 2016)方面的教育。汤加在19世纪开始认识到文字读写能力的行政价值,于是迅速地将它应用到皇家政府决定的下发工作中(Martin 1817; Spolsky et al. 1983)。在中国,用来检验人们语言文字能力的科举考试制度(Imperial Examination system)已有1300多年的历史,它一直是国家录用行政官员的一种把控手段(Elman 2000)。

过去,推行大众识字教育的活动在世界上都比较罕见。不过,有一个最著名的此类案例却发生在公元70年,当时犹太人与罗马帝国之间发生了战争,罗马帝国攻陷耶路撒冷后,毁掉了那里的第二圣殿,于是,掌握希伯来语的读写能力就成了所有犹太男童学习的目标。在第二圣殿被毁之前,犹太人可用两种方法来表达他们对宗教习俗的遵守:第一是把祭品送往圣殿;第二是学习成文法。但是,当第二圣殿被罗马人毁掉以后,犹太人只有第二种方法了。于是,犹太教经师拉比就号召所有年龄达到 6 岁的男孩都要开始学习希伯来语。但现实中,这种做法仅限于那些经济条件比较好、男童可以不干农活的家庭,或者是那些支付得起学费的家庭。在公元 1 世纪耶路撒冷有接近 600 万的犹太人,但到了公元 7 世纪 50 年代仅有 100 多万人。导致犹太人这种人口巨变的部分原因是罗马帝国对犹太人的大屠杀和强制移民。识字的犹太男性在求职和商业发展等方面都占据优势,特别是随着城市和贸易的发展,情况更是如此(Botticini and Eckstein 2012)。在伊斯兰教中,对于信徒来说,能够读懂《可兰经》是非常重要的,但人们更强调的是信徒对经文内容的铭记。在基督教社区中,长期以来,识字能力只限于神职人员,大众化的识字能力是在更晚的年代才得到发展的。

3.1.4　传统印度和中世纪欧洲的语言教育

在印度,最早的吠陀(Vedic)教育体系把教育的重点放在宗教文本的口头学习上。后来,学校教育仅对婆罗门种姓的学生开放,并用梵语进行教学。印度有不少大型佛教寺庙,和尚不管是出生在什么种姓家庭,只要他个人品德良好,就可以进入这些寺庙接受教育,而教学语言通常是巴利语(Pali),这是一种古典的宗教语言,也是帕拉克里语(Prakrit)的一种变体。但对于印度的普通民众而言,他们的教育是非常有限的。此外,印度还有伊斯兰教的麦克台卜(maktab,阿拉伯语,意为启蒙学校,译者注)。根据穆斯林的规矩,儿童在这些学校要学习阿拉伯语、波斯语以及这些语言的文字,到了高级阶段他们则在叫作马达萨(madarsa,阿拉伯语,意为伊斯兰教学校,译者注)的学校继续学习这些语言,但其他语言在这里都不受欢迎。这些学校的主要教育目的是为了传播宗教,而且,男孩必须接受这种教育(Sharma and Sharma 1996)。

在中世纪的西方世界,随着各国当地语言(即各种拉丁语方言,译者注)逐渐代替拉丁语现象的频繁出现,大面积语言扫盲(起初是针对男性的语言扫盲)就成了各地普遍的发展目标,但是,当古典语言(即拉丁语和古希腊语,译者注)被各国标准的官方语言所取代后,这给各国那些使用非标准语体的人又带来了新的语言障碍问题。在法国,黎塞留曾鼓励大家推广使用巴黎标准语体,他还把这种行为看作是对中央统治的支持(Cooper 1989),这种政治意识形态成了法国大革命时期雅各宾派(Jacobins)及其之后的各届法国政府制定语言政策的基础。赖特(Wright 2012:62)列举了1794年法国大革命大会上一位发言者的话:"对于一个自由的民族而言,其语言只能是一种,而对于该民族的所有人来说,情况也是如此。"学校只用标准法语进行教学,为了实现这一目标,法国花费了将近一百年的时间,学校才有足够多的合格教师。法国在其殖民地也实施同样的语言政策,从而导致这些地方仅有少部分人获益(Spolsky 2019c)。直到19世纪,欧洲各国对国家的一个共同理念是:一个民族,一片领土,一种语言。显然,这种国家模式有悖于语言的多样性,也有悖于那些想要维持自己祖裔语的个人、家庭和民族。

3.2 经济因素对学校语言教育的影响

单语制的实施存在许多经济动机。在国家层面,语言多样性会降低语言交际的效率,因此,选择单一语言的行为被认为是具有经济优势的(Grin 1996a,1999)。但是,由于各国具有不同的国语,那些想要从事国际贸易的企业就需要雇用一些能够熟练使用顾客语言(customer language)的员工。而且,格林等(Grin et al. 2010)提出了一种既可展示多语技能所带来的经济优势(如多语的魁北克和瑞士),又可展现多语制对企业带来发展价值的模式。尽管布吕蒂奥(Bruthiaux 2008)指出,在较贫穷的国家,当地语言或区域性语言在当地经济中作用更大,其中有一半的当地语言或区域性语言都得到使用,但是,人们普遍对英语及其他强势语言的技能所带来的潜在价值具有较高的语言信仰,从而给教育单位带来如下压力:学生家长要求学校从教育体制上能保证给自己的小孩提供全球性语言的教学,甚至是不惜牺牲当地的语言变体。

格林等(Grin et al. 2010)指出,语言教育的成本也许需要根据个人、企业和国家各自获得的利益多寡来共同分担。阿里杜等(Alidou et al. 2006)对非洲母语教育的成本效益进行过研究,他们估计仅母语教育的启动资金就占了这些国家教育预算的1%—5%。不过,他们还指出,随着时间的推移,当这些资金用完以后,学校就会通过降低学生的在校率以及开设重复课等方式来弥补经费的不足。但是,教育费用是很难估计的,格林(Grin 2005:13)总结说:"可见,只要物有所值,即使是高成本的语言政策,从经济方面来考虑还是觉得非常合理的;为值得的东西买单,这是一个非常正确的经济决定。"但是,如果没有政府或其他来源的经济支持,学校要满足学生家长的语言愿望或语言项目既不容易,也不便宜[①]。

国家团结和祖裔身份

现代社会在为国家教育体系选择一门语言时,它们都有一个共同的目的,那就是为了国家的团结。所以,它们要做的第一步是决定国家范围内是否需要一门国语,第二步是选择哪一门语言为国语。在通常情况下,各国都会选择强势语言,即多数人所使用的语言,而且,这些语言通常还是统治阶层所使用的语言。例如,黎塞留选择了巴黎标准语体,西班牙选择了本国主体民族所使用的卡斯蒂利亚西班牙语(Castilian Spanish),巴基斯坦选择了乌尔都语,德国和奥地利都选择了高地德语(High German),中国选择了汉语普通话,埃塞俄比亚选择了阿姆哈拉语(Amharic),坦桑尼亚选择了斯瓦希里语(Swahili 或 Kiswahili)。这些选择虽然都具有爱国因素和历史因素的双重考虑,但还是会让某些排除在外的语言的使用者形成语言活动者群体,他们要求自己的语言也能得到学校政策的认可,并纳入学校的教育体系。例如,法国的布列塔尼语(Breton)和奥克西坦语(Occitan),西班牙的加泰罗尼亚语(Catalan)和巴斯克语(Basque),巴基斯坦的信德语以及类似旁遮普语之类的区域性语言(其中孟加拉语的使用者因语言而闹分裂,使得孟加拉国从巴基斯坦中分离出来)。此外,还有些方言也会出现这样的情况,如中国的粤语和客家话,埃塞俄比亚的提格里尼亚语(Tigrinya)和奥罗莫语(Oromo),坦桑尼亚的班图语(Bantu)和尼罗河流域语言(Nilotic languages)。在多数情况下,有些国家之所以会选择外来语言,是因为这样做可以避免当地某些大语言的使用者获取过多的权力。这就解释了为什么印度尼西亚会选择马来语为国语以及印度会选择英语为官方语言。

在某些特殊情况下,有些国家会选择双语制或多语制,例如,加拿大

[①] 当我们在美国新墨西哥州开办犹太语言学校时,我们无法劝阻当地犹太社区委员会的如下做法:新增加的学生需要支付更高的费用。在世界多数地方,教育经费都捉襟见肘。

实行英语和法语双语制；南非联邦（Union of South Africa，1910年由原先分离的开普殖民地、纳塔尔殖民地、德兰士瓦和奥兰治自由邦四个政治实体所组成，成了英国的自治领，1961年退出英联邦，成为南非共和国。译者注）实行南非荷兰语和英语双语制，南非共和国在南非联邦时期规定的两种语言的基础上又增加了九种非洲语言；比利时实行荷兰语、法语和德语三语制；瑞士实行德语、法语、意大利语和罗曼什语（Romansch）四语制。在这些案例中，每个国家可能都面临着双语或多语教育的压力，但这些压力通常凸显在这些国家的某些地区。例如，比利时的语言政策具有区域性，仅有布鲁塞尔才属于双语区，而其他地区都选择了自己的标准教育语言，儿童往往都说当地的方言。再如，瑞士的语言政策也是根据区域来划分的，印度的语言政策则除了具有区域性特点外，还有邦的色彩，这样的语言政策就符合了各邦主要的语言分布模式，这也为1957年印度制定的三语政策奠定了基础，不过该政策后来未能得到很好的实施（Mohanty et al. 2010）。

近代以来，随着世界各地民族主义情感的高涨，国语政策越加反映出当时的政治状况：斯堪的纳维亚国家所使用的语言都具有较高的互懂度，但后来各国都纷纷确立了自己的国语变体。同样，南斯拉夫解体后，各个新独立出来的国家都重新选择和命名了自己的国语，并以此来取代原先的国语，即塞尔维亚—克罗地亚语。19世纪，国家自豪感成了各国语言政策发展的动力，从而导致那些刚从过去的帝国中新独立出来的国家可以推广自己的国语（Wright 2012）。但是，这一行为受到全球化现象的挑战（Wright 2016），于是，英语及其他国际性语言都得到较好的传播。在许多前殖民地国家，如果它们选择当地语言为官方语言，那么这种做法就会遭到各种阻碍，因为前殖民语言在这些国家的教育和行政等领域仍然存在使用的惯性，这种情况在非洲国家尤其突出（Kamwangamalu 2016）。这种现象的出现倒有助于那些从殖民精英学校毕业并受益的各级领导继续掌权（Myers-Scotton 1993）。北非国家一直存在着殖民法语和民族阿拉伯语之间的斗争（Daoud 2011；Sirles 1999）。在东南亚的后殖民国家，如越南（Wright 2002）、马来西亚和泰国（Kosonen 2009；Rappa and Wee 2006），当地语言得到重新重视，进而成为国家的官方语言和学校的教学语言，不过它们也受到全球化和英语所带来的挑战。新加坡学者黄福安（Wee 2003）探讨了他称之为"语言工具主义"（linguistic instrumentalism)现象在新加坡的发展,以前人们普遍认为当地语言是具有文化和传统代表价值的语言,而英语是具有经济价值和技术价值的语言,但现在,当地语言也被看作是具有商业资源的语言(Heller 2010a),因此也具有经济价值。

语言教育政策的另一个动机是加强人们对传统语言或祖裔语及其文化在价值方面的信念,旨在恢复或维持他们自己的祖裔身份(heritage identity),因为这些语言和文化都与他们的民族或区域群体密切相关。有些语言活动者为了达到这一目的而发动了各种语言运动,他们要求学校教授某些特定的语言,如巴斯克语、加泰罗尼亚语、依地语、爱尔兰语、毛利语以及许多其他语言,有关这方面的详细内容将在本著第10章中进行探讨。人类有关这方面的信念往往落后于行动——提供濒危语言和土著语言的教育,这种现象在20世纪60—70年代尤其突出(Fishman et al. 1985),从而引发了兴盛但短暂的双语教育运动(Crawford 1999;Fishman and Lovas 1970;Lewis 1980;Paulston 1988;Spolsky 1978)。

由于受到全球语言人权信念的影响,学校教育开始关注少数族群的语言需求。这些有关语言权的内容首先出现在一些区域性和国际性组织的宪章里,例如,1992年的《欧洲地区语言或少数民族语言宪章》(Oellers-Frahm 1999)以及《世界语言权宣言》(Phillipson and Skutnabb-Kangas 1995;Skutnabb-Kangas and Phillipson 2017)。此外,这些内容还出现在许多国家的宪法里(Covell 1993;Halaoui 2000;Jones 2002;Shabani 2007)。

3.3 家庭语言和学校语言之间的差距

研究表明,学校若能把学生的家庭语言纳入自己的教学范围,这是很有价值的。科利尔和托马斯(Collier and Thomas 2004;Thomas and Collier 2002)分析过美国在这方面所取得的成绩。沃尔特(Walter 2003,2008)阐明了家庭语言作为教学语言的重要性,而沃尔特和戴维斯(Walter and Davis 2005)则描述过厄立特里亚(Eritrea)的学校在这方面是如何运行的。本森等人(Benson 2000;Heugh et al. 2007;King and Benson 2003)也报道了莫桑比克、玻利维亚、厄瓜多尔和埃塞俄比亚的同类情况。有学者对美国一所印第安人学校的教学语言进行过研究，结果发现，用纳瓦霍语教授初级阅读的做法可提高学生的教学效果（Holm and Holm 1990；Rosier and Holm 1980）。于是，有些国家就把这种语言信仰选为其教育体系中的指导思想，但遭到本国精英人士的反对，因为这些人都曾在使用国际强势语言为教学语言的学校读过书（Walter and Benson 2012：287）。如前文所述，如果大家都忽略用儿童的家庭语言进行初始教育的行为及其所带来的价值，这就意味着全球有40%的儿童在学校听不懂教师在课堂上所说的话。根据这一说法，如果儿童在入校前不会学校语言，那么他们平均都需要六至七年才能成为熟练的学校语言使用者，但这些儿童在学习上将长期落后，并因此遭受歧视。

　　教育体系中有众多的利益相关者：从不同的个体教师和学生家长，到关注人权的国际组织。而且，他们所持的语言信仰是不同的。然而，楼必安可（Lo Bianco 2008：113）指出：

　　　　教育体系在本质上是国家的财产。即使国家权力或职责下放到一些半自治的机构，如宗教机构、意识形态机构、区域民族机构或者其他由学生家长控制但负责基础教育、高等教育或专业教育的分支机构，国家一般也要对它们的教育实践进行资格审查、委任授权、提供资金或颁发证书。

　　楼必安可指出，各国的中学教育通常都有如下八大目标跟语言相关：为多数儿童的语库增添语言的读写能力；为非标准语体的使用者提供标准语言的规范内容；为学生教授学术语域（academic register）和学术文体；为移民和土著学生教授国家标准语言；为某些特别专业领域的学生增加学科语体（disciplinary variety）的特别教学；为特殊学生（如聋人和盲童）提供标准语言的教学；有时需要对使用非标准语言的学生做出某些妥协；教授有声望、有战略意义和有地位的语言。世界各国对于这些目标实施的重视程度各不相同。

　　尽管有些国家的政府认可双语制或多语制为其教育目标，但通常情况下，大多数国家最关心的还是本国标准语的教育情况，即国语的识字和使用能力，其次是关心世界经济中具有重要影响作用的语言。这种情况在欧洲国家尤其显著：当初的欧共体各成员国首先都青睐自己的国语，然后把英语作为自己的第一外语。为此,后来的欧盟要求各成员国都要教授第二外语。此外,尽管欧盟有少数几个成员国认可自己本国的土著语言或少数民族语言,但欧盟至今并不认可数量庞大的移民语言,如今移民已经开始改变欧洲国家的人口结构。①

在此,有一个重要问题我们需要明白:在一个国家内,中央政府的语言教育管理有多大的威力和效果?在英语国家,人们通常认为英语是本国理所当然的标准语言,不过,美国有些人因为担心国内势力不断壮大的移民语言——西班牙语的影响,而希望英语的国家地位能够得到宪法或法律的保护。世界上有许多国家就是通过宪法或法律这种方式来确立自己的标准语,它们都模仿法国的做法——从枢机主教黎塞留(Cardinal (Richelieu),亦称红衣主教,译者注)开始都设法削弱本国的区域性语言变体和方言。但是,世界上有众多的区域性语言变体却依然能够维持其生存状态,如法国的布列塔尼语、奥克西坦语、加泰罗尼亚语和巴斯克语,西班牙的巴斯克语和加泰罗尼亚语,英国的威尔士语和盖尔语(Gaelic)以及美洲幸存的土著语言。这些现象都表明,中央语言政策要得到实施,并不是那么容易的事情(Spolsky 2006a,2006b)。

3.4 谁制定学校的语言政策?

即使在中国(Spolsky 2016a)和俄罗斯(Grenoble 2003)等这样的中央权力相对集中的国家,它们在国家标准语选择方面采取单语主义的做法也不断地受到来自那些支持非标准语体人士的挑战。但是,正如本著第10章所详述的那样,在国家领导层中也会出现一些作风强硬的语言管理者。例如,法国的枢机主教黎塞留、土耳其的凯末尔·阿塔图尔克(Kemal Ataturk)、波斯的礼萨·沙赫·巴列维(Reza Shah Pahlavi)、新加坡的李光耀(Lee Kuan Yew)、菲律宾的曼努埃尔·奎松(Manuel L. Quezon)和朝鲜的金日成(Kim Il-sung)。他们每个人执政时都着手建立新的语言政策,其中也包括学校的语言政策。但通常情况下,国家层面的语言教育政策是由教育部负责的,除非有一个专门负责语言政策的国家

---

① 维斯特(Versteegh 2001)报道说,荷兰有超过20万摩洛哥出生的移民。

机构,如中华人民共和国的国家语言文字工作委员会和拉脱维亚的国家语言监察局。有时,某些国家的宪法或中央政府将教育权交给下面的州政府或省政府负责。于是,这可能会导致各州或各省之间存在较大的语言教育差异。例如,在印度,全国 90% 的教育经费都是由各邦来负责的,但全国的识字率仍然较低(2001 年仅为 65%),造成这种结果的原因是印度北方六大邦拖了后腿。这些邦有 75% 的儿童要么没上过学,要么小学还未读满五年就辍学(Mehrotra 2006)。印度的公立教育还存在一些不足,这就是为什么会有这么多的孩子被送去私立学校读书的原因。在印度的每一个城镇,我们都能发现不少的英语为教学媒介语的私立学校,尽管它们的教学质量也无法完全得到保障,但其教学效果还是比公立学校的略好一些(Goyal and Pandey 2009)。

根据美国宪法,各州有权负责自己的教育事业,并为本州制定自己的教育标准和教育政策,但联邦政府可通过资助的方式来影响学校,如联邦政府通过制定《双语教育法》来给学校拨款。此外,美国教育权力的下放还可继续往州级以下的单位运行:美国人口普查局(US Census Bureau 2004)根据 2002 年的统计数据发现,美国有 1.3 万多个学区(school district),而且,美国还有接近 180 个州级层面的学制(school system)和 1330 个地方层面的学制。在加拿大,各省负责各自的公共教育,它们都下设若干个教育区(educational district),由一名学监和一个地方教育委员会来管理。在德国,教育是由各州来负责的。在英格兰,有 150 多个地方教育局来负责各自辖区的教育,威尔士则有 20 多个。在新西兰,全国有 2550 所公立学校(state school),每校都建有自己的校董会。

可见,州(或省)政府、地方政府以及校董会都有权选择自己的语言教育政策,那么它们的选择就有可能与中央政府制定的语言教育政策一致或相违背。此外,还有一些其他的因素也会干扰国家层面的语言教育政策。例如,在本章的开头部分我提到了宗教因素的影响。有些学校经常会受到宗教机构的直接控制。琼斯(Jones 1983 年)描述了印度尼西亚爪哇岛上穆斯林学校的语言使用问题:这些学校要求阿拉伯语的教与学都要用阿拉伯语字母进行,爪哇语(Javanese)的教与学则可用阿拉伯语和爪哇语字母同时进行(尽管该岛有 40% 的人口以爪哇语为母语),爪哇语的教与学也可仅用阿拉伯语字母进行,马来语的教与学要用阿拉伯语字母进行,印尼语的教与学则用拉丁字母进行。莱博维茨(Leibowitz 1970)

追溯了宗教对美国语言教育的影响:直到19世纪末,美国的公立学校才停止用德语为德国移民授课的做法;随即当地的教会就建立了教区学校(parochial school),以便让这些教区学校继续执行用德语授课的政策,但这一行为又在一些地方,特别是在伊利诺伊州和威斯康星州,导致了各种政治斗争。路德教派(Lutheran)一直保持着德语的使用,直到20世纪20年代才结束,因为此时的美国各州都开始把英语列为学校必须强制执行的教学语言。

那时,美国反对亚洲移民的到来,进而影响到该国学校的语言教育政策。在夏威夷,许多私立学校(都属基督教或佛教学校)在1920年以前都用中文、日文或韩文授课。但1920年通过的一项法案规定,学校每天用这些语言授课的时间必须限制在一个小时内,并要求所有教师都精通英语;即便如此,这些学校还依然受到各种攻击。有些日语学校在加利福尼亚州幸存下来了,但在珍珠港事件后被关闭。在新墨西哥州、加利福尼亚州和德克萨斯州的西班牙语学校通常都是教会学校,它们也同样受到攻击。加利福尼亚州的天主教学校反对这种给学校强加英语的行为,但到了1870年,所有学校都必须使用英语。当墨西哥将部分领土割让给美国时,新墨西哥州是认可西班牙语的,但到了1891年,所有学校都要求使用英语教学,这是英裔定居者和美籍墨西哥人之间权力和土地斗争的一部分。在诸如法兰西、葡萄牙和大不列颠等帝国的殖民统治下,传教士往往都赞同宗教学校使用当地语言进行教学,但这种做法很快就被当地的行政人员所推翻。

犹太人自幼就开始接受宗教知识的教育,在基督教中牧师负责教人识字,但犹太教的拉比指出,父亲有责任教会自己的儿子阅读希伯来语。这在第二圣殿被毁之后变得尤为重要,于是,一种广泛传播的教育体系就这样逐渐形成了:男孩五六岁时就要被送去当地的小学接受教育,在那学习《圣经》中所使用的希伯来语以及《塔木德经》(Talmud)中所使用的希伯来-阿拉米语(Hebrew-Aramaic);到了16岁时,他们当中的许多人都将进入大城市的正统犹太教学校或叶史瓦(yeshivas)进一步学习《塔木德经》(Jacobs 1893)。这些学校的教学语言是当地的犹太语言,如依地语、拉地诺语(Ladino)或犹太阿拉伯语,但学校的目标是培养学生的希伯来语和希伯来-阿拉米语的识字能力。犹太语言教育的主要宗教目标是让人们能够读懂那些用宗教语言书写的经文文本,但其显著效果却在宗教之外:培养成人的识字能力,使得他们都能够利用自己的语言来经商。

除上述原因外,学校的语言管理和语言提倡(language advocacy)还会受到许多其他因素的影响。例如,一个国家的陆、海、空三军及情报机构都会有自己的语言需求,这就导致了它们要建设自己的语言学校和实施自己的语言培训计划。有关这方面的详细内容将在本书第 6 章中出现,但在此我仅提及几个案例,以便说明各类学校的语言教学可能都会受到外部势力的影响。案例 1:在第二次世界大战期间,美国陆军受到国会议员的游说:美国的大专院校当下难以招收到足够的男生,陆军可乘此机会在各高校实施"陆军专业培训计划"(Army Specialised Training Program),其中就包括广为宣传但效果不佳的外语教学项目——在大学校园里给士兵教授一些外语。由于欧洲对步兵没有太多的外语需求,在这些接受过外语培训的士兵当中,没有多少人能用得上他们在高校所学的外语(Spolsky 1995)。案例 2:在苏联成功发射人造卫星"斯普尼克"(Sputnik)号的冲击下,美国国会以《国防教育法》作为回应,旨在支持美国各大专院校相关外语的教学。该法案的一个目的是,美国要在外语教学中用类似俄语和汉语这样的新目标语取代类似法语和德语这样的传统目标语(Brecht and Rivers 2000,2012;Brecht and Walton 1994)。案例 3:以色列军队一直在鼓励和支持本国各级学校的阿拉伯语教学,这种行为在全世界也是少有的(Mandel 2014)。

工商业也是影响学校语言政策的重要因素之一。鲍尔(Ball 2012)分析了英国商界为鼓励语言教育改革所做的努力,其目的是为了学校能够培养出有文化的潜在雇员。学校的语言政策会受到经济动机的影响,新加坡是这方面最显著的国家之一。在新加坡,学校重视英语和华语,这已成为其经济发展政策的一部分内容(Silver 2005)。在澳大利亚,原先的语言政策是关注多元文化,但现在被新的语言政策所取代,如今的语言政策是重视亚太语言的教学,因为这些语言有助于国家的经济效益(Liddicoat 2009)。赖特(Wright 2002)阐明了越南为什么会从重视俄语的教学转变到重视英语的教学,那是因为迫于政治和经济的压力。自 20 世纪以来,美国在全球经济中的核心地位使得英语成为了一种全球性语言,这就意味着大多数国家的外语教学都变成了英语教学。

与此相反,人们普遍倾向于分散教育控制权的做法。英格兰和威尔士于 1988 年通过了《教育改革法案》,该法案虽然保留了地方的管理权,但英国的中央政府仍然控制着课程的发展。同时,该法案还增加了教育中的商业化模式(Bowe et al. 2017)。同年,新西兰也进行了较大的教育改革:每所小学都由自己的学校董事会来负责管理(Lange 1988),但中央政府的课程控制权仍然保留着。学生家长对此普遍感到满意,不过,各校的校长却发现学校的资金不足,师资存在问题(Wylie 1997)。

新西兰的教育改革在一定程度上也许是受到了毛利学生父母行为的启发,这些家长为了让如今儿童不再使用的毛利语得到复活而做出了很大的努力,其中一个是从 1980 年起他们就开始在学前和小学阶段设立毛利语项目(Spolsky 2005,2009b)。在复活毛利语的过程中,他们采取了如下两个步骤:第一是成人层面的毛利语复兴计划(Te Ataarangi),旨在向年轻的大学生教授他们的祖裔语——毛利语;第二是学前班层面的语言巢计划(Kōhanga Reo),即让祖父母给年幼的孙子辈说毛利语。当这些孩子长大准备上学时,家长就在当地为他们寻找可以继续学习和使用毛利语的公立学校;如果这条路不行,有些家长就自己开办毛利语独立学校(Kura Kaupapa Māori),以便实现上述愿望。新西兰出台的教育改革规定,地方上有权管控当地的小学,并允许这些小学成为特许学校(charter school),从而可以享受国家的资助。

3.5 语言教育政策的运行

世界上有不少国家的学校都曾执行过语言复活的任务,新西兰就是一个这样的案例,苏格兰也是。1985 年苏格兰的小学开始了盖尔语的复活项目,从而培养了一小部分新的盖尔语使用者(Dunmore 2019)。此外,学界还研究过许多其他国家的案例,其中有些就出现在 2005 年一个学术研讨会的论文集上(Hornberger 2008)。挪威从 1959 年开始就面临着来自本国语言社区的压力,于是,该国进行了系列的语言教育改革,其中一个是萨米语(Sami)要进学校,进而扭转了挪威长达百年甚至更长时间的挪威语化(Norwegianisation)现象;如今萨米语以如下三种角色应用于学校:作为维持语言、过渡语言和外语(Hirvonen 2008)。但是,哈斯(Huss 2008)研究后发现,萨米语的教育改革结果并非令人满意,因为在**挪威的许多地区依然存在人们对萨米语强烈反对的声音**。

在拉丁美洲，土著人约占总人口的 10%，但直到 20 世纪 90 年代，由于当地跨文化双语教育社区的不断施压，土著语言和土著文化才得到认可，从而为土著语言及文化的生存带来一些成功的希望，不过也引发了一些反对的声音。同时，这里的人们还试图构建一个语言文化多元的社会，其典型案例是玻利维亚，该国在 2005 年的国家领导人大选中，一位土著人连续四届当选为国家总统（Lopez 2008）。在新西兰，以毛利语为教学语言的项目运行了 20 年，并取得了重大成功，但各种巨大挑战依然存在（May and Hill 2008）。在墨西哥，为土著人设立的双语教育项目成绩卓著，但是，该国纳诺语（Hnahno）的案例却表明其双语教育是失败的，原因是该语言的许多使用者都移居到墨西哥城，加之学生遭受歧视和学校资源匮乏，从而导致该语言的教育问题不断（Recendiz 2008）。

卡姆旺加马鲁（Kamwangamalu 2008）总结了非洲的土著语言发展情况。在非洲，除了索马里、埃塞俄比亚、北非国家以及小范围的坦桑尼亚和马达加斯加以外，其余国家都曾努力尝试过语言口语化（vernacularisation）的做法，即用非洲的土著语言来取代以前的殖民语言，但大多都以失败而告终，也就是说，工具型的经济观战胜了文化型的价值观。斯波斯基（Spolsky 2008b）指出，以色列希伯来语成功复活的案例难以在其他语言中得到复制，因为希伯来语作为宗教语言和书面语言已经存在了 2000 多年，并最后通过学校语言政策得到了复活。尽管学校对语言复活很有帮助，但语言的复活还需要家庭和社区的强力支持。麦卡蒂（McCarty 2008）赞同斯波斯基的观点，认为语言的复活不能仅仅依靠学校，它还需要其他社会机构的帮助，以便保持祖裔语的活力。

但是，如果学生及其家长试图要在学校认可某些其他语言，以便实现他们的语言偏好（language preference），那么教育系统通常也会阻止这种行为。曾经有人（Manan et al. 2016）对巴基斯坦奎塔市（Quetta）的私立学校进行过详细的调查，然后阐明了那里的情况：学校使用乌尔都语或英语，但仅有少数学生在家说这些语言，而 90% 的学生在家都操其他不同的语言，而且，语言数量达 60 种之多。面对这种现象，巴基斯坦政府和学校只能通过严厉的语言管理和干预措施（如通告周知、宣传壁画、处罚警告和偶尔性惩罚）来强迫学生接受它们所制定的语言政策。世界上许多地方都经常有报道说，当地有学校通过惩罚的手段来打压某些被污名化的语言（Sallabank 2011：281）。例如，在英国威尔士，儿童在学校若被听见说威尔士语就要挨打(Byram 2018：37)；在美国纳瓦霍印第安人学校，儿童要是说了纳瓦霍语，就要用香皂洗嘴(Spolsky 1975)；在法国，少数民族地区的学生不许在学校说布列塔尼语(Adkins 2013)和奥克西坦语(Manzano 2004)，这是不争的事实；在印度，英语为教学媒介语的私立学校如果发现学生说了自己的家庭语言，学生就要受罚(Mohanty, unpublished)。针对这些现象，2018年的《哈瓦那土著语宣言》(Havana Declaration on Indigenous Languages)①就包含了如下内容：

> 土著儿童及青少年如果在学校说了自己的母语以及做了一回符合自己语言身份的自己，那么他们就会受到惩罚和自以为是的"纠正"。此外，这些土著人还要遭受如下诸多磨难：贫穷；被迫接受一种语言和文化；强制同化；认知暴力和语言暴力。对此，我们表示谴责。

美国印第安人从纳瓦霍语转用了英语，对此学校要负主要责任。李和麦克劳林(Lee and McLaughlin 2001)指出，在招收了纳瓦霍印第安儿童的学校中，仅有10%的学校是在当地纳瓦霍社区或纳瓦霍族保留地的管理范围内。而在这10%的学校中，只有6所学校强调过纳瓦霍语的维持，其中最成功的是岩点(Rock Point)学校(Holm and Holm 1990；Rosier and Holm 1980)和粗石(Rough Rock)学校(McCarty 2002)，岩点学校的学生是先接受纳瓦霍语的学习，然后才是英语的学习。但是，正如霍尔姆和霍尔姆(Holm and Holm 1995)所说，这两所学校的做法并没有引发其他同类学校的效仿。印第安人保留地的多数学校都是由它们所在州的教育厅来管理的②。于是，学校的课程掌控权并不在纳瓦霍人的手里，尽管现在各校的教员大多都是纳瓦霍人③。即使后来有纳瓦霍人进入了学校的董事会，但是，学校还得遵守所在州的法律和政策。所以，现在仅有10%的纳瓦霍儿童是在用自己的祖裔语上课或接受自己本族文化的

---

① 2018年10月在古巴的哈瓦那召开了第三届"美洲土著文化研究国际学术会"(International Colloquium of Studies on Native Cultures of America)，有些与会者探讨了这些现象。
② 纳瓦霍族保留地位于美国四州的交界处，它们分别是亚利桑那州、新墨西哥州、科罗拉多州和犹他州，每个州都有自己的教育厅。
③ 20世纪70年代，美国联邦政府出资制定了一个较大的教育项目：培训1000名纳瓦霍人教师。

教育。在亚利桑那州，迪法恩斯堡（Fort Defiance）学校有一个纳瓦霍语沉浸项目（immersion programme），研究表明其双语项目的效果比单语项目的效果更好（Arviso and Holm 2001；Benally and Viri 2005）。

人们发现美国纽约市的中小学有一个共同的语言现象：来自波多黎各的学生都会逐渐丧失其西班牙语的能力（Garcia et al. 2001）。1992年，这些学校共有35.5万西裔学生，而其中来自波多黎各的生源占了大多数，但人们对此并不了解。据报道，在这些学生当中，有10万波多黎各学生属于英语为第二语言的学习者（Garcia et al. 2001：67）。在20世纪70年代，纽约的这些学校都会为波多黎各学生开设过渡性双语项目（transitional bilingual programme）。但在20世纪末，这些项目大多数都被另一种双语项目（Dual Language programme）所取代，该项目旨在利用班上把英语作为第一语言的人来影响班上把英语作为第二语言的人，并促使后者提高英语水平。据报道，这些把英语作为第一语言的人大多数都是第二代和第三代的波多黎各移民，但他们的英语使用已经非常流畅。除此之外，班上把英语作为第一语言的人还有多米尼加人、墨西哥人、中美洲人和南美洲人。到了2000年，学生若想要获得中学文凭，就必须通过纽约的英语水平考试（English Language Regents' Examination）。

20世纪初，美国的世俗依地语学校运动达到高峰。但是，到了20世纪70年代，大多数的世俗依地语学习仅限于大学和成人项目（Avineri 2012）。然而，对于极端正统派的犹太人来说，依地语依然是众多哈西德学校的教学语言，男孩自六岁起就被送到这里，开始学习和使用依地语。由于这些学校完全由犹太人社区来管控，因此它们往往会降低或忽视所在州教育部门对课程的管理，而用依地语来教授《塔木德经》。在以色列，哈西德男童学校除了使用依地语外，也会在小学低年级使用一些希伯来语，有时还用希伯来语教授一些世俗课程。但是，哈西德女童学校则主要是把希伯来语作为教学语言来使用，不过会开设依地语课程（Bogoch 1999）。总之，在比利时的安特卫普、美国、以色列和英国，哈西德派犹太人社区所建立的学校在维持依地语方面起了重要的作用。

加拿大魁北克的学校为我们提供了一个有关语言教育政策复杂性的有趣案例。在这个国家，每个省都有自己的教育体系。魁北克省政府在教育方面授权给校董会，并根据宗教把校董会分为两种：天主教校董会和新教校董会。在《101法案》于1976年通过之前，每种校董会都有自己的语言政策。天主教学校选用法语为教学语言,但也有少量的爱尔兰天主教学校选用英语为教学语言,而新教学校则选用英语为教学媒介语,但也有一些胡格诺派(Huguenot)新教学校选用法语为教学媒介语。这两类宗教学校都会把对方所推崇的语言作为外语来开设。20世纪60年代,在蒙特利尔市圣兰博特(St. Lambert)区的新教学校,有一群学生家长认为学校提供的法语教学不足,因为他们想要让自己的小孩成为英法双语人。对此,蒙特利尔的麦吉尔大学有两位教授——心理学的华莱士·兰博特(Wallace Lambert)和来自神经学研究所的怀尔德·彭菲尔德(Wilder Penfield)提出了自己的建议。他们设法劝说新教校董会允许他俩开设实验性的语言沉浸项目。1965年,第一所实验幼儿园开班,共有26名学生。由于学生家长持续不断地要求该项目的延伸,从而导致语言沉浸项目扩大到更高的年级,并一直到中学都有其后续项目。后来,该项目成功的消息经报道后不胫而走,于是,语言沉浸项目在整个魁北克以及许多其他省份都得到推广(Genesee 1988)。魁北克学校面临的另一个压力是政治:1976年,主张魁北克独立的魁北克人党(Parti Québécois)通过了《101法案》,也就是《法语宪章》。他们把该法看作是一种能够提高法语地位和扭转法语转用英语现象的手段。《101法案》及后来的系列立法抬高了魁北克英语为教学媒介语学校的入校门槛,这些学校的招生仅限于父母在该省以前也是上英语为教学媒介语学校的儿童。于是,这就阻止了魁北克法语人群以及移民群体的子弟选择英语学校就读的行为。魁北克省政府对学校语言政策的干预,连同其他的一些法律规定(如魁北克的商务和公共场所必须使用法语),保证了法语在该省的生存(Bourhis 1984)。

　　大量事实证明,由于教育系统对语言的生存影响巨大,所以它也会导致一些语言丧失现象。拉斯特拉(Lastra 2001:152)在分析完墨西哥的一大土著语言奥托米语的生存状况后写道:"学校用西班牙语上课的做法也许是导致当地人们语言转用的主因。"在非洲,"学校域过去以及现在都是产生语言转用拉力的主要场所……许多儿童自从上学后就完全从自己的母语转用了英语"(Adegbija 2001:285)。马厄(Maher 2001:341)就日本阿伊努语的生存状况指出:"日本的教育系统,不管是公立小学还是公立中学都不教授阿伊努语。"费什曼(Fishman 2001:471)总结说:任何为了保护语言而仅仅依靠学校教学的做法都是注定要失败的,除非"在学校教授该语言之前、之中和之后",该语言都能够在社会上发挥一定的作用。因为"学校无法成功地抗拒社会力量、经济力量和政治力量"(Paulston 1988:3)。

但是,那些认为自己能够为语言的生存提供帮助的学生家长、语言学家和语言活动者,他们都是语言维持的主要人物,因为他们提倡语言维持,并为语言维持做出贡献。尽管大多数人都赞同家庭语言政策对于语言维持至关重要的观点,而且语言复活运动通常都聚焦在学校层面。然而,在学校接受了威尔士语和毛利语教育的一代人似乎都不在学校之外使用这些语言,或者说他们都没有把这些语言传授给自己的小孩(Sallabank 2011:282)。

3.5.1 学校里的标准语体和地方语体

学校的首要语言问题是选择哪门语言为学校的教学语言和目标语言。解决这个问题的一个维度是标准语体和地方语体的选择。学校通常都是强制使用标准语体,即使学生(甚至包括教师)都是某一被污名化的地方语体的使用者。我们很难发现像挪威那样的案例:该国的学校强制教授两种标准语体——博克马尔语(Bokmal)和尼诺斯克语(Nynorsk),从而不干预学生的方言使用。但世界上更常见的是类似斐济这样的案例:早期该国的传教士选择此地最东部使用的巴乌(Bauan)方言为教学语言,这就给众多使用其他各种方言的人带来语言问题,因为其中有些方言的同源词汇不足60%(Schütz 1985)。伊拉克的库尔德语(Kurdish)语言活动者想要发展一种能够被目前两种主要变体的使用者都接受的标准语体,不过,困难重重。同样,秘鲁的盖丘亚语(Quechua)语言活动者也面临着同样的问题:该语言也有两大变体(Coronel-Molina 2008,2015)。埃及的学校之所以没有选择埃及或其他地方的阿拉伯语变体,而选择了古典阿拉伯语,其中一个主要原因出于泛阿拉伯主义(Pan-Arabism)的考虑(Suleiman 1994,1996)。相比之下,在新西兰,毛利语语言委员会为了获得毛利人众多部落在家庭语言使用方面的支持,而鼓励各部落去发现和认可各种方言之间的差异。但是,学校语言要在各种非标准的地方语体中做出选择往往是一个大问题。

3.5.2 双语教育

为了满足家庭语言维持和学校标准语言教学的双重需求,各国开发了许多不同种类和模式的双语教育。麦基(Mackey 1970)描述过以下几种理论上可行的模式:"单语或双语的教学媒介语维持模式;文化适应或民族统一的语言转变模式;逐渐型或快速型的语言过渡模式。"每一种模式又可根据学校和家庭的五种关系以及学校和环境的九种关系进行更细小的划分。这些模式的首要差异在于每种语言使用的时间分配不同,它可分为两种:第一是按每周小时数计算的模式(从百分之百的时间用于一种语言的沉浸式教学,到一周仅一次时间的非沉浸式教学);第二是按年度来计算的模式(从学前班或某一学年开始,一直到不再使用某一语言的那个学年)。但是,在美国,现在有些州宣布双语教育是非法的,它已被那些强调英语单一语言能力的各种项目所取代。

影响学校语言政策选择的一个关键因素是:谁是学校语言的管理者,或者说,学校的语言提倡者(language advocate)有多大的影响力(Spolsky 2020b)。有关这方面的更多讨论将在本书第 10 章出现。由于学生家长以及社区缺乏对教育体系的直接管辖权,于是,他们可以通过制定家庭语言政策和举办各种校外语言活动来表达他们的语言诉求。当学生家长或社区要设立自己的语言维持或语言复活项目时,大家不约而同地一个常见模式就是建立自己的学前教育项目。这方面的典型案例是新西兰的毛利语语言巢项目(J. King 2001)。除了学前教育项目外,社区课外或周末学校也是大家比较重视的一个选项。但这些学校通常都跟某一宗教团体有一定的联系。例如,在海外犹太人社区建立的希伯来语学校(Spolsky 2016b),在美国建立的希腊东正教学校(Bailey and Cooper 2009),在英国建立的穆斯林学校(Meer 2009)。此外,还有一些海外某些族裔自己建立的学校。例如,美国华裔和日裔分别建立的中文学校(Li 2005)和日语学校(Shibata 2000),在以色列为前苏联移民儿童建立的俄语午后学校和夜校(Schwartz 2008;Spolsky and Shohamy 1999:241)。

校外语言学习的另外一种模式是夏令营,如美国的希伯来语夏令营(Benor et al. 2020)。当初,这些夏令营的目的只是想提高夏令营成员的希伯来语水平,但现在发现这些成员只是在口头和书面英语中会适当地借用希伯来语词汇,这就是希伯来语元素的体现。辛顿(Hinton 2011)研究过在美国迈阿密和克雷桑(Keresan)举办的美国印第安语言暑期学校以及在立陶宛举办的卡拉伊姆语(Karaim,是卡拉伊姆人使用的语言,主要用于俄罗斯、乌克兰和立陶宛等国家,译者注)暑期学校。

麦基(Mackey 1970)梳理了许多种类的双语教育后发现,它们都跟语言学习的时间有关系,且都表现在两个维度上:第一是每周有多少个小时用于一门语言的教学,第二是在整个教育过程中一门语言的教学要持续多少年。在极端情况下,会出现以下两种绝对的单语项目:第一是仅教授国语,如1979年之前的法国及其帝国只教授法语,这可称为"浸没式"(submersion)教学;第二是仅教授少数民族语言,如在英国殖民教育中的头几年里以及在新西兰的毛利语复活学校里,这里的语言教学都可算作是沉浸式教学。在正常情况下,双语项目的教学时间应该是可以共享的,其中包括如下情景:在同一个教室里有两位教师,他们分别使用不同的语言进行交叉教学。如美国纳瓦霍语岩点学校以及以色列的几所希伯来语和阿拉伯语双语学校就是这样操作的。在每个学年,学校可能会重复使用这种教学模式,这叫维持性项目(maintenance programme)。另外,学校也有可能会改变这种模式,尤其是在学校要求学生从家庭语言过渡到国家强势语言的时候。在经典的蒙特利尔圣兰博特模式中,目标语的沉浸式教学已被如下方式所取代:人们可在目标语学习的后期和其他语言共享时间。此外,在通常的英国殖民语言政策中,允许学校用土著语言进行教学,但这只是临时的,它们最终都要逐渐过渡到用英语进行的教学中去,通常在中学阶段就要完成这个过渡期。

不管是哪种模式,它们都遇到一个师资短缺的问题——要寻找到足够多的,并能够熟练使用目标语的,而且还适合当教师的人并不容易。例如,毛利语学前项目起初是利用儿童的祖父母来充当教师,他们虽然毛利语使用流畅,但没有接受过教师方面的培训。美国加州为了推广当地的土著语言而发起过"师带徒项目"(master-apprentice programme),后来该项目被应用到整个美国,并传播到澳大利亚、加拿大、巴西和西班牙。在这个项目中,师傅首先要接受2—5天的专业培训(Hinton 2011:303)。新西兰国家组办的毛利语沉浸教学项目是以学校为根据地,师资通常是年长的女性,她们毛利语使用流畅,因为打小就开始使用。此外,她们还会邀请一些年龄比她们还大的亲戚来帮助教学(Spolsky 1989)。在奥斯曼帝国时期,巴勒斯坦的乡村建有希伯来语复活学校,教师都是熟悉宗教经文语言的人,但他们同时还把犹太人所使用的各种语体中的现代术语也加入进去(Glinert 1987)。美国在复活纳瓦霍语的过程中,其中一个主要内容是把当地的纳瓦霍人培养成会说纳瓦霍语的教师。在世界各地的许多语言项目中，往往都会招聘当地语言使用流畅的人来当教师的助手。2001 年，夏威夷的卡瓦瓦伊奥拉土著语言教师教育项目（Kahuawaiola Indigenous Teacher Education Program）得到批准。该项目旨在助推夏威夷语的复活。它要求教师学员具有流畅的夏威夷语使用能力，并接受六周在夏威夷语言和文化环境下的强化沉浸生活，以及一年的教学实习。该项目除了可以提供教师资格证课程外，还可授予硕士和博士学位（Wilson and Kawai'ae'a 2007）。雷德（Reid 2004）描述并比较了两个土著语言教师教育项目：一个是在加拿大的萨斯喀彻温（Saskatchewan），另一个是在澳大利亚的新南威尔士。她指出了这两个项目的贡献，但也发现其中的不足：土著化行为与社区支持之间存在冲突。

下文的法语案例说明了教师在支持学校语言政策方面的重要性。尽管在法国大革命期间，法国就要求教师只能用标准法语上课，但直到 19 世纪晚期，法国才有足够多的教师可以达到这一要求。从 1979 年起，法国就有学校在教授奥克西坦语。这些奥克西坦语和法语双语学校包括 60 多所小学和 3 所大学。它们的奥克西坦语教师都是由阿普灵奥克西坦语高等教育学院（Aprene Occitan Higher Education Institution）培养的。该学院坐落在法国的贝西尔（Besier），它是欧洲小语言学校网络的一部分，这些网络学校都提供小语言的沉浸式教学项目和教师培训，而这里的小语言是指欧洲诸如巴斯克语、阿尔萨斯语（Alsatian）、布列塔尼语和加泰罗尼亚语之类的语言（Sumien 2009）。尽管如此，学校要提供濒危语言使用流畅的合格教师仍然是世界各地的一个主要问题。

3.5.3　学校作为语言管理的一种主要工具

综上所述，学校是继家庭之后语言管理中具有较大潜力的又一主要力量。在希伯来语的再度口语化（revernacularisation，也译"语言再度本地化"或"语言再度白话化"，译者注）、标准英语的推广、印尼语的确立以及许多其他类似的语言案例中，学校一直都是语言转用现象背后的主要推力。由于学校的重要性，它要承受来自所有利益相关者的压力，而且，其中有些利益相关者还积极地想要成为语言教育政策的提倡者或管理者。学校成了国家、家庭和社区之间发生语言冲突的主要地方：国家要强调官方语言的教育，而家庭和社区可能只支持有关自己的民族语或祖裔语在学校获得维持或复活的行动。此外，宗教机构想利用学校来扩大和推广自己的宗教语言;商界就希望学校能为它们提供懂得更多与经济相关语种和较高语言技能的员工候选人;而军队和情报机构则把学校看作是为它们培养所需语言人才的基地。

尽管如此,但学校自身无法强制做出重大的语言政策改变,因为它的生存与发展都离不开社会各个方面的合作,而社会各个方面都会影响到学校语言的实践。可见,学校教学语言的选择事关重大。学校若不选择儿童学生的家庭语言作为教学语言,那么语言少数群体的儿童学生肯定会受到严重的歧视:如本书前文所述,全球有大约 40% 的儿童学生因学校的语言政策而会遇到各种学习上的困难,他们要经过六至七年以后才能随心所欲地使用学校选定的教学语言。当然,那些未上学或上学不多的儿童今后就更有可能沦落为经济地位低下的人。通常,学校既是一个让学生可以学习各种语言(如经典语言、外语或宗教语言)的地方,也是一个让学生平常接触不到的语言可以在这得到保护的地方。

学校正因为有这么大的影响力,这就解释了为什么社会上会有如此多的领域或机构(从中央政府到作为学生父母的语言活动者)都想要控制或影响教育系统。当教师和众多学生一起呆在封闭的教室里上课时,教师就拥有了额外的管控权,此时,有些教师就会忽视课堂上要用官方语言上课的学校要求,从而转用当地语言。但奇怪的是,学校决定课程计划和制定语言政策的力量往往都是来自课堂之外。当然,如果学校的教师数量不足、培训不够和能力不高,那就意味着学校的语言政策经常都会无法得到实施。

对于学校来说,好的语言政策需要考虑到不同社会层级和不同语言域所存在的复杂性。但是,即便是好的语言政策也会受到众多因素的干扰,其中就包括各种非语言因素的干扰,从而阻碍语言政策的实施。在语言管理中,学校可能是第二个最重要的领域,它甚至能克服家庭语言政策的影响。

第 4 章　居住小区和工作单位的语言政策

4.1　同龄人和父母

在语言使用方面，儿童上学前就会受到居住小区里一起玩耍的小朋友的影响，此外，还会受到其他因素的影响，如收音机、电视机、计算机和手机。哈里斯(Harris 1998，2011)在一个被称为具有革命性的研究中指出，儿童受到同龄人的影响要大于父母对他们的影响，因此，移民家长若要在语言方面帮助自己的小孩，最简单的办法就是择邻而居，即选择那些来自同一国家并已安顿下来的移民为邻居，这样就能为小孩提供一个让他们容易融入当地并成长的语言环境。居住小区的语言实践以及工作单位的语言政策可能是家庭语言政策遇到的主要挑战，也是影响个人语库发展的强有力的决定性因素。所以，对于语言政策的研究者来说，学会了解个人的外部语言环境是一项重要的任务。

有时候，人们在家庭、学校、居住小区和工作单位的语言使用没有两样。然而，由于城市化或移民的原因，有些人或家庭迁移到新的地方居住，于是，他们生活在与自己的民族、文化或宗教都不同的环境里，这样他们在上述几个地方的语言使用就可能会有较大的差别。这就是为什么移民通常会设法与自己具有相同语言文化背景的人居住在一起，从而形成外国人社区或与众不同的社区。这方面比较显著的案例是世界各地海外华人所形成的唐人街(Li 2016b)以及世界许多城市里犹太教正统派人士的聚集区。

即便在单语使用的乡村，人们也有可能说着不同的方言。例如，甘柏兹(Gumperz 1958，1964)在北印度和挪威的乡村做过调研，结果发现：印度的社会种姓或挪威的社会阶级是导致乡村语言使用差异的决定性因素。在移民社区里，移民到达的时间影响着他们在新语言转用方面的比率。有些乡镇和城市，例如早在第二圣殿时期（Spolsky and Cooper 1991）以及2000年之后（Spolsky 1993）的耶路撒冷，就出现过显著的多语现象。

现在有些学者称之为语言超多样性，这个术语是韦尔托韦茨（Vertovec 2007）杜撰的，之后，布罗马特（Blommaert 2013）把它应用到语库研究中。该术语似乎告诉我们现代社会的大量移民给我们带来了一个新的语言现象，但它忽视了古代及中世纪港口城市的语言多样性问题。诚然，在当今世界，由于移民、城市化以及人口安置（包括动辄数百万人的强制性和自愿性的人口安置）等原因，现代城市已出现多方面的高度多样化特点。面对这种情况，语言政策的一个主要任务是如何描述和管理这些复杂的社会语言环境。

若要把居住小区或工作单位的社会语言使用情况描述清楚，我们有几种方法可应用①。弗格森和甘柏兹（Ferguson and Gumperz 1960；Gumperz and Blom 1972）在调研印度和挪威社区的语言使用时应用了传统的民族志方法，即参与性观察（participant observation）。而费什曼等（Fishman et al. 1971）则根据人们对精心设计的问卷的回答来进行数据分析。有一年，费什曼和甘柏兹合作一起调查美国新泽西州泽西市（Jersey City）的语言使用情况，他们俩有时意见不合，彼此要求对方提供证据。此时，费什曼往往会拿出一沓电脑打印纸给对方看，他的研究内容都打印在上面；而甘柏兹则常常会说："昨晚我参加了一个派对……"。兰博特根据自己对加拿大蒙特利尔的双语实践与态度的研究而提倡时间较长的半结构性访谈法（Lambert et al. 1975）。当库帕和我在调查耶路撒冷老城的语言使用状况时，我们应用了混合法：个人访谈、街道观察以及公共标识（public signage）拍照。加尔（Gal 1978）在调查一个使用匈牙利语和德语的双语城镇时同样也应用了混合法——问卷法和观察法，然后得出以下结论：社会网络的成员关系决定了人们的语种选择。

上述每一种方法都有自己不同的利和弊：问卷法容易使调查结果朝

---

① 详情可参见本书第10章有关D.·布莱德利和M.·布莱德利（Bradley and Bradley 2019）合写的专著。

问卷设计者所假设的方向发展,而且问卷中的问题都比较简短,这容易使人迷惑。例如,做问卷的人怎么能区分有关家庭语言、第一语言或强势语言使用的不同结果?民族志法要求调查者亲临现场观察,但实际上聘用一名接受过培训的当地人去观察要比一个外国学者自己去观察更好,因为这样可以降低观察者效应(observer effect)的可能性(Spolsky 1998：8)。访谈法要求发现和选择足够多的乐意参与并具有代表性的访谈对象,而且,访谈有大量的信息要转换成书面文本,然后再依此进行学术分析。总之,上述每一种方法都可获得不同视角下的研究结论,因此,研究方法最好是采用混合法。

4.2　居住小区的语言标识

对于公共标识的数据收集,一个简单而流行的做法就是拍照。利用手机来收集公共标识的数据,简单而方便,这催生了一个新的学术研究领域,即现在大家所熟知的语言景观(Backhaus 2005；Ben-Rafael et al. 2006；Spolsky 2019d),目前它已有了自己的学术期刊和学术会议。公共标识便于拍照,却难以解读:在不了解当事人为何选择某一标识语言之前,我们很难完全理解他们真正的社会语言含义(Malinowski 2009)。而且,公共标识是用书面语言来体现的,它有时可能会误导人们,因为它并不代表当地人常用的口头语言。例如,在20世纪60年代,美国纳瓦霍印第安人保留地的人们通常都说纳瓦霍语,但这里公共标识上的文字几乎都是用英语书写的(Spolsky and Holm 1973)①。

在有些国家,路标(street sign)的语种选择可能由中央或联邦政府或地方政府来决定,它有时能体现一个地方的历史变化。例如,耶路撒冷老城的陶瓷路标用了两种或三种语言书写,它反映了当地曾先后被英国、约旦和以色列统治的三个历史时期(Spolsky 2020a；Spolsky and Cooper 1991)。巴克豪斯(Backhaus 2007)发现日本东京地方政府会对当地的路标进行语言管理,如要求游客众多的街区必须在自己的路标上加上英语。

---

① 最近,韦伯斯特(Webster 2014)发文描述了纳瓦霍人保留地公共标识的主要变化:自从美国印第安人部落委员会(Tribal Council)规定保留地所有的街道标识至少需要用到四种语言以后,纳瓦霍人保留地的公共标识也做了一些相应的调整。

德涅斯特（Transnistria）是德涅斯特河沿岸的摩尔达维亚共和国（Pridnestrovian Moldavian Republic），它位于摩尔多瓦和乌克兰两国之间，这是一个未能得到国际社会认可的国家。这里的路标是三语制：摩尔多瓦语（Moldovan）、俄语和乌克兰语（Ukrainian）。但以前，这里的公共标识多数都仅用俄语书写，目的是为了表明它们已从摩尔多瓦独立出来了（Muth 2014）。塞内加尔于1960年独立时选择了法语为其官方语言，现在该国有一半的店主都用法语来书写店里的标识，有四分之一的店主除了法语外还增加了沃洛夫语（Wolof）——当地一种流传广泛的通用语（Shiohata 2012）。尽管法语是法国的官方语言，且非常强势，但是，在法国西南部城市图卢兹（Toulouse），这里的路标除了用法语书写外，还一直使用当地的区域性语言——奥克西坦语，这体现了当地人对其祖裔语的一种忠诚（Amos 2017）。

在语言使用方面，不同的商店会有不同的选择。在居住小区的商店里，尽管它们出售许多具有不同民族特色的食品，但店主通常都是本地人。例如，我从小就经常光顾当地的中国人商店，这是一家卖果蔬的商店。在这些当地商店里，都有打印好的商品基本信息的吊牌，商品有国内的，也有国外的，且未必都用当地语言书写。在亚洲和欧洲的商品广告标识中，其全球性是通过增加英语借词来体现的（MacGregor 2003；Schlick 2003；Soukup 2016）。在允许讨价还价的市场里，商品即使印有价格栏，店主也很少明码标价，但是，现在的法律越来越要求商家提供如下商品详情：成分、重量、过期日期和价格，以便为购物者增加文字信息。

当地的商店和超市是居住小区的重要组成部分，它们都可反映当地的语言实践情况，并会鼓励那些新来的、且不知如何购物的人们融入进去。当地商店的服务接触（service encounter）现象是许多研究领域的话题选项。例如，贝利（Bailey 1997）的研究指出，美国的韩国店主与非洲裔顾客之间存在语言误解现象。后来，利奥（Ryoo 2005）则研究了这些韩国店主是如何设法克服这种交际困难，并与这些非洲裔美国顾客建立联系的。夏夫利（Shively 2011）探讨过西班牙的外国学生如何在服务接触中学会扮演自己的角色。在我们对耶路撒冷老城的语言使用进行研究的过程中（Spolsky and Cooper 1991），有人告诉我们，阿拉伯人店主可以通过与顾客的对话来辨别对方是以色列人还是外国游客，因为外国游客不会先礼貌性地问对方的家人健康状况，而是直接问商品价格。此时，店主为了迎合外国游客，通常都乐意展现自己的外语技能（即说英语）。但是，在我著的《语言管理》(Spolsky 2009a)一书的封面上就印有一张反其道的图片：美国费城一店老板拒绝服务不说英语的顾客，并在店外贴有一张要求顾客说英语的告示。韦伯斯特(Webster 2014)的最近研究表明，尽管美国印第安人部落委员会规定，纳瓦霍人保留地的路标要符合当地的新要求，即要有英语标识，以便非纳瓦霍人也能看得懂，但是，这里还有许多路标依然仅用纳瓦霍语书写，而且，其中不少还存在拼写错误。

把语言景观改为城市景观(cityscape)也许更好，但这不适合美国纳瓦霍人保留地的情况。目前，语言景观的研究都是完全依靠相机（现已转用智能手机）拍摄到的图像来进行的，但它们都忽略了人们在居住小区所使用的口头语言，很显然，居民之间在互相问候时所使用的语言跟其所属文化密切相关。而且，智能手机正在摧毁人们之间的这种问候。"现在的人几乎没有社交生活和街区生活，对身边的人和身边的事也不关注。这种现象在大城市更加凸显，人们大多都整天沉浸在手机或其他电子设备上，不能自拔……"(Sacks 2019：28)。

学会如何在公共场合打招呼，这是一项重要的社交技能。我回想起当初我对这一技能的两个学习经历，还是感到满意的。第一是我学会了傍晚时候当我要离开中学回家时如何对校长说"晚安，先生！"。第二是我知道了在我耶路撒冷的居住小区当上午在街上遇见人时该如何用希伯来语打招呼以及何时还要加上"月安！"(Good month)这句话。可见，要对社区人们的口头语言实践进行研究，要比对街上语言标识拍照困难得多。故此，在我们对耶路撒冷老城的语言使用情况进行研究的过程中，我们安排了学生沿着设定的农贸市场路线进行观察，并记录他们沿途所听到的语言及其说话者的相关信息——大概年龄、外表长相、说话时间、说话地点以及所用语种。结果表明，这里的阿拉伯语、希伯来语和英语的使用占了农贸市场语言使用的四分之三。这种研究得出的结论与语言景观研究得出的结论是不一样的(Spolsky and Cooper 1991：97—8)。人类的口头语言使用与他们的穿着密切相关，这就解释了为什么耶路撒冷农贸市场上的店主可以猜出自己该用什么语言对路过的游客打招呼。

所以，我们在描述居住小区的语言使用情况时，语言景观的研究只是丰富了我们对这里口头语言使用调查的一个内容，但不足以反映这里的语言使用全貌。

4.3 什么是居住小区

在研究居住小区的语言使用时,我们会遇到的首要问题是研究方法,因为我们要划分清楚不同居住小区之间的边界是困难的:谁也无法精准地界定言语社区的概念(Gumperz 1968;Horvath and Sankoff 1987;Xu 2004),于是,要确定研究的区域目标就成了研究中的一个关键因素。在我们对耶路撒冷语言使用的研究中,我们选择了老城这块区域,因为它在16世纪就被奥斯曼帝国用高墙围起来了。我们注意到,耶路撒冷老城被当时的英国统治者划分为四个大小不一的区块(准确地说是区域):亚美尼亚区(Armenian Quarter)、犹太区(Jewish Quarter)、基督教区(Christian Quarter)和穆斯林区(Muslim Quarter)。其中最小的是亚美尼亚区,该区有女修道院,院四周有围墙;犹太区于1967年(即第三次中东战争之后,译者注)得到重新划定;基督教区有几座教堂和一些其他宗教机构;剩下的是穆斯林区,它面积最大。在这些区域的内部,它们各自又存在着许多不同的差别。例如,穆斯林区还居住着吉卜赛人群体(Gypsy complex,即罗姆人群体。译者注);亚美尼亚区的居民可分为神职人员与非神职人员,他们之间有很大的不同;犹太区的人们因为对犹太教堂(synagogue)和学校有着不同的偏好,从而产生了不同的派别;基督教区内有各种不同的宗教机构,如希腊东正教、罗马天主教、埃及科普特(Coptic)教会以及其他教会。有游客会问我们:家里的犹太小孩是否会跟居住在临近的穆斯林小孩一起玩耍。我们回答道:他们甚至不会跟不在同一所学校读书的犹太小孩玩。而且,同一个区域内不同的居住街道也存在很大的差别:有些街道具有商业性,尽是商店,构成各种市场;而有些街道则全是公共部门和宗教机构。可见,我们很难把耶路撒冷老城看作是居住小区,但把它视为日益受到部分年轻人关注的系列城市空间,这可能会更好。此外,老城的各大城门(共有八扇门:新门、大马士革门、希律门、狮子门、金门、粪厂门、锡安门和雅法门,译者注)和城墙曾经都有哨兵把守,形成各区之间泾渭分明的界线,但如今皆已消失。例如,大马士革门(Damascus Gate)的外面区域属于东耶路撒冷,但它与该城门里面的区域交织在一起。同样,雅法门(Jaffa Gate)的外面区域属于西耶路撒

第4章　居住小区和工作单位的语言政策

冷,但它与该城门里面的区域难舍难分①。

　　一些其他人也在研究中发现要界定清楚居住小区这个概念是件不容易的事情。威廉·拉波夫在他的硕士论文研究中选择了一个孤岛社区——马萨葡萄园岛(Martha's Vineyard)为研究对象(Labov 1962),但后来他发现岛上的农民、渔夫和夏季来避暑的游客在居住模式上都存在很大的差异。拉波夫在他的博士论文研究中选择了纽约几家百货商场的不同楼层为其研究场景,以便揭示不同社会阶层的人在语言发音上的差别。后来,他又在纽约曼哈顿下城(Lower Manhattan)的几个街区进行调查,同样发现人们的社会因素会影响他们的语言使用(Labov 1966)。约书亚·费什曼在研究美国波多黎各移民社区的语言使用时选择了泽西城的一个区域为研究对象(Fishman et al. 1971)。费什曼和他的团队在研究耶路撒冷的语言使用状况时,他们收集了城里的语言标识,并调查了城中心商业和居住兼具的街道的言语使用状况(Rosenbaum et al. 1977)。库帕和卡朋特(Cooper and Carpenter 1976)研究过人们在埃塞俄比亚多语使用的商业市场中是如何选用语言的。其研究结果与我们(Spolsky and Cooper 1991)后来在耶路撒冷老城所进行的研究结果一样:通常是卖方努力学习买方所使用的语言。巴克豪斯(Backhaus 2005)为了研究双语标识而调查了日本东京几条街道的使用情况,这些街道都是游客较多,并且是东京市要求提供双语标识的街道。

　　由于人们居住小区的社会语言在不断地多样化,那么个人语库就可能会随着自己语言接触的增加而扩大,进而形成语言社会化的常态现象(Ochs and Schieffelin 2011)。即使一个人前后左右的邻居都使用相同的语言,但他们很有可能存在着方言上的差别,从而导致这个人在语言使用上会做些调整或增加某些语体。儿童在娱乐场所或学校操场都很容易接触到不同的语言变体。他们购物时,店主可能是移民,说着不同的语言或语体;在学校,他们的教师通常会尽量使用标准语体;长大工作时,他们的雇主可能会鼓励大家使用有利于单位社会发展或商业发展的语言②。

---

　　① 在耶路撒冷老城雅法门的外面有一个大型的购物中心——玛米拉购物中心(Mamillah Mall)。这里有许多出售世界各种名牌商品的商店,游客则来自世界各地以及当地的阿拉伯人和犹太人。这里还有通道,人们可以轻易地走到西耶路撒冷。
　　② 其中也包括如下内容:严禁员工使用顾客听不懂的语言。

65

语言社会化

　　语言社会化就是指个人语库扩大的治理过程。赖利(Riley 2011)研究过影响语言社会化的语言意识形态或语言信仰。尽管人们对于儿童语言教育的方法和时间存在文化上的差异,但是大家都认为儿童在语言交际方面的能力还不够成熟,需要接受教育,并从中获益。例如,巴布亚新几内亚的卡卢里人(Kaluli)认为,父母和年长一些的哥哥姐姐必须告诉更小的儿童如何说话,并为他们演示如何正确发音,而在英裔美国人中,工人阶级和中产阶级父母则不会这样做,他们只会告诉儿童各种事物的名称。西萨摩亚人也不会这样做,但会鼓励儿童遵守礼仪规范。美国非洲裔农民认为,在语言使用上儿童会模仿年长一些的哥哥姐姐的做法。在萨摩亚(也就是西萨摩亚,译者注),父母会教儿童如何使用敬语。在泰国,教师会告诉儿童如何使用有礼貌的小品词以及如何向地位更高的人打招呼。在美国的法学院,教授会告诉大一学生如何在法庭上说话。

　　在许多言语社区,人们在语言意识形态上会重视不同的语言交际方式,通常是更重视如下几方面:书面形式,而非口头形式;中产阶级的言语,而非下层社会的言语;白人方言,而非黑人方言;强势语言,而非其他语言。例如,据报道,纽约的波多黎各人都把他们称为西班牙英语(Spanglish)的语言变体看作是地位低于标准英语的语言变体。同样,在纽约,人们普遍认为每个行政区所说的英语具有不同的口音,不过,贝克和纽林-卢科维奇(Becker and Newlin-Lukowicz 2018)的研究证明这不完全属实。在法国,自从枢机主教黎塞留执政之后,多数法语使用者都接受了巴黎法语是标准法语并享有更高社会地位的观念。巴奇(Bartsch 1987)认为,多数人在语言信仰上都认为任何一种语言皆需一种标准的版本,这是很正常的现象。另外,他还指出,尽管使用规范化的标准语言有助于人们之间的相互理解,但是,在许多社会环境中,判断一个人说话好坏的根据不是语言的标准性,而是语言的说服力。

　　尽管这些语言意识形态可能与社会的各个层面(从家庭层面到国家层面)都有关,但是,它们跟人们的居住小区和工作单位却存在着一种特殊的关系。通常,国家政府不会宣布某些特定语言为非法语言,但土耳其政府严禁人们在土耳其语中夹带库尔德语词汇,美国政府严禁人们邮寄带有淫秽言语的物品。在美国,淫秽言语的概念以前是根据当地的社区标准来界定的,但后来(即 2000 年,译者注)则根据《儿童在线隐私保护法》(the Childhood Online Privacy Protection Act)的规定来判断,而且还把淫秽言语应用到因特网上的行为看作是违宪的。在英国,一部于 1959 年通过的法律严禁出版物中出现淫秽言语,但在此之后,仍有不少例外现象,而且,成功诉讼的案例却在减少。在美国,有些州(如佐治亚州)政府和地方机构严禁人们使用淫秽语言以及容易引发事端的词汇。此外,在美国,政治正确的要求使得人们必须注意以下几点:不能使用包含种族歧视的词汇,如"黑鬼"(nigger)和"南欧佬或意大利佬"(wop);也不能使用包含性别歧视的语言,反对性别歧视是美国当下还在持续进行的一场运动,但是,英语语法中有关性别使用的规定以及英语词汇中有关男女中性术语的表达匮乏都使得性别歧视问题更加复杂化(Coates 2005;Fasold 1987)。在 20 世纪 90 年代,由新自由主义者和保守主义者发起的反向运动(counter movement)向上述这些语言使用规定发起了挑战,指责它们是一种基于大学的镇压运动(Berman 2011;Fairclough 2003)。

4.4 职场语言

世界各地的商店自然会把当地的居住小区和工作单位连接起来,如果这些商店属于家族企业,那么情况更是如此。不过,有些大型商场通常会从居住小区之外的地方雇用售货员,于是,它们就需要进行一些语言管理(Hamp-Lyons and Lockwood 2009;Holmes and Stubbe 2015;Macias 1997)。其中第一个语言管理内容是,工作单位要求所有的雇员都能听懂老板的旨意。然而,有些工作单位会通过聘用双语主管来解决上述问题。例如,以色列的农业和建筑业有许多外籍劳工,其语言问题就是通过这种方式来解决的(Drori 2009)。

奈科瓦皮尔和尼库拉(Nekvapil and Nekula 2006)研究过捷克外资企业的语言管理问题,他们调查了这些企业为了解决大家的语言交际需求所采用的方法,因为这些企业的高级雇员说德语,而一般雇员则讲捷克语。在许多开拓性研究中,格林(Grin 1996a;Grin et al. 2010)探讨了多语单位的经济问题,他主要是研究瑞士和加拿大魁北克的多语单位。S. 波迪亚和 P. 波迪亚（Bordia and Bordia 2015）研究过多语企业员工使用外语的自愿性问题。金斯利（Kingsley 2013）调查了卢森堡十家银行的地方语言政策，而且这些银行都具有国际业务，其员工也都需要国际间的语言实践。维尔等人（Wille et al. 2015）也对卢森堡的多语单位做过研究。达马利等人（Damari et al. 2017）调查过美国2000家公司对外语技能的需求状况。尽管在这些公司中，大多数都重视员工的外语能力，以便可以与外国顾客和外国企业进行交流，但仅有10%的公司要求新进员工会说英语之外的语言。

全球化带来的一个影响是：英语作为公司语言在国际商务中得到快速的发展。然而，坎坎兰塔等人（Kankaanranta et al. 2018）则发现，正式出版物中使用的标准英语与实践中作为通用语使用的商务英语之间存在一些差别。

随着世界各地呼叫中心（call centre）的建立，相应的语言管理需求也随之出现。最近，我们为了改变酒店的预订，就分别跟爱沙尼亚、泰国和意大利的代理人以及以色列的酒店进行了沟通。在每一个案例中，代理人都能用英语跟我们对话。而且，呼叫中心的员工都接受过培训，他们既能说美国英语，也能讲英国英语（Rahman 2009），从而体现了他们的国际化语言水平（Aneesh 2012）。

于是，工作单位成了影响其员工个人语库形成与扩大的一个重要因素，格林（Grin 1996b）和奇斯威克（Chiswick 1994）对多语制经济的研究也表明了这一点。布莱希特和里弗斯（Brecht and Rivers 2005）认为，驱动语言教学政策发展的动力应该是当前的语言需求，而不是一直教授传统外语的老做法。但是，正如诺伊斯图普尼和奈科瓦皮尔（Neustupný and Nekvapil 2003）所说，要改变语言不足的现象往往不是取决于政府的语言政策，而是取决于个体的语言自我管理。

4.5　工作单位的语言管理

通常而言，家庭语言政策会受到个人身份和祖裔语保护等因素的影响，而工作单位的语言政策则会强调经济因素的重要性。假如一个工作岗位要求懂得某一具体的语言，例如，说阿拉伯语的巴勒斯坦程序员需要用希伯来语跟以色列雇主交流，以及用英语跟美国加州的同行交流，那么，这个工作岗位的招聘政策往往就会考虑语言方面的要求，而渴望获得这份工作的应聘者则会进行自我管理，即设法掌握该语言的使用技能。不过，有些家长雄心勃勃，他们会为了实现某些经济目标而修改家庭语言政策，也就是，从重视祖裔语转向重视某些目标语。如韩国的"大雁"父母为了提高自己孩子的英语水平就把他们送到英语国家学习，再如，有些纽约儿童的家长为了让自己的孩子自幼学会汉语就会雇用说汉语的阿姨来当孩子的保姆。而对于工作单位而言，它们在决定现代言语社区的语言政策时具有重要的话语权，本书第 8 章将对此做进一步的探讨。

第 5 章　公共机构的语言政策：媒体、宗教、医卫和司法

5.1　各层级的互联互通

本著在章节的框架安排上有如下一个特点：论述对象以人类个体为开始，以民族国家为结束。这一特点反映了语言使用者的社会语库会随着他们的活动范围从私人空间向公共领域发展，从而得到逐渐地扩大和不断地完善。但是，这种章节的结构布局也有它的不足之处，一个主要的问题是较难反映社会各层级或领域之间的关系，因为社会各层级和各领域都是相互依赖的，而且，更高层级或更大领域的语言管理者或提倡者总想影响或总是成功地影响更低层级或更小领域的语言使用者，它们之间的这种影响方式也是相互依赖的。于是，政府常常试图影响家庭的语言政策，并与宗教、经济、民族或其他领域的特定语言管理者形成竞争关系。本书的这种章节安排还有一个主要问题，就是它未必能梳理清楚人类个体的语言接触顺序或语言接触过程。例如，本章所描述的几个公共机构或许能在不同的时间以及按照各种不同的顺序来影响个体，也或许根本就无济于事。我本人已经研究过如下几个重要的语言域：首先是家庭，然后是学校，接着就是居住小区和工作单位。但是，还有一些其他的公共或私人机构也会影响个人的语库发展，在此，我想对这些机构进行一些探究。不过，本书对这些机构的处理顺序未必都适合所有的语言使用者。

5.1.1　媒体

我之所以从媒体开始论述，是因为媒体尽管属于公共机构且种类多

样,但有些媒体已经渗透到千家万户,从而导致许多的成人及儿童改变了自己的社会语库,并成了影响这些人社会语库变化的主要因素和潜在因素。无线电广播始于 20 世纪初的加州,到了 20 世纪 20 年代就已经盛行于全美及欧洲。1920 年,美国建立了第一个商业性的广播电台;1926 年,英国广播公司(BBC)成立,之后,欧洲其他的国家电台也纷纷建立。40 年来,收音机"成了人们打破公共生活和私人家庭生活之间的边界的主要工具之一"(Hilmes 2002:1),所以,儿童就有机会接触到社区的强势语言。随着收音机的普及,有越来越多的语言开始用于广播事业,而且,第二次世界大战期间美国战争情报办公室还利用无线电广播来应对德国纳粹政府的英语广播(Doherty 2000)。另外,在对外宣传方面,用外语广播成了一种重要的宣传工具。而在和平年代,由于各地广播电台(尤其是调频广播)的运作成本相对低廉,所以各国还可用它来支持本国土著语言的发展。

拉丁美洲用土著语言开设调频广播,这有利于少数民族语言的发展。人们普遍认为:

> 无线电广播是一种十分不错的媒体,因为它能为广大民众(不管是有文化的,还是没有文化的)提供一个良好的信息来源渠道。跟其他媒体相比,无线电广播的优势在于操作简单方便,价格便宜实惠,随处可带可放,无须交流电源(Oyero 2003:185)。

尼日利亚首都拉各斯有一个调频电台(Lagos FM station),奥耶罗(Oyero 2003)对该电台的土著人听众进行过调查。结果发现,大多数土著人都更喜欢收听用他们本族语言播报的节目。在南美,也有类似现象的报道:2002 年,哥伦比亚有 14 个用土著语言播报的电台,它们的辐射面几乎达到 80%的土著人口(Rodriguez and El Gazi 2007)。美国纳瓦霍语的广播对于该语言的维持也起到了一定的作用(Klain and Peterson 2000),尽管其播放的音乐是用英语演唱的美国西部乡村音乐,但是,节目主持人是用纳瓦霍语来进行的。

不言而喻,印刷品(如报纸、杂志和书籍)比无线电更早进入千家万户,且书香门第有助于丰富家庭儿童和成人的语库。报纸在 18 世纪晚期诞生于英国,但当时的发行量很小,大约每 300 人才有一份报纸。到了

1938年,报纸的发行量得到大幅上升:每4个人就有一份报纸(Aspinall 1946)。书籍的拥有量也是在缓慢而稳定中增长的,但公共图书馆提供了更大的阅读渠道。随着图书报纸审查制度的普及,许多图书机构和人们都要对即将发行的出版物进行管理,这是出于宗教和政治等原因的考虑以及防止淫秽和亵渎语言的出现(Ahmed 2008)。此外,人们还会对出版物中的语言使用进行其他内容的管控:塔瓦雷斯(Tavarez 2013)曾报道说,在16世纪的拉丁美洲,宗教裁判所(the Inquisition)严禁人们把《圣经》翻译成当地语言;美津浓(Mizuno 2000)描述过第二次世界大战珍珠港事件之后美国政府施压阻止国内日语出版物的发行;J. 费什曼和D. 费什曼(Fishman and Fishman 1974)曾抱怨过当时的以色列政府控制纸张的供给,旨在限制依地语出版物的发行。

用当地语言来书写出版物,这对于当地语言的维持是至关重要的。费什曼(Fishman 1966)曾编写过一本有关美国语言忠诚现象的经典著作,其中有一章分析了美国的非英语民族在其报刊杂志上的祖裔语使用情况,在这之后的一章则探讨了美国的外语广播情况。在美国,非英语民族的祖裔语和外语是影响其社会语库的两大关键因素。另外,该著作的其他章节也都包含了有关电视媒体语言的简短描述,因为正如格雷泽(Glazer 1966:366)所说的那样,电视媒体在移民的英语教学中举足轻重。

另一个早期的公共媒体是剧院。戏剧和剧院都起源于古希腊,它们为人们,尤其是城市的人们,提供了一种重要的娱乐方式。但是,到了中世纪及之后的历史阶段,巡回剧团(touring company)的发展使得戏剧和剧院可以出现在一个国家的各个地方,供大家分享。尽管戏剧通常都是用标准语言或书面语言来表演的,但土著语言也可用于一些其他的剧院,德赛(Desai 1990)称之为"大众剧院"。这种行为受到过巴西教育学家保罗·弗莱雷(Paulo Freire)的鼓励,并在整个非洲得到发展。据报道,世界上许多国家,其中包括加拿大(Smith 2017)、印度(Kapadia 2016)和澳大利亚(David 2016),都有用土著语言表演的剧院。

电影是影响社区语库的又一因素。在电视机被发明之前,地方电影院在认可和展现人们居住小区的语言实践方面起了重要的作用。全世界能够制作电影的国家有限,但人们有以下两种方法可以把一个国家制作的电影让别的国家也看得懂:配音和字幕。当人类进入有声电影的时代后,制片方在国际上销售电影时就需要考虑电影中源语言的局限性问题。电影配音就是为影片加入另一种语言的同步表达,它的制作成本昂贵,但受到西欧国家的青睐①。电影字幕存在声音与文字不同步的问题,它在斯堪的纳维亚国家的电影中更常见(Tveit 2009)。电影字幕上所使用的语言可反映当地的社会语库状况:我记得有一次我去了以色列雅法(Jaffa,即特拉维夫,译者注)的一家电影院看电影,雅法在 20 世纪 50 年代是一个移民众多的城市,这里的英语电影在主屏幕上提供希伯来语和阿拉伯语字幕,而两边的次屏幕上则提供十二种手写的移民语言字幕,左右屏幕各有六种不同的移民语言字幕。但是,随着电视行业的发展,各地电影院都流失了大量的观众。

自 20 世纪 50 年代开始,电视开始在发达国家得到普及,从而进入家庭域,并把强势语言也带进了千家万户(Glazer 1966:367)。电视给美国的纳瓦霍人打开了通往外面世界的大门,从而使得他们的生活发生了较大变化,并促进了他们的语言转用现象(Lee and McLaughlin 2001)。有些人为了保护濒危语言付出了巨大的努力,他们有时会设法利用电视媒介来保护濒危语言。由于电视的运作成本比收音机的运作成本更高,少数民族语言若想要进入电视行业,就需要得到政府的补贴。在 20 世纪 90 年代末,威尔士、苏格兰和爱尔兰都面临过少数民族语言要进入电视领域的压力(Hourigan 2007)。新西兰的毛利语在经过一场较大的社会运动之后于 2004 年才得以有自己的电视频道,如今该频道对于毛利语的复活(Smith 2016)和毛利语地位的提高都具有重要的作用。

现在,电脑和智能手机已经"入侵"到许多人的私人空间,接着随之而来的就是语言的影响。如何把互联网的技术用于少数民族语言和濒危语言的保护,霍尔顿(Holton 2011)为此提出了一些技术性问题。起初,人们认为网络和智能手机是实现全球化的两个工具,它们迫使其所有用户都要使用拉丁字母和英语。我还记得当初我们要用电脑来分析纳瓦霍语的文本时所遇到的困难——把纳瓦霍语转化为拉丁字母(Spolsky et al. 1973)。直到后来,沃纳等人(Werner et al. 1966)为纳瓦霍语提出了解决办法——使用字母组合,我们才可以沿用传统的纳瓦霍语输入法。但

---

① 我记得有一次在观看一部拍摄于澳大利亚中部的电影时,当我听到澳大利亚演员"说着"流利的法语时还是感到吃惊不已。

是，电脑技术发展迅猛，正如安德森（Anderson（2004）在他的长尾（Long Tail）概念里所提出的那样，科技已经让电脑适应了小语言的使用：万国码现在可以处理世界上大多数语言的书写体系。尽管许多智能手机用户在输入巴勒斯坦阿拉伯语时还是更喜欢使用拉丁字母或希伯来字母来输入，同样，许多智能手机用户在输入中文时也是更喜欢使用拼音输入法。语音输入系统的发展以及万国码的不断扩大使得人类可以解决许多小语言在电脑上使用的问题。

不可否认，所有这些交际媒体都无时不有、无处不在，它们的影响从个人扩展到全球。而且，这些媒体对各种地方层面的事物要走向全球化都至关重要，因为它们能促进个体和社会语库的扩大。通常，社会各层级都会试图管控这些媒体，例如，中国政府会封锁或审查某些媒体（Chen 2020），家长会阻止自己的小孩进入儿童不宜的网站。但是，结果发现，这套管理系统总体上是失控的。例如，2019年3月一右翼恐怖分子利用网络直播了他们在新西兰一个清真寺杀害40多人的行凶过程，当时人们试图阻止这种行为，但都失败了。所以，现在的网络媒体使所有的居住小区都处于一种开放的状态，任何人只要有网络都可进入。

5.1.2 宗教

接下来，我要谈谈宗教问题。其实，本书第3章已经提到过宗教的话题，因为宗教经常会管理和影响教育机构的语言使用。对于宗教的严守者而言，宗教也能影响家庭的语言使用。例如，家长从小就教儿童如何使用语言来祷告。此外，宗教对语言使用的影响还经常出现在公共场所的崇拜中，如穆斯林每日要做五次祷告，犹太教教徒每日要有三次宗教祷告仪式，新教教徒在遵守教义方面要求没那么严格，大家只要每周日上午去教堂做礼拜即可。

宗教可以通过各种方法在许多不同的层面来影响语言政策。在个人层面，传统的祷告都有固定的语言表达和惯用语。如天主教教徒念的玫瑰经（Rosary）最初是用当地语言来进行的，但后来就用翻译过来的拉丁语进行（Winston-Allen 2010：17）；印度教教徒用吠陀梵语（Vedic Sanskrit，梵语分为吠陀梵语和古典梵语，译者注）来背诵曼特罗（mantra，佛教和印度教中坐禅时反复念叨以助集中精力的词语。译者注）；严守教规的犹太人会教自己的小孩如何用希伯来语来祝福别人①。相反,有些信徒在患上疾病或遇到麻烦时,他们会用自己的当地语来做即兴祷告。在家庭层面,有些新教教徒会在家里祷告和读经,而严守教规的犹太人则会在家庭就餐时举行一些宗教仪式。在居住小区层面,人们在这里会发现基督教堂、清真寺和犹太教堂都有定期的公共祷告。在这些地方,教徒祷告时所做的程序性动作和所说的崇拜性语言(language of worship)都是宗教权威人士事先写好的或者是依照传统流传下来的。他们在唱圣歌、做祷告和朗诵经文时往往都会使用宗教语言(sacred language),如拉丁语②、阿拉伯语或希伯来语③,而布道时则经常会使用当地语言。对于新教来说,教徒的语言使用从拉丁语转向当地语言,这是一个具有关键意义的革新;对于犹太教而言,教徒的语言使用从希伯来语转向当地语言,这标志着犹太教的一种改革;据报道,英国的有些穆斯林移民使用英语来完成他们的伊斯兰教仪式。由于宗教语言的重要性,家庭或居住小区为了扩大自己的社会语库而都会教儿童如何学习这些宗教语言,这是他们的一种主要职责或贡献。目前,对宗教与语言关系做出过重要研究的人不少,如奥莫尼伊和费什曼(Omoniyi and Fishman(2006)、潘达里潘德等人(Pandharipande et al. 2020)、波尔斯顿和瓦特(Paulston and Watt 2011)和索亚(Sawyer 2001)。

5.1.3 医卫

医疗卫生域也有自己的语言政策。医生、护士及其他医卫专业人员之间需要相互沟通,而且,他们还需要与患者沟通(Elder et al. 2012)。里德等人(Read et al. 2009)研究过新西兰为医卫专业人员移民设定的英语水平要求。从 20 世纪后半叶开始,人们开始认识到医患交流的重要性(Korsch et al. 1968)。如今,不少医院都可以提供语言翻译服务,这使得医患之间的沟通更通畅了(Bührig and Meyer 2004)。美国自从 1964

---

① 就像西方国家的家长会教自己的小孩如何说"谢谢"一样,严守教规的犹太人也会从小就训练自己的小孩怎样说祝福话。我有一次在外面看见一位妈妈在给小孩糖时就对小孩说:"你要说'谢谢您',并说些祝福的话。"

② 从 16 世纪的特伦托会议(Council of Trent)到 1965 年结束的第二次梵蒂冈大公会议(VaticanⅡ)期间,罗马天主教教堂都要求使用拉丁语。

③ 有少数祷告除外,它们传统上都使用阿拉米语。

年通过了《民权法》之后,医卫领域的口译服务得到快速发展,因为该法的第六款要求医卫行业要为英语水平有限者提供专业的口译服务(Angelelli 2004：1),于是,口译人员就可以取代患者的家人(包括小孩)来做医患沟通的桥梁(Cohen et al. 1999)①。安杰莱利(Angelelli 2004)是该领域研究的先锋,他的专著首先探讨了医卫领域的口译问题,然后就描述了美国加州一家医院有关口译服务的详细情况,该医院既提供面对面的口译服务,也提供通过扬声电话(speakerphone)来实现的口译服务。

雅各布斯等人(Jacobs et al. 2018)指出,尽管医卫行业的专业翻译服务成本高昂,人工现场翻译(in-person interpreter)每小时需要45至150美元。人工电话翻译(telephone interpreter)每分钟收费1.25至3美元。远程视频翻译(video remote interpreting)每分钟收费1.95至3.49美元),但它能给患者带来更多更好的有效治疗②。麦克尤恩和安东-卡尔弗(McEwen and Anton-Culver 1988)研究过聋人在与医生交流时所遇到的各种特殊问题。有时,即使有专业的翻译,大夫发现医患之间还是存在许多交际问题,尤其是当大夫在给患者诊断完病情后要给出详细指导意见的时候(Karliner et al. 2004)③。如今,许多国家由于考虑到外籍医生是否具备与患者自由交际的语言能力,而正在开发特别的医生语言水平测试系统(Boulet et al. 2001)。澳大利亚已经完成了医卫专业人员英语水平测试系统的开发(Elder et al. 2012)。

医卫领域的专业人员都使用本国的强势语言,但有些患者缺乏该强势语言的交际能力,所以,从医卫领域管理者的角度来看,他们主要的语言压力是如何解决专业人员与这些患者之间的交流问题。此外,医院的公共标识也是医卫管理者所面临的一个挑战,因为医院不可能提供涵盖全部患者所使用语言的公共标识。舒斯特等人(Schuster et al. 2017)调查研究了以色列的10家医院,结果表明它们的语言标识主要是使用希伯

---

① 有一次当我在急诊病房等待治疗时饶有兴趣地听见一位巴勒斯坦大夫在用英语跟一位患者家属进行沟通,该患者是位年长的俄罗斯移民,其家属在充当译员的角色。该家属看上去是位成人,而不是小孩,但我们可以设想一下：如果译员是个小孩,医生要他或她告诉自己的母亲得了癌症,情况会怎样!

② 据说每四十个医疗事故诉讼(malpractice suit)中就有一个是因为语言误解而导致的。

③ 斯波斯基(Spolsky 2004：1)曾引用过如下一个案例:德国一家医院拒绝给一位土耳其妇女做心脏手术,理由是医生认为该患者无法听懂医嘱,这会影响她的术后康复。后来,德国卫生部长批评说,医院将来遇到类似病例时必须采取更好的解决方案。

来语,但也有少量的使用英语和希伯来语两种语言①。从医生和护士的角度来说,患者的语言能力有限,致使他们无法精准地描述病情,也无法全部地听懂医嘱。

医卫领域的语言管理不仅仅是语种的选择问题。鉴于医学的专业性很强,一般人对其大部分的知识内容和相应的术语表达都一无所知。正如福柯(Foucault 1975)所言,医院的病人犹如学校的学生,他们都需要经过各种常规的检查和考试。这就需要特别的专业知识,继而使得医生和教师都能够发展自己的学科。有了学科,他们就能树立自己的权威。病人即使懂得医生所使用的语言②,但是,他们并不知道医学术语或医学专业语言。所以,病人经常会问护士:"刚才医生说什么了?"(McCarthy et al. 2012)。另一方面,对于熟悉电脑使用的人来说,网络上各种大众及专业的医学网站随处可见,这就意味着现在的医院病人完全可能通过网络来核实医生的建议。

总之,医卫域为言语社区的语库发展提出了许多挑战,进而要求大家提高医卫领域的语言使用能力,麦卡蒂等人(McCarthy et al. 2012)称之为健康扫盲(health literacy)。他们的研究重点是病人对医生口头医嘱的回忆状况。病人即使掌握了本国的强势语言,那还是不够的,因为此时他们与医生的对话是外行与内行之间的对话。医卫专业人员如果能认识到这一点,那么他们就会竭力地去帮助那些对医卫知识一窍不通的病人。但是,医卫部门还需要不断地付出努力,以便克服语言方面的挑战。它们不仅仅要提供翻译服务,而且还要安排专业人员去跟患者进行交流。

5.1.4 司法

司法域也存在语言交际困难现象,如语言变体的选择问题或特殊司法规则的应用问题。公安域(police domain)的参与者有警察、抢劫者、受害者和目击证人。警察到达犯罪现场后面临的主要问题不少,其中一个就是要大概判断所有在场人员的身份角色(Spolsky 2009a:124)。20 世纪 70 年代,当美国圣地亚哥的警察到达本市越南移民和柬埔寨移民居住区域的犯罪现场时,由于他们无法与这些移民进行语言沟通,于是,就把

---

① 我在一家耶路撒冷的医院曾看见过一些手写的俄语标识牌。
② 在 18 世纪,医生都需要掌握和使用拉丁语。医院的这一要求一直延续到 20 世纪。

所有的旁观者都拘捕带走，并提供了由志愿者组成的人工电话翻译服务。后来，这种做法发展为美国电报电话公司的语言连线翻译项目（AT＆T Language Line），并一直在为警察及其他领域提供连线的视频或电话翻译业务。目前该公司的视频翻译项目可提供 36 种语言（其中包括美国手语）的服务，而电话翻译项目则可提供 240 种语言的服务。其收费标准是每分钟 1.45 美元至 3 美元不等①。

尽管如此，但司法领域的语言问题依然存在。有研究表明，英国司法部门对格拉斯哥少数族裔的语言服务还存在一些问题；也有研究指出，美国警察在处理阿拉伯裔美国妇女以及苏丹移民妇女所遭受的家暴事件时由于语言不通而无功而返；还有研究显示，美国警察在服务西裔美国人时常遇语言障碍问题。司法领域在提供语言服务方面所遇到的一个主要问题是成本太高。例如，韩国警察可以用 13 种语言来告诉外国犯罪嫌疑人所拥有的权利；据报道，英国警察用于口译服务的费用大涨。为了解决翻译服务的经费问题，有些国家的警察局在成员招聘以及职位提升方面加进了外语水平的要求。例如，有报道称，纽约警察局入职考试的语言涵盖 45 种；德国柏林警察局会从本国的少数族裔中招聘 10％的成员，但他们必须会说如下一种语言：土耳其语、阿拉伯语、波兰语、俄语、塞尔维亚-克罗地亚语；美国的警察局一直在挑选或培训会使用美国手语的人当警察；英国的狱警也注意到自己领域存在口译服务欠缺的问题。

司法领域具有自己的一套语言政策（Spolsky 2009a：116—124）。法院的任务是让司法专业人员（即律师和法官）用简明的语言向普通证人（lay witness）提问，然后通过这些专业人员之间的口头辩论来解释和实施成文法。普通证人若没有按照要求仅回答"是"或"否"的话，就会受到律师的指责，同样，律师如没有按照法院的规则行事，也会遭到法官的指责②。

司法领域除了存在专业人员与外行人员之间的隔阂问题外，其最常见的语言挑战是语种的选择问题。通常，法院都会规定自己的强势工作语言，但现实中有不少被告或证人可能不熟悉这种语言，这就会给法庭的审判工作带来严重的语言问题，其最理想的解决办法就是配备口译工作者。很多国家之所以要求法院为不懂法庭工作语言的人提供口译服务，

---

① 为了让收费保持低廉，口译人员都是志愿者或在家的兼职人员。
② 有一位人类学家作为专业证人（professional witness）参加出庭，但他因不了解法院制定的各种行事规则而遇到了一些问题。后来，罗森（Rosen 1977）对这些问题进行了研究。

是因为以下民权原则的内容有时无法得到公平实施:被告有权知道自己被指控犯了什么罪,对方有什么指控自己的证据。《美国宪法第六修正案》即《民权法案》(1971)有这方面的政策内容。《英国诉讼法》(English Statute of Pleading)第1362号裁定也有这方面的语言使用规定:英国法院要使用英语,从而取代法语或拉丁语的地位——以前有些法院一直在使用法语,还有些法院则还用拉丁语来记载卷宗。但是,英国的司法领域为了完全实施语言的英语化也花费了漫长的时间:1650年在奥利弗·克伦威尔(Oliver Cromwell)的领导下,英国要求所有的法规都用英语书写;1731年,英国立法规定,所有的法律法规和法院程序都要"用英语,而非拉丁语或法语进行"①。

上述有关司法领域要提供口译服务的语言使用原则在20世纪已写入联合国的《公民权利和政治权利国际公约》(International Covenant on Civil and Political Rights)。该公约于1966年在联合国大会上得到通过,其如下语言条款成了许多新独立国家在制定宪法时的一个内容:任何人被指控刑事犯罪时,都应该用他们懂得的语言详尽地告知法院对他们指控的性质和原因,同时,他们也有权获得"免费的口译援助"。美国议会于1978年通过了《法庭口译员法》(Court Interpreters Act)。据报道,1988年,美国联邦法院共有4.6万个案件需要口译员帮助(Benmaman 1992)。不过,目前对于法庭口译员的培训和发证还存在许多问题(Wallace 2019),尤其是在移民法庭上,经常遇到无法找到懂得一些少数族裔语言或土著语言的口译员,而且,缺乏培训的口译员很容易导致法庭做出错误的裁决。

诺兰(Nolan 2020)曾描述过危地马拉移民在美国移民法庭上所遇到的种种语言问题,在美国边境每年有25万危地马拉人被逮捕。在这些人当中,至少有一半的人不说西班牙语,而使用玛雅语(Mayan),且该语族有许多语言变体和方言,马姆语(Mam)是一种得到官方认可的玛雅语,它还有许多方言。这是美国移民法庭中第九种最常见的语言。但美国移民法院几乎找不到懂得这种语言的合格口译员,因为口译员有时很难在马姆语中找到与英语对等的词汇,如法庭常用的如下英语词汇"庇护"(asylum)、"规定"(stipulate)或"可信的恐惧"(credible fear)都没有相应

---

① 直到19世纪中叶,英国还有一个法院仍在使用法语进行法庭记录。

的马姆语表达形式。在许多情况,当地政府都采用人工电话翻译的方法来提供语言服务,而且,译员常是不合格的。有一位前移民法院的法官指出,有些人只会说玛雅语族中的基切语(K'iche')、坎合巴语(Q'anjob'al)或祖赫语(Chuj),他们属于罕见语言的使用者,这给法院的工作带来了一些特别的语言挑战。

司法域是另一个很难忽视来自更高语言域影响的领域,因为它的语言管理者和提倡者都来自国家政府与有关民权、人权维护的超国家组织。不过,这有助于我们解释为何法庭口译服务能在众多国家,如日本(Takeda 2009)、阿根廷、澳大利亚、奥地利、德国和南非(Mikkelson 2016)得到实施。但是,法院要寻觅到众多语言的译员,而且还要证明他们的语言能力是胜任的,其成本是高昂的,这正是许多法院所面临的困境(Salimbene 1996)。

5.2 公共机构的语言管理影响

上述这些公共机构都有自己不同的语言实践和语言政策,每个人只要来到这些公共机构办事,他们个人的语言使用就可能成为这些机构语库的一部分。我们可以从电视中接触到医院工作人员、警察和律师所使用的一些行业语言,并通过理想化或戏剧化的方式来提高自己对这些特殊语言的理解。在这些公共领域,语言政策的内容不仅仅是选择特定的语言,而且还要涉及语言的专业行话和行业用法,因此,相关的机构和群体有必要进行干预,从而减少因语言差异所带来的歧视性影响。

第 6 章　军队的语言政策和语言管理

1944年的一日,马克斯·威因里希(Max Weinreich)的课堂上有一位旁听者,他是来自纽约布朗克斯(Bronx)中学的一名教师。在课堂上,威因里希(Weinreich 1944)把语言界定为"拥有陆军和海军的方言"。这位中学教师就这句话最初是谁说的提出疑问,他不但引发了一个漫长的学术争论①,而且还就语言的认定标准问题提出了一个有用的建议。此外,这句话也使我们想到了许多有关军队与语言之间的有趣内容:军队的语言政策和语言管理;军队对语言政策的影响。在这一章②,我将从军队语言交际需求的角度来概述军队的语言管理。在下一章,我则会探讨帝国列强的军事征服对殖民地所带来的语言影响。

6.1　军队的语言政策

军队的语言政策可以按照其不同军衔的人所遇到的具体语言问题来进行实用性的划分。部队的军衔等级各不相同,从刚入伍的新兵到参谋总长不等,新兵需要听得懂自己的直接指挥官所说的话,而参谋总长既要能够用流畅的语言向各级下属下发命令,还要能够听得懂敌方在说什么。尽管多数国家的军队通常都是在其中央政府的管控之下(不过,也有些国家却是军队控制着政府),但不管怎么样,军队对语言交际或语言安全有

---

① 详情参见维基百科有关这个句子的文章:人们常误认为这句话的原作者是法国的语言学家安托万·梅耶(Antoine Meillet),或者是法国的政治家、军事家赫伯特·利奥泰(Hubert Lyautey),或者是美国的语言学家约书亚·费什曼。

② 这一章与斯波斯基(Spolsky 2009a)《语言管理》一书中"军队域的语言管理"一章在内容上有些接近的地方。

着特别的要求,这就导致了军队的语言政策具有独立性。

法国外籍兵团(French Foreign Legion)在处理新兵的语言问题上也许是最好的案例,它遵循法国的国语政策,在部队里大家只使用法语。里昂斯(Lyons 2009)描述了法国外籍兵团的语言政策,他曾作为一名志愿兵在法国外籍兵团学习法语,然后就逐渐形成了兵团成员的身份概念,并把所有的战友都看作是一帮兄弟(Lyons 2004)。那时,法国外籍兵团中有7800名志愿兵,他们来自117个不同的国家,但其中60%的人都以法语为母语。兵团中,大多数军官都是法语为本族语的使用者,并用法语给出所有的指示和命令。课堂上的法语教学是在一种紧张并充满暴力的环境下进行的,教官动辄扇耳光或"重拳出击",使得许多新兵都受到精神创伤。在新兵入伍的头四个月,教室内外都有懂得法语和新兵母语的双语士兵与他们在一起,并教他们唱歌,歌词里有军队术语和惯用语。

罗马军队曾在意大利之外广招新兵,从而导致军队里使用多种语言(polyglot),但指挥官通常都是把拉丁语作为第一语言或第二语言的使用者。亚当斯(Adams 2003)重点研究过罗马帝国的双语制,其中有一章专门探讨了罗马军队的语言使用状况。在罗马军队的埃及分部中,有来自叙利亚巴尔米拉(Palmyra)的士兵,军队还把他们放在一起组成编队,使用巴尔米拉语(Palmyrene),这是阿拉米语的一种西部方言,其文字历史悠久,在公元前100年—300年期间常刻于碑文。如今,我们还可看见当年这些埃及士兵留下的三语碑文——拉丁语(罗马军队使用的主要语言)、希腊语(东罗马帝国使用的语言)和巴尔米拉语(这些士兵的祖裔语)。希腊语是拜占庭帝国(Byzantine Empire)里罗马士兵常用的地方语言,许多文件也都用它来书写,但在高级别的层面,军官都使用拉丁语。罗马军队中也有些编队仅用希腊语,但这里的士兵还是面临着学习和使用拉丁语的压力,所以,在罗马帝国时期,军队无疑是促使希腊语和其他当地语言使用者学习拉丁语的最大动力,同时,也是促进因拉丁语学习所带来的双语发展的最大动力(Adams 2003:761)

英帝国在印度的军队要求英国籍军官要学习乌尔都语和自己部队战士所使用的语言。因为在正规英军中军官的提升大多是通过买卖来实现的,只有来自中产阶级但家庭不富的职业军人才会想在英控印度军队中寻求一官半职①。这些人更愿意参军,并努力学习手下战士所使用的语言(Omissi 2016:104)。另外,这些英国军官只要自己授权,在与手下战士进行语言交流时也可通过懂得双语的印度军人来实现。1864年,印度军队规定乌尔都语——后来也称印度斯坦语(Hindustani),为部队的官方语言(R. D. King 2001),但英国军官手下的印度兵(sepoy)往往还会说许多其他的语言。印度独立后,英控印度军队一分为三:一部分成了印度军队;另一部分是巴基斯坦军队;还有一部分是廓尔喀旅(Brigade of Gurkhas),作为英国军队的一部分依然保留在英国。如今,印度军队使用印地语,巴基斯坦军队使用乌尔都语,而廓尔喀旅则实行双语制:为廓尔喀战士提供英语课程,为英国军官提供尼泊尔语课程。

以色列于1948年建国后,其国防军面临的语言问题是许多新兵不懂希伯来语,因为他们大多是来自欧洲或阿拉伯世界的新移民。据说,一位士官在发号施令时每说完一句话都需要等待十种语言的翻译。于是,以色列国防军迅速建立了一个教育军团(Education Corps),以便为新兵提供希伯来语的教学,后期还为新兵提供基础教育和中等教育。所有的新兵都要参加希伯来语识字能力的考试,只有通过了该考试的人员才有资格选择高级课程和得到职位的提升。以色列国防军中的希伯来语教师全是年轻的女战士,她们都是高中毕业生,以当语言教师来满足两年强制服役的要求。她们在这之前都接受过基本的教学培训,而培训她们的都是处在预备役中的师范学院老师。20世纪90年代,以色列面临移民大潮的挑战:有100万俄语使用者和7.5万埃塞俄比亚犹太人来到以色列,这也给以色列国防军的教育军团带来了压力。目前,该军团还为军队中讲俄语的非犹太人移民的宗教皈依提供课程(我孙女就是以这种方式在军队服役的)。教育军团的另一个任务是教授其他语言,例如,为军队情报机构(Intelligence Corps)教授阿拉伯语,为准备接受海外培训的军官教授英语(我自己就是以这种方式在军队服役的)。

在第一次世界大战期间,美国军队利用北美印第安人中的乔克托族

---

① 詹姆士·罗奇(James Roach)是一位英国退伍军人,在第一次世界大战之后被任命为剑桥大学考试委员会(University of Cambridge Local Examinations Syndicate)的助理考官,后来他推动了剑桥英语考试的发展。他告诉我:他父亲是一名牧师,在世界第一次大战刚爆发时就建议他加入英控印度军队,因为家里无钱为他在英国本土军队中买个军官职位或支撑他的提升费用。于是,他照父亲的吩咐去做了,尽管那时他还是一个未成年人,入伍后就在中东服役。

(Choctaw)士兵来接发信息,他们在电话的两端都使用本民族语言交流,而敌方听不懂(Meadows 2002:18)。在第二次世界大战期间,美军再次采取这种语言政策:美国海军陆战队利用北美印第安人的纳瓦霍语密码(Navajo code)来收发信息(Paul 1998);他们为军用品开发了自己的纳瓦霍术语。在此次战争中,美军也利用了北美印第安人中的科曼奇族(Comanche)士兵来充当码语者(code talker)(Meadows 2002)。美军在第二次世界大战中还利用了一些其他民族语言的使用者:把德国难民送往美国马里兰州里奇营(Camp Ritchie)的美国情报训练营(Military Intelligence Training Camp),并利用他们来审问德国战俘;美军主要从夏威夷招募了一批第二代日裔美国人(Nisei),并组建了第100营,美军的情报部门还利用其中的不少人来从事口笔译工作。此外,美军有大约2000名语言专业人员得到培训,他们在太平洋战争中起到了重要的作用(MacNaughton 1994)。

在第二次世界大战期间,美国国会议员提议,美军可利用有些大学荒废的校园来扩大部队的一些培训。美国陆军专业培训计划(The Army Specialized Training Program)有三大培训领域:工程、紧急医疗和语言文化。语言文化的培训是针对新兵的,其内容是世界上重要军事区域的语言和文化。该培训计划尽管宣传得很好,但最终效果并不理想。后来,有人对外语和区域学习的培训项目做过重新评估,结果认为从众多更重要的任务岗位上抽调15万非常优秀的新兵来参加这种培训,这对部队的实际价值不大(Cardozier 1993;Keefers 1988)。但这有助于高校弥补战时男性生源不足的遗憾,而且,受训者为自己在被派往正规步兵的编队之前有这么一个提升的机会而感到很高兴,可多数战士是没有这么幸运的。不过,他们掌握的外语技能和文化背景知识后来在战场上也用途不大。这些人学习了一门学校不常教的外语,这对许多新兵个人来说是受益匪浅的,在第二次世界大战的最后阶段,欧洲战场虽需大量援军,但结果却表明军队用于担任口译的人如果说有,那也不多。这个项目雇用的语言专家与本族语使用者一道为美国新兵提供了许多外语语种的教学,而这些语种都是美国学校以前不怎么教的语言。因此,该项目还对美国外语教学的发展产生了影响。而且,美国对该外语强化教学项目的成功进行了积极的宣传,进而对高校的外语教学方法产生了一些影响:有些大学翻倍增加了大一的外语课时量,但一般而言,外语的强化项目不太适合高校的课程。

6.1.1 语言情报工作

苏联于1957年成功发射了第一颗人造卫星"斯普尼克"号,这震惊了美国,并使美国注意到自己在外语教育方面的不足。一年以后,美国国会的一些议员合力促使了《国防教育法》的通过。于是,美国的外语教学有了法律的支持,外语界最先推出的灵丹妙药便是听说法(audio-lingual method)。许多大学开设了有关俄语强化教学的研究生项目以及有关其他关键语言的课程。尽管这一计划不成功,1991年美国国家安全教育项目(National Security Education programme)授权国防部长为外语和区域研究领域的学生提供奖学金和研究基金,以便促进美国大学在这些领域方面的研究与发展,但这些外语和区域必须是对美国国家安全至关重要的。美国一直有人指出,出于国家安全的需要美国要提高外语教学的水平,但这方面的教育资金却依然不高:2007年美国用于外语教学的资金是1.14亿美元,而用于美军在伊拉克和阿富汗翻译外包合同的资金却高达46.5亿美元。正如布莱希特和里弗斯(Brecht and Rivers 2012)在总结性评价美国的外语教育时所说,美国的外语教育尽管得到国防部某些机构的支持,但缺乏教育部的鼓励,这是美国外语教育一直萎靡不振的根源。

从国家安全角度来影响全国语言教育政策的另一个国家案例是以色列,门德尔(Mendel 2014)对此有过研究,他指出以色列的阿拉伯语教学是基于国家安全才得到发展的。在以色列建国之前,许多生活在英国托管时期的巴勒斯坦(British Mandate Palestine)的犹太人都会学习阿拉伯语,因为这是该地区的通用语。然而,由于阿拉伯人和犹太人之间的冲突,自1948年起,犹太人学校教授阿拉伯语的行为并没有得到以色列教育部的支持,而主要是迫于来自以色列军事和情报机构的压力,尤其是在1967年、1973年两次中东战争(即分别为第三和第四次中东战争,译者注)之后,教授阿拉伯语就成了以色列学校的当务之急,并使之常态化。如门德尔所说,以色列这种行为产生的一个后果是以色列阿拉伯语(门德尔这样称它)并没有成为犹太人和阿拉伯人之间沟通的桥梁,反而成了双方的一个分歧点,只要犹太人说阿拉伯语,巴勒斯坦人就开始怀疑犹太人的动机。门德尔指出,阿拉伯人之所以会对此产生怀疑,是因为以色列的情报机构把犹太人的阿拉伯语水平看得很重要。

这也是富蒂特和凯利（Footitt and Kelly 2012a）在相关的先遣性研究中所提出的一个观点，他们对军事冲突中语言所起的作用做过研究，并注意到情报机构所面临的一个问题：他们需要利用那些熟悉敌方语言和文化的人来开展工作，但是，该如何平衡好对这些人的信任放手和安全防范呢？雇用敌方语言的本族语使用者是危险的，所以，情报机构都会努力开发自己的外语教学法和建立自己的外语教学中心，以便可以为值得信赖的情报工作候选人提供所需要的外语课程。在他们发表的这本专著中，重点研究了以下两个案例：第一是第二次世界大战期间盟军为了进入和占领欧洲，情报部门做了哪些长期的准备工作？第二是20世纪90年代在波斯尼亚和黑塞哥维那（Bosnia-Herzegovina）之间的冲突中，口译人员的使用情况如何？

富蒂特和凯利（Footitt and Kelly 2012b）首次收集了不少有关军队语言使用的参会论文。据此，他们对军队的语言问题提供了视野开阔的各种看法。他们先从18世纪法国军队的语言问题开始进行案例分析，然后不断地增加下列的案例研究：18世纪末，爱尔兰在法国大革命影响下发动的反英战役（Franco-Irish Campaign against Britain）中所遇到的语言交流问题；第一次世界大战时同盟国联合作战中的语言问题；1915年至1917年期间，驻扎在斯洛文尼亚的意大利军队所遇到的语言问题；在第二次世界大战中，德军在芬兰遇到的语言问题；20世纪90年代，驻扎在波斯尼亚的英国军队所面临的语言问题；朝鲜战争中出现的未受培训的口译员现象；英国军队与难民接触中的语言问题；北爱尔兰冲突中的爱尔兰语问题；塞浦路斯战争中的语言问题；南斯拉夫的塞尔维亚—克罗地亚语问题；（英国）帝国战争博物馆（Imperial War Museum）的语言问题以及语言在英国文化委员会的角色问题。

20世纪90年代南斯拉夫解体，从而导致许多语言问题浮出水面，因为每一个新独立的国家都想确立自己语言变体的地位，以便可以取代塞尔维亚—克罗地亚语，该语言是铁托执政时强制执行的一种语言产物。凯利和贝克（Kelly and Baker 2013）对此做过详细的案例研究：波斯尼亚和黑塞哥维那就存在上述语言地位争夺的问题，而派驻在这里的联合国维和部队由于缺乏对当地语言的基本了解而面临不少的语言交际问题。北大西洋公约组织（简称北约）由于缺乏足够的应急语言服务，北约军队于是就成立了一个语言服务部门。但是，各成员国当地的口译人员因被看作是占领军的代表而常常遭人憎恨。这些口译人员和部队都在民族身份问题上受到困扰。而且,北约军队的多语制有时也会带来交际误解。

6.1.2 军队语言情报人员的培养

富蒂特和托比亚(Footitt and Tobia 2013)的另一个案例研究是分析第二次世界大战期间以及第二次世界大战之后英国军队为了提高外语的作用而所做的努力。他们在这本专著中首先概述了英军战前外语教育在培养人才方面的状况:未见立竿见影的效果,作用有限。然后,专著描述了英军在理解情报资料方面所需的语言技能情况,其中还包括军队开始急需的密码破译能力。之后,该书还研究了英军特殊人物(如审讯员或间谍)在与他人进行面对面交流时所体现出来的语言能力。接着,该书论述了语言在心理战(尤其是在无线电广播心理战)中的作用。此外,该书还有一章谈及了英军进入欧洲大陆前的语言准备工作。在此之后的一章则特别论及了英军为战争审判中所需军队译员的培训情况。本著的结尾部分提到了英军的战争行动,认为以下两个领域依然重要:一是与战争难民的语言交流,二是为冷战做准备——需要培养军队俄语人才。

军队常常会制定自己的语言政策。这方面的一个有趣案例是加拿大军队,它具有自己独立的语言政策。1868年,加拿大建立自己的武装部队,从那时起军队就以英语为强势语言,英语也是部队的工作语言,英语用于部队中所有的技术服务领域。但在19世纪末和20世纪初,有人提议部队的军官应该懂得法语,不过,该建议似乎因理由不足而被忽视,因为在加拿大部队服役的军人当中,英语使用者要多于法语使用者(Preston 1991:158)。然而,到了朝鲜战争的时候,加拿大政府开始支持军队的双语发展,并于1951年决定在魁北克建立一所法语军校。有人提议该军校要法语和英语混用,它们的使用比例各占60%和40%。在这里,法语使用者(Francophone)士兵的课堂先用法语作为教学语言,但他们还是需要掌握英语,因为今后他们被分配到部队的具体编队时大家全都要用英语交流。尽管在部队,军事训练比语言训练更重要,但在加拿大军校,其基本情况是:法语使用者必须学习英语,否则到了大三就只好退学了,而英语使用者(Anglophone)则可以不学法语。

1966年,加拿大时任总理在一次讲话中指出,国家要发展双语制,并建议武装部队采取以下三个步骤来贯彻这一指示:第一,为士兵的小孩建立法语学校,以便鼓励这些小孩的父母去当志愿兵;第二,建立法语军事培训中心;第三,在陆海空三军种里成立法语编队。此外,加拿大政府还专门设立了一个部门来监督该政策的实施情况,但是,加拿大的空军和海军都不愿意执行该政策。到了20世纪90年代,我们可以肯定该政策是失败的(Bernier and Pariseau 1994)。加拿大政府制定的该语言政策无法得到实施。

总之,武装部队具有自己特别的语言需求,但其主要的语言任务还是解决部队里通用语言的交际问题。现在,军队在招募新兵时都会有意招收一些能说其他语言的人,而且,军队还会经常派遣许多陆军、海军和空军的士兵到海外去服役。这些行为都意味着武装部队已成为能够扩大军人个人语库的一个阵地。所有这一切都说明,我们要充分认识到军队的语言政策也是学术研究的一个重要领域。

第 7 章　帝国主义、殖民主义和语言政策

各国的武装部队通常都是由其国防部来管控的,但历史上有些帝国也会利用其武装部队来入侵和征服某个国家或地区,进而强求当地人学习和传播其帝国语言(imperial language)。不过,正如菲利普森(Phillipson 1992a)所说,不光是过去的帝国,"如今,世界各地的军事强权和新自由主义经济都可构成新的帝国形式,从而可以巩固某一帝国语言的地位"。在本章中,我将探讨那些通过军事征服手段来获得国际传播,并在这些国家独立后依然得到维持的帝国语言。在下一章,我则会探索那种认为语言帝国主义由于受到经济因素的影响而会依然存在的观点。

7.1　古代殖民地

阿拉米语是迄今得到证实的、最早的帝国语言之一,它与阿卡德语(Akkadian)一起曾经是公元前 8 世纪中叶新亚述帝国(Neo-Assyrian Empire)的官方语言。但到了公元前 4 世纪的塞琉西帝国(Seleucid Empire)时期,阿拉米语被希腊语所取代,不过,它依然是当时社会的一种主要口头交际语言,直到公元 7 世纪伊斯兰征服(Islamic Conquest)的出现,这一地区才开始传播阿拉伯语。尽管这些帝国当初并没有强迫各地要把帝国语言作为当地语言来使用,但是,新亚述帝国时期主要的民族驱逐行为以及伊斯兰教的传播都导致了当时被征服的人们开始接纳入侵语言。罗切特(Rochette 2011)指出,罗马帝国从未武力强求被征服的人们接受拉丁语,于是,罗马帝国的几个东部省份依然使用希腊语,但是,拉丁语得到以下三股力量的传播:军队、退役的军团成员以及法庭。尽管阿拉伯语是征服者所使用的语言,同时也是他们的宗教语言和文化语言,而

且,在中东的许多地方阿拉伯语最后还取代了阿拉米语,但是,伊斯兰教与罗马帝国一样,当初也并没有在世俗社会中推广自己的语言,以便把阿拉伯语推广为世俗社会的通用语。在这种情况,许多伊斯兰教地区则继续使用自己的当地语言。例如,波斯、土耳其、苏丹和北非的柏柏尔人(Berber)地区都继续使用自己的当地语言。

7.2 葡萄牙帝国

但是,帝国语言的介入的确跟军事征服和宗教皈依有关,我们可从葡萄牙的案例中发现这一特点。葡萄牙是西方最早的帝国之一,它在南美洲、亚洲和非洲都有殖民地,而且,这些殖民地国家构成了现代葡萄牙语国家共同体的基础①。葡萄牙帝国建立于15世纪末,一直到1974年的康乃馨革命(Carnation Revolution,即葡萄牙首都里斯本发生的一次军事政变,推翻了独裁政权。译者注)才寿终正寝。在这场运动中,葡萄牙的军人发动政变,平民积极参与,他们抗议帝国政府为了镇压殖民地的独立而发动的各种战争,因为这些战争给帝国带来巨大的消耗。尽管葡萄牙帝国只想在这些殖民地掠夺物资,如进行奴隶贸易和经营奴隶生产的商品,而且,在输送殖民人口方面,仅在巴西算是成功的,其余地方都以失败告终,但是,帝国的长期统治却助长了葡萄牙语在这些地方作为唯一官方语言的发展,于是,葡萄牙语后来作为一种具有凝聚力的工具还助长了独立非洲共同体的成立与发展(Chabal and Birmingham 2002)。葡萄牙人反对全球化,也反对英语的传播,如今葡萄牙语是互联网中使用排名第5的常用语言(Martins 2014)。葡萄牙语的官方地位可追溯到14世纪诗歌皇帝(poet-king)迪尼斯一世(Dinis I,他宣布葡萄牙的所有官方和司法文件都必须使用葡萄牙语书写,放弃之前的拉丁语,译者注)的统治(Ferreira 2005)。

在葡萄牙殖民地,为土著人提供的教育非常匮乏,而且,就这么仅有的教育都还是由罗马天主教及其传教士来完成的。其中有些传教士发现

---

① 这一部分是根据斯波斯基(Spolsky 2018b)的先前研究写的。本著将详细探讨葡萄牙和法兰西两帝国的语言推广情况,而其他帝国就只能简述了。

了使用当地语言的价值,于是他们就用它来讲解宗教教义手册(catechism),但这一做法却遭到殖民政府的封杀。在非洲,欧洲列强对该大陆进行了瓜分,从而建立了各自的势力范围,并人为地划分了边界。这就意味着,在非洲新独立的国家中,语言活动者为了土著语言的使用而做出的各种努力都会面临两大挑战:一是这些国家有众多的语言变体,二是这些语言变体都缺乏标准化建设。因此,葡萄牙的非洲前殖民地的政治领导及政党都选择了具有国家凝聚力的葡萄牙语为自己的官方语言。也就是说,帝国语言被带进了非洲的后殖民语言政策。结果,以前的葡萄牙殖民地形成了如今的葡萄牙语国家(Lusofonia),即由葡萄牙本土、巴西以及其他葡萄牙殖民地所构成的语言联盟,目前共有接近 2 亿的使用人口。

葡萄牙的殖民主义隐藏在葡萄牙热带主义(lusotropicalism)之中,这是巴西社会语言学家吉尔伯托·弗雷里(Gilberto Freyre)提出的一种意识形态。他指出,葡萄牙人在血统上属于摩尔人(Moorish),他们习惯热带气候的生活,并兼具欧洲文化和黑人文化(Black culture)的特点(Freyre 1938)。当初葡萄牙管控的种植园都是男性社会,大多数外来的定居者都是男人,没有女性。于是,这些男人就只好与当地女性或黑奴女性结婚。这种热带主义的意识形态导致葡萄牙的殖民地具有非剥削和多元文化融合的特点。这些思想从 20 世纪 30 年代一直到 1974 年的葡萄牙康乃馨革命都深受葡语国家独裁者的欢迎,如原巴西总统热图利奥·瓦加斯(Getulio Vargas)和原葡萄牙总理安东尼奥·萨拉萨尔(Antonio Salazar)都推崇这种思想。而且,这些思想还为后来帝国语言在殖民地继承国(successor state)的维持以及一种富有多种文化和同一象征含义的虚构领地(imaginary territory)的形成提供了意识形态方面的基础,进而又成了葡萄牙及其殖民地国家后来建立政治同盟的基础。

7.2.1 在南美洲的殖民地:巴西

葡萄牙殖民地的语言状况通常都比较复杂。现以巴西为例,在被殖民以前,这里是一些部落土著人的天下。1530 年,葡萄牙开始殖民巴西,随后从国内派遣许多人到巴西充当行政人员,而且还让许多耶稣会信徒也移居巴西。在这之后的两个世纪里,殖民者占领的土地不断扩大。于是,他们试图把当地的印第安人变为奴隶,让他们在种植园劳动,结果以失败告终。后来，这些殖民者就从非洲贩来奴隶。从 15 世纪中叶到 19 世纪末，有接近 1000 万的奴隶被贩卖到美洲，其中三分之一来到了巴西（Curtin 1972）。17 世纪 90 年代，巴西发现了金矿，这又促使一批欧洲人来到巴西寻宝，这些人便成了巴西新的定居者。其实，巴西殖民地早早就独立了：1807 年，葡萄牙王室由于害怕拿破仑的入侵而从里斯本搬到了巴西。十年后，为了找到留在巴西的理由，葡萄牙王室成立了葡萄牙·巴西联合王国（United Kingdom of Portugal and Brazil，全称应该是"葡萄牙·巴西·阿尔加维联合王国"，译者注）。当葡萄牙王室于 1821 年迁回里斯本时，巴西人拒绝再度成为葡萄牙的殖民地，于是宣告独立，葡萄牙于 1825 年也不得不认可这一事实（Schultz 2001）。

巴西殖民语言政策可追溯到 1757 年出台的《印第安人法令》（Directory of the Indians），该文件严禁当地印第安人使用土著语言，而葡萄牙语是大家强制使用的语言。当时，这里只有白人定居者才懂得葡萄牙语，而印第安人和奴隶由于没有接受过任何教育，他们对葡萄牙语知之甚少（Massini-Cagliari 2004）。即使在巴西独立之后，该国的语言政策依旧忽视当地的语言事实：巴西正成为世界上语言多样性最丰富的地区之一（Lewis et al. 2016）。在那之后的几个世纪里，巴西的语言多样性得到进一步的加强，因为来自非洲的奴隶以及来自世界各地的移民把许多语言都带到了巴西，其中以下四大移民语言的使用者最多：德语有 150 万人，意大利语有 5 万人，日语有 38 万人以及西班牙语有 46 万人（Rodrigues 1986）。巴西葡萄牙语（Brazilian Portuguese）尽管在一定程度上受到该国其他语言的影响，但如今已得到大家的认可，并成为葡萄牙语世界的标准体。近年来，巴西如同许多拉丁美洲的其他国家一样，开始在某些程度上认可本国的多语制，即开始保护某些濒危的土著语言（Hamel 2013）。尽管巴西自独立以来已有两个世纪之久，但是，由于以前殖民语言政策的影响以及如今庞大的葡萄牙移民，葡萄牙语作为帝国语言在本质上依然是巴西的强势语言。

7.2.2 在亚洲的殖民地

即使在亚洲，如在马来西亚的马六甲（Malacca）、印度尼西亚的马鲁古群岛（Moluccas）、印度的果阿邦（Goa），葡萄牙人所充当的更多是商人角色，但其早期的殖民语言政策还是实施帝国语言的政策。然而，当这些国家独立后，各国政治的变化使得葡萄牙语对这些地方的语言影响已经所剩无几了。这方面的唯一例外现象是东帝汶（Timor-Leste），该国在葡萄牙之后还先后遭到荷兰、日本和印度尼西亚的入侵与统治，且被联合国指派的澳大利亚军人所管辖过，在那之后才获得独立，可见该国受到的外部影响巨大。例如，在印度尼西亚统治时期，殖民者严禁东帝汶使用葡萄牙语，学校的教学语言是印尼语。总之，葡萄牙、荷兰、日本、印度尼西亚和澳大利亚对东帝汶的占领以及后来的全球化浪潮都极大地影响到东帝汶的社会语库发展，并使这里的语言情况变得复杂，这为该国的语言政策制定提出了挑战。东帝汶独立后，葡萄牙语和德顿语（Tetun）——当地的一种土著语言，都是国家的官方语言，而英语和印尼语则依然是该国的工作语言（Taylor-Leech 2009）。

7.2.3　在非洲的殖民地

非洲的殖民地情况与众不同。葡萄牙是最早进入非洲的帝国之一，早在 15 世纪它就开始探索非洲。而且，西非殖民地开始与巴西殖民地建立贸易关系——前者为后者提供黑奴。19 世纪，通过强制劳动让非洲黑奴种出的农产品也开始销往其他国家。此时，欧洲的其他列强则为争夺非洲领地而相互竞争，从而促成了 1884 年 5 月召开的一个大型多国会议。会前，比利时国王利奥波德二世（King Leopold Ⅱ）劝说法德两国去邀请欧洲十三国参会，以便制定一个瓜分非洲的政策（Forster et al. 1988）。大家相聚在德意志帝国第一任首相俾斯麦（Bismarck）的柏林官邸，会议首先决定终结奴隶贩卖。此外，大家一致同意划分各欧洲国家在非洲的合法领地，并制定了有效占领的原则：管治国家需要与当地的统治者协商后签订条约，需要悬挂自己国家的国旗，需要维护所辖领地的治安，还需要有计划地开发这些领地。这一原则也适用于非洲的沿海地区，但这些欧洲国家后来又索要那些它们以前未曾管控的内陆地区。

此次的柏林会议把介于安哥拉和莫桑比克之间的领地都给了葡萄牙，但后来这些地方（不包括安哥拉和莫桑比克本身，译者注）被英国占领了。此外，会议也为英法和法德之间的非洲领地划分了边界；建立了刚果自由邦（Congo Free State），归比利时国王利奥波德二世私人所有；宣布尼日尔和刚果的河流可以让旅行者自由出入。截止到 1902 年，欧洲帝国对非洲的争夺结果是 90% 的非洲大陆都在欧洲列强的管控之中，非洲被人为地瓜分了,而且,这些列强根本没有考虑当初的民族和语言区域,从而导致许多国家在这些方面的碎片化,其中安哥拉就是一个典型的案例。

在葡萄牙的非洲殖民地,教育工作主要由葡萄牙的传教士来担任,但在通常情况下,他们都不被允许使用土著语言来进行教学工作。跟法国一样,葡萄牙在其殖民地也把公民身份仅授予那些达到了葡萄牙语言文化水准的当地人。在此,帝国的公民身份就意味着这些当地人成了被教化了的所谓文明人。不过,这种现象并不常见。例如,在莫桑比克,人口数量有 31 255 435 人,但其中只有 4500 人达到葡萄牙语的标准。

安哥拉和莫桑比克这些葡萄牙的非洲殖民地曾经是黑奴的来源地,但它们于 1974 年都宣布独立了。而且,它们还发动了多次的双语教育运动,但无论如何,葡萄牙语依然是这些国家的官方语言。尽管安哥拉有 35 种土著语言,可该国有一多半的人都把葡萄牙语作为第二或第三语言来使用(Makoni and Severo 2015)。佛得角(Cape Verde)没有土著人口,故成了一个重要的黑奴交易场所,现在这里住着 50 万的麦士蒂索人(Mestico 或 Mestizo,指欧洲人与美洲印第安人或非洲黑人的混血儿,译者注)和以前的黑奴。如今,佛得角的教育依然薄弱。尽管这里没有多少是以葡萄牙语为母语的人,但葡萄牙语是这里唯一的官方语言。而且,这里的多数人都说着卡伯韦迪亚努语(Kaberverdianu)的方言(共有两种),该语言是一种被污名化的克里奥尔语。同样,圣多美和普林西比(Sao Tome and Principe)也被划定为黑奴交易场所。这里的人使用三种未曾得到官方认可的克里奥尔语,但他们都把官方语言葡萄牙语作为自己的第二语言来看待。

莫桑比克原有许多葡萄牙人居住,他们在这从事黑奴交易生意,但国家独立后,大多数的葡萄牙人都离开了这里。然而,具有统治地位的莫桑比克解放阵线(Front for the Liberation of Mozambique)却选择了葡萄牙语为该国的官方语言,旨在"把敌人的语言变成我们战斗的工具"(Stroud 1999:347)。其实,莫桑比克的当地人对葡萄牙语知之甚少,他们使用着 40 多种其他的语言,而这些语言主要都源自班图语族。该国在官方语言方面对殖民语言的偏好,外加严重的政治和经济问题,这些都阻碍了全国语言教育政策的发展。

几内亚比绍(Guinea-Bissau)这个国家民族众多,共有 17 种土著语言。葡萄牙语是该国的官方语言,但以该语言为母语的人却很少。基里奥尔语(Kiriol)在该国使用广泛，它有25万的母语使用者和60万的第二语言使用者，却得不到教育系统的认可，从而导致这里有很多儿童连小学教育都未能完成。

非洲的葡萄牙语国家(Lusophone)现在有了一个正式的机构——官方语言为葡萄牙语的非洲国家(Paises Africanos de Lingua Oficial Portuguesa, PALOP)。在这些国家，葡萄牙语使用的基本模式都是：早期的葡萄牙殖民男性把葡萄牙语引进来，这些人虽然数量不大，但他们安营扎寨，与当地的土著女性或女奴结婚，从而生出了混血后代，也形成了一种克里奥尔语；殖民时期，统治者剥削奴隶或强制人们从事农业或矿业生产，并要求所有的教育都必须用葡萄牙语来进行；在后殖民地时代，这些国家由于贫困不断、内战频发以及腐败和独裁，于是，葡萄牙语被看作是一种能够把大家团结起来的语言。

7.3 法兰西帝国

跟葡萄牙一样，法国创建殖民地也是为了自己本国的利益，而不是为了被征服的土著人的利益①。法国在这些殖民地设置了边境，目的是为了政治上的管理便利，但它却给殖民地带来了民族、语言和文化的杂乱局面。掠夺是殖民的主要目的，殖民者对于当地的这些语言文化多样性问题却视而不见，他们一般都不会花精力去寻找问题解决的实用性教育方案。

在法国统治时期，殖民地国家有一小部分的社会精英被同化了，他们接受的教育都是用法语进行的，进而相信法语的价值。殖民地的当地语言和克里奥尔语都被污名化，也不许在学校使用，这些行为降低了当地语言和克里奥尔语使用者的地位。当法国的殖民地国家独立后，本国人在政治上取代了殖民统治者，自己当家做主，但他们依然说着法语，并采取几乎相同的语言政策。不过，也有少数国家努力地为本土某一语言树立霸权地位。然而，中央化的语言政策却无法改变广为流行的传统语言实践，因为它不仅要面临来自其他利益集团的压力，而且，更糟糕的是，还要受到政治、经济和人口等因素的影响，于是，难以遏制法语使用人口的增

---

① 这一部分是根据斯波斯基(Spolsky 2019c)的一篇论文撰写的。

长。可见,语言政策不光是各层级语言管理的竞争,而且还是政治和经济实力的较量。有些国家由于政经乏力,至今也未能解决半个世纪以前就被人们早早认识到的众多语言问题。

法国的殖民与葡萄牙的殖民有相似之处,但也存在重要的差别。法兰西第二帝国的出现比葡萄牙帝国要晚,因此,法兰西第二帝国的殖民影响时间更短。尽管在殖民早期,法国也是依靠教会来办学的,但在法国大革命之后,其教育系统就世俗化了。像葡萄牙一样,法国也宣称自己在殖民地的角色是文明的建设者,这就意味着殖民统治者要把宗主国语言(metropolitan language)和文化强加给殖民地人民,却从不考虑或尊重当地的土著语言和文化。而且,在这些殖民地,除了在那些居住着大量欧洲移民的地方外,其余地方都实施单语政策:殖民者忽视土著语言,仅对少数社会精英教授宗主国语言。此外,这些欧洲外来者在殖民地霸占土地,贩卖奴隶,强迫土著居民搬迁或杀害土著居民。

1539年颁发的《维勒斯—考特莱特法令》(Ordonnance de Villers-Cotterets)是法国最早的法语政策文件。该法令规定全国的法院文书要用法语书写,从而取代以前的拉丁语①。后来,枢机主教黎塞留重申了中央化语言政策的重要性,他在17世纪早期就开始治理由地方权势贵族所造成的语言混乱局面:他开始重视中央统治的做法,首先是把皇宫里所使用的标准巴黎法语推向全国(Cooper 1989)。在法国大革命期间,尤其是在1793年雅各宾派(Jacobins)执政后,黎塞留所制定的语言政策得到沿用,并被奉为圭臬。而且,雅各宾派还通过了一个法令,该法令的第7条规定全国各地的学校只能用法语进行教学(Ager 1999:21)。但是,在法国的有些地区,学校仍在用区域性语言开展教学。这些地区是布列塔尼(Brittany)、阿尔萨斯-洛林(Alsace-Lorraine)、科西嘉(Corsica)以及一些山区。为此,雅各宾派政府通过法令要求这些地区的学校必须配备法语教师。19世纪,法国还通过了一些其他的语言法:1833年,法国通过了《基佐法》(Guizot Law),该法规定全国的小学要用法语教学;1881年,法国政府决定把小学教育归属为义务教育,它是免费的,也是世俗的。然而,由于合格法语教师的短缺,好多年之后法国才能完全实现以法语为教学语言的教育。

---

① 该法令共有192条,而语言内容只是其中的一条,如今也只有该条还依然有效。

20世纪,法国的《戴克森法》(Deixonne Law)的确允许本国的学校适度教授四种区域性语言——巴斯克语、布列塔尼语、奥克西坦语和加泰罗尼亚语,但一周仅有一个小时的授课时间。后来,法语的首要地位作为一个修正案终于写进了1992年颁布的《法国宪法》,并在1994年通过的《杜蓬法》(Toubon Law)中得到确认。法国之所以觉得有必要这样做,是因为《马斯特里赫特条约》(Maastricht Treaty)指出欧洲将建立欧盟组织,这会加大英语的作用和降低法语的地位。

上述语言政策适用于法国当初所统治的所有地方,因此,法国各处的殖民地也实施单语霸权的政策。甚至当这些殖民地独立以后,其中大多数还保留了法语作为其官方语言的地位,这也促进了法语国家组织(Francophonie)的发展及其名声的扩大,该组织共有四十几个独立的说法语的国家。尽管法国在北非(即阿拉伯语化的地区)和亚洲(即法属印度支那国家)的前殖民地在保留法语方面有例外现象,但法国在非洲撒哈拉沙漠以南的前殖民地国家以及在世界其他地方的前法国殖民地国家,法语依然是强势语言。法国的语言意识形态非常清楚,就是要把法国的边境周边地区——南边的奥克西坦,西边的巴斯克和加泰罗尼亚,北边的布列塔尼和佛兰芒在语言上都纳入了其理想化的母国中。后来,法国在向外征服的过程中又添加了一些地区——阿尔萨斯和科西嘉。此外,法国还把这种语言政策也应用于海外的殖民地。在每个地区或地方,政府都出台政策,要求当地学校进行强制的语言同化教育,不过,在地方上也会遇到一些语言维持方面的压力。最后,《戴克森法》也认可了部分地区语言的要求,即允许这些语言在当地学校得到部分教学。雷南(Renan 1882)在一次经典的演讲中用法语界定了"国家主义"(nationalism)的概念:国家主义是公民自愿联盟的一种形式,它是一个不可分割的整体,世俗但必须遵循一些具有普适性的原则:人人自由、平等和友好,并享有人权。艾哲(Ager 2001:19)认为,这个界定与"一个国家,一种文化,一片领土,一种政治"的概念如出一辙,它凸显了一种语言的霸权,并视该语言为民族国家的语言中心。此外,他还解释了法国为何要制定这种把单一语言强加在具有语言多样性地区的语言政策,尽管这些地区都是当地语言及其变体丰富多彩的地方。

这种通过语言来强化统一性的理念过去常常用于殖民地:"在1880至1960年之间的殖民高峰时期,法国非洲殖民地的有些儿童与法国北部城市里尔(Lille)的儿童所接受的教育是一样的,他们使用同样的教材。"(Ager 2001:18)在这些法国殖民地,人们有一种强烈的信念,认为法国的统治会把当地带入文明社会。康克林(Conklin 1997:1)指出,法国就是在第三共和国时期(1870—1940)宣称了其独特的殖民使命:要把法国所征服的并在法国殖民统治下的人们变得文明开化。此外,法国还宣扬法语具有殖民地当地语言所没有的优越性,并指出了殖民地土著人的原始特点以及人类追求完美的本性,最后,还说法国在经历大革命之后已具备独特的资历,进而可以实现上述使命。但是,在大多数情况下,殖民地给予法国的时间都太短,所以法国能改变的就是殖民地人民的语言意识形态。然而,在殖民地只有那些享有特权的并接受过法语教育的少数人才能说一口流利的法语。由于殖民地独立运动的领导以及殖民地独立后的国家统治者都是来自这些会说法语的社会精英,而他们的语言意识形态未变,于是,标准法语的霸权地位在大多数的前殖民地国家依然得到保留。

殖民地国家独立后能够继续沿用前宗主国的语言,这种现象的背后应该存在着一股重要的力量,迈尔斯-斯科顿(Myers-Scotton 1990,1993)称之为社会精英圈(elite closure)。她指出精英圈是一个社交过程,在这个过程中权力阶层通过语言选择来维持他们的特权和地位。这种现象在非洲殖民地国家尤其多,这些后殖民地国家仅有一少部分社会群体掌握了殖民语言,但他们把这种语言能力用于维持自己的领导地位和权力地位。博坎巴(Bokamba 1991)估计,在非洲的法国殖民地,能够熟练掌握法语的人不会超过20%,但法语却依然是这些国家独立后的官方语言,因为这些国家的领导人从有限的法语教育体系中曾获得过好处。

在此,我们有必要把法国殖民地的几大类型区分开来:第一是占领型殖民地(occupation colony),即殖民者军队征服一个地方后,便开始把它建成他们所希望的样子,然后就可以一直统治下去;第二是定居型殖民地(settler colony),即殖民者征服一个地方后,便开始从母国接来大量的移民定居(Johnston and Lawson 2000);第三是贸易型殖民地(trading colony),这是殖民地早期发展的一种形式,即一帮殖民者在传教士的陪同下,后来则在法国军队的保护下,开始在殖民地开展商业活动。法国在北美以及阿尔及利亚的殖民地属于定居型殖民地。当法国失去了对北美殖民地的控制权之后,大量的法语使用者就留在了加拿大和美国;而当北非的殖民地独立后,那里的许多定居者以及其他的法语使用者(如犹太人和基督徒)就被驱逐和遣返。法国在非洲和亚洲的殖民地大多都属于占领型殖民地,但最初是为了贸易而征服这些地方的,后来则把它们发展为具有种植园性质的殖民地,从而需要从国外引进奴隶或强制劳工。在这类殖民地当中,有些国家因为在人口方面具有当地人一直占多数的特点,所以,当这些殖民地国家独立后当地人就想要恢复自己的语言和传统文化,这是完全可能的。

7.3.1　在北美的殖民地

1604 年,法国的移民开始迁往北美定居。由于法兰西帝国长时间与英帝国存在冲突,1760 年,法兰西帝国最终放弃了魁北克。1763 年,两帝国签署了《巴黎条约》(Treaty of Paris),新法国(New France,也译为新法兰西,是指法国位于北美的殖民地,共包括加拿大、阿卡迪亚、哈德逊湾、纽芬兰、路易斯安那五个区域,译者注)则成为了英帝国的魁北克省,这里的居民也就成了英帝国的臣民。

然而,1764 年的《魁北克法案》(Quebec Act)给予了法语一些权力,因为那时的魁北克严厉限制法语的使用。下加拿大(Lower Canada,指加拿大魁北克等殖民地,译者注)在召开司法大会时可以使用英语和法语,但 1840 年的《联合法案》(Act of Union)却只推崇英语。1867 年的《英属北美法案》(British North America Act)把加拿大自治领(Dominion of Canada)改建为四省联邦,它们是安大略省、魁北克省、新不伦瑞克省(New Brunswick)和新斯科舍省(Nova Scotia,也译新苏格兰省,译者注)。该法案确定了英语和法语的官方语言地位,也就是说,英语和法语都可用于该国的联邦议会和法院。教育的提供与管理则由各省负责,教会学校(denominational school)也可参与。但是,有些省份并未做到语言的平等性。例如,1890 年,曼尼托巴省(Manitoba)就废除了该省学校和司法领域的法语地位(Conrick and Regan 2007)。《英属北美法案》只确定了魁北克省的官方语言,于是,1969 年加拿大通过了《官方语言法》(Official Languages Act),该法规定联邦政府需要使用法语和英语两种语言。多年以来,加拿大有越来越多的移民既不是来自英语国家,也不是来自法语国家。截止到 1971 年,这些人约占加拿大总人口的三分之一,加拿大有 45% 的人属于英裔,29% 的人来自法裔。2011 年,加拿大有

21%的人以法语为母语,但我们不知其他语言使用人口的比例,因为这里只有英语和法语方面的数据。①

20世纪60年代,加拿大有越来越多的人转用英语,这引起了法语使用者的不满,魁北克的大多数法语使用者都试图要改变法语的这种现状,于是,他们发动了一场叫作寂静革命(Quiet Revolution)的语言运动(Gagnon and Montcalm 1990)。1976年,魁北克的一个分离主义政党开始执政,他们首先采取的行动之一是宣称法语为魁北克省的唯一官方语言(Genesee 1988)。

1977年,魁北克通过了《101法案》,也就是《法语宪章》(Charter of the French Language)。该法案强调了魁北克的法语使用:城镇、河流和高山的名称都要从英语改为法语;非法语使用者的专业人员必须通过法语水平考试;只有父母是英语使用者,且在魁北克上过英语学校,这样的儿童才有资格上魁北克的英语学校;所有的商业广告和公共标识必须用法语表达;所有的电影必须有法语配音;法院及其他司法部门的工作可以仅用法语运行;所有的政府部门必须用法语处理政务工作;所有的企业必须有法语名称,而且,假如企业中有50名以上的员工,内部交流必须用法语进行;各级行政部门必须有一定名额的法语使用者。结果,有大量的英语使用者居民和企业都离开了魁北克(Fishman 1991:310)。

加拿大全国的英法双语使用并不均衡,而且人们对于双语制的实施方法也一直存在各种矛盾(Mitchell 2016),加之,加拿大的法语使用者人数有限以及联邦政府历来重英语和轻法语,这些因素都导致加拿大成了一个英语使用国家,但它尊重法语使用者作为少数人群的语言权,并允许魁北克成为一个法语省份,以便确保法语的社会地位。但是,这并不是帝国法语管理的结果,而是法语使用者维持生存的需要。因为这些人在生活中需要密切接触法语,还需要保持自己的宗教和教育机构,于是,他们将这些需求转化为政治权力,并以分裂相威胁,从而迫使加拿大政府认可法语的地位,尽管它已成了一种少数群体的语言。总之,魁北克正是通过政治权力和脱离联邦这种威胁来迫使加拿大政府接受双语制政策,并克服英帝国殖民征服所带来的英语影响。

在美国,法语的使用情况与加拿大的有所不同。19世纪,有许多加

---

① 这些数据来自加拿大统计局(Statistics Canada),由加拿大官方语言专员所提供。

拿大法语使用者迁往美国的新英格兰地区，他们在这按照民族来源扎堆居住，从而形成不同的民族社区。此外，因为这些人都是天主教教徒，他们的民族社区又相互毗邻而建，于是，共构成了280多个教区。而且，每个教区都安排了会说法语的牧师。这一举动遭到美国众多爱尔兰主教的反对，他们认为这不利于美国语言同化政策的实施。截止到1912年，这里的儿童可以在123个法英教区学校读书，学校在低年级时采用法语上课，然后就逐渐过渡到英语上课。1911年，该地区共有八种法语日报，但到了1960年，仅有一种报纸还在运营。数年来，这些人一直与说法语的加拿大地区保持着密切的联系，而且还不断地有人从加拿大那边移居过来。但是，到了这些移民的第二代，他们逐渐适应和接受了在美永久定居的理念，于是，转用英语和跨族婚姻的现象也就越来越多。学校使用法语的时间更少了，教区也开始转用英语。尽管还有少数人在阻止这种语言转用现象，但到了20世纪60年代大多数人都已放弃了法语和自己的民族传统（Lemaire 1966）。

美国路易斯安那地区（当初的概念比现在的路易斯安那州要大，译者注）的情况有些不同。1722年，该地区是法国的殖民地，有大量的黑奴从西非贩卖至此。经过"七年战争"（Seven Years War，英国—普鲁士联盟与法国—奥地利联盟之间发生的一场战争，时间是1756年至1763年共七载，其影响覆盖了欧洲和北美洲等地，译者注）之后，也就是在1763年，路易斯安那被割让给了西班牙，但来自法语世界的移民却从未中断过。尤其是1765年，英国殖民者把许多法语使用者驱赶出加拿大的阿卡迪亚（Arcadia，现在的新斯科舍省），从而导致路易斯安那地区的法语移民剧增。总之，法语使用者、西班牙语使用者和非洲黑奴都源源不断地来到该地区。在18世纪末，法国制定了一个计划，就是劝说一些本国妇女迁往路易斯安那，但以失败告终。于是，法国政府就开始把一些本国的女性罪犯和妓女用船只运送到路易斯安那（Zug 2016）。1800年，拿破仑重新获取了该地区的殖民权，但1803年，又把路易斯安那地区（还包括密苏里、伊利诺伊州）卖给了美国。后来，下路易斯安那（Lower Louisiana）就成了如今美国的路易斯安那州，而上路易斯安那（Upper Louisiana）就是如今美国的伊利诺伊州、印第安纳州和密苏里州。

了解路易斯安那地区的上述历史将有助于我们解释这里复杂的语言格局。在上路易斯安那曾经出现过一种名叫密苏里法语（Missouri

French)的变体,但现在已经不复存在了(Carriere 1941)。而在下路易斯安即如今的路易斯安那州,也曾有许多法语变体:标准法语,这是一种根据阿卡迪亚法语或卡真人法语发展而来的路易斯安那法语变体;还有许多路易斯安那克里奥尔语的变体,它们形成一个克里奥尔语连续统(Valdman 1997)。但是,到了20世纪末,路易斯安那法语和克里奥尔语都被英语所取代,只有那些年龄超过50岁的人还能流利地使用法语,而且通常仅用于家人或同龄人之间。1968年,受到族群复兴思想的影响(Fishman et al. 1985),路易斯安那州政府成立了路易斯安那法语发展委员会(the Council for the Development of French in Louisiana),旨在支持本州的法语学习,如该委员会设立了大学法语学习奖学金、各级学校的法语沉浸式项目以及其他的社区法语项目。但是,路易斯安那跟一些其他的法国前殖民地一样都面临如下的困境:法语教育水平差,法语的社会经济地位低以及地方政府对法语教育的专制(Associated Press News 2019)。或许正是那时路易斯安那的这种贫穷状况和糟糕教育,才使得这里的一些克里奥尔语使用者还坚持使用自己的祖裔语,从而导致人们在语言选用方面未出现"往上走"(upward social mobility,如转用英语,译者注)的现象。但这种情况的发生肯定跟法语语言管理没有太多的关系。

7.3.2　在亚太地区的殖民地

在亚洲,法国的耶稣会传教士于17世纪就来到了越南,而欧洲贸易是从18世纪才开始跟越南有联系的。在19世纪中叶,法国派遣了一个舰队来到越南,目的是要保护法国的传教士。1859年,该舰队攻占了西贡(Saigon,今胡志明市,译者注),并开始霸占土地,主要是为了法国的贸易和种植园。在19世纪80年代,法国在越南跟中国开战,并取得了胜利,于是就获得了四个保护国或保护地(protectorate)——安南(Annan,越南古地名,是指现在的越南中部地区,译者注)、东京(Tonkin,越南古地名,是指现在的越南北部地区,译者注)、交趾支那(Cochinchina,越南古地名,是指现在的越南南部地区,译者注)和柬埔寨。前三者合并就构成了现在的越南,四者放在一起,再加上1893年也被列入保护国名单的老挝,就合称为法属印度支那(French Indochina)。

第二次世界大战期间日本占领了印度支那,但第二次世界大战之后法国军队又重新占领了这里。然而,越盟(Viet Minh)继续与法军作战,并迫使法军撤出越南,这是 1956 年《日内瓦协定》(Geneva Accords)的内容之一,也是法兰西第二帝国的一个重大失败。法属印度支那被认为是经济掠夺型殖民地(即上文提到的贸易型殖民地,译者注),而不是人口型殖民地(即上文提到的定居型殖民地,译者注),于是,到了 1940 年,这里仅有大约 3.4 万的法国平民居住(相比之下,法国在北非殖民地的平民超过 100 万)。但是,法语被确定为法属印度支那学校的教学语言。于是,这里(特别是越南)的社会精英都接受法式教育,并开始使用法语,而当地百姓则依然使用着当地的 100 多种语言。赖特(Wright 2002)指出,这里仅有很少的一部分人接受过法式教育,而大多数的越南人都未受过任何教育,当他们要跟自己的雇主交流时就使用一种越南语和法语混合在一起的皮钦语。越南独立以后,越南语就成了该国的官方语言,英语的角色也变得越来越重要。

法国在波利尼西亚(Polynesia)也有殖民地。法属波利尼西亚由 100 多个岛屿和珊瑚礁组成,其中 67 个有人居住。这里共有人口 28.5 万,其中大部分人都属波利尼西亚人——这是一个散居在南太平洋并横跨 1200 多英里(接近 2000 公里,译者注)的土著人种(Paia and Vernaudon 2016)。法属波利尼西亚人口最多的岛屿是塔希提岛(Tahiti),该岛的帕皮提市(Papeete)是该国的首府,也是法国海外社区的行政中心。法语是这里唯一的官方语言;尽管巴黎索邦(Sorbonne)大学会教授塔希提语(Tahitian),但该语言不会用于任何大会的发言,然而在 1981 年,法国的一项法令却把塔希提语列入了法国《戴克森法》允许学校教授的区域语言名单之中。据报道,在 2007 年法属波利尼西亚共有 68% 的人在家说法语,还有 24% 的人在家说塔希提语。2012 年的人口普查显示,在 15 岁以上的人当中,大多数人都会说法语,但其中有 85% 的人还会讲一门波利尼西亚语(Paia and Vernaudon 2016)。法属波利尼西亚一直在法国的统治之下,其语言政策尽管有时也要在宗教和商业领域跟英语竞争,但在树立法语地位和推广法语使用方面还是成功的。

1606 年,一位葡萄牙探险家最早发现了波利尼西亚的存在。1768 年,法国探险家路易斯·安托万(Louis Antoine)重新发现了新赫布里底群岛(New Hebrides,即瓦努阿图群岛,属于波利尼西亚群岛的一部分,译者注)。1825 年,一位商人在此发现了檀香木,随后便把波利尼西亚其他地方的一些劳工带来,但这些劳工后来与当地的南岛(Austronesian)

土著人——瓦努阿图人(Ni-Vanuatu)发生了冲突。最初,这里的外来定居者大多都是来自澳大利亚的英国人,但到了 20 世纪,来自法国的定居者在人数上超过了来自英国的定居者。这些人的社区多多少少都保持着一种独立的状态,而当地人则分为两派,有人更喜欢英国,还有人则更希望归属法国。但后来成立的英法联合管理当局(British-French Condominium)在 20 世纪 60 年代之前都忽略了教育因素的考虑。在那之后,英国殖民者开始在众多的农村地区建立了一些以英语为教学媒介语的小学,而且,还在维拉港(Port Vila,现在是瓦努阿图首都,译者注)建立了一所中学和一所职业培训学院。为了与英国殖民者竞争,法国殖民者也开始创办以法语为教学媒介语的学校。但英法的这些学校都不使用或不允许使用当地语言,其中包括比斯拉马语(Bislama)①——这是一种被克里奥尔化(creolised)的皮钦语。1980 年该群岛独立,重新命名为瓦努阿图,国语是比斯拉马语,官方语言是比斯拉马语、英语和法语。此外,瓦努阿图还使用着其他 80 种语言,但其中多数的使用者都不足 1000 人。瓦努阿图跟许多其他的前殖民地国家一样也面临着如下语言压力:如何维持帝国语言,而且,该国的英语和法语地位之争导致国家忽视了本国众多土著语言的认可问题,甚至还导致国家忽视了人们对比斯拉马语保护的呼声,这种语言是该国多数人所使用的通用语,是在当地得到广为传播的克里奥尔语。

新喀里多尼亚(New Caledonia)作为一个特别的行政区在 2020 年举行了第三次全国独立公投②,在此之前它都是处在法国的殖民统治之下。该群岛位于太平洋西南部,由一个主岛以及若干个小岛构成,人口有 25 万多。1774 年,詹姆斯·库克(James Cook)发现了该群岛,西方人在这里的早期贸易主要是檀香木的倒卖和奴隶的贩卖——把土著的卡纳卡人(Kanaka)抓去澳大利亚的种植园劳动。伦敦传道会(London Missionary

---

① 比斯拉马语(法语单词是 bichelamar)以英语词汇为基础,同时还具有新几内亚的托克皮辛语和所罗门群岛的皮金语(Pijin)的特点,属于一种美拉尼西亚皮钦语(Melanesian Pidgin)。瓦努阿图宪法的英语版和法语版均表明,比斯拉马语是"国语",该术语在英语和法语中的表达分别是"national language"和"La langue vehiculaire nationale"。比斯拉马语的对外传播离不开那些在澳大利亚昆士兰和斐济种植园工作的瓦努阿图人,而其国内的传播也离不开那些从新赫布里底群岛各地来到本国某些种植园上班的工人。第二次世界大战期间,该语言通过美军跟英语有过接触,从而得到进一步的传播。如今,比斯拉马语是瓦努阿图大部分地区的通用语。
② 1987 年和 2018 年两次的公投都反对独立。

Society)和罗马天主教玛丽兄弟会(Roman Catholic Marist Brothers)在19世纪40年代开始了这里的传教工作。1854年,法国海军根据拿破仑三世的命令占有并建立了新喀里多尼亚的港口城市努美阿(Noumea)。这里的教会学校原本使用当地的土著语言上课,但到了1919年,殖民政府教育局开始管控教会学校,最终则关闭了所有的教会学校,并严禁学校使用土著语言(Leonard 1996)。在20世纪70年代以及1984年,当地人们反复要求学校使用土著语言,在这种压力之下,不许学校使用卡纳卡语(Kanakan language)的禁令开始得到放松。但在法国的殖民统治下,当地政府依然不愿正视当地语言使用者的语言需求,结果是土著人口的教育水平依然低下(Leonard 1996)。

7.3.3 在加勒比海地区的殖民地

1635年,法国在加勒比海的马提尼克(Martinique)岛上建立了法国首个海外永久定居点。为了发展加勒比海这一地区,枢机主教黎塞留在此成立了一个公司(即新法兰西公司,译者注),并在瓜德罗普(Guadeloupe)、格林纳达(Grenada)、多米尼克(Dominica)和特立尼达(Trinidad)建立了殖民地。如今,马提尼克和瓜德罗普依然是法国的海外省份。圣马丁岛(St Martin)和圣巴泰勒米岛(St Barthelemy)成了法国的海外行政区。海地曾是法国的殖民地,而多米尼克和圣卢西亚(Saint Lucia)在独立前是英国的殖民地。

法国在加勒比海地区的征服和殖民历史比较复杂:许多殖民地的获得都经历了无数的争夺,有些还落入了其他帝国列强的手里,这些殖民地最终都在不同的时期独立建国了。但它们有一些共同特点:大多都属种植园殖民地,殖民者把西非黑奴贩运过来,以便取代加勒比人(Carib)和其他的土著人,因为这些人大多都被殖民入侵者所杀或者被殖民入侵者带来的疾病所灭;此外,这些殖民地独立后却因管治不善或自然灾害又都进入了一个动荡期。它们的语言命运也有一些共同特点:当地人的土著语言和黑奴的非洲语言被许多以法语为基础而发展起来的克里奥尔语所取代,但这些克里奥尔语也不被殖民政府以及后来的独立国家政府所重视,它们通常都被排除在教育体系之外。不管谁执政,这一地区的语言意识形态依然是把法语视为重要语言和中心语言,因为法语是政府语言和公共生活语言,它还被少数受过良好教育的社会精英所控和所用。

海地是个特例。当年弗格森(Ferguson 1959)之所以提出双方言或双语体(diglossia)术语,是因为他发现阿拉伯语国家都有两种功能不一样的相关语言变体:一种是有名望且用于正式和官方场合的书面语言,另一种是具有方言性质但得到广泛使用的口头语言。后来,他还列举了许多这方面的典型案例:瑞士有高地德语和瑞士德语(Swiss German);希腊有古体现代希腊语(Katharevousa)和希腊德莫替基语(demotiki 或 dhimoti);海地有法语和克里奥尔语(由法语、当地土著语言和非洲语言混合而成,译者注)。海地所在的伊斯帕尼奥拉岛(Hispaniola,也译海地岛,译者注)分属海地和多米尼加共和国(Dominican Republic),海地位于该岛的西部。许多研究克里奥尔语的专家都没见过像海地这样的语言场景:这些语言可以作为双方言或双语体来看待,但是它们的使用者却构成了两个完全不同的语言社区:一个是少数人的语言社区,由社会精英组成,他们掌握双语——克里奥尔语和法语;另一个是多数人的语言社区,由城市和农村的民众构成,他们使用克里奥尔语。此外,该方面的著名学者阿尔伯特·瓦尔德曼(Albert Valdman)曾经认为,所有以法语为基础的克里奥尔语都是彼此相关的方言。但他现在明白了,每一种克里奥尔语都是一种完全独立的语言,它们在语言结构和社会角色上都有很大的差别(Valdman 2015:ix)。

海地最初是被西班牙的探险家所征服和殖民的,17世纪又被割让给了法国。此后,海地越来越多地使用了非洲贩卖过来的黑奴,使得他们成了海地甘蔗种植的主要劳动力。在法国大革命期间,海地黑奴爆发起义,并最终击败了法国殖民者。1804年,海地独立。许多白人在海地起义期间或被杀或逃走,于是,海地剩余的人口绝大多数是黑人,共有70多万。1915年,美军接管并控制了海地,但在1934年又退出了,在那之后多米尼加的独裁者特鲁希略(Trujillo)下令杀害了滞留在多海两国边境中进入多米尼加的所有海地人。20世纪50年代,弗朗索瓦·杜瓦利埃(Francois Duvalier)成了海地的独裁者。1971年,他的儿子继位,但1986年被罢免,国内混乱不堪。1994年海地才建立了民主政府。进入21世纪之后,海地遇到一系列的自然灾难:热带风暴、霍乱和地震,政治形势也一直动荡不安。此外,该国还腐败严重,贫穷落后,需要外援。海地有两种官方语言:法语和海地克里奥尔语(Haitian Creole)。据说全国有40%的人使用法语,该语言用于政府、学校和商业领域,而全国人都说海地克里奥尔语,这是一种当地语言(Valdman 1968,2001)。海地对于海地克里奥尔语标准化的问题一直争论不休,这反映了大家对于海地个体身份以及国家身份具有各种不同的意识形态立场(Schieffelin and Doucet 1998)。

1727年,多米尼克(Dominica,该国和多米尼加因名称相近而常被人混淆。它们虽同处加勒比地区,但其国情、语言、历史文化和经济特色却大不相同。多米尼克是英语国家,英语国名的全称是 The Commonwealth of Dominica,而多米尼加是西班牙语国家,英语国名的全称是 Dominican Republic,译者注)成了法国殖民地。1763年,法国又把它割让给了英国。法语虽然还是多米尼克的官方语言,但多数人却说克里奥尔语。1861年,多米尼克成了英帝国的直辖殖民地(crown colony),它是加勒比海向风群岛(Windwards Islands)的一部分。1978年,多米尼克独立,但不久又面临雇佣兵的威胁,在美国的帮助下,多米尼克避开了这一危机,并恢复了议会制政府。如今,英语是该国的官方语言,但多数人却说帕特瓦语(Patwa),这是一种以法语为基础的安的列斯群岛克里奥尔语(Antillean creole)。此外,这里还有一些人使用以英语为基础的克里奥尔语——科科伊语(Kokoy),而该岛的加勒比语(Island Carib)已灭绝。英语是多米尼克政府领域和城市生活的官方语言,而帕特瓦语作为当地的一种方言(patois)主要在该国的农村地区使用(Paugh 2005)。

法属圭亚那(Guiana)尽管地处南美洲,并与巴西为邻,但它与法属加勒比海地区密切相关。该国共有人口25万多,其中三分之二的人都具有法国国籍。因为法属圭亚那是法国的一个海外省份,而且,还是法国的第二大地区(法属圭亚那是法国领土的一部分,由法国中央政府直接管辖,名义上不可称之为殖民地,译者注)。此外,法属圭亚那是南美洲最繁荣的地方,2015年其(人均)国民总收入接近1万美元,法属圭亚那的经济发展在很大程度上得到欧洲航天局(European Space Agency)的支持(因为法属圭亚那靠近赤道,有利于火箭发射,所以欧洲航天发射中心位于此地,这给当地带来巨大的经济收益,译者注)。最初南美洲有五个圭亚那:西属圭亚那,现为委内瑞拉的一部分地区;英属圭亚那,现称作圭亚那(Guyana);荷属圭亚那,现改名为苏里南(Suriname);葡属圭亚那,现为巴西的一部分地区;法属圭亚那,现依然如故。由于法属圭亚那的语言多样性以及教育体系管理的普遍失败,这里的教育水平是法国各地区中最差的一个，这里有一半的儿童没有读完中学就辍学了(Migge and Leglise 2010)。

7.3.4 在撒哈拉沙漠以南非洲的殖民地

19世纪，法国在非洲的殖民地得到迅速发展，这主要是与当初西方列强在非洲争夺地盘的形势有关，所以，这段时间的法国被称为第二殖民帝国(Second Colonial Empire)。不过，早在15世纪，欧洲列强为了竞争都纷纷开始派送自己的商人去了非洲，而西非就出现了法国人的身影。19世纪50年代，法国开始占领了西非的大陆地区，其目标之一是要废除这里许多土著王国(native kingdom)所从事的奴隶贸易。然后，法国人逐渐在这里定居下来，但大家都选择了更发达的区域(Huillery 2011)

塞内加尔(Senegal)现有人口超过1300万，该国于1960年独立，它与法属苏丹(French Sudan)差一点就合并为联邦制国家，但后者最终放弃，并形成了今天的马里共和国(the Republic of Mali)。塞内加尔全国共有20几个民族，其中最大的是沃洛夫族(Wolof)，人口占43%；其次分别是富拉族(Fula，又称富拉尼族或颇尔族，译者注)和谢列尔族(Serer)，他们的人口各占24%和15%。该国的官方语言是法语，据说全国有10%的人精通法语，还有10%的男性和2%的女性略懂法语。沃洛夫语是塞内加尔的通用语，据说有80%的人都掌握了该语言(Eberhard et al. 2019)。

马里作为穆斯林帝国的一个中心，历史悠久。该帝国建立于13世纪，灭亡于17世纪。在很早的时候伊斯兰教就被引入西非，并在马里帝国(Mali Empire)时期达到其发展的顶峰。此时，该帝国的通布图(Timbuktu，又译为廷巴克图，是马里历史名城以及古代西非和北非骆驼商队的必经之地，许多穆斯林学者和圣徒在此定居，译者注)成了伊斯兰教学习的一个中心：当时这里有三所伊斯兰学校(madrassas)，如今它们合并为通布图大学。现在，通布图的居民都使用一种松圭语(Songuay)变体，该语言有好几种变体，属于尼罗哈米特语(Nilo-Hamitic language)。但这里的穆斯林学者都说阿拉伯语。17世纪，马里帝国一分为三，而且，彼此都视对方为交战国。到了17世纪中叶，马里帝国被巴马纳(Bamana)或班巴拉(Bambara)帝国所征服，而巴马纳帝国没持续多久就被图库勒(Toucouleur或Tukulor)帝国所征服，该帝国使用富拉语(Fula，也称富拉尼语(Fulani)或颇尔语(Pular)，译者注）。在这里，进行国内外奴隶贩卖的行为司空见惯。

马里曾经以法属苏丹的名称被外界所知，因为自1879年起法国军队就开始逐渐占领该国，一直到1890年才结束。1959年，马里独立，并加入了马里联邦(Mali Federation)，但不到两年就退出。2012年，马里的图瓦雷克人(Tuareg)叛乱，使得国家处于分裂的状态，但一年后马里军队和法国军队重新夺回了国家的控制权。叛乱分子摧毁了图书馆里许多珍贵的文物手稿，但还有许多其他的得到了挽救。由于国内残酷的战争以及长时间的食品短缺，几十万的马里人被迫远走他乡。现在该国依然还有高比例的童工，而且，还是一个国内外人口贩卖的中心。据估计，马里现有人口1750万，但它是世界上婴儿死亡比例第二高的国家，而且，国民的识字率很低。在民族方面，该国有34%的人为班巴拉族，15%是富拉尼族，萨拉科尔族(Sarakole)和塞鲁福族(Serufo)各有10%的人口，剩余的为几个其他的民族。马里的官方语言是法语，但据报道该国有一半的人都说班巴拉语。此外，现在有13种语言被认可为马里国语。在宗教方面，穆斯林一直是马里最大的群体。

博坎巴(Bokamba 1991)在分析了法国殖民语言教育政策对法属西非的影响之后总结说，法国导致这一地区的文盲率和辍学率在非洲都是最高的，而且，该地区的通用语发展也是非洲最差的。这些都是因为所有法属殖民地都实行唯法语统治的结果，而且法国殖民者为了加强法语的需求一直严禁当地语言的使用。例如，法国殖民者于1911年出台了政令，要在塞内加尔建立一些小学，但严禁这些小学使用当地语言。西非当地只有一小部分人能够得到良好的教育，如1960年马里仅有31人获得学士学位。但是，对于这些掌握了法语的殖民地社会精英而言，法语的价值是挺高的，法语是他们在社会中往上爬的必备条件之一。所以，当这些国家独立以后，政府在制定语言政策时会确保法语的地位维持不变。此外，这些法国前殖民地国家独立后的教育预算占比较大，但其中多数经费都用于提高教师的工资。而且，这些新独立的国家继续践行用法语作为教学语言进行精英教育的理念，于是，社会阶层的提升就取决于人们的法语能力以及他们在学校所接受的用法语授课的课程数量，结果马里有大约25%的儿童都被迫留级。

法国在19世纪末入侵毛里塔尼亚(Mauritania)，并于1912年击败那里的酋长国。之后,法国便把毛里塔尼亚并入其法属西非的范围。在殖民统治期间,毛里塔尼亚有90%的人都一直过着游牧生活。1960年,毛里塔尼亚独立,并选择了新首都——努瓦克肖特(Nouakchott)。此时,有许多其他的撒哈拉沙漠以南非洲人迁往该国,但他们通常都会说法语,于是,就有资格成为毛里塔尼亚政府部门的雇员。而且,法国军队还继续跟毛里塔尼亚北部的哈桑(Hassane)部落进行作战。毛里塔尼亚的社会精英在国家独立后具有强势地位,他们努力地想把毛里塔尼亚的法律和语言都阿拉伯化(Arabisation)。由于毛里塔尼亚国内的民族矛盾持续不断,国际特赦组织(Amnesty International)就担心该国不能遵守有关反对奴隶制的法律(Alt 2013)。从1999年开始,阿拉伯语已是毛里塔尼亚小学低年级的教学语言,小学第二年开始教授法语,并用法语教授科学课程。毛里塔尼亚的阿拉伯化现象是对该国法语政策不满的反映,因为法语政策要用法国文化和法语来取代现有的穆斯林文化和阿拉伯语(Ahmed 2012)。根据毛里塔尼亚总理和文化部长的发言来看,自2010年起该国的阿拉伯化运动在目标上变得更加明确了。跟许多其他的前殖民地国家一样,毛里塔尼亚的社会冲突和政治斗争也阻碍了该国想要制定和实施行之有效的语言教育政策的企图。

几内亚(Guinea)最初为西非几个帝国的一部分,它的中部地区从16世纪起就活跃着奴隶贸易活动,从1735到1898年该国却成了一个伊斯兰国家。1898年,法国击败了几内亚的抗法民族英雄萨摩里·杜尔(Samouri Toure),他是瓦苏卢(Wassulu)帝国的皇帝,不过这是一个短命的帝国。1958年,几内亚拒绝成为法兰西共同体(French Community)内的一个自治国家,同年获得独立。塞古·杜尔(Sekou Toure)成了几内亚这个新独立国家的第一任总统。在政治上他先是对标苏联,然后是看齐中国。几内亚的官方语言是法语,它有接近300万的二语使用者。颇尔语是几内亚实际上具有国家身份的语言,它有250万的使用者。马林凯语(Maninkakan,也可写成Malinke,译者注)是几内亚的交际广泛语言,它有300万的使用者。几内亚其他的主要语言还有基西语(Kissi)和苏苏语(Sussu),它们各有28万和90万的使用者。几内亚全国共有34种以上的语言(Lewis et al. 2016)。

象牙海岸(Ivory Coast,1986年起该国的中文译名改为科特迪瓦,译者注)与几内亚可以形成鲜明的对比,尽管象牙海岸独立后也遇到过独裁统治和内战等问题,但它在经济发展方面却取得了较好的成就。由于国内民族和语言的复杂关系,而且,全国使用着 60 多种语言(Delafosse 1904),所以象牙海岸独立后沿用了其前殖民帝国的霸权语言(hegemonic language)——法语,而它本国的非洲土著语言却遭受冷遇。如今,该国的语言使用有一个显著特点,即它没有进行任何的语言规划,却出现了一种当地的法语克里奥尔语(N'Guessan 2008)。

1894 年,法国入侵了如今叫作布基纳法索(Burkina Faso)的这个地方,并把该地方变成了自己的上沃尔特殖民地(Upper Volta colony)。后来,法国又把该殖民地并入了法属西非,但第二次世界大战之后,上沃尔特才真正成为当地人的领土。1958 年,这个地方成了法兰西共同体内的一个自治共和国,1960 年获得独立,成立了上沃尔特共和国,而且这是一个独党制的国家。1983 年,该国发生军事政变,从而导致新老独裁者交替的现象。第二年,该国更名为布基纳法索,意为"正人君子之国"(Englebert 1996)。后来,布基纳法索还跟马里发生过一场短暂的战争。布基纳法索共有 60 多种语言,其中较大的语言有以下四种:第一,摩尔语(Moore),也称摩西语(Mossi),全国有 40％的人使用,主要用于该国的中部地区和首都城市;第二,朱拉语(Jula 或 Djoula),这是该国曼德人(Mande)所使用的语言;第三,富尔富尔德语(Fulfulde),也称富拉语;第四,古尔曼切玛语(Gourmanchema)或古尔曼切语(Gourmanche)。布基纳法索的官方语言是法语,主要用于行政和司法领域。由于布基纳法索的教育费用昂贵,从而导致该国成了全世界识字率最低的国家之一(详见:https://www.africa.undp.org/content/rba/en/home/ourwork/povertyreduction/successstories/burkina-faso-illiteracy.html)。

多哥兰(Togoland)是西非的一个黑奴贸易中心。1886 年,它成了德国的保护国。第一次世界大战后,多哥兰被英法两帝国一分为二:英属多哥兰和法属多哥兰。前者于 1957 年被并入了加纳(Ghana),而后者于 1959 年独立,成立了多哥共和国(Togolese Republic)。但是,在多哥独立后,腐败、政变和长达 38 年的独裁统治接踵而至。不过,据称该国的状况正在好转。多哥有 40 个民族和 40 种土著语言。法语是该国法定的国语,但据说该国有许多人把法语作为第二语言来使用。

1872 年,法国征服了达荷美(Dahomey)。经过两次战争以后,达荷美于 1894 年成了法国的保护国,1904 年则成了法属西非的一部分。法国在这里建设了一个港口和若干条铁路,其天主教使团则在这里开办了学校。1946年,达荷美成了法国的海外领土,1960年获得独立,但随之而来的是没完没了的政变和五花八门的政府。1975年,达荷美改名为贝宁(Benin),这是一个以马克思主义和列宁主义为指导思想的国家,但到了1990年其国家性质发生变化,成了一个多党制的国家。据报道,该国有三分之一的人说法语,但主要是作为二语来使用的。在这里,法语的使用是社会声望的象征,因此,进入贝宁的政府和城市工作都需要会说法语。该国所有的出版物也是用法语书写的。法语在贝宁有一种当地的变体,叫作非洲法语(francais d'Afrique)。贝宁使用最广泛的土著语言是丰语(Fon),全国有25%的人使用该语言。托萨(Tossa 1998)研究发现,贝宁的城市,尤其是其最大的城市科托努(Cotonou),经常使用如下三大语言:丰语、法语和一种丰语和法语的混合体。在这个国家,所有的土著语言都被认作是国语。而且,根据2003年贝宁制定的一个有关全国识字和成人教育的政策,所有的本国土著语言也应该用于学前教育。非洲有两个国家支持本国的学前教育要用非洲语言来进行,贝宁就是其中的一个,但由于国家的资源匮乏,学校的这些项目最终都无法得到有力支持(Dossou 2002)。

尼日尔(Niger)是一个内陆国家,它在联合国人类发展指数(UN Human Development Index)的国家排名中处于垫底的位置(United Nations Development Programme 2015),它还是全球国民识字率最低的国家。从1889年开始尼日尔与法国经历了漫长的斗争,直到1922年才结束,结果是尼日尔被法国征服,并成了法国的殖民地。在这场斗争中,该国最后的抵抗者是图瓦雷克人,他们是柏柏尔部族中的一个分支。1958年,尼日尔被给予了有限的自治权,1960年国家独立。如今,法语是该国的官方语言,被广大社会精英所使用,现有大约6000人把它当作母语来使用,还有大约200万人把它作为第二语言来使用。豪萨语(Hausa)是这里的主要贸易语言,使用者达800万。尼日尔1989年版的宪法认可了本国的许多土著语言,并把它们作为国语来看待,而且还指出了这些土著语言的生存压力:它们仅被部分居民所使用;在广播电视中难觅其踪;有些土著语言或许会用于实验学校、成人教育项目以及识字后(post-literacy,即语言扫盲后。译者注)活动中,但数量较少。该宪法提出了国家要恢复这些语言的价值使命,但是,尼日尔的社会语言现实是法语占据主导地位,想要提升土著语言社会地位的理想与现实存在巨大的鸿沟(Wolf 2003)。

尽管阿拉伯商人早期来过留尼汪岛(Island of Reunion),但首次登上该岛的欧洲人是葡萄牙人,时间是1507年,不过他们在此没有留下任何东西,也没有带走任何东西。1638年,法国人来到该岛,并带来了罪犯。从1664年起,法国开始把平民也迁移过来。后来,法国殖民者还从非洲、中国和印度进口了奴隶或契约工人。1810年,英国人占领了该岛,但1815年又还给了法国。1848年,留尼汪岛废除了奴隶制。1860年,法英达成协议,允许留尼汪岛每年从印度引进6000名契约劳工。法语是该岛的唯一官方语言,但这里许多人却说留尼汪克里奥尔语(Reunion Creole),这是一种法语和马尔加什语的混合语,而且,留尼汪克里奥尔语的使用者无法与法语或毛里求斯克里奥尔语(Mauritian Creole 或 Morisyien)的使用者相互沟通(Corne 1993),而毛里求斯克里奥尔语是在各种法语变体的基础上发展而来的(Beniamino 1996)。

1638年,荷兰在一个无人居住的岛上建立了移民定居点,该岛离非洲的东南海岸有1200英里(约2000公里,译者注),并把该岛叫作毛里求斯(Mauritius)。1710年,荷兰人放弃了该岛,五年后法国人开始接管,并将其改名为法兰西岛(Isle de France)。1810年,英国人征服了该岛(恢复了原先的岛名——毛里求斯,译者注),并允许岛上移民保留自己的土地和语言。后来,毛里求斯就成了英国的产糖殖民地,并发展为一个旅游胜地。在该岛如今没有规定的官方语言,但在议会以及其他行政工作中大家都可以使用英语或法语。该国的宪法是用英语书写的,而《民法典》(Civil Code)是用法语书写的。这里的学校使用英法双语,学生也必须学习这两种语言。但是,这里的多数居民却说着毛里求斯克里奥尔语,他们视之为自己的本族语和交际广泛语言。

吉布提(Djibouti)也没有任何法定的官方语言,但英语和法语都可用于该国的议会和官方的行政工作。1977年,吉布提进行了第三次全民公决,投票结果显示,大家几乎都一致要求国家独立。同年,吉布提获得了独立许可,并选出了第一任总统,执政20年。在这期间,吉布提经历了一场武装冲突之后,政府与反对派于2000年达成了一个有关权力分享的协议。但不久,该国又进入单一制状态,于是,反对党在2005年开始抵制活动,并在2008年举行了全国大选。2013年,吉布提又开始允许反对党的存在。此外，这个国家还建有法国和美国的军事基地。吉布提最大的两种当地语言是索马里语(Somali)和阿法尔语(Afar)，它们分别有50万和30万的使用者，但该国的官方语言是阿拉伯语和法语，政府之所以这样做，也许是为了避免在两种较大的土著语言中做出选择的尴尬(Appleyard and Orwin 2008)。

马约特岛(Mayotte)先后成为法国的一个海外省份和海外大区，它是一个位于印度洋的群岛，介于莫桑比克(Mozambique)和马达加斯加(Madagascar)两国之间。该岛早期的居民是班图人(Bantus)，之后，有大量的苏丹国民众来到该岛，从而导致该岛采取了伊斯兰式的统治。1841年，法国购买了该岛。1971年，该岛通过公民投票决定放弃独立，并继续留在法国。2014年，马约特岛成为了法国的一个海外省份。在该岛，一夫多妻(polygamy)现象司空见惯，而且女性一般都不太可能受到雇用。该岛目前存在以下几个问题：非法移民越来越多；淡水资源短缺；教育存在危机。如今，科摩罗(Comoros)声称马约特岛是它领土的一部分。可是，这里的经济主要是依靠法国的援助，而且，法国很看重该岛的价值。然而，科摩罗说马约特岛和科摩罗都使用同样的语言。马约特岛的人可以自由移居欧盟国家，这使得科摩罗的诉求更加复杂化(Muller 2012)。雷格诺(Regnault 2009)对这些问题进行分析后指出，马约特岛作为法国的一个海外省份，这能给当地社会的人们带来强烈的文化身份感。马约特岛有人口20多万，其中多数人都说一种班图语——科摩罗语(Comorian)或西毛瑞语(Shimaore，科摩罗语的一种方言，译者注)。该语言与相邻的科摩罗群岛上所使用的语言是相关的。马约特岛上的第二大语言是布西语(Bushi)或基布西语(Kibushi)，这是马尔加什语的一种变体。马约特岛有25%的人是来自科摩罗的移民，该岛上的大部分人都是穆斯林，所以伊斯兰教法(sharia law)在这里也起作用。尽管法语是该岛的官方语言，但使用不广。

早在10世纪，就有阿拉伯商人到访过马达加斯加。中世纪，有些班图人开始迁往马达加斯加居住。17世纪，法国在马达加斯加设立了一些贸易站。19世纪初，英国认可了马达加斯加的一个当地王国，伦敦传道会还把《圣经》翻译成马尔加什语或马达加斯加语。后来，马达加斯加严禁外国人到来，并开始抗击法国的入侵，与法国进行了多次战争，但到了19世纪末，法国兼并了马达加斯加，战争结束。法国殖民者在马达加斯加建立了不少种植园。这里 6 至 13 岁的儿童在学校主要是学习法语。殖民者还通过强制劳动在该岛修建了铁路和公路。在第二次世界大战期间，马达加斯加独立运动的影响增大。1958 年，马达加斯加成为法兰西共同体内的自治国。二年后，马达加斯加完全独立。该国先后出现过四个共和国：第一个带有强烈的法国干预色彩，第二个是带有社会主义和马克思主义特点的军政府，第三个存在于 1990 年至 2010 年期间，第四个成立于 2010 年，并制定了民主宪法。马达加斯加共有人口 2300 万，它民族众多，但这里的人们都会说马尔加什语和另一门带有很多变体的大语言（macrolanguage），该国的官方语言是马尔加什语和法语。在法国的殖民统治下以及在独立后的第一共和国时期，这里的法语教师都是从法国派过来的，学校实行严格的法国教育制度。但在第二共和国时期，这些法语教师被驱逐出境，并出现了马达加斯加化（malgachisation）的现象，政府要学校使用马尔加什语，并降低教学标准。

乍得（Chad）位于非洲中部，是一个内陆盆地国家，人们在这里居住和劳作的历史已有 2000 年之久。这里还曾经出现过一些重要的帝国，其中就包括中世纪的加涅姆（Kanem，也译加奈姆，译者注）帝国。当初，该帝国有三分之一的人口都是奴隶。19 世纪晚期，法国入侵了这一地区，并在 1900 年建立了"乍得国家和保护国军事领地"（Territoire Militaire des Pays et Protectorats du Tchad）。1920 年，法国又将它并入了法属赤道非洲（Equatorial Africa，主要包括如今的加蓬、刚果共和国、中非和乍得，译者注），但这对于乍得的发展毫无作用。因为乍得的教育事业被忽视，乍得的南部则成了殖民者的棉花产地和苦力劳动者的来源地。1921 年，法国在乍得仅开设了一所学校，截止到 1933 年，全国只有 33 名合格教师（Mays 2002：20）。而且，殖民者把该国的多数资金都仅用于乍得南部萨拉族（Sara）的发展，并希望在那里培养出该国未来的领导人（Mays 2002：20）。第二次世界大战之后，乍得成了法国的海外领地。1960 年乍得获得独立。乍得的官方语言是标准阿拉伯语和法语。乍得阿拉伯语（Chadian Arabic）是该国使用最广的通用语，但它存在多种变体。乍得的教育水平较低，腐败严重，故被美国的和平基金会（Fund for Peace）列入了失败国家的名单，而且，根据联合国人类发展指数，乍得是世界排名第七的贫穷国家。乍得教育体系的脆弱在一定程度上要归咎于法国当年的殖民治理，因为法国当初未能处理好该国复杂的民族和语言关系，且不顾使用法语的条件是否成熟而一味地把法语强加给社会。

1889年，法国在中非(Central Africa)建立了自己的首个前哨基地，1900年将它并入了法属刚果，尽管人们当初对此争论不休。1903年，中非成了法国独立的殖民地，1910年又被纳入法属赤道非洲，1937年则成了法国的一个海外领地。中非的官方语言是法语和桑戈语(Sango或Sangho)，这是一种以非洲语言为基础的克里奥尔语，它有大量的法语借词(Samarin 1986)，或者说，这是非洲语言恩巴恩迪语(Ngbandi)的简化形式(Diki-Kidiri 1998)。萨马林(Samarin 1986)指出，中非的学校教授标准法语，但把标准法语看作是白人的语言，而桑戈语才是中非共和国的语言，但该语言还没有标准化。在中非，公共教育资金严重不足，儿童入学率还不到儿童总人口的一半，而社会上童工现象却司空见惯，违反人权的行为非常猖獗，贩卖人口的现象一直处于高位(Central Intelligence Agency 2017)。中非共和国是法国在非洲前殖民地国家中能把一种非洲语言(即一种通用语)跟法语一道纳入国家官方语言的少有的又一国家，但是，该国的内乱以及薄弱的教育体系都使得这一闪亮的语言行为黯然失色。

刚果布(Congo-Brazzaville，即刚果共和国，译者注)也位于非洲的中部地区，该国可以直接通向大西洋，它曾是法属西非殖民地的一部分。这里最初居住着班图人，但从1880年起却被法国所统治，并被法国所剥削，尤其是这里的自然资源被掠夺。在第二次世界大战期间，刚果布是自由法国(Free France)的首都。1958年，它从法属西非中分离出来，中央刚果(Middle Congo)改名为刚果共和国，1960年刚果共和国宣告独立。美国的《民族语》列出了刚果布的62种语言。法语是该国的官方语言，吉土巴语(Kituba)和林加拉语(Lingala)则是该国具有国家身份的法定语言，它们都是在19世纪末发展起来的克里奥尔语(Samarin 1991)。法语是该国学校的唯一教学语言(Galisson et al. 2016)。

在加蓬(Gabon)这片领土上，最初的居民是俾格米人(pygmy，生活于非洲的土著人，身材矮小，译者注)。当欧洲人在15世纪到达这里时，从各地移居至此的班图人征服了加蓬。18世纪，这里建有一个使用米尼语(Myeni)的王国，法国人在此建立了一个名叫弗朗斯维尔(Franceville)的城镇。1885年加蓬成了法国的殖民地，后来又并入了法属赤道非洲。1960年，加蓬独立，莱昂·姆巴(Leon M'ba)被选为第一任总统，并实行一党独裁式统治。后来加蓬发生了军事政变，并推翻了总统，但在法国军队的干预下，莱昂·姆巴又恢复了权力。如今有些法国军人依然驻扎在加蓬，这里大约有 1 万名法国人。加蓬首都利伯维尔(Libreville)有大约 30% 的人声称自己是以法语为母语的，许多其他的加蓬人也知道一些法语。加蓬有 32% 的人以芳语(Fang)为母语。法语是该国学校的教学语言，但英语作为第二语言也被广泛教授。在加蓬，只有那些会说两种欧洲语言(如英语和法语)的人，才会被认作是双语人。但倘若儿童打小在家就习得了法语，他们就会被认为是早期双语人(early bilingual)，如果儿童是在上学后才学会法语，他们就会被看作是晚期双语人(late bilingual)(Mbokou 2012)。

1884 年，德国征服了喀麦隆(Cameroon)地区，但第一次世界大战后，国际联盟(League of Nations)于 1922 年委任英法共同托管该地，于是喀麦隆被分解为英属喀麦隆(British Cameroons)和法属喀麦隆(French Cameroun)。法属喀麦隆成了法兰西自治共和国的一个专员公署(Commissariat de la Republique autonome)，这里的学校教授法语，全国强制实施法国的法律，旨在消解原先德国留下的影响。在第二次世界大战期间，法属喀麦隆由自由法国统治，后来就成了联合国的托管地，并加入了法兰西联盟(French Union)。法属喀麦隆鼓励农业发展和道路建设，在全国 300 万的人口中，有大约 30 万人属于外来的移居者，还有大约 1.5 万人从事与行政相关的工作。尽管法属喀麦隆当初建立了代表大会的制度，但 20 世纪 50 年代该国还是爆发了一场独立战争，而且双方的冲突旷日持久，导致全国伤亡惨重。1960 年，喀麦隆共和国独立，但内战不断。与此同时，英属喀麦隆也一分为二，该国北部的穆斯林有一半加入了尼日利亚，南部的则并入了法属喀麦隆，从而形成了喀麦隆共和国。如今，喀麦隆共和国的官方语言是法语和英语。尽管政府的目标是要建立法英双语制，但经常事与愿违。例如，该国还有大约 30 万的人在学习或使用德语。可见，喀麦隆有几种通用语。

7.3.5 在北非和阿拉伯世界的殖民地

阿尔及利亚(Algeria)是法兰西第二帝国在北非最早征服的国家之一。阿尔及利亚的独立战争成了压死法兰西第二帝国这个骆驼的最后一根稻草。于是，法国不得不遣返在阿尔及利亚将近 100 万的法国移民，这些人都是基督徒，被称为"黑脚人"（pieds-noirs）。此外，居住在阿尔及利亚的犹太人也被驱赶出境，尽管他们世代在此生活了约 2000 年的时间。这也促使法国决定给予大多数其他的海外属地自治或独立的权力。

1830 年，法国首先征服了阿尔及利亚的首都阿尔及尔（Algiers），然后再逐个地镇压该国其他地区的抵抗行动。法国殖民者的目的是要在这个海外居住地实行殖民主义（Benrabah 2013）：他们没收了当地人的土地，然后再把它分配给从法国迁居过来的几十万移民，于是，这些移民就可成功地从事农业生产。这些法国移民经过一段时间的发展后，人数大涨，他们占据了阿尔及尔和奥兰市（Oran）人口的一半，而在全国人口中则占据 20%。法国把阿尔及利亚作为自己的一个省份来进行管理，并把主要的投资项目都放在了法语学校的建设上，其目的是要从文化上同化当地居民。殖民统治可分直接殖民和间接殖民两种方式，它们之间是矛盾对立的，前者是要强制实行欧洲的模式，后者则是要维持殖民地的本土传统。这两种方式都得到法国一些行政管理者的支持（Lawrence 2016）。在阿尔及利亚殖民时期的早期阶段，法国统治者通过当时的阿拉伯人来进行管理，但只要哪里有任何抵抗行为，法国立马就会采取军事行动，摧毁一切。在阿尔及利亚殖民时期的后一个阶段（1848—1870），法国将民用和军事政策合而为一。该国各地的阿拉伯事务局（Arab Bureaus）都支持过当地的土著机构，这一事实让法国殖民者火冒三丈。后来，法国逐渐地将殖民统治由军管改为民管，于是，其后续的殖民政策也发生了变化。但是，法国殖民教育政策中的同化思想保持不变：殖民者关闭了传统的伊斯兰学校，于是，该国的识字率由 50% 下降到 25% 以下；后来殖民政府建立了一些学校，但这也无法改变识字率的颓势，因为当地的穆斯林家长不信任这些学校，认为它们已被世俗化了（Benrabah 2013）。这些学校强制实行法语教学，采用法式教学法和课程设置。由于阿拉伯人的抵制，外加私立学校的资源匮乏，这就意味着只有一小部分的阿尔及利亚学龄儿童会去上学（Heggoy 1973）。1954 年，阿尔及利亚战争爆发，当地人对法国殖民的愤恨也开始凸显出来。在这场激烈的战争中，有数十万人阵亡（Horne 2012）。1962 年，双方签署了《埃维昂协议》（Evian Agreement，又称《阿法协议》，译者注），同年，阿尔及利亚宣告独立，有多达百万的移民返回法国，有些犹太人也移居法国。

至此，阿尔及利亚剩下的人口就只有阿拉伯人和柏柏尔人，总数量在

4000万左右。尽管阿尔及利亚的多数人都说阿尔及利亚阿拉伯语(Algerian Arabic),但其官方语言还是标准阿拉伯语。阿尔及利亚有大约30%的人说柏柏尔语,该语言还存在一些变体,如卡拜尔语(Kabyle)、阿马齐格语(Amazigh)和塔玛齐格特语(Tamazight)。柏柏尔语一直是阿尔及利亚的国语,而法语依旧是该国的两大官方语言之一,学生从小学开始就要学习法语。据称,该国有大约60%的人会法语,法语是阿尔及利亚的高等教育语言,也是该国社会精英所使用的语言。

在阿尔及利亚,对于说法语的社会精英和说柏柏尔语的社会群体来说,他们反对该国的语言阿拉伯化。此外,阿尔及利亚还面临着一些其他的语言问题。本拉巴(Benrabah 2004)指出,阿尔及利亚的语言政策不能通过伊斯兰化(Islamicisation)和阿拉伯化来实现全国语言的合法化,从而导致了不同语言群体之间的冲突。于是,阿尔及利亚政府的以下两大语言管理行为都惨遭失败,一个是法国殖民时期的语言管理行为——试图消灭阿拉伯语和忽视柏柏尔语,并用殖民语言来取代这两种语言;另一个是国家独立后的语言政策——强行推广标准阿拉伯语,不顾多数人所使用的阿尔及利亚阿拉伯语和少数人所使用的柏柏尔语。

突尼斯(Tunisia)最初被柏柏尔人所占领,其主要人口是柏柏尔人;8世纪则被阿拉伯人所征服,主要人口是阿拉伯人;12世纪有一小段时间被诺曼人所统治,其余时间都是在阿拉伯人的统治之下;16世纪被奥斯曼帝国所控制;19世纪后半叶,一支由3.6万人组成的法国军队入侵了突尼斯,并强迫这里的地方长官贝伊(Bey)接受把自己国家变为法国保护地的要求。之后,法国统治者在突尼斯各个层面都安排了法国官员,并实施法国的法律。截止到1906年,突尼斯共有3.4万的法国殖民者;到了1945年,法国殖民者的人数则增加到14.5万。法国殖民者在突尼斯建立了法语和阿拉伯语混合的教育体系,即法语为学校的教学语言,学校还把标准阿拉伯语作为第二语言来进行教授,但有资格上学的儿童不足20%。

1956年,突尼斯独立,一年后改为共和国。现代标准阿拉伯语是该国的官方语言,但这里多数人都使用突尼斯阿拉伯语(Tunisian Arabic),另外还有一小部分人使用柏柏尔语。据说,该国有三分之二的人懂得法语,它主要用于中学、高等教育、媒体和商务。如今,英语在突尼斯变得越来越重要,但柏柏尔语的发展却未能得到支持。达乌德(Daoud 2011)指出,这里的语言状况一直处于动态变化中:阿拉伯化运动气数已尽;有越来越多的人在转用法语,但如今也面临全球化带来的英语入侵问题。

摩洛哥(Morocco)早期是一个柏柏尔人国家;在公元前44年成了罗马帝国的一个行省;3世纪又重新被柏柏尔人所征服;8世纪,被伊斯兰所征服,于是,这里出现了阿拉伯语;从11世纪起,这里出现过数个柏柏尔穆斯林王朝;16世纪,又被阿拉伯王朝所取代;1786年,一个独立的摩洛哥王国同美国签订了一个条约;19世纪,法国和西班牙都在这里发展了自己的利益,西班牙还在沿海地区建立了保护地;1912年,法国也在这里建立了自己的保护地。随后,有大量的法国移民来到这里,并迫使法国政府要扩大自己在摩洛哥的控制范围。1925年,法国在这里建立起教育体系,并废除了奴隶制。20世纪20年代,法国和西班牙军队共同镇压了一场由柏柏尔人发动的起义。1956年,摩洛哥成为独立的王国(Zouhir 2013)。现代阿拉伯语和一种柏柏尔语变体——塔玛齐格特语成为摩洛哥法定的国语。法语被看作是一门强制性语言(compulsory language),所有的学校都要教授,并用于政府部门和商业领域。独立之后,摩洛哥还想通过语言阿拉伯化的项目来取代法语,但未能成功。

7.3.6 在中东的殖民地

1916年,法国、英国和俄国签订了《赛克斯—皮科协定》(Sykes-Picot Agreement),他们依此瓜分了中东的势力范围。结果,黎凡特(Levant,这是一个不精确的历史上的地理名称,相当于现代所说的东地中海地区,译者注)就归法国统治了。此外,第一次世界大战后国际联盟的一份授权书也证实了这一点。1936年,法国同意其委任统治地叙利亚(Syria)实行某种程度上的自治。在第二次世界大战期间,叙利亚处于法国维希(Vichy)政府的统治之下,但后来受德国控制。英国和自由法国在1941年赶走了德国法西斯,并夺回了叙利亚。1944年叙利亚获得独立,但法国军队对该国的控制一直持续到1946年。

独立后,叙利亚国内混乱不断:从1946至1956年,叙利亚出现过20个政府和4部宪法,之后还发生过几次军事政变。2011年,叙利亚开始爆发内战,至今已导致约20万人死亡,并产生了50万的基督徒难民。该内战使得叙利亚大约1000万人流离失所,其中有接近一半的人成了国外难民(Deane 2016)。

叙利亚的官方语言是标准阿拉伯语,但这里的人们还使用着许多当地的方言。当叙利亚的城市被围困并遭受炮弹轰炸的时候,当有如此多的叙利亚人待在周边邻国的难民营中的时候(Deane 2016),费尔德曼(Feldmann 2016)发现"即使在不久前,也就是说在殖民统治结束很久以后,西班牙和法国的前殖民地国家在中学招生方面仍深受殖民教育文化的负面影响"。

公元5世纪,在一位名叫马龙(Maron)的修道士的影响下,黎巴嫩(Lebanon)发展成了一个基督教盛行的中心。7世纪,马龙派基督徒(Maronite Christian)即使面对伊斯兰帝国的征服仍保持了自己的独立性,他们说着叙利亚语(Syriac,这是中古阿拉米语的一种方言,主要分布于黎凡特地区,译者注)。11世纪,黎巴嫩开始出现了伊斯兰德鲁兹教派(Druze)。后来,黎巴嫩被马穆鲁克人(Mamelukes)所征服,不久又落入奥斯曼帝国的统治中。在此期间,马龙派基督徒曾得到过法兰克十字军(Frankish Crusader)的支持,但十字军最后被奥斯曼人(Ottomans)所击败。于是,黎巴嫩就继续处于奥斯曼帝国的统治之下,直到第一次世界大战结束,但此时它又被并入了法国托管地——叙利亚和黎巴嫩。

法国于1920年建立了大黎巴嫩(Greater Lebanon),1926年又将它改为黎巴嫩共和国。在第二次世界大战末期,黎巴嫩宣告独立,法国军队于1946年从该国撤出。黎巴嫩宪法规定:"阿拉伯语是黎巴嫩的官方语言,而法语的使用则根据法律另外界定。"这里多数人都使用黎巴嫩阿拉伯语(Lebanese Arabic),但还有40%的人也使用法语,而且,黎巴嫩有70%的学校把法语看作是主要的第二语言,并提供教学。黎巴嫩剩余的30%的学校则提供英语教学。迪恩(Deane 2016)指出,当前,黎巴嫩学校有大量的叙利亚难民儿童,而这些儿童遇到的一个问题是:黎巴嫩的学校把英语和法语作为第二语言来对待,而叙利亚的学校则把它们作为外语来看待。于是,黎巴嫩的学校单独为这些叙利亚难民儿童提供教学,黎巴嫩学生上午上课,而叙利亚难民学生则是下午上课(这些学生的费用由国际基金来支付)。

总之,在法国的殖民语言政策中存在着很大的地区差异。在北美,这些殖民地尽管后来变成了英语国家,但这里仍留下了不少的法语和西班牙语使用者少数群体。在中美洲和南美洲,尽管这里的少数民族语言近期得到一定程度上的国家认可,但殖民语言——西班牙语和葡萄牙语依然处于强势地位。在北非,尽管存在阿拉伯化现象,而且殖民语言——法语甚至失去了官方语言的地位,但它依旧担任着重要的角色。在亚洲,殖民语言——法语的地位已被当地语言所取代,而且当下还受到来自英语的挑战。在非洲的其余前殖民地国家,尽管这里还有一多半的人不学习也不使用法语,但法语依然是这些地方的强势语言,被当地的社会精英、学校教育和各级政府所使用。在带有种植园和奴隶制性质的前殖民地,法语皮钦语和克里奥尔语得到发展,有的还得到一时的传播,还有的甚至得到当地国家的认可。

7.4　殖民语言政策

　　本章上文探讨了葡、法两帝国在世界各地的殖民情况,从中我们获得了有关军事征服后果以及殖民主义性质两方面的数据。据此,或许我们可以提出世界上第一个有关殖民语言政策的模式,然后,就用下文更短的案例对它进行检验。殖民语言政策的基本模式是:首先,殖民者通过军事手段征服临近的欧洲国家或遥远的非欧洲国家,或者是,先通过贸易渠道来接近遥远的非欧洲国家,然后才通过军事手段来征服对方。其次,殖民者会把这些被征服过来的国家或地方与他们的母国整合在一起,然后对这些殖民地进行政治、宗教和教育方面的同化工作,而且,有时还把这些殖民地用作他们外迁母国人口的定居点,但对殖民地进行经济剥削是他们永久不变的目的。第三,倘若殖民地的劳动力不足,殖民者就会进口奴隶或契约工人,让这些人在种植园劳动。第四,殖民者会为新来的母国定居者提供以帝国语言为教学媒介语的教育,同时也会为当地的土著人提供这方面的教育,但人数有限。第五,当维持殖民统治所需要的经济和军事成本过高时,殖民者就会同意殖民地的独立要求,但是,在这些新独立的国家中,其领导阶层虽然都是当地的社会精英,可他们也都是帝国语言的使用者,因此,当这些新独立的国家要竭力克服原先殖民统治所带来的破坏性影响时,国家的领导阶层却会维持殖民时期的语言政策。

7.5　西班牙帝国

　　在殖民方面,西班牙帝国紧步葡萄牙的后尘,它进一步扩大了自己的殖民范围,征服了大片的领土和许多各种文明,内含数百万的非欧洲人。西班牙把自己的语言、信仰和文化强加于这些殖民地的人们。200年来,西班牙占领了欧洲、非洲、美洲和亚洲的许多领土。这使得它在16至17世纪成为了世界上最强大的帝国之一,但这也把它卷入了无尽的冲突中,进而导致国家的衰落(Maltby 2008)。西班牙从穆斯林入侵者手中重新夺回伊比利亚半岛(Iberia)以后,就统治了葡萄牙,时间是从1580年到1640年。同时,它也管治那不勒斯(Naples)和西西里岛(Sicily)。从1556年至17世纪中叶,西班牙还管治荷兰。当西班牙失去了欧洲殖民地的所属权以后,它在欧洲的活动范围就仅限于伊比利亚半岛,卡斯蒂利亚西班牙人就开始与以下民族的人进行各种斗争:加泰罗尼亚人、巴斯克人、阿拉贡人(Aragonese)、阿斯图里亚斯人(Asturian)、罗姆人(Roma)、埃斯特雷马杜拉人(Extremaduran)、加里西亚人(Galician)以及一些其他的少数民族。此后,西班牙很快就仿效葡萄牙,开始在海外开拓殖民地。

西班牙的海外帝国建设始于15世纪,当时西班牙的一些贵族要接管位于大西洋的加那利群岛(Canary Islands)的部分地方,而且在15世纪末西班牙皇家征服了该群岛。最初,该群岛是由这里的原住民关契斯人(Guanches)所占领。从基因的角度来看,关契斯人与北非的柏柏尔人有相似之处。西班牙统治该群岛之后,就把它变成了西班牙的殖民地和移民定居点,西班牙还为这里的甘蔗种植园从海外进口奴隶。由于该群岛有了大量的来自不同地方的移民定居者,结果在语言方面就出现了一种新的西班牙语方言(Samper-Padilla Jose 2008)。这种方言后来传到了美国的路易斯安那,但现已完全消亡(Coles 1993)。1882年,该群岛获得了有限的自治权。

1492年,哥伦布发现美洲,从而帮助西班牙在这里发展了几个殖民地:西班牙先是从加勒比海开始,然后由于战败就不得不向其他地方转移;在16世纪早期,西班牙征服了南美洲的印加帝国(Inca Empire)和阿兹特克帝国(Aztec Empire)。这里原有8000万左右的土著人,但其中多达7000万的人都死于各种由欧洲殖民者带过来的疾病(Totten and Hitchcock 2011)。

奴隶制和压榨性的开发促进了西班牙在美洲的殖民地的经济发展,其贸易也得到持续性的增长,但农业发展不均衡,效率偏低,贫困现象随处可见。18世纪中叶,西班牙未能从葡萄牙手中获得巴西,同时还受到俄国、法国和英国的竞争与威胁。于是,1819年西班牙把北美西部的大片土地割让给了美国。

从19世纪初开始,西班牙剩余的美洲殖民地就开始寻求国家的独立。它们最终从西班牙的殖民统治中赢得了自由,美洲也诞生了许多新的国家,如从北部的墨西哥到南边的阿根廷和智利,此外,古巴和波多黎各(Puerto Rico)直到19世纪末才从西班牙的殖民统治中摆脱出来。不过,这些新独立的国家仍保持了罗马天主教的信仰和西班牙语的使用,但它们的统治者往往是当地出生的纯正西班牙人或西班牙人与印第安人的混血儿——麦士蒂索人①。这些国家独立后,仅有几个能达到国内政治稳定的状态。

西班牙语依然是这些前殖民地国家的官方语言和教育语言,而且,每个国家独立后都建立了一个西班牙语学院,以便可以与西班牙皇家学院(Spanish Royal Academy)进行语言方面的合作。这些学院形成了西班牙语学院协会(Association of Spanish Academies),协会的主席和财政部长都来自西班牙皇家学院,该协会负责西班牙语词典和语法书的编撰与发行。

大多数新成立的美洲国家都还有大量的非西裔移民,尤其是来自德国、意大利和日本的移民。而且,在这些国家,许多土著语言长期以来一直都被忽视或受到压制②,但最近在众多国际权利条约的压力下,这些国家都会为本国土著语言的维持或复活给予适当的支持。雷斯托尔(Restall 2007)在阅读了大量新近出版的书籍后总结性地指出:美洲有大量的人口经历了西班牙的殖民统治,并带来长久的影响,卡门(Kamen 2004:512)称之为"持续的荒凉",这种现象不仅出现在西班牙的殖民地,而且也同样出现在其他欧洲列强在16至20世纪所开拓的殖民世界里。

7.6　比利时帝国

在众多的殖民列强中,它们都曾对自己所殖民的当地民族及其文化

---

① 如在巴西,男性殖民者娶当地的女性印第安人或从非洲运来的女奴为妻,这种现象很常见,但种族纯正的(白)人还是享有更高的地位。

② 一个著名的例外现象是巴拉圭(Paraguay)的瓜拉尼语(Guarani),该语言在非正式场合得到广泛的使用。

致以毁灭性的打击,其中出手最狠的国家之一是比利时。可是,如今比利时的一本教材却赞扬了当初比利时殖民管理者的所作所为:他们"教化了黑人",并且"极大地改善了当地土著人的生活条件"。范塞姆斯切(Vanthemsche 2006:90)对此进行了驳斥,并指出:"比利时在统治刚果殖民地时经常会使用镇压、谋杀、强制劳动、种族主义和剥削等手段,这些都成了统治者的内部标配,也是所有殖民事业的家常便饭。"

起初,比属刚果(Belgian Congo)成了比利时国王利奥波德二世的私人采地,统治者把殖民地作为企业来管理和剥削:"为了提高橡胶产量和促进出口,当地人被迫在极不人道的环境下工作。在这里,管理者可以任意处决、压迫甚至大规模屠杀工人,而且,这种现象司空见惯。"(2006:90)最后,在国际压力面前,比利时政府于1908年不得不把其转化为殖民地,并采取了一些积极措施,以弥补以前对该国带来的伤害。但是,正如肯特(Kent 2015)所言:"第二次世界大战之后,比利时对非洲这块土地无所作为,根本不管它的未来发展,只是把它看作自己的一个自治邦而已。"伊万斯(Ewans 2017)写过题为《欧洲的暴行和非洲的灾难:利奥波德二世、刚果自由邦及其创伤》的一本书。该书清晰地描写了殖民统治给刚果带来的后果,并指出刚果自由邦于1960年独立以来由于缺乏受过良好教育的领导层,从而导致该国后来出现内乱和独裁。

刚果民主共和国是非洲语言最多的国家之一,共有土著语言超过215种,国家官方语言保留了殖民时期的法语,这是在该国缔造者之一帕特里斯·卢蒙巴(Patrice Lumumba)遇刺身亡后,国家于1964年所指定的官方语言。此外,该国的中部地区还认可刚果语或基刚果语(Koongo)、刚果斯瓦希里语(Congo Swahili)、林加拉语和卢巴卡萨衣语(Luba-Kasai)为自己的省级官方语言(Lewis et al. 2016)。刚果民主共和国延续了殖民时期的语言政策,鼓励学校在低年级使用土著语言教学。但是,这一做法后来被另一个语言政策所颠覆(Bamgbose 2004),博坎巴(Bokamba 2008)称之为具有"真正民族主义"精神的语言政策:总统蒙博托·塞塞·塞科(Mobutu Sese Seko)于1965年开始执政,他把国名改为扎伊尔(Zaire,因为刚果国名是比利时殖民政府所取,但1997年因政权更迭,又恢复原名,译者注)。据称,该国采用一种国家官方语言和四种省级官方语言的政策,这缓和了国内的民族矛盾,促进了国内多语制的稳定发展,这种现象在非洲是罕见的。然而,作为一个前殖民地国家,它依然存在一些较大的问题:埃博拉疫情;麻疹疫情;尽管该国有 1.6 万的联合国维和人员,但全国有上百个武装团体在活动,内乱不断;强奸和性暴力泛滥;大面积的人权侵犯;极度贫困。

7.7 德意志帝国

德意志帝国征服欧洲大陆的行为在 20 世纪达到顶峰,当时的纳粹政府集中精力控制了所有的德语使用区,后来控制范围还扩大到其他的语言使用区,并美其名为扩大生存空间,这一概念是在 19 世纪提出来的,其目的是为那些自认为在种族方面高人一等的日耳曼人索要更多的生存空间,这种思想被阿道夫·希特勒及其支持者应用到极致。在这种背景下,其他种族的人就会感到有压力,其早期反应是大规模的移民现象。在 1820 年至 1920 年期间,大约有 600 万的德国人离开欧洲,进而导致美国、阿根廷、巴西、智利、巴拉圭以及其他南美国家都出现了较大的移民社区。

在欧洲之外,德意志帝国于 1884 年加入非洲殖民地的抢占大潮,从而成为了非洲的第三大殖民帝国,此外,它还在太平洋建立了好几个殖民地。不过,德意志帝国的这些殖民地后来因自己在第一次世界大战中的失败而全部丧失。德意志帝国以前的非洲殖民地面积广大,涵盖了如今的下列国家:喀麦隆、尼日利亚、乍得、几内亚、中非共和国、加纳、多哥、纳米比亚、布隆迪、肯尼亚、莫桑比克、卢旺达和坦桑尼亚。在太平洋,德意志帝国的前殖民地有巴布亚新几内亚、帕劳、密克罗尼西亚、瑙鲁、北马里亚纳群岛、马绍尔群岛和萨摩亚。

至今,人们对于德意志帝国的殖民政策还是争论不已,许多人经常会提及德意志帝国在非洲纳米比亚对赫雷罗人(Herero)所进行的种族灭绝行径(Gewald 2003)。在德意志帝国的前非洲殖民地,当地语言在学校的教育中占有重要的地位,这也许是因为德国殖民统治者不愿意与这些劣等民族共享自己的语言和文化(Obeng and Adegbija 1999)。所以,在德意志帝国的前海外殖民地,现在根本没有留下什么德国的影响。海外殖民统治失败后,德国就开始把自己的注意力放在了扩大在欧洲的影响上(Young 2016:2)。

7.8　意大利帝国

意大利帝国也曾经寻求过海外殖民地的发展。如1881年,它错过了占领突尼斯的机会,但1886年在厄立特里亚的北部港口城市马萨瓦(Massawa)又得到一个海外殖民地发展的立足点,在夺占了这块土地后就把它发展为意控索马里兰(Italian Somaliland,现为索马里联邦共和国的一个自治区,位于该国的西北部,译者注)。19世纪90年代,意大利本想征服埃塞俄比亚,却在双方的军事冲突中失败。1899年,意大利未能在中国获得加煤站或海军基地(史称"三门湾事件",意大利向中国清政府提出了强租浙江三门湾以用作海军基地的要求,但遭清政府的强硬拒绝,双方在三门湾增兵布防,严阵以待,意大利人见势不妙,不得不放弃这一要求,译者注),但三年后中国政府还是做了些妥协。1912年,意大利与奥斯曼土耳其帝国(Ottoman Turkey)发生战争,之后获得了对利比亚和希腊多德卡尼斯群岛(Dodacanese Islands,又译十二群岛,译者注)的管辖权。在世界第一次大战中,意大利虽然加入了最终胜利的协约国,但并未在海外殖民拓展方面得到任何好处。

在墨索里尼执政时期,意大利索要达尔马提亚(Dalmatia,克罗地亚的一个地区,译者注)和巴尔干半岛上的一些领土。在1935年至1937年期间,意大利入侵并最终征服了阿比西尼亚(Abyssinia,即现在的埃塞俄比亚,译者注)。1939年,意大利占领阿尔巴尼亚。在意大利的这些各种领土抢夺行为中,它们都体现了一个关键的法西斯政策——意大利化(Italianisation),即推广意大利的语言和文化,同时还要镇压谋反叛乱分子以及发展殖民化(Andall and Duncan 2005)。在第二次世界大战期间,意大利与德国结盟,试图进一步扩大自己的国际影响,但在非洲战场被打败,同时到1947年还失去了所有的意属海外殖民地。由于意大利对这些殖民地占领的时间不长,所以意大利对它们的影响也不大。

7.9　大英帝国

大英帝国的殖民时间比其他帝国的长得多,而且对其殖民地产生的影响也大得多。它的殖民始于16世纪,而且建立了世界上最大的殖民帝国。在第一次世界大战前后,大英帝国统治着世界人口和地球面积的四分之一。第二次世界大战以后,它的大多数殖民地纷纷独立,但许多国家都加入了英联邦(Commonwealth of Nations),并认可同一个女王。

在17世纪,英国在北美建立了许多殖民地,并把本国移民迁移到现在的美国和加拿大。同时,英国还占领了加勒比海的一些岛屿,开发种植园,并向这些地方输送本国移民以及从非洲贩卖奴隶。英国还在非洲建立了一些基地,以便解决它的奴隶贸易问题,到了19世纪英国的奴隶贸易活动达到繁荣阶段。在这一时期,英属东印度公司开始与印度及亚洲其他国家进行贸易往来,并与荷兰形成竞争,直到19世纪末。在18世纪,英国主要的竞争对手是法国。

到了18世纪末,英属北美殖民地有一大部分地区获得独立,这就是美利坚合众国,但英国击败法国后,加拿大留在了英国。

此时,英国开始探索太平洋地区,澳大利亚从而得到开发。起初,澳大利亚是作为罪犯流放地而得到开发的,那里的土著人被屠杀,后来澳大利亚就成了自由定居者的殖民地。19世纪中期,英国与新西兰的土著人——毛利人酋长签订了一个条约,从而获得了新西兰。此后,英国就不断地把移民输送到这里,但1860年,由于土地的争夺问题而引发了几次新西兰战争,并出台了一个旨在进行语言同化和语言转用的语言政策。

19世纪,英国霸权得到快速发展,进而在亚洲和非洲又增加了一些大的殖民地。后来,英国同意白人殖民地(white colony)建立自治政府:自1867年起,加拿大政府有权处理外交事务之外的任何事情;澳大利亚和新西兰从20世纪初开始也是如此。在19世纪末和20世纪初,荷兰和英国的殖民者在南非发生冲突,从而导致布尔战争(Boer War)的爆发。之后,英国保住了其在非洲的统治权,并完成了其在非洲从开普敦到开罗的连片殖民统治。1910年,南非获得某种程度上的自治,1931年宣告独立。

尽管英国那时没有制定显性的语言政策,但各殖民地都逐渐地和间接地接受了自己需要英语的理念(不过,英国的威尔士和其他边缘地区在掌握英语的前提下可以保持一门自己的祖裔语),所以,英语在这些殖民地得到广泛传播。这种现象在拥有大量来自宗主国移民的国家,如加拿大、澳大利亚、新西兰和南非①，显得尤其明显。然而，加拿大（尤其是魁北克）出现过英语使用者和法语使用者相互冲突的事件，经协商后双方同意实施英法双语政策；而在南非，英语也跟阿非利堪斯语进行过长期的斗争；只有在新西兰，政府早早地就认可了这里的土著语言：从1840年至19世纪70年代以及1980年之后，新西兰的学校都认可了毛利语的地位；至于上文提到的其他国家，它们的土著语言都受到根本性的打压，如南非直到独立以后，它的土著语言才得到名义上的认可。在其他殖民地，人们对语言政策存在很大的争议，主要表现在两派不同的观点上：有一些人认为学校只要用类似法语和葡萄牙语的帝国语言进行教学就可以了；还有一些被称为印度东方学派（Orientalist）的一些人，他们支持学校使用当地的土著语言。

《麦考莱备忘录》

英国殖民语言教育政策的一个重要文件是《麦考莱印度教育备忘录》（简称《麦考莱备忘录》），这是由托马斯·麦考莱（Thomas Macaulay）起草的文件，他从1834年至1838年曾在印度工作过，是印度总督威廉·本廷克勋爵（Lord William Bentinck）最高委员会的成员（Macaulay 1920）。麦考莱在该文件中提到了英属印度学校的教学语言问题，他认为仅有一半的上述委员会成员在教学语言的选择方面更喜欢东方语言（如梵语和阿拉伯语），而另一半的成员则更偏向于帝国的语言——英语。他做出这种判断的理由是英语的作用更大，详见下文：

> 尽管我既不会梵语也不懂阿拉伯语，但我会尽量公正地来估计它们的语言价值。我读过用梵语和阿拉伯语书写的优秀文学作品的译本，也曾在这里（即印度）以及在英国本土跟精通这些东方语言的专家交谈过。仅凭这些东方语言专家自身的个人魅力，我就很愿意学习和了解东方语言。但是，在这些专家当中我从未发现过有任何人会否定如下事实：在欧洲任何一个高档图书馆，只要一个书架的书籍就抵得上印度和阿拉伯半岛（Arabia）所有的本土书籍。

---

① 罗德西亚（Rhodesia，即今天的津巴布韦）当初也有大量的白人，但他们甚至都不足以推迟该国独立和黑人执政的发展进程。

麦考莱列举了俄国案例：该国以前通过向社会精英教授西欧语言的方式来开化本国人民。他指出，在印度，学校"给印度人（Hindoo）教授英语就相当于俄国当初为鞑靼人（Tartar）教授西欧语言"。印度殖民政府如果把钱都花在梵语和阿拉伯语学校的建设上，那么这就会助长当地"假文本和伪哲学"的发展。而且，麦考莱还问道：如果学生不用花钱就可以学习英语，那么，他们为什么要花钱去学习这些当地语言呢？此外，麦考莱还认识到，殖民政府没有足够的资金用来教育当地的"全部学生"，但有足够的钱用来培养当地社会的"中间阶层，他们是连接我们以及被我们所管治的广大民众之间的桥梁"。最后，他总结说，假如他的建议能够得到采纳，他会很高兴地继续担任该委员会的主席，否则，他就不想为了一个"单纯的幻想"而继续努力了。印度总督赞同他的观点，并指出："英国政府的一个宏伟目标是在印度本地人当中推广欧洲的文学和科技。"

麦考莱的意识形态观跟法国和葡萄牙殖民统治者所持的如出一辙，即认为殖民教育的目的是开化愚昧的当地人，而要实现这一目标的办法只有一个，那就是给当地人教授西方的语言和文化。我们需要注意，任何殖民政府都不愿意在殖民地投入太多，这就使得殖民地的全民教育是不可能的，这也在一定程度上解释了为什么当初英属巴勒斯坦托管地政府愿意把学校的管理权下放给两个当地的民族宗教社区。尽管当初有些人反对殖民政府的上述语言政策，认为取消梵语和阿拉伯语学校的行为会疏远一些重要领域的人们，但是，麦考莱的观点还是得到了政府的认可（Thirumalai 2003），并影响到整个英帝国的语言教育政策的发展。在小学的头几年，学校教育的对象是社会上的"全部学生"，此时学校可以用当地的土著语言来授课①。但是，社会精英需要更多的学习，他们会完成小学和中学阶段的教育，因此，此时的学校要用英语教学，英语是西方的语言，也是文明的语言，还是权力的语言。

这个决定是如何影响当地语言的？这个问题可以从新西兰毛利语的教学史上得到解答。在英国人征服新西兰之前，基督教传教士就已经在这里从事宗教教育了，他们是被毛利人的部落酋长带过来的。这里的教

---

① 我们要注意，麦考莱并没有谈及当地学校用当地语言开展教学的问题，相反，他还极力反对印度的大学在印度教教徒（Hindu）所使用的古典语言以及穆斯林所学习的伊斯兰经文上有任何教学上的投资。

会学校使用毛利语上课，并取得了很大的成功。科伦索（Colenso 1872）出版的一本书验证了这一事实，该书的名字叫《威利学英语》（Willie's First English Book），它的读者对象是那些已经掌握了毛利语并想学习英语的年轻毛利人。但几场新西兰战争之后，用毛利语授课的教会学校被其他学校所取代。1867年的《土著学校法》（Native Schools Act）催生了许多乡村学校的建设，这些学校都重视英语的教育和使用（Simon 1998），其中有些学校在1877年的《教育法》（Education Act）出台后就把授课语言转向了英语，该法确定了新西兰的义务教育。1880年的《土著学校法典》（The Native Schools Code）允许新西兰的小学对低年级学生继续使用毛利语授课，但需要尽早转用英语。1903年的《土著学校督导指南》（Inspector of Native Schools）则严禁学校使用毛利语。

那么，在英国的殖民学校，教学语言的过渡模式是小学低年级阶段用当地语言授课，这种模式尤其受到传教士的青睐，因为他们认为这是传播基督教的最佳方法，但这种模式要尽早地转向用于开化教育的英语模式，这是麦考莱所提倡的，也是被许多当地领导所接受的。高级阶段的教育（即指中学及大学的教育）仅限于社会精英，这些人在国家独立后就成了国家的领导阶层，他们模仿英国殖民时期的统治方式来管理国家。所以，这再次说明，在大多数情况下英国征服和英国殖民就意味着英语使用。印度甚至独立后，其宪法还允许英语再使用十年，然后才退出印度，此外，由于英语自身的强大力量以及印度的一些非印度教之邦不愿意接受印地语，这就意味着英语在印度依然是一门强势语言。

由于受到政治利益和商业利益的双重驱使，全球化以及英语的经济价值都得到快速发展（Phillipson 2017），进而影响了殖民语言政策的制定，并解释了为什么大多数前英国殖民地独立后依然把英语作为最有用的语言来对待，至于那些从宗主国移居到殖民地的人们就更不用说了。在加拿大，英语曾经与法语进行过较量。在南非，英语则曾经跟阿非利堪斯语进行过斗争。尽管法语和阿非利堪斯语在使用人数和官方地位方面都还表现不俗，但英语依然还是这两国的强势语言。坦桑尼亚在重视非洲语言方面是做得最好的一个国家，它把斯瓦希里语作为本国的官方语言，而且，如今还制定了相关的语言政策，旨在让该语言可以用于本国教育的各个阶段。尽管如此，但是人们对于这些语言政策的实施依然表示严重的怀疑（Tibategeza and du Plessis 2018）。

7.10　殖民语言遗产

　　从上述研究我们可发现,除了许多亚洲殖民地国家外,欧洲列强的殖民行为通常都给其殖民地国家带来如下的语言后果:削弱了当地的土著语言,并用征服者的语言取代了这些土著语言。导致这种现象的原因之一是由于能够参与竞争的当地语言数量有限,而且它们的本体发展水平较低。通常,这些语言都缺乏书写体系,而且它们的词汇也不足以用来表达现代生活中的许多新概念和新事物。但正如《麦考莱印度教育备忘录》所言,即使一些诸如梵语和阿拉伯语这样本体发展较好的语言,而且它们还有不少品质优良的文献,但也可能被认为是作用不大的语言。尽管多数殖民政府都声称自己的殖民目标是开化当地人,并认为自己的文化更先进,但是,所有殖民者都有一个共同的兴趣,那就是资源的掠夺。例如,他们掠夺殖民地的土地,以便用来开发种植园或作为国内移民的定居地,从而缓解国内人口的过剩问题。列强开发殖民地的主要支出是军队的费用,而殖民地的教育资源非常有限,这充分揭穿了殖民者旨在开化本地人的谎言。尽管殖民者为当地民众的基础教育做过一些努力,而且,有些帝国(如英国和德国)还允许这里的学校用一些当地语言来教授基础教育阶段的课程,但是,更高教育阶段的课程总是用征服者的语言来进行教授的,因为这个阶段的教育是培养有限的社会精英的教育。

　　于是,一些国际性语言(如英语、西班牙语、葡萄牙语、法语和俄语)在殖民教育中都得到广泛使用,这为它们后来在国际贸易和全球化的刺激下再次得到广泛传播而奠定了基础。亚洲也有类似的语言发展现象,例如,日本直到第二次世界大战被战败,都坚持把自己的国语作为必需的殖民语言来看待;历史上中国的标准语在其周边也影响巨大。

　　殖民统治的终结并没有给前殖民地国家带来巨大的语言变化,通常,这些新独立国家的统治者都是曾经接受过殖民语言的教育并转用殖民语言的社会精英,而且,他们还接受了殖民者的语言意识形态,具有相同的语库。这些事实都证明了菲利普森(Phillipson 1992b)等人的观点是正确的,他们认为殖民主义是导致殖民国家语言转用的主要原因。

第8章 经济因素、新自由主义和语言政策

8.1 语言学习的动机

人类为何要学习新语言,进而扩大自己的语库?加德纳和兰博特(Gardner and Lambert 1959,1972)在研究二语学习的过程中提出并比较了两类不同的语言学习观,他们称之为融入型动机和工具型动机。融入型动机是指为了能够把自己也融入那些使用某一特定语言的群体而学习该语言的行为,而且,还赋予该语言较高的价值,以便可以把这种价值与身份联系起来。例如,我学了希伯来语后自己的语库得到扩大,学习该语言的最初目的是为了建立自己作为一位犹太人的语言身份,后来则是作为一名以色列人的语言身份。工具型动机是指为了某些实用目的而学习某一语言的行为。例如,我在上学时学习过法语、拉丁语和德语,目的是为了通过学校的考试。尽管多内(Dornyei 1999,2009;Dornyei and Ushioda 2009)以及其他学者在最近的研究中提出了更复杂的语言学习模式①,但在人类语言选择的各种动机中,加德纳和兰博特所提出的这两个截然不同的学习动机依然是名列前茅的。而且,我们还可把它们也看作是人类语言转用的两大原因。当我们面对众多的语言选择时,心中最纠结的可能是以下两个因素:一是要考虑自己的出身和身份问题(即融入型动机),二是要重视自己的职业发展和经济收入问题(即工具型动机)。

---

① 多内和克莱门特(Dornyei and Clement 2001)提出了七个维度的语言学习动机。前两个是情感型动机或融入型动机以及工具型动机或实用型动机。接下来的则依次是宏观环境、相关的自我概念、相关目标、相关教育环境其他重要的相关因素。宏观环境似乎是指社会文化环境,其余的则可归入融入型或工具型动机。

从本书下一章将要探讨的许多语言转用案例来看,用上述两类动机来解释语言转用现象似乎是简单而实用的。假如有两门或两门以上的语言有机会相互接触,这也是语言选择的首要条件和必要条件,那么,个人和社区此时就会表现出自己的语言偏好,而语言偏好的形成则取决于语言的价值——包括融入价值和经济价值,可见,从上述两类语言学习的动机来解释语言转用现象是最好不过了。少数民族语言以及功能较弱语言的使用者都面临着强势语言以及功能较强语言的诱惑,于是,他们都会被同化,并融入到相关的语言社区中,而且,他们还可凭借自己所掌握的强势语言的能力找到更好的工作,最后从中获益。这充分说明我们需要认识到语言政策和经济是存在密切关系的。霍根-布伦(Hogan-Brun 2017)把这种多语能力所带来的市场潜力现象称为语言经济学(lingua-nomics)。

8.1.1 语言的真实值和假定值

这里我们有两个不同却相关的问题:掌握一门具体的语言有什么市场价值?您认为掌握一门语言有什么价值?第一个问题是为经济学家所提出的,这方面的早期研究者有格林及其同事(如 Grin 1996a;2005;Grin et al. 2010)和奇斯威克及其同事(如 Chiswick 1992;Chiswick and Miller 2002;Chiswick and Repetto 2000)。第二个问题是人们在研究语言能力的态度和价值时经常会讨论到的(如 Grin 2001;Paternost 1985;Te Puni Kokiri 2002)。

在本书的第一章,我论述了个人的语言选择话题,其中包括语言选择的过程,奈科瓦皮尔等(Nekvapil 2012;Neustupný and Nekvapil 2003)称之为自我管理。他们研究的具体案例是德国驻捷克共和国的跨国公司,该公司的捷克雇员为了提升自己未来的发展空间而愿意私下参加德语培训课程。这种工具型动机也常见于父母为了让自己的小孩学习一门或几门语言所做出的决定,父母此举的最终目的是为了小孩将来可以在那些强调某些具体语言使用的公司找到工作。有关这方面的案例不少:全世界非英语国家的教育系统都面临着要把英语作为第一外语来教授的压力;在印度以及世界许多其他地方,英语作为教学媒介语的魅力势不可挡;韩国的父亲为了小孩的英语学习而把自己的妻儿都送往海外;有些美国家长为了自己小孩的中文学习则喜欢雇用懂得中文的家政人员;苏联时期,该国的许多人雇用那些会传统外语的保姆,也更喜欢那些用俄语作为教学媒介语的学校。所有这些语言行为都是冲着某一门强势语言的假定值(assumed value)而去的。

菲利普森(Phillipson 1992b,2003)把英语对全球具有吸引力的事实怪罪于英美的政府政策,而斯古纳伯-康格斯和菲利普森(Skutnabb-Kangas and Phillipson 2010)则把殖民语言的成功传播归咎于政府与企业。但是,如果我们根据语言经济价值的大小来解释这些现象的话,这也许会更好理解(Mufwene 2005a,2005b)。这些语言的扩散势不可挡,除非有强烈的阻止语言转用的意识形态和意愿。例如,类似新教中阿曼门诺派教徒(Amish)以及犹太教中哈西德派教徒(Hasidim)的宗教群体自愿选择在社会文化方面过着与世隔绝的生活,此外,诸如西班牙加泰罗尼亚人和新西兰毛利人这样的少数民族,他们想要竭力提高自己的民族身份,于是,提升当地强势语言的吸引力并期待它能进入工作场所和市场领域就成了他们阻止语言转用的一个伟大事业。

在市场研究中我们常能发现如下的语言使用现象。库帕和卡朋特(Cooper and Carpenter 1976)在研究埃塞俄比亚的市场后发现,在语言学习方面通常是卖者学习买者的语言。同样,我们(Spolsky and Cooper 1991)在研究耶路撒冷老城的市场后也发现,阿拉伯商人更愿意学习希伯来语、英语和其他语言,目的是为了可以跟当地的犹太人以及外地的游客做生意。商店标识(如"本店会说英语")若能体现自己的语言能力,这将有助于商店吸引到更多的游客,可见,语言水平在市场中的重要性(MacGregor 2003)。日本东京以及一些其他地方都在自己的路标上添加了英语(Backhaus 2006),这说明全球性语言能给它们的市场带来潜在的附加值(Phillipson 2017)。语言景观的研究(Ben-Rafael et al. 2006;Gorter 2006;Pütz and Mundt 2019)通常都是分析各种商业符号,然后挖掘出某些语言的经济价值。

8.1.2 语言经济价值的建立

如果我们要量化有关语言经济价值的趣闻案例,那是相当困难的。米格(Migue 1970)是最早研究语言经济价值的学者之一,他对比分析过加拿大魁北克英语使用者和法语使用者两类人之间的收入差异,不过,他的研究是根据不同族群来进行的,而不是根据语言水平来操作的。瓦尔兰科特(Vaillancourt 1980)区分了语言的以下两大不同功能：语言作为民族标志以及语言作为人力资本。他继而指出，个体在购物时都更喜欢使用自己最熟悉的语言(通常是本族语)，而且，他们一般也更愿意在那些尊重他们语言技能的领域寻找工作。此外，公司方面也会设法雇用那些语言技能较好，并有能力对付各种顾客和当事人的应聘者，而且，公司还会根据雇员的语言能力来选择自己内部的交际语言。最后，瓦尔兰科特指出，双语经济(bilingual economy)更需要双语雇员。尽管雇员若能使用雇主的语言，就更有可能获得较好的工作，但雇员如能懂得某一门技术语言，他们也会得到足够的重视①。瓦尔兰科特(Vaillancourt 1980)根据加拿大1971年的人口普查数据对魁北克进行过这方面的研究，但该研究的对象不包括女性(因不具有较好的代表性)、法语和英语之外的语言使用者以及诸如渔业和农业之类的行业(因为这些领域对员工的语言技能要求不是那么严格)。他的研究发现，根据个人的总收入，魁北克有三类不同的语言群体：第一是处于社会底层的单语(法语)使用者；第二是处于社会中层的双语(以法语为主)使用者；第三是处于社会顶层的单语(英语)和双语(以英语为主)使用者。这些人最显著的工作差异在于是否属于管理层，其次则在于是否属于销售领域。尽管法语使用者占据了魁北克全省总人口的80%，但是，英语显然是当初经济价值更大的语言。当我们把其他影响因素(如教育背景和工作经历)也考虑在内时，上述研究结果依然不变。然而，在政治领域，法语具有更大的价值，进而导致魁北克省在20世纪60年代出现了语言政策的改变。截止到2000年，魁北克通过了系列的支持法语的法律，于是，这里的语言经济价值状况发生了一些改变：单语(英语)使用者的经济地位现在接近了双语(以法语为主)使用者的经济地位。在魁北克省，母语既非法语也非英语的加拿大人(Allophone)通常是移民，这些人的语言经济地位下降了，他们跟单语的法语使用者差不多(Vaillancourt et al. 2007)。此外，也有数据表明，不同的经济领域也存在不同的语言经济价值(Grin et al. 2010：63)。

8.1.3　多语社会的语言价值

加拿大(魁北克)为语言价值的学术研究提供了一个很好的案例。瑞

---

① 我女儿是以色列一家新成立的物流公司的首席执行官(CEO)，她告诉我她想雇用的工程师和程序员必须有较好的英语水平，以至于能够用英语跟美国的同行进行交流。

士则是这方面的又一好案例,格林和他的同事及学生做了不少有关它的研究。瑞士是一个名义上的多语国家,这里使用着四种语言,它们分布在全国不同的地方,并都得到瑞士宪法的认可。但是,瑞士的每个区域除了存在少数几个小的例外现象外,几乎都是单语区,地方上只认可德语、法语、意大利语和罗曼什语中的一门语言为其官方语言。由于瑞士的各个区域跟其行政单位——州(canton)或市(municipality)有所不同,加之,国内贸易促进了其跨语交际(crosslinguistic communication)的广泛需求,所以,即使是那些仅从事国内业务的企业也能体会到多语能力的价值所在。格林(Grin 1997)发现,瑞士的双语人(不管是男还是女)总比单语人收入更高,而且,在该国的法语使用者当中,两者之间的收入差距超过25%。同样,从2000年瑞士的人口普查数据来看,英语水平超高的人(不管男女)似乎都比缺乏英语能力的人要多挣超过40%的钱,而英语水平较好的女性则比缺乏英语能力的人多挣8%的钱,同样情况男性则多挣16%的钱。但是,这一研究结论还需进一步修改,因为它没有考虑到以下两个因素:一是个人的教育的问题,二是英语在瑞士德语区的影响要大于在法语区的影响。但不可否认,掌握外语能带来创收,这是有目共睹的(Grin et al. 2010:69)。

格林(Grin 1996a,2001,2003;Grin et al. 2010)曾经探讨过我们该如何来发现语言的经济价值。他(Grin 1998)在一篇早期的会议论文中指出,瑞士不同的语言区域之间存在着清晰的语言边界,但它们都被多语制的神话整合在一起:全国仅有三个州实行双语制,一个州实行三语制。格林的另一个研究表明,瑞士有97%的人都自称自己仅有一种母语(Grin and Korth 2005)。在更早的时候,格林和斯弗雷多(Grin and Sfreddo 1998)的研究显示,第一语言属于意大利语的瑞士人往往处于社会的不利地位。格林和科思(Grin and Korth 2005)研究过英语作为一门外语在瑞士的地位状况——越来越重要。此外,格林(Grin 2001)的研究还表明,英语在瑞士的声望和经济价值都很高,英语技能可以提高其使用者12%—30%的工资溢价。格林等人(Grin et al. 2010)曾依靠瑞士国家科学基金的资助进行过一个为期三年的研究项目——多语职场的经济学。由于他们认识到多语制的研究可以从许多不同的视角来进行,如社会语言学、心理语言学、地理学、政治科学和法律,于是,他们就在这个研究项目中开始探讨语言和经济两个变量之间的相互影响,并把研究成果写成了一本专著。该专著共有三部分：第一部分是背景塑造——他们阐明了多语制以及相关的经济理论原则；第二部分是该著的核心内容，他们综述并重新界定了厂商理论（theory of the firm）——把语言变量看作是影响核心经济变量（如生产率、成本和利润）的决定性因素；第三部分是有关政策研究启示的讨论。最后，该著的附录部分还提供了有关他们所使用的经济模式和程序的详细内容。他们指出，他们的大多数资料都来自瑞士和加拿大的魁北克，因为很难从其他国家中找到有关这方面的数据。

但是，有关移民语言的研究还是有一些的。奇斯威克（Chiswick 1992，1994；Chiswick and Miller 1992；Chiswick and Repetto 2000）研究过加拿大、美国和以色列的移民在掌握了当地的强势语言后所获得的经济价值情况。奇斯威克和丽派朵（Chiswick and Repetto 2000a）利用以色列1972年的人口普查资料进行过这方面的研究，结果显示，"那些每日把希伯来语当作自己主要语言或唯一语言来使用的人，而且，他们还可以用希伯来语书写信件之类的材料。这些人比其他不会希伯来语的移民在收入上要多挣大约20%"。他们的研究还发现："懂得英语的移民比不懂英语和阿拉伯语，但会希伯来语的移民在收入上要多挣15%，只会阿拉伯语的移民比不懂英语和阿拉伯语，但会希伯来语的移民要少挣2%。"如果把其他变量也考虑进去的话，希伯来语可以增加以色列移民大约13%的收入，英语则是大约15%。对于以色列的移民而言，花五个月时间参加全日制希伯来语课程的学习①，这种投资（包括因上课而失去的收入）在移民的未来职业生涯中可以得到高于20%的回报。但目前我们尚无任何有关移民掌握自己的第一语言能给他们带来什么具体价值的数据，同时，我们也没有任何有关希伯来语或英语之外的语言具有什么价值的数据。

8.1.4 语言作为商品

尽管有关语言政策的硬数据（hard data）较匮乏，但有些学者依然不断地在探索语言政策中由政治和经济因素所带来的影响，进而指出语言

---

① 希伯来语的培训课程长度之所以为五个月，是因为在以色列的普通学校，被雇用的教师有权利每年享受两个月的假期，这跟教学法没有任何关系。

政策与殖民主义和资本主义存在密切的关系。例如,研究发现,服务行业存在较多的语言商品化现象(Cameron 2000)。在服务领域,关照顾客是行业的基本宗旨,这就凸显了服务行业员工语言能力的重要性:他们是否能够用顾客的语言跟顾客进行交流。这方面的典型案例是社会呼叫中心,因为其工作性质具有国内外语言多样性的特点,并要求该领域的工作人员具备多语能力(Rahman 2009)。

赫勒(Heller 2010b)指出,在现代主义和资本主义的晚期,语言在如下众多方面都体现出新的功能:旅游观光、市场营销、语言教学、语言翻译、语言交际(尤其是社会呼叫中心的语言交际)以及表演艺术等。于是,语言在这些领域的市场扩大方面就显得越来越重要。此外,语言还可用来保护新殖民主义。正如我们在本书第7章所见,许多新独立的国家即使不再与前宗主国存在任何正式的殖民关系,但之后出于方方面面的考虑会继续沿用帝国语言。杜兴和赫勒(Duchene and Heller 2012a, 2012b)在他们的研究中扩大了这些概念的内涵,赫勒和麦克希尼(Heller and McElhinny 2017)研究发现,语言在影响和维持社会平等方面起了关键的作用。在过去的殖民地,政府要求一些学校要培养学生的官方语言能力,但这些学校仅对社会的精英子弟开放,而这些社会精英子弟成才后就进入了政府部门工作。于是,在后殖民国家,这种社会不平等的现象依然存在。

最近布洛克写了一本有关语言和政治经济关系的论著(Block 2018),他在此书中概述了这个领域的发展状况,并详细探讨了西班牙语中的政治经济因素。布洛克在该书的开头部分引用了欧文(Irvine 1989)有关语言和政治经济关系的早期研究成果。欧文在此研究中注意到语言和政治经济的关系跟索绪尔所提出的语言符号(即能指)和物质世界(即所指)的关系是不同的,她从中发现威廉·拉波夫(William Labov)利用物质世界来预测一些语言变异在不同社会经济阶层中的分布情况。海姆斯(Hymes 1974)和甘柏兹(Gumperz 1983)等学者都把人类的言语看作是一种社会文化活动,欧文紧随这些人之后继续探讨语言在政治经济中的角色。她的首要观点是"语言符号可以代指物体、自然世界、经济技能和经济活动"(Irvine 1989:250)。她的第二个观点是社会语言概念,即语言多样性和社会多样性存在一定的关系,所以,某些具体的语言变体和语库跟某些特定的社会群体紧密相连。拉波夫(Labov 1966)的研究就是一个明显的例子,他的研究表明,在纽约市某些特定的语言变异使用跟不同的社会经济阶层存在关系。所以,欧文指出,语言变异与社会经济阶层的这种密切关系导致了语言特点的商品化。而且,她还描述了非洲沃洛夫语有关恭维和表扬的用法,旨在解释语言商品化所带来的语言多功能性。

布洛克(Block 2018)后来还继续研究过政治经济跟语言之间的关系,并由此进一步阐明了新自由主义的特性:新自由主义是一种复杂的现象,它既是一种经济体制,也是一种政治意识形态,还是一种生活方式,等等。此外,新自由主义是政治学和语言学在研究社会阶层的语言使用差别时所遇问题的基础。因此,布洛克认为社会语言学家应该培养一些政治经济学方面的研究兴趣。

8.1.5 语言和政治经济的关系史

语言和政治经济的关系史是莫尼卡·赫勒(Monica Heller)在其研究中的一个特别内容。赫勒(Heller 2010a)在一篇述评类文章中总结了语言商品化的研究成果,并指出语言商品化现象会随着全球化与晚期资本主义两者的紧密相连而变得越加凸显。后来,赫勒和麦克希尼(Heller and McElhinny 2017)对这个主题做了进一步的研究。他们采用历史的方法从15世纪殖民主义的起源开始研究,然后他们分析了殖民者在接下来的几个世纪里都争论不休的一个语言问题:在殖民地,那些被征服的人们要皈依宗教时,是该让他们使用土著语言呢?还是让他们使用殖民语言?在这期间,印度的比较语文学(philology)得到发展,进而促进了语言层级系统的建立,但它面临三大挑战:第一是语言进化论方法的应用——这使得人们有可能可以根据语言的发展规模对语言及其使用者进行排位;第二是皮钦语和克里奥尔语的研究——这两类语言不符合语言进化论的发展模式;第三是博厄斯(Boaz)以及其他人类学家对语言进化论和语言种族主义的批评,他们想要把语言和种族分开来看待。此外,赫勒和麦克希尼还追述了民族国家在19世纪与20世纪的语言发展情况以及法西斯主义者、共产主义者和普遍主义者(universalist)对这些国家出现的各种语言矛盾所表现出来的种种反应。他俩把国家的语言发展看作是市场行为,即民族国家需要处理好工业化和欧洲帝国主义对本国语言所带来的影响。此后,他俩还分析了资产阶级帝国主义(bourgeois imperialism)所面临的各种语言挑战:人类创建了类似世界语(Esperanto)这样的多种国际性辅助语言;苏联如同对马克思主义的研究一样也对语言科学进行了深入的探讨;极端的民主主义思想容易导致法西斯式的语言发展;人们开始感知到殖民主义所造成的语言污染,并对此有所反应。

在那之后,赫勒和麦克希尼研究了第二次世界大战所带来的语言影响以及冷战出现的语言情况:资本主义和共产主义的意识形态斗争持续不断,但20世纪60年代全世界出现了去殖民化运动,这给当初的意识形态斗争带来巨大挑战。在此期间,结构主义语言学家和生成语言学家正在建构一种具有普遍主义的语言模式,但该模式不考虑社会因素对语言的影响,这正好与以下三种现象不谋而合:有关机器翻译发展的方案;政府对大学语言学系建设的支持[①];有助于规劝和宣传工作的技术发展。当初有些学者要么被噤声,要么被看作是犯罪嫌疑人,因为他们被认作是共产主义者、反种族主义者、亲土著分子(pro-indigenous)以及学习过共产主义国家的语言的学者。此时,理论语言学得到较多的发展,其重点是在句法学方面,但它把语言及其所处的社会环境分开来了。语言学领域除了有这一主流发展外,同时,还有社会语言学以及与其密切相关的语言政策及规划学科也得到较好的发展。社会语言学起始于美国,但也发源于欧洲,它跟语言少数群体(如西班牙的加泰罗尼亚人、巴斯克地区的人以及英国的威尔士人)当初的语言活动密不可分。

随着20世纪80年代福利国家(Welfare State)的终结、苏联的解体、全球化的扩展、福利国家一切以政府管理为基础的模式的废除以及国家对大型企业控制权的取消,新自由主义理念便得到发展。以前,工作监管和工作审查不断加码,从而导致公民地位与工作成绩更加紧密相连,商品化现象也就越加严重。如今,人们的财富差距越来越大,这跟他们的语言使用以及种族、性别和性取向的不平等有关。赫勒和麦克希尼最后总结了晚期资本主义(late capitalism)以及随之出现的白人至上主义(white supremacist)、民族主义政府和独裁政权的特点,并寄希望于那些敢于挑战上述现象的政治运动。

我发现,在赫勒和麦克希尼对于语言和政治经济相关性的评述中,其最大的特点是他们研究的广度:在分析语言失利或得利的原因时不是仅

---

① 如诺姆·乔姆斯基那时的研究工作得到美国空军项目的资助。

仅聚焦在某一个单独的影响因素上（如帝国主义或大型企业），而是设法囊括语言发展过程中的所有影响因素，分析语言在现代历史时期是影响其权力的根源之一。这不但说明了社会和经济之间存在紧密的关系，而且还说明了语言和经济之间也存在密切的关系。

8.2 经济因素对语言政策的意义

尽管当前的经济学理论无法解释语言中的某些经济现象，但它却为我们提出了许多思考的问题。例如，经济学理论认为社会的发展动力来自人类的自我利益（self-interest），因此，我们有足够的理由从经济因素的角度来看待语言政策的发展——让语言商品化，并使之具有经济价值，而其使用者则可养家糊口。同理，我们还需要注意到，一个国家倘若经济弱小，其解决语言问题的能力以及用于解决语言问题的政策的实施都会受到阻碍，或者至少是会受到影响。如今，我们即便没有经济学家惯用的相关详细数据，但我们也有充分的理由来发现经济因素对语言选择及语言政策的影响。

第 9 章　语言濒危和语言转用

9.1　什么是语言濒危？

本章将带我们去思考这样一个问题：语言如果缺乏足够的经济价值，那将会怎么样？自从克劳斯（Krauss 1992）和黑尔（Hale 1992）发表了有关这个主题的论文后，全球各地有越来越多的语言学家开始关注世界上大量的正在消亡的语言，因为这些语言的使用者要么被迫要么自愿转用一门更大的以及看起来更具活力的语言。同时，费什曼（Fishman 1990，1991，1993，2001）也在关注这个现象，但他采取了一种更加积极的方法：分析了 13 个试图阻止语言转用的案例。总之，语言濒危成了语言政策中的一个主要话题，它跟气候变化的主题一样，问题的解决需要多方面的协同。

杜兴和赫勒（Duchene and Heller 2008）主编了一本有关语言濒危的论文集，他们在该书的引言部分指出，21 世纪有大量的有关语言濒危的文本，其中许多都是联合国教科文组织出台的。这些文本都估计，如今全世界使用着（口头）大约 5000 至 6000 种语言，但其中有一半的语言将在若干年（20 至 100 年）后消失。许多论文都对这种现象发出了警告，并给出了原因解释，它们从生物多样性的关联性或世界文化遗产的角度阐明了语言多样性的价值。而且，这些论文都认为，语言使用者要用政治权利来保护自己的语言[1]。杜兴和赫勒（Duchene and Heller 2008）指出，他们对于这些文本或文章中所提出的论点不能只看其表面，而且，还要思考其

---

[1] 我会在本书第 11 章专门探讨人权、语言权以及支持这些权利的国际组织。

内在。例如,他们对于世界上语言数量的统计就表示怀疑:人们是如何统计出这些数量的?而且,又是如何判断一门语言已经消亡了?于是,杜兴和赫勒问道,语言学家和人类学家是否可以通过其他方法来证明自己的专业性以及体现自己职业的合法性,而不要通过陈述类似上文的话语来证明和体现。

  为什么濒危语言的使用者都会放弃自己的语言?格勒诺布尔和惠利(Grenoble and Whaley 1998:22)一针见血地指出:濒危语言的使用者为了"适应环境而放弃了濒危语言,因为这些语言的使用无法给他们带来好处"。格勒诺布尔和惠利在其论文的一个脚注中写道:"有些言语社区全部被消灭,这是由于一些极端因素所导致的,如战争、疾病或种族灭绝等。"以下几种语言的命运就属于这类现象:美国很多印第安语的灭亡跟欧洲殖民者带来的疾病有关;依地语之所以使用人数大减,是因为纳粹杀害了很多该语言的使用者;澳大利亚的塔斯马尼亚(Tasmanian)土著人、美国加州和南美亚马孙的许多部落都遭到欧洲殖民者的清洗,以及其他一些国家的少数民族被强制学习官方语言。不过,也有些人认为语言消亡或语言灭绝(linguicide)似乎一直是政府和大型企业所造成的(Skutnabb-Kangas 2000)。布伊扬(Bhuiyan 2017)指出,土著语言的发展都缺乏政府的支持。孟加拉国是一个因语言问题而分裂并独立的国家,因为当初巴基斯坦拒绝认可孟加拉语为国家的官方语言,即便是在这样的国家,其土著语言的使用者也遭到歧视,他们的语言也受到污名化的待遇。

  格勒诺布尔和惠利指出,学界许多人都试图找出濒危语言在本质上的特点,其中最著名的要算是费什曼的"代际语言差异级别表"(graded intergenerational disruption scale)(Fishman 1991:91 及后面的几页)[①]。但后来,格勒诺布尔和惠利发现爱德华兹(Edwards 1992)提出的一种语言类型学更有用。爱德华兹根据语言使用的"视角"和"范围"两类参数把少数民族语言(但未必都是濒危语言)的生存环境进行列表处理。"视角"参数由 11 个要素构成,如人口、经济和宗教等,它们是构成人类基本特征的基础;而"范围"参数则由 3 个要素组成,它们是语言使用者、语言以及这两者所处的环境,它们能反映人类群体的基本特征。这两类参数的要

---

  ① 刘易斯和西蒙斯(Lewis and Simons 2010)提出了"扩展版代际语言差异级别表",如今该理论用于《民族语》中所列出的每一种语言的情况介绍。

素相互结合,便可得到33个结合体。于是,人们可依此就语言的使用问题进行提问并得到解答,从而形成一种可以用来预测语言未来使用的模式。但格勒诺布尔和惠利对爱德华兹的这种模式提出了一些修改建议。其中的一个建议是增加"识字"视角下的要素,因为识字通常都被认作是语言维持中的一个重要因素,而且,多数语言活动者兼语言学家都坚信语言若有了自己的识字系统就会变得更加强大,不过,也有人担心语言的识字系统会减弱语言的活力,因为这为学校的语言教育提供了可能,而学校教育是导致语言转用的主要原因。他们提出的第二个建议是,语言及其使用者所具有的背景需要得到扩大,并进行细分,如国际背景、国家背景、区域背景和地方背景。他们提出的第三个建议是,判断语言使用的变量需要进行层级高低的分类,因为他们认为如果能进行这方面的分类,经济视角的思考将会是最具影响的因素。

格勒诺布尔和惠利采用这种复杂的模式探讨了三个具体的地区。第一个是撒哈拉沙漠以南的非洲地区,他们发现这里的少数民族语言所遇到的威胁不是来自前殖民语言,而是来自它们本国的其他土著语言。在他们研究的所有案例中,仅有一个例外现象。尽管欧洲语言在这一地区的地位牢不可破,它们是当地社会精英所使用的语言;也尽管殖民语言曾经对当地的土著语言进行过压迫,但是,没有多少迹象表明这一地区的普通百姓都会选用这些欧洲语言。其中一个原因是这里没有广泛的欧洲人定居点。第二个原因是这里的土著语言存在相距密度高和总体数量多的特点。第三个原因是这里的人对多语意识形态的接受度不高。第四个原因是泛非主义(pan-Africanism)意识形态强烈,从而导致这里的人们会抵抗非洲之外的语言。最后一个原因是,这里的贫穷以及经济资源的匮乏(另外,我还想增加其他几个相关的因素,如战争、内乱、腐败和疾病)都阻碍了人们想要促进当地语言发展的行为。

格勒诺布尔和惠利选择的第二个地区是苏联,它跟撒哈拉沙漠以南的非洲地区非常相似,也属于多语言多民族模式的地区,但它有一个不同的地方:这里的俄语非常强势,而少数民族语言则被边缘化。此外,这里实行严格的中央化语言管理。例如,20世纪20年代苏联发动全国性的俄语识字运动,教育体系仅对俄语情有独钟,这使得俄语的价值要比其他当地语言的价值要大。格勒诺布尔和惠利选择的第三个地区是新西兰,他们综述了该国毛利语的发展情况,并从中发现:导致毛利人语言转用的主要原因是欧洲人的殖民行为；促使毛利人的学校转用英语的原因是城市化；推动近来毛利语复活运动的背后力量是语言意识形态。

最后，格勒诺布尔和惠利强调了导致语言濒危的三个重要因素：经济、通道和动机。他们在对非洲地区的语言进行研究的时候发现，这里的国家由于缺乏足够的经济资源而无法给本国的全民提供前殖民语言的教学，显然，这倒成了阻止当地人转用这些殖民语言的一个主要因素。尽管这些殖民语言被认为更实用，更具吸引力，且更有利于就业，但很多当地人还是无法转用。面对这样的状况，这里的每个人都必须通过自我管理来处理好自己的语言问题。有人认为经济上的优势与掌握全球性语言——英语的水平有关，而且，只有经济优势这一因素才能解释为什么英语在通常情况下都能成为许多国家或地区的第一外语，但在那些拥有另一门全球性语言（如汉语、法语、西班牙语和俄语）为第一外语的国家或地区除外。至于通道的概念，格勒诺布尔和惠利是指人们接触濒危语言或主要语言的情况，其中包括以下几个维度，如语言的生存密度（language density），语言使用者的对外接触状况以及语言使用者的年龄和数量，人们接触媒体的渠道（这一点尤其重要）。

9.1.1　一个更加复杂的濒危语言研究模式

爱德华兹（Edwards 2019）就人们对他所提模式的各种反应做出了回应。首先，他反对有人提出的类似英语这样的大语言正在威胁着小语言的简单说法。他指出，非洲的斯瓦希里语给当地的本巴语（Bemba）也带来很大的生存压力，而世界上像斯瓦希里语这样的语言还有很多，但同时，这些语言自己又受到来自英语的生存威胁。全球类似这样的语言生存威胁链不少，如英语→法语→魁北克的克里语（Cree）（即英语威胁法语，法语威胁克里语，下同，译者注）、俄语→格鲁吉亚语（Georgian）→奥塞梯语（Ossetian）、西班牙语→盖丘亚语→艾马拉语①。荷兰画家布鲁格尔（Brueghel）有一幅画，取名为"大鱼吃小鱼"（该书原著的封面就是用了这幅画，译者注），它展现了自然界的生物链原理——"更大的鱼吃更小的鱼"。

---

① 在印度，情况也是如此：通常是地方语言或邦语言可以吸引到其他少数民族语言的使用者来学习。

爱德华兹反对二元对立观,他呼吁学界要超越语言类型学的范围对语言濒危现象进行更加精细化的研究。首先,他从地理因素的角度来考虑濒危语言的生存特点,从而区分了土著语言和移民语言①,但它们的内部可能还存在如下几种现象:有些少数群体语言(如以色列的俄语、美国的西班牙语和加拿大的法语)可能在世界别的地方却属于主体语言;有些少数群体语言分散在各地(如汉语的各种方言)或聚集在一起;有些少数群体语言在其国家边境的两侧都有使用者,这种现象在非洲很常见,因为这里有许多国家的边境都是当初帝国列强随意划分出来的。在印度和尼泊尔的边境地区以及巴西和秘鲁的边境地区也可发现这种现象。其次,爱德华兹谈到了他于1992年提出的语言类型学内容:他把语言使用者、语言和这两者所处的环境都放在11个学科视角下来考虑;扩展版模式对33个组合体都分别提出3个问题。然后,他列举了这种模式的一些用途以及修改建议。例如,达昆斯(Darquennes 2013)的建议是在每个学科中增加历史维度的思考,并用语言群体取代语言使用者。最后,爱德华兹总结说,综合的语言类型学模式"对我们进行更深入和更系统的语言生存状况调查具有一定的启发作用,而且,也许还有助于我们对语言转用和(或)语言维持的结果做出一些预测"。但目前尚无人接受过这种挑战,这一事实反映了这种研究是复杂的,费用是昂贵的,而且,出资人也许还不能享受到优惠待遇。

9.1.2 是语言丧失还是语言进化?

相反,马福威(Mufwene 2005a)对许多学者有关语言濒危的说法表示怀疑。他认为,这些学者把现实看得太简单了,而且,他们:

> 普遍把全球化简化为让世界变得越来越统一的一个过程,而实现全球化的方式是把知识、语言、军事、技术以及其他文化层面的产品都传播到世界各地,但这些产品均跟诸如美国、英国和澳大利亚这些霸权国家密切相关。换句话说,这些学者把全球化与世界西方化对等起来。他们在谈论土著语言时,仿佛原住民特性不再是一个相对的概念,而且仿佛只有在美洲、亚洲和澳洲才能发现原住民语言。

---

① 要做这种区分不易,但通常是根据移民到达的假定时间(assumed time)来进行。

马福威指出,语言丧失正在以不同的速度出现在世界各地。此外,他还批评了当下的一种流行语言态度:人们只关注语言,而不关注语言使用者①。

马福威认为,全球化既包含通信和物流的便捷性,也包括以前的帝国规则被如今的跨国公司权力所取代的现实性。全球化带来了世界语言使用的多样性,但它并不一定会像殖民主义推行帝国语言那样导致非帝国语言的边缘化。贸易殖民主义并没有导致当地人的语言转用,但它给当地增加了皮钦语,从而丰富了那里的语库。贸易殖民主义发展的下一个阶段才是关键的,但它取决于开发的殖民地是以"移民居住"为基础,还是以"资源掠夺"为目的。移民居住型殖民地有两种发展方式,一是种植园殖民地,它依靠进口的奴隶来扩充劳动力,二是农场业殖民地,它依赖欧洲的契约工人来扩充劳动力。通常,在 20 世纪初期之前,欧洲的殖民者和移民都会建立以国家为单位的殖民社区,但后来,他们(如在美国和巴西的殖民者和移民)发生了语言转用,他们从原先的祖裔德语(heritage German)或意大利语或其他欧洲语言转向了当地的强势国语(如英语和葡萄牙语)。在种植园殖民地,皮钦语进化为克里奥尔语,以后新来的奴隶也会转用这些克里奥尔语,并逐渐放弃自己被污名化的非洲语言。

在资源掠夺型殖民地,例如,在曾经被英国统治的印度(Raj),这里的土著语言在当地人们的三语体系(triglossia)中属于低语体(L variety),而欧洲语言(如印度的英语)则是社会各行业中受过良好教育的精英们所使用的语言,它跟地方通用语和当地的其他语言所享有的地位不同。尽管欧洲语言会被用于一些新型的交际领域,但是,那些掌握了某一欧洲语言的社会精英出于市场竞争的需要或者为了维持自己的民族身份而会依然继续使用某些土著语言或当地的通用语。所以,马福威认为,尽管这种语言进化现象并不新鲜,但它跟罗马征服时期民间拉丁语(vulgar Latin)在英国得到传播的方式是相似的。

许多当地语言其实一直并不弱。例如,在博茨瓦纳(Botswana),这里的科伊桑语(Khoisan)正在被塞茨瓦纳语(Setswana)所取代,而英语还未给科伊桑语造成威胁。再如,印度的大多数少数民族语言都受到所在地区的区域性语言或当地语言的威胁,而且,其威胁要大于来自印地语或

---

① 拉波夫(Labov 2008)强烈地表达了对这种社会观点的不满,他坚信只要美国监狱里依然有大量的美国黑人,那么非洲裔美国英语就会一直存在。

英语的威胁。双语制往往意味着人们的语库得到扩大,但它并不一定会导致语言的转用。所有的现实情况都比许多学者提出的理论要更复杂。世界上许多地方都有平等的多语制现象。

马福威不断地质疑有关对抗语言濒危的论调。为了回应杜兴和赫勒的上述观点,马福威(Mufwene 2005a：40)指出:"我们首先必须弄清楚在这样的濒危语言对抗活动中是语言学家还是相关濒危语言的潜在使用者获益更大。"而且,他对语言丧失就意味着珍贵祖裔语言丢失的观念也表示怀疑,为此,他(Mufwene 2005a：41)引用了美国语言学家萨丕尔(Sapir)的话来说:语言和文化的关系"并非像硬币的两面一样永远组合在一起"①。此外,他还通过引用一位经济学家的话来说:语言的多样性"对经济发展具有抑制作用"。尽管语言转用是个人的事情,但马福威(Mufwene 2005a：42)指出:"当发现一门语言处在濒危之中时,在很大程度上,这是人们对该语言的发展所做出的一种回顾性展望,尽管每位个体做出的决定是彼此独立的,但语言丧失是众多个人决定的集中反映。"然后,他问道:这些濒危语言的使用者愿意回到自己的传统语言社区吗②?

最后,马福威说,语言濒危和全球化皆不是什么新鲜的事情。我们对待每一种情况都需要进行单独的分析。他(Mufwene 2005a：46)还总结说:"尽管有些语言消失后,这肯定会让有些人感到遗憾,但是,很显然,语言使用者所处的社会经济生态一定会发生变化,而且,这是一条无法回头的发展道路。"尽管马福威这样说,但学界还是有许多语言学家和部分人类学家都在不断地提倡人类要跟语言濒危和语言转用做斗争。

9.1.3 语言学家提倡的语言多样性案例

克劳斯(Krauss 1991)在一次学术会议上首次宣读了自己的一篇新作,一年之后则将它发表出来(Krauss 1992)。在该论文中,他发出了一个战斗口号——语言多样性的丧失"在很大程度上类似于"自然界生物物种的濒危。他(Krauss 1992:7)还通过计算给出了一个有关语言丧失的

---

① 这方面的一个例子是:美国的有些犹太人用英语来表达他们丰富而复杂的犹太宗教文学,并得到发展。可见,这些依地语和希伯来语使用者的语言转用并没有阻碍其文化的延续。

② 我的一位纳瓦霍学生定居在美国新墨西哥州的阿尔布开克市(Albuquerqu),她说尽管她愿意自己的儿子长大后说纳瓦霍语,并搬回原先的印第安人保留地居住,但她就得每天从数英里远的地方背几加仑的水回家。

不精确的估计数据:"90%的人类语言会在下个世纪消失殆尽。"于是,他呼吁职业语言学家要设法保护好他们赖以生存的这个领域。黑尔(Hale 1992)跟克劳斯一样,在同一期的美国语言学会学报《语言》上发表了自己的文章。他在该文中反复强调和确认了有关语言濒危的起诉和诉讼请求的重要性。他指出,如今语言丧失的种类和速度都与以往的不同,而且,有些"文化和知识多样性的丧失是由于政治上强势的语言和文化可以不费吹灰之力就战胜土著或地方语言和文化"(Hale 1992:1)。他还拿生物多样性的丧失来比较语言文化多样性的丧失。黑尔的这篇文章放在了该年《语言》杂志这一期的首篇位置上,具有引导的地位,而克劳斯及其他作者的文章则研究了一些具体的案例,如美国亚利桑那州印第安人华莱派(Hualapai)的语言、中美洲尼加拉瓜的土著语言、危地马拉的本土语言以及美洲的玛雅语。这些案例都反映了当地人为了维持濒危语言或让这些濒危语言变得有活力而做出的各种努力。最后,该期杂志以黑尔的另一篇文章为结尾篇,该文章通过案例探讨了由于语言的丧失而导致的知识多样性的丧失。

　　大约在相同的时间段里,费什曼(Fishman 1991)对自己早期的一篇论文(Fishman 1990)也进行了扩充,目的是为了探讨他所称作的"扭转语言转用"(reversing language shift)理论。他在该文中描述了13个试图改善濒危语言状况的案例,其中有的成功,也有的失败。他所选择的案例涉及以下语言:爱尔兰语、弗里斯兰语(Frisian)、巴斯克语、纳瓦霍语、美国的西班牙语、依地语①、毛利语、澳大利亚移民语言和土著语言、现代希伯来语、魁北克的法语和加泰罗尼亚语②。在这些语言中,虽然没有克劳斯和黑尔所研究的那些濒危土著语言,但它们依然能够让费什曼提出和探讨"代际语言差异级别表"理论,后来刘易斯(Lewis 2009)对该表还进行了扩展性研究,人们依此研究结果便能对世界语言的现状进行分类。

　　从此,学界出现了大量的有关这方面的学术研究和现状报道,有些人则为了扭转语言的转用而付出了不少努力。奥斯汀和萨拉班克(Austin and Sallabank 2011,2014)先后出版了两本有关语言濒危的专著。第一

---

① 费什曼对语言忠诚的研究起源于他想弄明白为什么他自己后来会丧失世俗依地语的使用(Spolsky 2011b)。

② 费什曼(Fishman 2001)在一次学术活动中罕见地再次讨论了这一话题,而且,他还邀请了12位学者来评价他对该主题的早期分析及结论。

第 9 章　语言濒危和语言转用

本探讨了语言濒危的方方面面，尽管它共有 24 章的内容，其中第 1 章是格勒诺布尔（Grenoble 2011）对该话题的述评，但该专著并没有对某一具体内容做详细的研究。第二本专著则聚焦在语言信仰或语言意识形态上，但同时也包括语言实践和语言管理方面的一些详情。该书以七门语言的案例研究为开始，它们是爱尔兰语、塞浦路斯阿拉伯语、意大利多洛米蒂山区（Dolomites）的拉登语（Ladin）、挪威的克文语（Kven）、澳大利亚的加米拉雷语（Gamilaraay）和尤瓦拉雷语（Yuwaalaraay）、新几内亚的阿拉佩什语（Arapesh）。接着，该书还探讨了有关扭转语言转用的活动，这一部分有好几章的内容，共涉及如下语言：英国根西岛（Guernsey）的根西语（Guernesiais）、尼加拉瓜印第安人所使用的苏木—玛扬加语（Sumu-Mayanga）、普罗旺斯语（Provencal）、苏格兰语、毛利语、喀麦隆西北部的下芬戈姆地区（Lower Fungom region）所使用的七门语言、澳大利亚的旺卡塔语（Wangkatha）、巴布亚新几内亚的白宁语（Baining）、尼加拉瓜的拉马语（Rama）以及法兰克普罗旺斯语（Francoprovencal）。奥斯汀（Austin 2013）对这些语言记录（language documentation）的整个研究做过述评，而琼斯和奥吉尔维（Jones and Ogilvie 2013）研究后指出，语言记录在保护濒危语言方面的作用是不言而喻的。

基本上也就是在那个时期，语言学家对濒危语言现象产生了观点上的冲突。有人对它感到吃惊不已，而还有人则把它看作是一个正常的语言进化过程。在第一类语言学家当中，许多人都竭力伸出援助之手，他们鼓励或加入语言活动者的行列，旨在维持一些诸如费什曼所列举的较大的少数民族语言，或者是一些类似麦卡蒂（McCarty 2012）和麦卡蒂等人（McCarty et al. 2015）所研究的更小的土著语言。

D. 布莱德利和 M. 布莱德利（Bradley and Bradley 2019）提出了一个重大问题：面对语言濒危现象，语言学家能做什么？他们首先提出了 12 种用来评判或估测语言丧失性质和程度的方法[①]。然后，他们厘清了濒

[①] 我在上文已经提及过费什曼的代际语言差异级别表以及《民族语》所使用的扩展版代际语言差异级别表。此外，他们还描述了其他的方法，如斯蒂芬·武尔姆（Stephan Wurm）的量表以及由此衍生的其他量表，其中包括迈克尔·克劳斯（Michael Krauss）的量表以及由以下单位开发的语言活力指数：瑞士意大利语区语言观察站（linguistic observatory of Italian-speaking Switzerland）、欧洲语言多样性晴雨表（the European Language Diversity for All Barometer）以及夏威夷大学濒危语言指数目录（the University of Hawaii Catalogue of Endangered Languages Index）。

危语言活动的全部范围，其中包括濒危语言在语言社区的使用情况以及人们对它的认可态度；提出了一个用于描述语言使用模式、知识和社会语言环境的方案；总结了语言规划和语言管理领域的发展；界定和解释了各种各样的语言再生（language reclamation）现象；说明了濒危语言社区研究的各种方法；在每一章节的结尾部分都详细地描述了一个特定的案例。他们理论联系实践，并明确指出，在语言选用方面做出决定的是语言社区的人们，而不是语言学家——他们是局外人。

为了更好地阐明濒危语言众多不同的状况，本章下一节将分析许多少数民族语言的状况，旨在找出影响语言转用或语言维持的因素。

9.1.4　印度的少数民族语言

从宪法上说，印度是一个多语国家，它的少数民族语言大多属于濒危语言。潘达里潘德（Pandharipande 2002）着手界定这些少数民族语言，了解它们的现状，分析影响这些语言维持或丧失的因素，以及描述语言使用者的语言态度。他根据语言的功能负荷量（functional load，即语言使用域的数量）以及语言的功能透明度（functional transparency，即一门语言在使用域内的自治与权力情况）提出了少数民族语言的定义。

印度宪法并没有界定本国的少数民族语言，但在《第八附则》（Schedule Ⅷ）的第 343—351 条款中列举了 18 种列表语言[①]；那就意味着其余的语言则属少数民族语言，但印度最高法院把社区中不足 50% 的人所使用的语言界定为少数民族语言的标准行不通。例如，印度仅有三分之一的人口懂得印地语，我们能说印地语是少数民族语言吗？潘达里潘德说，导致少数民族语言和土著语言损耗的重要因素是正式的语言政策、语言的现代化、语言使用者的态度以及语言在身份建构中的分量。

印度独立后被分成了若干个邦，目的是为了形成若干个语言同质性社区。在这些邦，超过 50% 的人都使用同一种语言。于是，该语言就能

[①] 印度有 1000 多个列表种姓（scheduled caste）和接近 750 个列表部落（Scheduled Tribes），它们分别被称为被压迫的阶层和拥有保留地的群体。然而，他们在各种立法机构仍有自己的席位，也可以在政府部门工作，还可以接受高等教育。在印度，"母语"和"语言"是不同的，"语言"的地位更高，需要得到邦政府的认可，并且有资格获得政府的财政支持。印度有一位资深的语言学家说，在印度拥有一百万使用者的语言还算小语言，它们还不配有自己的书写体系。这种现象让我感到非常突兀。

成为这个邦的官方语言、教育语言和商业语言。在教育领域，印度出台了"三语方案"（Three Language Formula），并得到部分实施：小学阶段使用学生的母语或官方语言，中学阶段增加区域语言和印地语或英语，大学阶段则三语（即区域语言、印地语和英语）都用上（Mohanty 2019a）。该语言政策对社会带来的一个影响是减少了该国少数民族语言在公共域的使用。许多小的语言社区都愿意被大的主流社区所同化，但有些土著人社区，特别是在印度东北部的土著人社区都想方设法维持自己的语言。总体而言，印度的少数民族语言几乎都失去了自己的权力和地位。

尽管印度宪法保证本国少数民族语言的维持，但其实施情况往往都是失败的。其中一个原因是印度的多语现象：语库大于一种语言的印度人占13%，超过40%的少数民族人口具有双语能力，也就是说这些人能在公共域使用一种比自己的母语更强大的语言。此外，社会的现代化发展也刺激了语言的转用。英语和印地语被看作是印度人取得经济发展的必用语言，从而降低了少数民族语言的经济价值。莫汉蒂（Mohanty）指出，少数民族语言功能负荷量的减少是导致语言磨蚀（language attrition）的主要原因。

《民族语》①根据一种语言丧失率量表——扩展版代际语言差异级别表，对印度的所列语言进行了分类。社会需要一种这样的语言生存状况警示。在印度，许多语言在学习方面并没有得到人们的重视，而且，多数语言还有好几个名称。这些语言事实都告诉我们，印度的语言中还存在着不少问题，尤其是分类列表中标注了星号的语言，尽管这些语言的分类有猜测的成分，但那也是有根据的猜测。《民族语》拥有国际标准化组织（International Organization for Standardization）的授权，它在世界语言的列表统计方面是做得最完善的。但哈马斯特伦（Hammarstrom 2015）在一篇有关《民族语》的综合性评述论文中提出了不少问题，尤其是他注意到《民族语》中的许多信息缺乏详细的参考文献，相关信息的选择标准不强，有关失踪语言（missing language）和不复存在语言的案例很多。可

---

① 以下的大多数语言案例详情均来自《民族语》。只要能找到这些语言的信息出处，我都会核实所列案例的语言情况。但是，印度英语和外语大学（English and Foreign Languages University）西隆（Shillong）校区的阿瓦德赫什·米什拉（Awadhesh K. Mishra）教授为了弄清楚《民族语》中有关印度语言的问题，他写了一篇文章，并在2019年印度语言学会的年会上进行了宣读，他在该文中指出《民族语》中有关印度语言的概况存在一些错误现象。

见,我们不但缺乏大量有关语言数量以及语言使用者性质的可靠信息,而且我们对于现存语言的名称和数量也无法确定。

我带着上述这种最初的观念探讨了被《民族语》划分为濒危语言的属性(详见本书附录表 A.1 中的语言濒危十大等级分类)。在有关印度语言的这个部分,《民族语》首先列出了该国的 14 种已灭绝语言(extinct language,属濒危 10 级),这些语言的最后一批本族语使用者在 20 世纪就已经去世了。此外,它还列出了也属此类语言的另外 2 种语言,但这些语言还有一些二语使用者;接着,《民族语》列出了印度的 6 门休眠语言(dormant language,属濒危 9 级),该类语言当下难以找到显性的一语使用者;《民族语》把印度的 3 种语言划分为接近灭绝的语言(nearly extinct language,属濒危 8b 级),"这类语言的使用者仅有那些祖父辈的老人或者是一些更老的人,而且他们几乎没有多少使用这些语言的机会";印度有 4 门语言被划分为垂死语言(moribund language,属濒危 8a 级),即这类语言的活跃使用者只是那些祖父辈老人或者是一些更老的人(详见附录表 A.2);再往上的一类语言是转用语言(shifting language,属濒危 7 级),这类语言的使用者是成人,但他们不会把这些语言传承给自己的小孩。《民族语》列举了 12 门属于该类的印度语言;接下来就是临危语言(threatened language,属濒危 6b 级),这类语言被语言社区的各代人所使用,但有数据表明它们的使用者在减少,《民族语》列举了 31 门属于这一类的印度语言,其中 7 门语言的使用者都超过 1 万人;另外,还有一类临危语言(属濒危 6b * 级)——在语言濒危级别中标注星号,这表示语言的濒危级别是根据《民族语》编辑的一种理性猜测来界定的,因为手头没有任何有关儿童是否在使用此类语言的报道或信息。《民族语》列出了印度的 70 多门此类语言,其中使用者人数在 1 万或 1 万以上的都已列举在附录表 A.2 中。

尽管我们对于语言的使用者数量统计存在不确定性,但是,我们能注意到它们的一些基本特点。据报道,印度临危语言并非受到印地语和英语的威胁(但受过教育的人一般都懂得这两门语言),而是受到当地大语言、邦语言以及印度宪法《第八附则》中所包含的其他语言的威胁,因为印度宪法要求政府发展这些语言,从而使得"这些语言在内容上得到迅速发展,并成了当地人表达现代知识的有效工具"。在如今印度宪法的 22 种列表语言中,印地语排在榜首,其次是阿萨姆语(Assamese)、孟加拉语

(Bengali)、古吉拉特语、马拉雅拉姆语(Malayalam)、尼泊尔语(Nepali)、奥迪亚语(Odia)、桑塔利语(Santali)、泰卢固语(Telegu)和乌尔都语,这些语言都成了印度其他小语言使用者转用的目标。许多临危语言都只是列表种姓人群所使用的口头语言,而这些人群是印度被压迫的群体,曾被印度教或其他宗教的上等种姓叫作"达利特"(Dalit,即贱民,译者注)或"不可接触者",他们占印度总人口的16%。此外,印度还有许多其他的由移民带过来的语言,而这些移民主要来自诸如尼泊尔或中国等周边邻国。据报道,印度还有1亿多的土著居民——被称为阿迪瓦西(Adivasi),他们形成600多个土著或原始社区。这些人普遍存在于主流的印度教和穆斯林社会之外,生活在印度中部和东北部的贫穷地带。据称,这些土著人在雅利安人(Aryan)入侵之前就生活在印度,他们占印度总人口的8%。尽管印度政府为了帮助这些人而做了一些努力,但他们的经济状况一直是贫穷不堪(Neff et al. 2019),而且,他们的土地一直是其他人掠夺的目标①。尽管这些人所使用的语言都有超过1万人的使用者,但面对如今的生活状况,有数据表明许多人在语言和文化上都发生了严重的转用现象。

在濒危语言级别表中,位于临危语言之前的便是活力语言(vigorous language,属濒危6a级),《民族语》在其有关语言使用状态一栏中也称之为有活力的语言。活力语言是各种非濒危语言分类中最低的级别,该类语言依然被各代人所使用,所以还存在着自然的语言代际传承——这个标准是费什曼(Fishman 1991)为判断语言的幸存状况而设置的最低要求②。《民族语》列举了印度的50种语言为6a级(即活力语言,其选择是根据《民族语》编辑所收到的相关信息而做出的,但未给出详情),还列举了78种语言为6a*级(即根据《民族语》编辑的猜测所做出的选择)。《民族语》认为有些小语言并不属于临危语言,在此分析其详情似乎很有必要,所以,我在附录表A.2中列举了使用者人数在1万之内的语言。印度政府把使用者人数不足1万的语言认作是"小语种"或者是濒危语言,

---

① "在所有跟土地相关的冲突中,有40%多都涉及到森林土地,而这些森林土地又大多数都集中在部落传统权利尚不明确的地区。""根据印度警察周四的报道说,在一次土地纠纷中,一个村长带领一帮高种姓人在印度北方的一些贫穷农民家放火,并杀害了至少10位农民"(2019年7月19日《纽约时报》)。

② 它忽略了教育系统在维持宗教语言(如希伯来语、拉丁语和梵语)中所采用的方法。

这些语言可能会或者说有资格成为印度濒危语言保护与保存计划（Scheme for Protection and Preservation of Endangered Languages）中记录在案的语言。该计划是印度人力资源发展部于2013年所推出的计划。目前，它已记载了117种语言，这就意味着这些语言将得到词典和语法方面的发展。

最后这些案例说明了代际语言差异级别表（GIDS）和扩展版代际语言差异级别表（EGIDS）所存在的不足，因为它们把类似科姆语（Kom）这样被报道为"极其濒危的语言"划分为活力语言，同时，它们或许在没有任何可靠信息的前提下却把大量的语言划分为6a*级语言，它们甚至还出现过类似萨尔唐语（Sartang）这样的案例——人们对萨尔唐语是否可算作是一门语言还存在分歧。此外，在这些语言中，其中不少是个人双语或多语语库中的一部分，有关这些语言使用状况及地位的稳定性是不确定的。换句话说，这些语言体现了马福威所说的语言进化现象，也说明了要处理好语言在变化环境中的动态性是很困难的。假如我们要追求语言地位信息的确定性，那么我们只能去找印度政府确定的语言分类（如印度宪法中的列表语言）。在印度列表种姓和列表部落的语言使用状况及语言地位信息方面，我们在《民族语》中所看见的或多或少都有其编辑所猜测的成分。

莫汉蒂（Mohanty 2019b）在一本新著中帮我们阐明了这种现象出现的原因。他在多语现象的研究中首先叙述了他自己的语言学习史。他从小就在印度奥迪沙邦（Odisha）的普里（Puri）市长大，该城位于孟加拉湾（Bay of Bengal），人口有20万。这里的经济依靠什里贾格纳特神庙（Shree Jagannath Temple），这是印度教朝圣的一个主要神庙之一。当朝圣者来到这里时，他们会受到一只熊猫（寺庙的一位仆人）的欢迎，该熊猫知道朝圣者来自哪里，还能识别他们所使用的语言，并在他们朝圣期间护送他们。一只熊猫能在语言及各种变体的掌握上达到职业水平，真了不起！莫汉蒂从小就会说奥迪亚语，并能够用它来回答他所拜访朋友的提问，因为这些朋友是说印地语或者孟加拉语的。在他所去过的印度许多地方，这种多语混用的现象①比比皆是，所以，当他后来以学生的身份来到北美时，他惊奇地发现这里的各个语言社区是彼此不往来的，而且，多

---

① 现在，加西亚和李嵬（Garcia and Li 2013）以及其他一些人把这种现象叫作超语。

语个体引人注目。另一方面,在印度,管理几种语言也是常见之事。例如,来自孔德(Kond)部落的库伊语(Kui)使用者和社会上的奥里亚语使用者在彼此交流时以及在市场上与印地语和泰卢固语使用者交流时都会保留他们自己的语言身份;语码混用、当地语言之间彼此语码的借用以及英语词汇的借用等现象都是家常便饭。后来,当莫汉蒂居住在德里时,他在家说奥里亚语,在工作中讲英语,上电视以及与人进行非正式交流时用印地语,跟家里的佣人对话时选孟加拉语,在宗教仪式上则用梵语;在阿萨姆的一个研究课题上,他还会用阿萨姆语和波多语(Bodo)。

在此基础上,莫汉蒂认为印度语言的多样性是相对稳定的①。为了验证加德纳和兰博特(Gardner and Lambert 1972)在加拿大魁北克所做的研究,莫汉蒂做了系列的探讨,他利用问卷调查的方式评价了印度奥迪沙邦孔德人在维持自己语言和文化方面的态度。总的来说,会库伊语和奥里亚语的孔德双语人对他们自己的祖裔语——库伊语也体现出正面的融入性态度,但他们认为奥里亚语的工具性价值更大。只会奥里亚语的孔德单语人对库伊语却表现出负面的态度,这说明他们在语言实践中已经发生了语言转用。在库伊语人社团(Society of the Kui People)成员的讨论中,莫汉蒂发现他们很多人都强烈支持库伊语,但没有人提到该语言在教育体系中的应用问题。在2000年左右,国际社会劝说印度奥迪沙邦政府要发展母语教育,此后,这里用于小学低年级教学的库伊语和其他部落语言教材才得到发展,尽管这种行为的确可以提高人们对这些语言的态度,但要克服这些语言所面临的威胁还是远远不够的。这样看来,要解决语言的经济价值问题,仅仅靠学校是不行的(Spolsky 2009c)。面对那些可以体现自己祖裔身份的语言以及那些具有更高的工具性和利益性的语言(往往是强势语言),当人们不得不在这两种语言之间做出选择时,通常后者会胜出②。

莫汉蒂在后来的系列研究中调查过阿萨姆邦的波多人,这是一个列

---

① 但如今,印度的语言多样性受到越来越强烈的印度教民族主义思想的威胁。纳伦德拉·莫迪(Narendra Modi)作为印度巴拉提雅·贾纳塔党或印度人民党(Bharatiya Janata Party)的领袖,推崇印度教民族主义,其语言意识形态是支持印度语的霸权。

② 费什曼(Fishman 1966)提到美国的两个例外现象:犹太教中的哈西德派教徒和新教中的阿曼门诺派教徒。在这两类人群中,他们尽量保持不与社会接触,放弃经济和文化层面上的同化,所以拒绝强势语言的工具性价值。

表部落，有大约 135 万的人口，他们集中生活在一些聚集区。1952 年之前，印度政府在政治上都支持波多语的维持，但在 1954 年，波多人被并入了阿萨姆邦，而在这个邦，阿萨姆语是强势语言和官方语言。波多语便成了该邦的少数民族语言，并被边缘化，许多波多人为了自己小孩的发展只好选择同化之路，即接受用阿萨姆语和英语开展的教育。然而，大波多人协会（Greater Bodo Association，成立于 1921 年）和全体波多学生联合会（All Bodu Students' Union）领导的政治活动持续不断，而且，这些活动还得到波多猛虎解放组织（Bodo Liberation Tigers）的援助，于是，2003 年印度政府与波多人达成一个协议——给予波多人部分的自治权，认可波多语为宪法列表语言。波多语因为有了新的地位而逐渐得到复活，现在波多语甚至可以作为高校的教学媒介语而得到使用，而且，还被应用于报刊书籍的出版发行。

印度是一个多语国家，尽管近年来该国开始强调印度教民族主义（Hindu nationalism），但它还是正式地认可本国的许多少数民族语言，并允许每个邦选择自己的当地语言为邦语言，而且，还在教育的各个阶段教授这些语言。但马福威（Mufwene 2001）指出，印度社会上出现了自然的语言进化现象，许多少数民族语言的使用者都转用了大语言以及经济上更有吸引力的语言，于是儿童都只能从邻居和同龄人那里学习当地语言。

如今，印度正在对一些临危小语言进行记录性的调研工作，这是印度政府资助的一个项目——印度濒危语言保护与保存计划，其内容是为那些还没有书写体系的语言编纂词典（往往是三语词典）和固化语法。尽管对濒危语言的原始记录行为是扭转语言转用工作中必要的第一步，但我至今尚未发现任何证据可以表明这些语言的使用者警觉到自己的语言存在威胁。每当印度发生语言运动时，它似乎都涉及到该国的一些大语言（如那些被选为邦级层面的官方语言）和印地语——如何抵抗来自印地语的压力。显然，要解决这些语言的问题，主要压力不是来自语言本身，而是来自那些使用这些语言的弱势种姓和原始部落的社会和经济状况。根据世界银行划分的国际贫困线标准，2011 年印度生活在贫困线之下的人口比例全球最高，而印度的这些社会群体（即弱势种姓和原始部落）是导致这一现象的主要原因，也是导致印度有三分之一的儿童体重不达标的主要原因（World Bank 2016）。

我们希望在调查其他国家的语言濒危状况时也能够发现这些同样的

问题。所以,我还会分析一些在其他大洲的多语国家中所出现的类似的非典型案例,我选择的国家是以下四个:第一个是太平洋上的瓦努阿图,该国有 113 种语言;第二个是美洲的巴西,该国使用着 237 种语言,其中 217 种是活语言(living language),20 种是已灭绝语言。在活语言中,有 201 种是土著语言,16 种是非土著语言。另外,这些活语言还可分为 7 种机构语言(institutional language,即用于教育、职场、大众媒体和政府等机构的语言,译者注),31 种发展中语言(developing language),39 种活力语言,40 种有麻烦的语言(language in trouble)和 100 种正在消亡的语言(dying language);第三个是非洲的尼日利亚,根据《民族语》,该国有 507 种土著语言和 10 种非土著语言。在这些语言中有 19 种为机构语言,76 种为发展中语言,299 种属活力语言,81 种是有麻烦的语言,42 种为正在消亡的语言;第四个国家是欧洲的俄罗斯联邦,该国有 117 种语言。在分析每一个国家时,我会在活力语言、临危语言和正在消亡的语言中各选一个案例,以便寻找到更大的临危语言和更小的活力语言。

9.1.5 瓦努阿图的少数民族语言

按照人均计算,瓦努阿图也许比世界上任何其他国家都有更多的土著语言。这是一个群岛国家,由 80 多个岛屿构成。该国有不少陡峭的丘陵,用于农业的不足 10%;尽管该国渔业资源在大量减少,但 90% 的家庭还继续以捕鱼为生;这里的伐木作业导致毁林严重;大多数家庭都被迫走向自给自足的经济模式。比斯拉马语在该国的农村属于皮钦语,而在城市则成了克里奥尔语,但它正在蚕食该国众多的小语言。该国的教育用三种语言进行——比斯拉马语、英语和法语。英语和法语是该国在 1980 年独立前英法共管殖民地新赫布里底群岛(British-French Condominium of New Hebrides,后改名为瓦努阿图,译者注)时所使用的语言。

正如本书附录表 A.3 所示,该国的农村地区和城市地区存在较大的语言使用差别。在城市地区,例如,在该国首都维拉港(Port Vila),大多数人都转用了比斯拉马语,并把它作为第二甚至是第一语言来看待。但是,在农村地区,许多人都具备多语语库。弗朗索瓦(Francois 2012)的研究也证明了这一点。他对瓦努阿图北部的托雷斯岛(Torres)和班克斯岛(Banks)的语言情况进行了调查。这里共有 50 个村庄,使用着 17 种语言,但语言转用现象一直存在:濒危语言难以传承下去,有一门语言仅有

5位使用者，不久则只有2位使用者。不过，这里有一门语言蒸蒸日上，它有2100名使用者，而且，这些人分布于各个年龄段，但这里的多数语言平均只有大约500名使用者。有的少数语言仅在一个村庄使用，多数语言会在几个村庄使用，但都不会超过6个村庄。由于这里的外婚制（即村里的男男女女都会与别村的人结婚）和对外贸易的原因，这促进了当地人的相互交流和社会结盟，于是，这里的许多村民都是多语人。这里的人们普遍对语言文化差异存在一种社会性偏见，从而导致具有异质化的语言意识形态比比皆是（Francois 2012:92）:"每个语言社区对于某一特定的意思都有自己的词汇表达形式，而且，往往与邻近社区的表达形式截然不同。"这就给社会带来了语言的多样性，也使得人们有意愿学习彼此的语言。语言平等主义（linguistic egalitarianism）就意味着没有哪种语言被认为是高于任何其他语言的，但多语主义则意味着来自跨族或跨区婚姻家庭的儿童从小就学会了一种以上的语言。在弗朗索瓦调查时所居住的那个家庭里，每日使用4种语言，他们还懂得其他3种语言。但多语也会带来反作用力：语言接触会带来社会变革，如传教士的宗教活动和殖民主义者的贩奴活动都给当地社会带来巨大的语言结构变化；人们的国内移居会带来人口结构的改变，进而带来语言的变化；权力结构的改变会带来语言的变化；用英语和法语授课的教育以及外来教师的授课都会带来语言的变化；比斯拉马语目前在农村地区的有限传播。因此，瓦努阿图语言多样性的未来无法确定。

9.1.6　巴西的少数民族语言

对于南北美洲国家，我选择了巴西，尽管该国的强势语言不是北美的英语，也不是拉丁美洲的西班牙语，而是葡萄牙语。我之所以这样做，是因为我已研究过多语国家的殖民和后殖民语言史（Spolsky 2018b）。巴西在1757年便制定了殖民语言政策：当时的殖民统治者严禁当地180种土著语言的使用，并把葡萄牙语提升为强制语言（Massini-Cagliari 2004:8）。这种语言政策后来也不断用于许多其他殖民语言（如德语、意大利语和日语）的管理中。然而，巴西1988年的宪法认可了本国印第安人的语言权，并允许这些本土语言用于教育领域（Hornberger 1998）。

吉列尔梅（Guilherme 2015）研究过《世界人权宣言》（Universal Declaration of Human Rights）和《1988年巴西宪法》在巴西土著人教育中

的应用情况：该研究涉及220名不同民族的土著人，178种得到宪法认可的土著语言以及2005年全国学校普查中所列举的2323所土著人学校。这些学校聘用了8431名教师，其中90%的人都具有土著人家庭背景，但仅有13%的人拥有大学文凭，64%的人完成了中学教育，12%的人只读过小学。为了解决师资问题，巴西的一些大学都曾提供过许多相关的教育项目，但它们的影响力都不大。中小学的辍学率一直居高不下。例如，在共有8.9万土著儿童的小学，仅有1.2万人会继续升入中学。然而，大约有78%的印第安人学校会使用本土语言进行教学或者拥有双语项目；全国只有几所这类学校不教葡萄牙语。但在这些学校中，有一半多的都无法接触到用本土语言编写的教学材料。此外，在这类学校中，拥有自己校舍的仅占三分之二。

只有那些有对外接触的部落的人们才会受到各种语言政策的影响。可是，巴西目前还有许多部落仍然居住在热带丛林中，他们不接触外界，一直处在封闭状态下。现有的语言政策对于这些不跟外面世界有接触的部落来说是毫无影响的，这些部落的人们认为对外接触是不受欢迎的或者是有害的。但是，吉列尔梅担心目前的学校教育既不能让那些对外有接触的部落受益，也不能让那些拒绝对外接触的部落获利。本书附录表A.4展现了巴西部分濒危语言或幸存语言（surviving language）的活力详情。该表一开始展现的是一些地位较安全的土著语言。教育中的语言（即处于濒危4级）：活力较大，使用状况较好，标准化得到发展，教育获得机构的支持。发展中的语言（即属于濒危5级）：有活力，得到较好的使用，获得标准化的发展，但未能广泛传播。该表中还有27门语言被划分为濒危语言中的5a级，或许还是属于发展中的语言。此外，我在该表中还列举了几种被划分为濒危7级的语言，它们都处于语言转用的阶段，使用者只有1000多人。

巴西土著语言的幸存首先取决于它们没有跟外界接触的行为，具有这种行为的部落介于40至90个之间。这些部落的减少是由于以下几种行为带来的种族灭绝：一是那些掠夺亚马孙河自然资源的行为；二是当地的宗教皈依活动——最初是皈依罗马天主教，但现在可能是皈依新教；三是人类学家和语言学家的田野调查行为，如美国国际暑期语言学院（SIL International）所发起的活动；四是各种教育项目；五是巴西前总统博索纳罗（Bolsonaro）所发起的有关土著人的运动，此人较喜欢侵占土著人的土地,并后悔巴西当初的种族灭绝行动不能取得更大的胜利①。巴西的土著人对外接触就意味着他们要接受那个旨在让每个人都会说葡萄牙语的民族主义政策。尽管巴西有些双语双文化教育项目得到发展,但它们主要是过渡性的,而且,来自当今政府的支持可能会减少。最近,巴西有些土著人部落开始对外接触,但只要他们不被疾病或暴力所消灭,他们就更有可能维持自己的祖裔语言。巴西的语言环境是以葡萄牙语为强势语言,因此,土著人的语言丧失是其语言接触和语言同化的结果。

9.1.7 尼日利亚的少数民族语言

尼日利亚是个非洲国家,它有超过500种尚在使用的土著语言,其中三种被认可为事实的省级官方语言,它们是豪萨语、约鲁巴语(Yoruba)和伊格博语(Igbo)。豪萨语用于该国的北部,有3800多万的使用者;约鲁巴语用于该国的西南部,有超过3700万的使用者;伊格博语用于该国的东南部,有2700万的使用者。但是,这里的殖民语言英语是如此的根深蒂固,以至于最近一篇有关土著语言灭绝的文章都决定把研究对象放在上述三大语言中的一种上——约鲁巴语,从而把它作为一种临危语言来研究(Olajo and Oluwapelumi 2018)。该文章探讨了约鲁巴语为何会式微,研究发现主要原因是"英语占据强势地位;这里的人们喜欢西方文化;父母未能从小就培养自己的儿童说约鲁巴语"(Olajo and Oluwapelumi 2018:24)。此外,约鲁巴语不再是当地中学的强制性语言,许多家长也就不再对自己的小孩说约鲁巴语。伊格博阿努西(Igboanusi 2008)发现,尽管尼日利亚的教育政策要求学校在提供英语教学的同时,也要为儿童提供他们第一语言或者是上述三大省级语言(任选一种)的教学,也尽管学生家长都欢迎学校的双语教育——在小学三年级以后学校还继续提供儿童的母语教学,但是,这一语言政策未能得到实施。

纵观本书附录表A.5所列举的尼日利亚濒危语言,我们会认识到濒危语言这个概念的复杂性和不确定性:美国的《民族语》把使用者超过1万人的6门语言界定为临危语言,把使用者不足6000人的12门语言认

---

① 参见"巴西总统雅伊尔·博索纳罗有关巴西土著人的发言"。其网址为 https://www.survivalinternational.org/articles/3540-Bolsonaro。(我最近一次进入该网址是2020年9月29日)。其他的报道也指出,假如巴西当今的政府政策不变,亚马孙河流域以及居住在那的人们都会面临严重的生存威胁。

作是缺乏活力的语言,其中有 2 门语言的使用者不到 300 人。但是,对这些语言生存活力的进一步研究(如一些独立发表或未发表的参观报告)都显示,这些语言生存的关键差异在于它们的与世隔绝状况。在多数情况下,语言转用是针对当地语言来说的,尽管尼日利亚独立后的国家官方语言一直是英语,而且许多当地人也使用英语,但这是一种尼日利亚皮钦语或者说是尼日利亚英语(Nigerian English),即当地的一种高语体(Jowitt 2018)。在尼日利亚,把豪萨语作为第一语言来使用的人依然还有 3300 万,而作为第二语言来使用的人则有 1500 万。豪萨语是该国北方名副其实的省级语言。

9.1.8 俄罗斯联邦的少数民族语言

最后,对于欧洲国家我选择了俄罗斯联邦,因为它是中央权力集中国家的一个典型案例,政府层面实施霸权的国语政策(详见附录表 A.6)。于是,在俄罗斯,除俄语之外,被划分为活力语言(即濒危 6a 级)的只有阿古尔语(Aghul),它是得到省级宪法认可的语言,是俄罗斯达吉斯坦共和国(Dagestan)的宪法语言。该自治区有 98% 的人在家都使用阿古尔语(2010 年的人口普查报道,该自治区共有 2.93 万人),而且,阿古尔语还用于当地的学校,并被划分为 6a 级语言。西伯利亚语(Siberian)或东鞑靼语(Eastern Tatar),是一种没有书写体系的语言,使用者达 10 万人,在 21 世纪还出版了一部词典。西伯利亚鞑靼语(Siberian Tatar)被联合国教科文组织认定为濒危语言。当前的方言研究显示,俄罗斯的方言存在大量的俄罗斯化现象(Fayzullina et al. 2017)。俄罗斯有如下 7 门省级语言得到法律的认可:阿迪格语(Adyghe)、阿瓦尔语(Avar)、南阿尔泰语(Southern Altai)、车臣语(Chechen)、卡尔梅克—奥拉克语(Kalmyk-Orak)、鞑靼语(Tatar)和雅库特语(Yakut),它们的使用者从 5.7 万到 400 万不等。巴什科尔特语(Bashkort)、达尔加语(Dargha)、印古什语(Ingush)、拉克语(Lak)、莱兹吉语(Lezgi)和图瓦语(Tuval)也是省级语言,但它们被划分为教育语言(即濒危 4 级),与英语和草原马里语(Meadow Mari)同属一个级别。其他被评为发展中语言(属濒危 5 级)的省级语言有布利亚特语(Buriat)、哈卡斯语(Khakas)、诺盖语(Nogai)和鲁图尔语(Rutul)。这些语言和贝支达语(Bezhta)、利维—卡累利阿语(Livvi-Karelian)、俄罗斯手语(Russian Sign Language)和塞尔库普语

(Selkup)同属一个语言级别①。

俄罗斯联邦曾经有过一点迹象表明他们要认可语言的多样性,但现在依旧坚持斯大林时期强制实行的俄罗斯化思想以及沙皇俄国的流行做法。然而,当地语言如果仅仅在次要地位上得到认可,这一事实就意味着这些语言依然有可能与俄语竞争,这样才能吸引那些较小的少数民族语言的使用,进而促进他们的语库发展。

9.2 濒危语言的命运

我们纵观上述五个地区的少数民族语言案例,从本质上说,它们似乎都验证了马福威的案例研究结论,即把语言转用看作是人类正常的语言进化现象。因为语言使用者往往都是先学习自己生活中所遇到的大语言,进而扩大自己的语库。而他们之所以要学习这些大语言,是因为受到如下两个因素的影响:一是经商和求职时的语言需要,二是因为生活环境的改变而导致周边的人们带来诸多语言压力。另外,一旦他们的小孩上学以后,小孩很可能就生活在具有强势地位的区域语言或国语当中,最后则转用这些语言。也就是说,儿童的上学行为加快了他们的语言转用进程,同时,也消解了他们由身份意识形态所带来的强大压力;少数民族如果在社会和经济两方面都不与外界接触,这就不利于他们融入社会大家庭。对此,他们是真心接受,也是迫于无奈,从语言使用者的角度来看,这似乎是一个不可避免的结果,而且,全球化和不断得到改进的交际方式都加速了该结果的出现。但是,这并不一定会导致令许多人害怕的语言多样性的丧失,因为个人语库的扩大以及语言变体的混合似乎都鼓励语言新变体的发展。例如,韦伯斯特(Webster 2010b)把纳瓦霍英语(Navlish)看作是纳瓦霍语的替代品。再如,卡其鲁(Kachru 1986; Kachru et al. 2009)认可英语的各种变体。

要总结濒危语言的生存状况,就必须了解它们的语言实践,但要掌握一个社区的语言实践通常都不是那么容易的事情;调查者甚至要搞清楚

---

① 另外35种语言被划分为8a级(即垂死语言)或8b级(即接近灭绝的语言),还有2种语言被划分为休眠语言,即没有显性使用者的语言。

一种语言的名称、使用情况以及使用者数量,经常都难以找到可靠的文件,所以,像《民族语》以及其他出版物所提供的语言数据都是通过估算得来的①。然而,这些出版物还是为我们提供了足够的数据来说明世界上有许多语言都面临生存威胁。这些威胁可能是语言外部直接干预的后果,如许多国家向本国少数民族社区强制推行国语的行为,土耳其对库尔德人的迫害,缅甸政府对罗兴亚人(Rohingya)的打压,巴西对亚马孙森林的毁坏,俄罗斯对俄罗斯化政策的沿用;此外,这些威胁也可能是语言教育政策疏忽的原因,从而影响到世界上 40%的儿童的语言学习;还可能是由于经济价值的影响大于语言价值的影响以及大语言把小语言的使用者都吸引走了。

考虑到这种情况,濒危语言的维持可以依赖以下两种方式:第一是与世隔绝的生活,但在如今重视现代交际和全球化的世界,要拥有与世隔绝的生存似乎是越来越不可能了;第二是语言使用者在语言意识形态方面对自己的语言遗产和语言身份具有奉献精神。

从理想化的状态来说,语言的管理需要考虑到语言社区的利益。但是,我们要记住:即便是一个良好的语言计划,也有可能被诸如内战、贫穷、疾病和腐败等之类的非语言事件所干扰或阻碍。而且,濒危语言的使用者往往都比一般的人在经济上更贫穷以及在权力上更弱小。其结果就是如威廉·拉波夫所说的那样:拯救土著人跟拯救或记录土著语言一样重要,前者甚至更重要。然而,在多数情况下,负责处理这个问题的语言活动者和政府都可能把自己的工作重点放在了后者上。语言学家指出,保护濒危的土著语言(如印度部落人民所使用的各种语言)是保护土著文化的一种方式。如英迪拉·甘地国立部落大学(Indira Gandhi National Tribal University)的副校长卡蒂马尼(Kattimani)告诉我,一位年龄 12 岁的土著男孩对于当地植物、树木以及它们的用途可能比他的植物学教授还懂得更多。卡蒂马尼赞同拯救语言就是拯救文化的说法,但他还补充说,该大学的使命是寻找到一种也可以拯救土著人的方法,以便他们可以把土著文化转化为一种生计。

---

① 我回忆起几年前自己参加一个学术会议的情景:一位学者在该会议上提议大家为一个世界文化数据库"人类关系区域档案"(Human Relations Area File)提供真实可靠的文化样品。而且,他说的文化是指那些受过专业培训,并在当地居住过 2 年以上的人类学家才能描述出来的文化。因此,要为世界上 6000 种左右的语言获取类似这种文化的东西,那是不太可能的。

要认识到语言政策和经济政策之间存在的亲密关系,这是不容易的。康明斯(Commins 1988)和欧·瑞阿该因(O Riagain 1997)分析了爱尔兰的盖尔特克司特区(Gaeltacht,即爱尔兰语使用区,译者注)的社会经济发展对爱尔兰语的影响:爱尔兰政府对爱尔兰语的发展给予了支持,但这并没有阻止该地区的人口外移以及爱尔兰语的丧失,后来,爱尔兰政府又鼓励非爱尔兰语使用者迁入盖尔特克司特区。卡蒂马尼(Kattimani)认为,语言与经济两个领域的利益必须通过某种手段整合在一起:让濒危语言使用者所掌握的土著语言知识货币化,这样就能平衡濒危语言的经济价值和祖裔价值(heritage value)。为了解决土著语言所面临的生存威胁问题,世界上有许多地方都在实施各种得到非政府组织和政府支持的拯救计划。通常,这些计划都是由语言学家和教育学家在执行的,前者较重视濒危语言的记录功能的开发(如发展语言的书写体系,整理语言的运行语法和编纂语言的辞书词典),而后者则更强调相关学校和班级的开办,以便可以为那些自己的祖裔语言受到威胁的人提供该语言的教学。

在印度就有些这样的计划,那里的人口重置计划对相关人员的语库会产生重大的影响。马瑟(Mathur 2012)报道说,印度政府于2004年宣布了首个重置计划,2007年对该计划进行了修订,但计划的实施情况各地不一,总体上算是失败的。库马(Kumar 2019;Kumar et al. 2015)曾研究过印度的一个类似计划所带来的语言效果。他调查了印度讷尔默达河谷(Narmada Valley)的四个部落:其中两个较大,它们是帕瓦尔(Pawra)和比尔(Bhil),另外两个较小,它们是博伊(Bhoi)和阿迪瓦西(Adivasi)。这里的土著人被迫开始接触部落之外的人,于是,他们在公共域(如农贸市场和警察局)就会扩大自己的语库——使用当地的邦语言(如马拉地语、印地语或古吉拉特语)以及其他方言,但他们在家则会继续使用自己的土著语言。同样地,这些语言的经济目标和社会目标也缺乏协同平衡,进而影响了彼此目标的实现。

所以,最后我想总结说:一个计划是由许多内容统一构成的,它的目标是为了解决相关社区中的社会经济问题,那么,从理想的状态来看,濒危语言的管理只是这个计划中的一部分内容而已。因此,单纯地重视语言的记录功能或者即使把语言引进学校系统,若能兼而有之则更好,但这些行动都并不一定会给语言管理带来成功。

第10章 语言管理机构和语言提倡者

10.1 语言提倡者和语言管理者

我多年前提出的语言政策理论是区分语言实践（即人们在语言使用方面的所作）、语言信仰（即人们对语言功能的所思）和语言管理（即人们设法改变他人语言实践和语言信仰的所为）。在谈到语言管理时，我往往会增加语言管理者这个概念，他们可能是个体或机构，这些个体或机构可能来自社区内部或社区外部。他们认为自己有威权来管理社区的其他成员①。在这一章里，我重点区分了有威权的语言管理者（如家中父母、学校董事会和教育部）和无威权的语言提倡者和语言提倡群体——这些人必须通过游说来打动别人。由于缺乏威权，语言提倡者需要说服相关言语社区的成员或有权力的语言管理者来采纳和实施他们建议的政策。国家层面的个体语言管理者是独裁者或首相。在其他层面，个体语言管理者是那些能够控制其他人的语言行为的人，如家庭中的祖父、牧师或宗教领袖、企业主、医院领导和教室里的教师。在民族国家层面上，最显著的语言管理机构是相关的政府部门。最常见的语言提倡群体是某一具体语言变体的支持者。我们将比较政府机构（如拉脱维亚和魁北克的政府机构）的语言政策功能和盖尔语联盟（Gaelic League）或以色列独立前希伯来语委员会的语言提倡功能。

在库帕（Cooper 1989：98）的经典语言政策研究中，他为语言规划提出了一个解释性理论体系（accounting scheme，国内也有人称其为"八问

---

① 有关这一内容的早期版本见斯波斯基（Spolsky 2020b）所写的一章。

方案",译者注),并将其总结在一个图表上。该图表有如下一些主要成分:"哪些人……想要影响什么人的……什么语言行为……为了什么目的……在什么条件下……依靠什么手段……通过什么决策过程……带来什么效果"。在谈到哪些人会参与语言规划时,库帕在其大作中提到并区分了以下三种人:"实际的社会精英、有影响的人和有威权的人",其中第三种人是"真正做出政策决定的人"(1989:88)。斯波斯基(Spolsky 2001,2003,2004,2009a)在语言政策三成分理论模式中也指出,有威权的人才是真正的语言管理者。那么,社会精英和有影响力的人在语言管理中起什么作用呢?库帕(Cooper 1989:98)在列举语言规划手段的时候,提出了一个可用于区分参与者各种身份的线索,即参与者的四种活动手段:"权威、强制、推广和说服"。可以使用"权威"和"强制"手段的语言管理者往往都是国家总统、政府部长、各级政府、国家议会、企业高管、学校校长、任课教师、学生家长和宗教领袖等,而可以使用"推广"和"说服"手段的语言管理者则是指我一直在呼吁的语言提倡者。这些人可以是个体,也可以是群体,他们虽然没有政府或机构所赋予的权威,但他们想要推广某一种语言变体,或者想要说服别人来使用这种语言变体①。

　　语言提倡者和语言管理者在哪里可以跟语言政策融为一体呢?有些学者②对语言政策进行了基本的划分:地位规划——选择哪种语言变体为某一社会的标准语言;本体规划——对某一语言变体进行编典和标准化。诺伊斯图普尼(Neustupný 1970)指出,当人们发现了语言问题,而且,里面还存在有关语言标准的冲突时③,那么,语言规划就显得有必要了。豪根写道,标准语言的选择是一个社会性决定,这或许是由多数人来决定或者是由极权主义领导来实施的。另一方面,语言的编典或许是某些个人(如本章后面列出的语言改革家)的工作,他们创建或修改某一语言的书写系统,或者提出新的语法规则和词汇系统。通常,进行语言改革

---

　　① 多年前,我受邀参加了一个由皮耶·范·阿韦马特(Piet Van Avermaet)和艾拉娜·肖哈米组办的研讨会,他们建议我有必要区分一下语言提倡者和语言管理者的异同(Spolsky 2018a,2020b)。其实,我在更早的时候曾经探讨过该话题的一个方面:思考分析语言研究院和语言管理机构的性质(Spolsky 2008a)。

　　② 语言地位规划和本体规划的区分是由德裔语言学家克洛斯(Kloss 1969)提出来的,该模式是根据豪根(Haugen 1966)的思想改编的,后来费什曼(Fishman 1974)也沿用这一划分方法。

　　③ 豪根(Haugen 1987:590)引用的案例是爱尔兰有关用爱尔兰语取代英语的决定以及以色列有关用希伯来语取代依地语的决定。

的个体在工作中都是进行自我选择,因此,他们最好是被划分为语言提倡者。这些人的语言提议若想得到真正的实施,取决于言语社区对他们的提议的接受意愿或者取决于那些在言语社区拥有权威的个体或机构对语言提倡者的提议的接受程度。学校是实施语言政策的主要机构,它们需要为课堂的教学语言或者语言课程做出语言变体的选择。但是,个体或群体语言改革家或许可以说服教育体系或学生家长来支持某一不同的语言标准,从而形成自下而上的草根性活动,我们可以发现许多国家就是通过这种形式来教授濒危语言的。没有威权的语言提倡者也可以在语言的地位规划或本体规划中提出自己的修改建议,但他们必须通过建立自己的管理机构来成为语言管理者,或者是通过劝说其他的语言管理者来实施自己提出的修改建议。

10.2 不同层级的语言提倡和语言管理

语言政策存在于不同的社会层面以及不同的语言管理域,从个体语言政策(如自我语言管理)和家庭语言政策到超国家组织语言政策(如声称支持语言权和人权的群体及机构)。在每一个社会层面,我们都能发现语言提倡者和语言管理者,他们试图改变其他人的语言实践和语言信仰。在家庭层面,通常都是父母制定语言政策,他们不但为自己制定,而且也为自己的小孩制定,而且是通过树立榜样和营造环境来劝说家人或强制他们执行已经做出的语言选择。但是,家庭中往往都还存在着外部代理人,如学校教师、宗教领袖或政治权威,这些人会设法影响家庭的语言政策[①]。在企业领域,公司经理往往会通过自己的雇人和管人行为来建立单位的语言政策。他们会严禁员工使用顾客听不懂的语言,并以此来实施单位的语言政策。在医疗领域,他们往往会制定一些语言使用规则,如医生和护士不许在病人面前使用外语。在司法领域,警察的语言水平(招聘政策中会包含语言能力的要求)决定了他们在没有译员的时候能听懂

[①] 在20世纪五六十年代,新西兰的社会工作者和儿童的启蒙教师最后终结了毛利人母亲对自己小孩说毛利语的做法;以色列正统犹太教中哈西德派的拉比会劝说自己的信徒要用依地语跟自己的小孩说话;新加坡总理李光耀在家以身作则和约法三章,从而极大地改变了他家庭的语库状况。

多少受害者和嫌疑人所说的话①。在法庭上,法官决定什么样的语言实践是可以接受的②。在宗教机构,宗教领袖决定着什么语言是可接受的,不同的目的要使用不同的语言。例如,宗教文本、祷告、布道或忏悔可用不同的语言③。在学校,权威人物有权决定学校用什么语言来上课以及学校教授哪些语言。地方语言政策可以决定当地的语言实践和语言信仰,同时还可以影响中央政府的语言政策在当地的实施。例如,教育系统通常会规定学校要教授和使用标准语言,但有些教师却经常使用当地的非标准语言变体,目的是确保自己说的话能够让学生听得懂。

印度语言活动两例

莫汉蒂(Mohanty 2002)描述过19世纪英国统治下印度奥迪沙邦(Odisha)——原称奥里萨邦(Orissa)④的语言政策,他指出奥迪亚语——原称奥里雅语(Oriya),是奥迪沙邦75%人口所使用的语言,由于这里的语言活动者所发起的奥里雅语运动,在经过长期与波斯语和孟加拉语⑤的斗争之后,奥里雅语最终得到了英国殖民政府的认可。这个案例极好地反映了我所描述的一个语言政策发展过程——语言提倡者群体可以通过该发展过程将自己所提倡的语言政策得到实施。

19世纪那些决定印度语言政策的人被划分为两派:一派是东方学专家,这些人提倡使用当地语言;另一派是英国学专家,这些人的语言立场

---

① 美国的语言连线翻译公司(Language Line Services)最初是在加州的圣地亚哥作为志愿者项目而开始的,当警察在与不懂英语的移民交流时,该公司可为警察提供翻译服务。

② 美国法庭一直认为,证据的真实录音必须提供英语翻译,而不是陪审团成员的外语能力,即能够听懂证人在用外语所说的话。而且,陪审团成员作为外行往往难以搞清楚什么是可接受的问题以及什么是可接受的回答。

③ 伊斯兰教要求所有的公共活动都用古阿拉伯语(Classical Arabic)来进行,但允许用当地语言来开展有关伊斯兰教的教学活动。第二次梵蒂冈大公会(Vatican II)改变了13世纪以来一直要求教徒用拉丁语做弥撒的要求,即他们可以用当地语言来做弥撒,这是新教教会的一个语言特点。正统派犹太教要求信徒在公开的礼拜活动中使用希伯来语,但也允许信徒在偶尔的祷告中使用阿拉米语,并认为口头的布道活动可以用当地语言来进行。尽管他们在祷告和大多数的书写中都喜欢使用希伯来语,但有些正统派犹太教中哈西德派的拉比会鼓励自己的信徒使用依地语来开展教学,并把它作为一种当地语言来使用,以体现出他们的与众不同。

④ 印度一个著名的语言管理案例是许多城市和语言名称的改变。例如,加尔各答原先叫Calcutta,如今改名为Kolkata(中文译名未变);孟买原先称Bombay,如今叫Mumbai(中文译名未变);马德拉斯原先为Madras,现在称为钦奈(Chennai)。

⑤ 印度阿萨姆邦居住着400万的孟加拉人,不管他们在这里居住了多久,目前都面临着像外国人一样被驱逐的威胁(《印度教徒报》2019年7月19日)。

是偏好英语。麦考莱（Macaulay 1920）对他们的描述是最清楚不过了，他在 1835 年完成的《麦考莱印度教育备忘录》中指出，印度的现代化发展取决于该国使用帝国语言（即英语）所开展的教育情况。在奥迪沙邦，英国派的观点占据主导地位，该邦雇用的官员仅有两类人，除了英国人外，那就是孟加拉人。1864 年，两名孟加拉语学校督导员提议学校仅用孟加拉语授课。三年后，该邦经历了两年的饥荒，此时，出现了第一个抵制孟加拉语使用的主体，那就是当地一本创刊不久的新闻周刊——《奥迪沙之光》（Utkala Dipika）。该周刊为奥迪亚语教材的出版帮助筹集资金。在同一年，该邦的奥迪亚语发展协会（Society for the Development of the Odia Language）成立。在接下来的几年里，孟加拉语和奥迪亚语的支持者之间发生了充满敌对情绪的公开辩论，孟加拉语支持者认为奥迪亚语是孟加拉语的一种腐败形式（corrupt form）。在这个期间，孟加拉语教材的销售额上涨，而奥迪亚语教材的销售额却下跌。奥迪亚语发展协会的许多成员都是奥迪亚语教材的编写者，这促使他们拥有更大的动机来呼吁社会认可奥迪亚语的地位。截止到 1870 年，奥迪亚语的行动者在这场斗争中赢得了胜利，英方报道称这里学校所使用的奥迪亚语比孟加拉语要多，而且，奥迪亚语教师把持着这些学校。在奥迪沙邦之外，有关奥迪亚语的斗争依然存在。英国议会于 1936 年最终把奥迪沙地区变成了一个邦，从而把这个邦里所有使用奥迪亚语的地区团结起来①。这个案例表明一个语言运动若缺乏权威背景，但拥有大众的支持，它依然能够通过影响权威来极大地改变其语言政策。

印度另一个有效的语言提倡者案例是莫汉蒂（Mohanty 2019b）所对比研究的两种语言的命运，这两种语言是奥迪沙邦的库伊语和阿萨姆邦的波多语（详见本书第 9 章）。它们都属印度列表部落的语言，均有 100 多万的使用者。但库伊语缺乏语言活动者的支持，现处于濒危的状态，而波多语却得到语言活动者的支持，这些语言活动者由大波多人协会和波多学生总会（All Bodu Students' Union）领导，而且，奥迪沙邦政府由于害怕波多猛虎解放组织的暴力抵抗行动，于 2003 年与波多人达成协议，同意把部分自治权交给波多人，并认可波多语为印度宪法的一种列表语言。

---

① 根据印度 1950 年的宪法，奥迪亚语是奥迪沙邦的法定邦语言。该邦 90% 多的人都使用该语言。另外，该语言在奥迪沙的 4 个邻邦、孟加拉国以及世界各地的海外侨民当中也得到使用。

10.3 语言学院

欧洲最早的语言提倡机构之一是意大利的秕糠学会（Accademia della Crusca，也音译为"克鲁斯卡学院"，译者注），它成立于 1582 年，由一群独立学者组成，他们的最初目标是描写当初意大利一些最佳作家在托斯卡纳语（Tuscan，意大利语的形成与发展在很大程度上是以托斯卡纳语为基础的，译者注）使用方面的词汇和语法特色，这些作家包括但丁（Dante）、彼特拉克（Petrarch）和薄伽丘（Boccaccio）等（Tosi 2011）。参与秕糠学会创办的学者都认为，佛罗伦萨方言是最纯洁和最优雅的意大利语变体，因此，意大利语应该选择该方言为自己的发展基础，尽管许多其他方言也跟佛罗伦萨方言一样具有悠久的历史。为了实现他们的哲学理念，这些学者开始编辑和出版系列的意大利语词典，共有三卷，其中第一卷于 1561 年问世。1691 年发行的第三卷不但包括了意大利语的一些古典术语和过时术语，而且，还收入了当代作家所使用的一些意大利语词汇以及科技术语。

词典是当代欧洲语言学院推出的第一个研究成果，它不是拥有权威的人群所做出的贡献，而是一帮独立的学会会员所研究的成就。在整个 18 世纪，意大利都一直在争论语言的规范化问题，并有人批评说当时的词典编撰方式（lexicography）老式陈旧。当拿破仑征服了托斯卡纳（Tuscany）地区后，法语就成了此地的官方语言，托斯卡纳语的地位就开始下降。然而，1861 年意大利实现了全国统一并建国，秕糠学会的地位也就得到提升，于是，意大利语词典第五版的第一卷就献给了当时的意大利国王。截止到第一次世界大战初期，第五版仅编纂到第十卷（即编纂到字母 O），因为从 1923 年开始，意大利法西斯政府由于偏爱罗马方言而终结了对秕糠学会的资助，并成立了意大利语纯洁委员会（Commission for the Purity of the Italian Language），但这一行为并没有影响到各种意大利语方言作为人们的口头交际形式的延续使用[①]。

由于同盟国军政府的帮助，意大利的克鲁斯卡学院（Crusca Acade-

[①] 直到 1990 年，有一位意大利的学校督导告诉我，意大利儿童刚入学时都说着不同的地区方言，他们还不会标准的意大利语。此外，托西（Tosi 2000：44）引用了相关数据说：意大利只有一半的人会把标准意大利语当作自己的母语来使用。

my)在第二次世界大战后得到了重生。该学院后来成了语言活动者的聚集地,他们利用新的技术手段来支持意大利语的词汇编纂工作。克鲁斯卡学院利用筹集到的公共资金出版了许多出版物,并开始提供有关意大利语词汇和语言信息的资源性服务。截止到20世纪90年代,该学院为了阻止英语在意大利的传播一直在强调意大利语的重要性,并赞同欧洲实行多语主义,还鼓励欧洲的语言教育改革。克鲁斯卡学院从一个纯正的语言文字学会发展为如今的一个语言政策制定中心,而且,认识到各种语言活动都跟政治存在一定的关联性。尽管政府的确给予了克鲁斯卡学院一小部分的资助,但该学院所做的一切都没有正式的政府权威的元素。

相比之下,法国枢机主教黎塞留在建立法兰西学术院(Academie francaise 或 French academy)时是蕴含政治目的的——支持定居在巴黎的国王在法兰西实行中央化管理。国王路易十三当时虽然年轻,但机智过人,他任命黎塞留为首相。黎塞留在接下来的18年里着力巩固皇权,并逐一击败国内外的对手。他的使命就是跟社会混乱做斗争,而且,他发现社会混乱不仅出现在政治领域,而且也存在于艺术和语言殿堂。于是,他成了文艺界的常客,并着手寻求文人的支持。那时,巴黎不仅是全国的政治中心,而且也是全国的文化中心。许多法国贵族、艺术家和作家都纷纷迁往巴黎。法国的知识精英可以说都接受过古典教育,因此,他们在风格和语言上都偏向保守。内容纯洁与方向正确是古典教育模式的基本要求之一。此时,法语作为学术语言正在代替拉丁语。书面法语整合了古典语词汇和地方语词汇,并得到快速的推广。黎塞留在沙龙中发现了一个可以用来帮助语言政策制定的工具,那时有许多贵族妇女都喜欢在沙龙里款待贵族和文人。在朗布依埃(de Rambouillet)酒店就有这么一个沙龙,里面有一小群文人,他们在此每周相聚一次。这个俱乐部的活动是秘密的,但黎塞留还是知道了这一情况,并劝说这群文人成为政府管理下的官员,他们欣然同意,并于1634年以法兰西学术院的名义召开了第一次大会。一年后,这些人被巴黎议会所整合,并授权审查所呈材料和书籍的法语使用情况。法兰西学术院的主要功能是"为我们的语言使用给出明确的遵循规则,并使法语变得本体纯洁、功能强大,并能够很好地为人文艺术和科学服务"。该学院的主要活动是词典编纂,但该套词典的第一版直到1694年才问世(Cooper 1989)。

法兰西学术院跟意大利的克鲁斯卡学院不同,前者一开始就拥有语言管理的威权,而后者没有。经过一段时间的发展后,法兰西学术院作为一个权力机构依然拥有不错的公共形象(Estival and Pennycook 2011),但后来却成了"无可挑剔的废物"(Robitaille 2002),因它把关注点都放在授予各种奖项上,而专业发展则要依赖"法语和法国语言总代表处"(Delegation generale a la langue francaise et aux langues de France)的帮助,而且,它还依赖政府众多部门所成立的各种语言委员会,并指望它们的协助。

10.3.1 语言管理机构

此外,法国的语言管理还得依赖众多的法规(Ager 1996,1999)。在这方面常被引用的案例是《维勒斯—科特莱兹法令》(Edicts of Villers Cotterets),该法令于1539年要求法国的所有法庭在工作时都得用当地语言来代替拉丁语。法国大革命时期出台的法令则更具普适性,1794年法国的公立学校取代了教会学校,而公立学校要求选择法语为教学媒介语;法国政府严禁阿尔萨斯(Alsace)的公立学校使用德语上课,正如严禁法国其他地区性语言在公立学校的使用一样。但是,法国的这些学校当初要找到足够多的法语教师也花费了很长的时间,所以,法国教育部长于1881年不得不再次重申:法国的所有公立学校都必须使用法语上课。法国的这一政策在其殖民地也得到同样的贯彻(Spolsky 2019c)。

1975年法国出台了一部法律,该法律规定法国的商业领域、公共场所、媒体空间和大众服务都必须使用法语。法国宪法仅在1980年进行过修订——强调了法语的保护,这为《马斯特里赫特条约》要求法语在欧盟得到使用的行为做好了准备。再往后,就是1994年,法国颁布了《杜蓬法》,该法规定法国的消费领域、职场、学校以及在法国举办的各种大会都必须使用法语,但最后一个内容(即在法国举办的各种大会必须使用法语)后被法国的宪法法院(Constitutional Court)所否决。法国政府的每个部委为了管控自己领域所使用的词汇都成立了自己的术语委员会,并从1993年起开始向人们推广各自领域的正式术语(Spolsky 2004)。然而,尽管法国的这些法规都得到实施,也尽管法国人民对于法语单语霸权的意识形态也都普遍接受,但是,该国的一些地区性语言却依然存在,它们是阿尔萨斯语、巴斯克语、布列塔尼亚语、加泰罗尼亚语、科西嘉语(Corsican)、佛兰芒语(Flemish)以及奥克西坦语的几种变体(Judge 2000)。

德国的情况有所不同：17 世纪，该国出现了许多语言提倡协会，它们旨在净化和传播德语。其中第一个协会是硕果社团（Fruitful Society）。它成立于 1617 年，拥有 890 名成员，其目标是剔除德语中的外来词。该协会的成员都是王公贵族，这些人通过出版各种著作来探讨如何净化德语。该协会作为一个贵族社团（noble order 或 Palmordern）直到 1680 年都还非常活跃。另一个协会是真诚冷杉社团（Sincere Fir Tree Society），该协会的成员仅限制在 10 名，其活跃期介于 1633 至 1670 年。17 世纪，德国的其他协会还有德语和思维合作团（German-minded Cooperative）和易北天鹅社团（Elb Swan Order）。这些社团的事业一直传承到了 19 世纪，但社团的主体已被其他几个协会所取代，其中就包括普通德语语言协会（Allgemeiner Deutscher Sprachverein）（Langer and Davies 2011）。1947 年，德语协会（Association for the German Language）成立，这是一个由德国政府主办的语言机构，旨在取代成立于 1885 年的德语总协会（General Association for the German Language）。德语协会的主要功能是回答人们有关德语拼写、语法和标点符号等方面的问题，并为德国政府提供语言方面的政策建议。该协会在德国有 50 个分支机构，而在其他国家则有 59 个分支机构。1996 年，有关德语正字法的重要改革方案得到德国、列支敦士登、奥地利和瑞士政府的一致同意。但改革方案遭到德国民间的反对，其中就包括十几个语言协会的反对，于是，德语正字法委员会（Council for German Orthography）在 2006 年推翻了改革方案中大多数过于激进的内容。所以，在德国，语言提倡者的传统行为得到了传承，这些人作为新的语言提倡者群体活跃于社会，并反对政府管理机构提出的语言改革。

比法兰西学术院还更高效的语言管理机构是加拿大的魁北克法语语言办公室（Office quebecois de la langue francaise），它有 240 名员工，这些员工完全按照魁北克《101 法案》行事。① 该办公室是由魁北克政府建立的，目的是为了应对来自众多语言活动者的种种压力，因为这些语言活动者根据自己所见到的语言现象而担心魁北克的法语会受到威胁。在加拿大，法语使用者的人口出生率在下降，而在魁北克省之外的地方，法语

---

① 该办公室成立于 1961 年，它的各种活动都具有"语言警察"的特点，这可在当地一个名叫"60 分钟"的电视节目中体现出来。

使用者往往被英语使用者所同化。在魁北克，英语使用者统治着商界，而且，这里的新移民（尤其是来自意大利的天主教徒移民）学生都更愿意选择英语学校。因此，支持法语就成了魁北克的一种政治纲领，这是魁北克一种更加温和的分裂主义形式。魁北克新政府采取的第一个措施是出台《22号法案》，该法案指出在魁北克只有父母是英语使用者的小孩才能注册英语为教学媒介语的学校。1977年通过的《101法案》增加了许多更加激进的内容：所有的移民都必须把自己的小孩送入法语为教学媒介语的学校；法语使用者有权在公共机构和零售商店得到法语服务；雇用了50人以上的企业必须把法语作为单位的工作语言；公共标识只能使用法语①。总之，魁北克法语语言办公室得到授权并需要执行这些法律以及其他新制定的语言法。

上述行为带来的最显著效果是魁北克英法语言使用人口结构的改变，因为该省的许多英语使用者都搬迁到了加拿大的安大略省，从而导致魁北克省的英语使用者比例从1971年的13％降到2011年的8.3％。而且，在1972至2012年期间，英语为教学媒介语的学校在招生量方面下降了59％，于是，这些学校现在都改为显性的英法双语学校。魁北克这一语言政策的实施得到了加拿大联邦双语项目的支持，该项目是根据1969年加拿大的《官方语言法》（Official Languages Act）而创建的，为此，加拿大还设立了官方语言（即英语和法语）专员办公室（Bourhis and Sioufi 2017）。于是，魁北克成了费什曼（Fishman 1991）所称的扭转语言转用的成功案例，强有力的以及资金充足的政府语言管理机构代替了语言提倡者群体，并以"语言警察"的身份来执行各种语言法。

10.3.2　盖丘亚语学院

世界上，并非所有的语言学院都是成功的。科罗内尔-莫利纳（Coronel-Molina 2015）在详细介绍他自己的人生经历以及描述盖丘亚语学院（Quechua Academy）的运作情况时，强调了语言学院的重要性。他还概述了一些传统语言学院（如意大利语、法语和西班牙语语言学院）以及一些成立时间更靠后的语言学院（如希伯来语、阿拉伯语、巴斯克语、纳瓦霍

---

① 经过数年的争执后，《86号法案》修改了这一内容，但规定公共标识上的法语必须比其他语言都更加凸显。

语和玛雅语学院)的历史和成就。所有这些语言学院的相似点是,它们都关注语言的本体规划和地位规划。但传统的语言学院更关注语言的本体规划,而有关濒危语言的语言学院则更关注语言的地位规划。另外,他还注意到,那些雇用语言学家的语言学院似乎更加成功。他指出,在秘鲁,自从国家独立后就出现了许多土著人发起的语言运动,他们想要提高自己语言的地位。1968年秘鲁军事政变后,新总统维拉斯科(Velasco)鼓励语言学院对盖丘亚语各种方言的编典工作以及双语教育的发展。

盖丘亚语高级语言学院(High Academy of the Quechua Language)成立于1990年,并得到政府的认可。该学院的创始成员都是盖丘亚语和西班牙语的双语人。因为该机构从来不是一个正式的自治公立机构,但它仍然得到政府的资助。1990年秘鲁政府的变化导致了该学院失去了政府资助的来源,因此在接下来的20年里,国家对该学院的发展定位发生了一些变化。目前,该学院归属秘鲁文化部管辖,尽管学院还存在管理不善和成员内讧等现象,但它还是有希望再次获得政府预算资金。

盖丘亚语高级语言学院面临的一个问题是人们对于盖丘亚语的各种变体存在不同的语言意识形态。有些人认为库斯科(Cusco,秘鲁南部一省,译者注)是该语言学院的所在地,它与秘鲁的过去——印加帝国有关联,因此,库斯科的语言变体应该占主导地位。还有一些人更喜欢利马(Lima),因为它是秘鲁的首都,具有欧洲文化的魅力,因此,利马的语言变体应该享有强势地位。于是,上述两类人之间就产生了冲突。该学院致力于盖丘亚语库斯科变体的发展,认为这才是最纯洁的盖丘亚语变体。于是,盖丘亚语不仅与西班牙语之间有冲突,而且跟各种方言之间也存在矛盾。该学院的成员自称是专家,但其他的语言学家却并不认可。这些现象也使得该学院的工作难以得到社会的认可。而且,人们就盖丘亚语的拼写、编码和现代化等问题依然存在分歧。该学院曾试图在学校教授盖丘亚语,结果却比所期待的要差。综合考虑上述各种现象,我们似乎可以说,盖丘亚语高级语言学院的创始者当初的美好意图未能得到实现。

10.3.3　希伯来语活动

根据费什曼(Fishman 1991:289—291)所说,在扭转语言转用方面,一个成功的案例是现代希伯来语的复活。而且,人们常常把该案例看作是一个奇迹。但是,正如他所指出的那样,这不是什么奇迹,而是一个"罕见的、极其偶然的几个内容共现的事件,它包括有关语言和民族紧密关系的意识形态、强烈的集体意志以及与其他社会竞争因素的彻底脱钩",这就给语言的再度口语化和重新标准化提供了机会,同时,这也促成了语言代际传承的恢复,即斯波斯基(Spolsky 1991a)所称的语言复活。

希伯来语的复活过程始于东欧,当初是作为犹太复国主义运动(Zionist movement)而出现的。艾利泽·本·耶胡达(Eliezer Ben Yehuda)被神化为该运动的发起者(Fellman 1973;St John 1952),在他为了希伯来语的复活而进行各种斗争前,他就坚信自己能回到锡安天国(Mandel 1993)。但是,本·耶胡达后来定居在耶路撒冷,那里没人可以用希伯来语跟他对话,而且,他在那里还被看作是异端,进而被开除教籍。为了重新建立希伯来语作为人们日常语言的地位,他首先把要开展的重要活动选在了新开发的农场学校,第一个农场是在里雄莱锡安(Rishon Le Zion,位于以色列中西部,是该国第四大城市,译者注)。在这里,大卫·尤杰洛维奇(David Yudelovich)从1886年开始就用希伯来语来教授学校的所有课程,后来其他农场也开始跟进。截止到1892年,这里有19名教师可以用希伯来语授课。他们开会并同意选用希伯来语为学校的教学媒介语。1895年,希伯来语教师协会有59名成员同意上课时选用西班牙裔犹太人(Sephardi)的希伯来语发音,但祷告时,允许人们使用德裔犹太人(Ashkenazi)的希伯来语发音。此外,德裔犹太人的希伯来语书写体系也得到使用。

1890年,本·耶胡达建立了一个由四人组成的希伯来语委员会(Hebrew Language Council),但该委员会仅活动了六个月,它的任务是发展希伯来语的词汇以及纠正一些错误的希伯来语发音[①]。1904年,这里的教师联合会(Teachers' Union)又恢复了该委员会,并制定了一套由本·耶胡达起草的根本性原则。另一个主要的发展标志是特拉维夫城的建立。1906年有关该城市的简介是这样说的:该城市靠近雅法(Jaffa,如今特拉维夫和雅法合为一体,译者注),这里干净纯洁,百分之百地使用希伯来语。1911年,该委员会发行了一本小册子,里面列举了98个口头希伯

[①] 该委员会原名叫文献委员会(Literature Council),是在纯洁语言社团(Pure Language Society)的框架内运行的,该学会的目标是"让生活在巴勒斯坦的犹太人、德裔犹太人、西班牙裔犹太人以及其他地方的犹太人废弃各自的行话",因为这些行话的使用会分化这里的犹太人社区。换句话说,该委员会反对依地语和拉地诺语(Saulson 1979:24)。

来语错误,但费尔曼(Fellman 1973:88)说,在这些错误的表达中,大多数依然会在非正式的场合得到使用。

希伯来语委员会在第一次世界大战期间并没有开会,但战后就每周开会两次,旨在发展商业、木工业和餐饮业的术语(Saulson 1979)。战后,该委员会的活力得到恢复,并改名为希伯来语研究学院(Hebrew Language College)。1922年,该委员会提出愿为当时的英国托管政府(British Mandatory Government)处理巴勒斯坦所有的官方语言翻译问题,但他们的服务愿望未被接受。然而,希伯来语已被纳入了巴勒斯坦托管地的三大官方语言名单。不过,有关该内容的管理规则清晰地指出,该条款有一定的限制性,即要求巴勒斯坦托管地的邮票和货币都必须是双语印制(Saulson 1979:65)。该规则也适用于其他的政府对外通知和交际,不过,该规则的实施却姗姗来迟,甚至连犹太复国主义组织都发现这里有必要继续使用英语(Halperin 2014:101)。

在以色列建国之前,这里的人们对于是否要用希伯来语文字书写电报的争论由来已久,希伯来语的提倡者群体——希伯来语保护军团(Legion to Defend the Language)也参与其中。该社团成立于1923年,地点是在特拉维夫第一所以希伯来语为教学媒介语的中学——赫茨利亚(Herzlia)中学。该社团的领导人是梅纳赫姆·乌西希金(Menahem Ussishkin),他也是犹太复国主义的领导,曾批评过那些仅仅使用依地语或英语的犹太人(Schorr 2000)。希伯来语保护军团为了希伯来语而控告过当地的邮政局,因为邮政局曾要求有关机构允许人们在发电报时可以用拉丁字母来书写希伯来语,但这一控告后被驳回。伊斯雷尔·阿米卡姆(Israel Amikam)是当地电力公司的一位职员,他为了希伯来语坚持个人战斗:1922年,他在一家希伯来语报纸上发表了一封读者来信;1929年,也就是在希伯来语保护军团诉讼案失败后的一年,他给当地的高级专员写信,一年后他又给国际联盟(League of Nations)写信;1933年,他收集了许多在巴勒斯坦和犹太复国主义大会上人们所完成的个人签名,并把这些签名寄到国际联盟;最后,也就是在1934年,英国托管政府有些勉强地同意从1935年开始允许当地的24个邮政局用希伯来语文字发电报(Halperin 2014:109)。

就在英国托管巴勒斯坦的时期,希伯来语已成了犹太人定居点(Yishuv)——巴勒斯坦犹太人社区的语言。英国托管政府尽管不愿意,但也只好越来越认可这一事实,于是就把希伯来语列入了当地的官方语言名单,从而有了三种官方语言。最重要的原因是英国政府为了节省资金就决定把教育控制权交给了当地的两大社区(即犹太人和阿拉伯人社区,译者注)。在这一时期,犹太人建立了从幼儿园到大学的教育体系,而且,都是以希伯来语为教学媒介语。但是,正如哈尔珀林(Halperin 2014:182)所说,在犹太人学校,教授其他语言也是很重要的:所有的犹太人学校都会教授英语,许多犹太人学校还会教授阿拉伯语和法语。

  希伯来语语言学家继续为该语言的纯洁化、标准化和现代化做出努力,但是,这些内容对广为流传的当地话的影响甚小,其使用者是在巴勒斯坦出生的犹太人以及从国外返回的移民犹太人(Reshef 2019)。希伯来语语言活动者想竭力影响政府机构和犹太人,目的是要让前者认可希伯来语,让后者使用希伯来语,进而让希伯来语取代英语或者诸如依地语、拉地诺语或犹太阿拉伯语之类的犹太语言,尽管这些语言也是部分犹太人的祖裔语。肖哈米(Shohamy 2007)指出,一个自称"负责犹太人社区希伯来语保护与鼓励的中央机构"在1939年做了不少事情,目的是让所有的犹太人都说纯正的希伯来语。1941年,这些希伯来语语言活动者呼吁城镇要在所有的工业部门和管理机构都设立希伯来语代理机构,并把所有的其他语言报纸都转变为希伯来语报纸,关闭那些没有使用希伯来语的剧院。他们还要求所有的公共标识和广告都用希伯来语来表达。但是,这些语言提倡者徒有虚名,由于缺乏威权,他们无法实施自己的任何决定。

  以色列全国委员会(National Council)为了建国后的语言规划工作成立了以色列独立前教育委员会(pre-independence Education Committee),该委员会是一个具有威权的机构,它做出了不少至关重要的决定。例如,该委员会在1948年召开了一个为期数月的会议,主要是讨论一个有关在犹太学校教授阿拉伯语以及在阿拉伯学校教授希伯来语的方案。在以色列宣布独立之前,该委员会决定每类学校都应该选用学校多数学生的母语为教学语言,这才能反映《凡尔赛条约》(Treaty of Versailles)为多语地区制定的语言政策的精神。后来,该委员会又做出其他决定,但其核心都是阿拉伯学校要教授希伯来语,犹太学校要教授阿拉伯语(Spolsky and Shohamy 1999:108)。

  以色列于1948年独立后,其政府就把英语从原先的三大官方语言名单中给去掉了,并认可了希伯来语学院(Academy of the Hebrew Language)的地位,该学院代替了原先的希伯来语委员会,但大家对于该机构名称中的一个外来词——学院(Akademia)的使用还存在分歧。于是,以色列国会(Knesset)就在1953年同意了该词的使用,学院的第一批15名成员也遴选出来了。该学院的使命是研究希伯来语在各个历史发展时期的词汇使用状况,探讨希伯来语的发展历史以及"引导希伯来语的自然发展"。

至此,希伯来语的官方地位已经确立,希伯来语学院的主要工作是该语言的地位规划,即有关希伯来语词汇、语法、标点符号、拼写和音译的各种决定。在20世纪80年代,希伯来语学院向以色列教育部长表达了自己的一个担忧:有人提议在十几个小学班级尝试用英语开设体育课,这一做法可能会威胁到希伯来语的地位。对于这件事情,希伯来语学院体现了其坚定的语言政策立场。但是,如今该学院的网站仅表达了自己对希伯来语书面文本以及正式言语的担忧,但并不想费力去监管任何即兴演讲。尽管我们赞同费什曼(Fishman 1991)所称作的"新型单语人以及国家世俗文化"概念,但希伯来语学院既没有响应科德什(Kodesh 1972)的呼吁——把希伯来语提升为以色列广播电视中唯一使用的官方语言,也没有响应最近以民族国家为导向的法律——把阿拉伯语的地位从官方语言降为特殊语言。总之,早期的语言提倡者群体都鼓励希伯来语的再度口语化,并支持草根语言运动。尽管以色列建国以后官方认可希伯来语的地位,但是,相关的语言组织机构从没有像加拿大魁北克的那样起到语言警察的作用。

10.4 语言警察

语言警察这个术语也应用于拉脱维亚国家语言中心(State Language Centre of Latvia)。拉脱维亚原先是个多语国家,曾被并入苏联,所以,这里有大量的俄语使用者移民,从而导致这里的语言状况发生了较大的变化。这里的拉脱维亚语(Latvian)使用者人数占比从1935年的77%下降到1979年的53%,而在同一时期,这里的俄语使用者的人数占比则从10%上升到40%(Priedite 2005)。在苏联统治的末期,拉脱维亚通过了不少法律，从而提高了拉脱维亚语的地位。1992年拉脱维亚语成了这里唯一的官方语言，而且，1999年的数部法律（如《拉脱维亚国语法》以及后来的修正法都使得拉脱维亚语的地位得到进一步的巩固。1992年，拉脱维亚国家语言中心成立，以便可以实施上述各种有关语言的法律。之后，该国又成立了各种语言委员会，主要负责国家公民的拉脱维亚语水平考试与发证工作。后来，拉脱维亚设立了国家语言检查局（State Language Inspectorate），其使命是监督有关语言法律的实施情况。拉脱维亚通过管理规则来取代学校的语言平行体制——拉脱维亚语和俄语双语项目，即规定学校的大多数科目都要用拉脱维亚语来教授。拉脱维亚语水平的等级建立是为公民的事业发展而设置的。系列的调查都表明，该国年轻人的拉脱维亚语水平有了很大的提高。不过，这里依然存在语言分歧：2012年拉脱维亚举行了一场全民公投，决定是否要把俄语保留为该国的第二官方语言，结果有四分之三的投票者都表示反对，但其中依旧存在政治压力的影响（Druviete and Ozolins 2016）。

10.4.1 苏联的语言管理

在苏联，语言政策是由中央政府来管理的。在列宁领导时期，国家实行语言平等政策，这就使得各民族语言（包括国语）都能得到发展。但是，在斯大林执政期间，他改变了原先的语言政策，并要求苏联所有的语言都要西里尔化（cyrillisation），而俄罗斯化（Russification）则是最终目标（Grenoble 2003）。苏联的每个民族都有其自己的语言发展模式，但在此我们以苏联的依地语为例来看看它的语言管理。

尽管列宁和斯大林都不喜欢犹太人的文化自治，但还是允许依地语的某些发展，因为苏联共产党犹太人分部（Evsektsiya）做了协调工作。苏联共产党犹太人分部作为一个组织成立于1918年，它的成员主要来自一个叫联盟（the Bund）的组织，这是一个由犹太人组成但反对犹太复国主义的社会主义工人党，于1921年被解散。该组织支持依地语的发展，但赞同苏联政府对希伯来语以及与希伯来语有关的各种犹太复国主义协会的打压。这里的学校不教授希伯来语，也不允许出版用希伯来语书写的东西。依地语要实行去希伯来化（dehebraised）：1918年开始了一场依地语的拼写改革运动，该运动还得到苏联启蒙委员会犹太人分会（Jewish Subdivision of the Commissariat of Enlightenment）的批准。在依地语中有许多希伯来语借词，而且还是用希伯来语字母拼写的，因此，政府要求今后要用拼音形式把这些单词写出来。例如，希伯来语单词"שבת† Sh-BT"应该拼写成"שאבאת† SHaBoS"。1919 年，一个有关依地语语文学的委员会（Yiddish Philological Commission）在首届全俄文化大会（All-Russian Culture Conference）上得到通过而成立，该委员会的目标是发展依地语的标准化。随后，在基辅（Kiev）、明斯克（Minsk）以及苏联其他城市都建立了自己的依地语研究中心。1928 年，第二届大会通过了依地语去德文和去希伯来文的新正字法，并召开了中央正字法大会（Central Orthographic Conference），1930 年政府批准了依地语文字拉丁化的建议。然而，中央正字法会议在 1931 年被全苏正字法大会（All-Union Orthography Conference）所取代，在这次会议上也不再考虑依地语文字拉丁化的建议（Shneer 2004）。

于是，在 20 世纪 30 年代，苏联有许多用改革后的依地语书写的出版物，但这一现象由于斯大林发动的反犹太人（antisemitic）活动而戛然而止：从 1948 年到 1952 年，在苏联的大清洗运动（Purges）中，有许多依地语作家和依地语运动的领导都被谋杀；依地语剧院被关停，依地语出版物被封锁，依地语学校或被关停或转向俄语教学。在苏联，语言政策受到中央政府的管控，而中央政府又受到苏联执政党和高层领导的指挥，但这里的各种语言机构多年来都能够实施自己的语言本体规划，因为这些机构通常都是苏联执政党所创办的。这些语言机构在革命前的意识形态是反对犹太复国主义和世俗化，当这种思想被应用于依地语正字法的变革时，那么人们就要清除依地语中的德语和希伯来语元素，打破它们之间的联系。但是，斯大林的亲俄语、反民族主义和反犹太人的思想导致了苏联对依地语改革运动的领导人物进行谋杀以及对依地语的出版物进行封杀。这些现象再次说明，语言提倡者群体是缺乏权力的。

10.4.2　中国的语言管理

另一个中央集中管理语言政策的国家是中华人民共和国，该国也利用各种语言委员会和语言机构来实施由意识形态所驱动的语言政策（Li and Li 2015a；Spolsky 2014）。中国继续传承它那延续了 2000 多年的以汉语为中心的语言计划，该计划认可普通话，是汉语书写体系的基础。但这只是中国所从事的众多语言管理内容中的一个，它还有许多其他的管理内容,如汉字书写体系的简化和标准化、汉语拼音系统作为辅助字母的设计与使用①、各种区域语言变体的识别和记录、官方少数民族语言的认可和描述、少数民族语言文字的创造、来自其他语言的名称和术语的翻译、语言教学法和语言传播、双语教学、外语教学和语言测试。

新中国早期语言管理的一个主要目标是提高人们的识字率,而且,政府把该项任务委托给中国文字改革委员会来处理。1956 年国务院颁布《汉字简化方案》,1964 年对该表进行了扩充。1977 年,该委员会提出了第二次简化汉字方案。然而,该方案遭到强烈的反对,于是在 1986 年举行的全国语言文字工作会议上,宣布终止第二次简化汉字方案;后来尽管还做过一些小的修改,但没有再进行过任何大规模的汉字简化尝试。

赵守辉和巴尔道夫(Zhao and Baldauf 2008)仔细分析了导致第二次简化汉字方案废止的原因。他们追踪了问题产生的根源,原因是复杂多样的,因为在文字改革委员会的成员以及全国语言文字工作会议的参与者当中,有语言学家、语言政策和信息技术专家以及非专家型但具有拍板权的官员。1986 年,文字改革委员会改名为国家语言文字工作委员会(Rohsenow 2004:30)。中国在 1986 年 1 月召开的一次会议上宣布,汉语拼音不是一个独立使用的书写体系,但可作为汉语学习的一个工具来使用。对此,尽管有一些不同的意见,但高效推广普通话已成为中国语言管理的主要目标。于是,普通话成了中国学校的教学语言、政府部门的工作语言、媒体语言以及中国各种方言土语使用者的共同语言。

2000 年通过的《中华人民共和国国家通用语言文字法》确定了普通话和简体汉字的地位,不过,它也认可了汉语方言必要但有限的使用以及有些少数民族语言的维持。这些内容也是相关语言机构进行广泛语言研究的课题。1958 年,中国政府同意为那些还没有书写体系的少数民族语言开发字母表。考虑到少数民族的愿望,这些新的语音字母表都是根据汉语拼音来开发的,而不是根据西里尔字母或其他语言的字母表来开发的。在经过相关的研究和实验后,这些少数民族语言的字母表开始得到应用。在 20 世纪五六十年代,中国第一次出现了这种语言活动的高潮,

---

① 汉语拼音是汉字的拉丁字母书写形式,这对于电脑的汉字输入以及汉字的初始教学很有帮助。

结果为 11 个少数民族（其中包括壮族、布依族、苗族、哈尼族和彝族）的 14 种语言制定了字母表①。后来，语言字母表也得到开发的其他少数民族还有拉祜族和彝族。若把以前就已有书写体系的语言（如蒙古语、藏语、维吾尔语、哈萨克语、朝鲜语、吉尔吉斯语和锡伯语）算在一起，那么，截止到 2004 年，中国共有 30 多种语言有自己的书写体系②。

1950 年，中国成立了学术名词统一工作委员会，1956 年隶属于中国科学院，但其工作在"文革"时期就停止了。1985 年全国科学技术名词审定委员会成立，其目标是发展基本术语，达成共识，提供其他汉语使用区所使用的不同的术语表达，但不强求选择倾向。标准书面汉语就能够作为现代国家的语言而发挥其作用了。

在中国，语言的国际传播任务就交给了孔子学院，中国国家汉语国际推广领导小组办公室（简称"汉办"，2020 年改为中外语言交流合作中心，译者注），隶属于教育部。截止到 2013 年，中国已在全球 90 多个国家和地区（Hartig 2015）的 440 多个大学和中学开设了孔子学院或孔子课堂。"一带一路"沿线国家超过 68 个，涉及语言 100 多种，由于"一带一路"倡议的影响，各种有关外语学习和国际合作的新举措相继启动③。

中国语言管理的一个核心特点是整合各方人员，其中包括各语言委员会中诸如语言学家和 IT 专家之类的专业人才等。于是，语言提倡者在制定语言政策以及监督政策实施时都会跟语言管理者进行密切的合作。当大家做出决定后，党和政府的高级官员通常就会宣读该决定。在少数民族地区，有些民族主义者抱怨说用于支持他们语言的资源不足。在香港，少数粤方言使用者曾举行过游行，反对普通话的使用。中国面积大，人口多，语言复杂，因此，在建设国家语言政策时显然需要不断发展语言管理活动，并解决语言多样化的相关问题。

---

① 这跟美国语言学家在同一时期对古典语言所制定的语言政策行为相匹配（Jernudd and Nekvapil 2012）。

② 周明朗（Zhou 2004）分析过藏语在教学和使用中所遇到的诸多问题。王和菲利昂（Wang and Phillion 2009）指出，由于中国首先强调普通话的推广，因此有些少数民族语言就容易陷入濒危的境地。菲利普森和斯古纳伯-康格斯（Phillipson and Skutnabb-Kangas 2013：513）提到中国有些少数民族语言使用者被普通话所同化的现象，而且，希尔（Shir 2019）分析了这方面的政策实施情况。

③ 《华盛顿时报》（2018 年 9 月 11 日，周二）报道说，有许多小国家对该倡议表示反对。

10.4.3 毛利语复活的成功提倡

纵观我们对语言提倡者和语言管理者各种案例的比较,不管它们是个体案例还是机构案例,我们都会越加清晰地发现语言提倡者和语言管理者之间的差别并非是二元对立的:语言提倡者可以影响语言管理当局,他们也能从事语言本体规划之类的活动,从而被某些目标读者所接受。同时,带有威权的语言管理者或机构(如独裁者和政府)也许会发现他们有时要实施自己的语言政策是很困难的,因为他们常常还得考虑其他的影响因素①,还得处理好人口多且复杂所带来的问题。因此,我们可以得出一个结论:把语言提倡者这一类人也纳入语言政策制定者的模式中,这是很有用的,但语言提倡者和语言管理者之间的区别不是简单的泾渭分明。为了阐明这一点,我们有必要来看看一个非常成功地扭转语言转用的案例——新西兰毛利语的复活(Spolsky 2005)。

19世纪中叶,新西兰的欧洲移民数量开始增长,但毛利语还是安全和健康的,各地乡村都使用毛利语,教会学校均教授毛利语。此时,在毛利人当中,毛利语的识字率可能还高于英语的识字率②。但到了19世纪70年代,新西兰战争导致了新西兰语言政策的重大变化,因为英国士兵支持新西兰的欧洲移民去掠夺毛利人部落所属的土地,同时,教会学校也被公立学校所取代,而这些公立学校要求以英语为教学媒介语。第一次世界大战之后,新西兰的城市化进程加速,那些离开自己乡村而进城的毛利人在新的社区和学校生活,他们不得不接触英语。而且,在这些人当中跨族婚姻和双语使用的现象也司空见惯。各类学校以及学前班教师都不断地给这些毛利人家长施压,要求他们不要对自己的小孩说毛利语,而要转用英语。理查德·本顿(Benton 1997;Benton and Smith 1982)在进行语言调查时发现,截止到20世纪70年代,毛利语的自然代际传承的确已经停止了,几乎没有毛利人小孩在家说毛利语。

---

① 例如,在社会其他层面(如家庭、企业、学校、宗教和区域)也存在语言管理者和提倡者,他们也会形成压力,从而影响国家层面的语言政策乃至带来国家层面语言政策的失败(Spolsky 2006b),而且,许多非语言因素(如战争、内讧、自然灾害和腐败)都可能影响到国家语言政策的实施(Spolsky 2019e)。

② 科伦索(Colenso 1872)撰写了威利斯(Willie's)出版社的第一本英语书,这是专为那些已经掌握毛利语,并想学习英语的年轻毛利人而写的。

20世纪70年代,人们开始关注自己的民族身份,这已成了一种世界现象(Fishman et al. 1985)。在新西兰,有些政治活动在此之前就已经开始了,但主要的毛利语复活行动是从20世纪70年代末才开始的。他们的首个重大活动是一群毛利人大学生学习毛利语,而他们的父母以前都没有教过他们毛利语。因为以前没有几个懂得毛利语的人能升到大学,这个空白需要通过草根运动来弥补。这就是毛利语沉浸学习运动,这是一场由一群语言活动者所发起的活动,这些人于1980年组建了这个语言活动者群体,目前这个群体还生机勃勃,其主要活动是给许多成年人教授毛利语,但学生的具体数字不详(Browne 2005)。第二个活动是由几个毛利语个人提倡者所倡导的,他们对语言教育感兴趣。该活动促使一些对学龄前儿童教育感兴趣的家长采取了以下行动:最初他们在教堂或家里相聚,以便让使用毛利语的祖父母教孙子辈儿童学习毛利语,这就是语言巢。1982年,第一个语言巢在惠灵顿附近建立,到了这一年的年末,其他地区也相继开设了语言巢项目。后来,这种草根运动迅速蔓延全国。截止到1983年的年底,新西兰全国已有148个语言巢项目,每个语言巢有20至40个不等的学生。到了1988年,语言巢项目增加到520个,1994年则达到819个。这些项目最初都是由学生家长来管理,他们遴选教师,并支付教师酬劳。随着时间的推移,他们建立了一个全国性的协调小组,但后来,逐渐地由政府接管了这一责任(J. King 2001)。

第三个活动是毛利语独立学校的建立(Education Review Office 1995)。第一所毛利语沉浸学校于1985年在奥克兰附近开设,紧跟其后的是1987年奥克兰的两所独立学校。这些学校的发展过程都是一样的:参加过语言巢项目的儿童家长想知道是否有公立学校可以继续为这些儿童提供毛利语的沉浸学习;当公立学校无法实现家长们的这一需求时,于是,这些家长就开始筹建自己的学校——独立学校。这一现象再次证明,语言提倡可以转化为语言行动!最后,新西兰政府被说服,便开始支持独立学校。1989年,新西兰通过的《教育修正法》使得这些学校成了新西兰国家教育体系中的一部分。截止到1997年,新西兰已有54所独立学校可以为儿童提供小学阶段的毛利语沉浸教学。

同时,国家的教育体系还会受到许多因素的影响,例如,当校长屈服于当地社区的压力时就会在学校建立双语和语言沉浸项目(Spolsky

1989)。当社会上有 3 万人签名请愿，要求政府改善毛利语政策时，就会形成一定的自下而上的压力。当新西兰在 1975 年通过了《怀唐伊条约法》(Treaty of Waitangi Act)时，新西兰政府就采取了重要的行动：建立了怀唐伊仲裁机构(Waitangi Tribunal)，用于裁决毛利人的诉求——政府没有遵守 1840 年的《怀唐伊条约》，该条约已把主权交给了维多利亚女王。尽管毛利人诉求的主要内容都跟土地有关，但新西兰有一个语言活动者群体——毛利语理事会(Kaiwhakapūmau i Te Reo Māori)指出，新西兰政府以前未能保护好毛利语。仲裁机构赞同毛利语理事会的这一指责。于是，1987 年新西兰政府通过了《毛利语语言法》，宣布毛利语为新西兰的官方语言之一，并允许毛利语用于法庭，而且，还成立了毛利语语言委员会(Māori Language Commission)。该委员会的任务是净化毛利语的表达，监控毛利语复活的进程以及发展毛利语复活的策略(Te Puni Kokiri 1998a，1998b，1998c，1998d，1998e，1998f)。新西兰有许多内阁短文件都为毛利语的发展设立了诸多目标，如新西兰政府于 1999 年批准了一个关于毛利语以下三个发展内容的方案：增加毛利语的使用者、毛利语的使用以及毛利语的使用标准。再如，新西兰政府为毛利语的发展而做的一件大事是建立毛利语电视台，该电视台在 2004 年开始运行。

  作为毛利语语言委员会制定的语言政策的一部分，他们敦促毛利人部落要开发他们自己的语言使用策略，其中包括家庭语言使用以及部落方言的使用。然后，毛利语提倡者群体逐渐地获得了威权，大家希望他们能在毛利语水平的成功复活与使用方面担当责任。语言提倡者和语言管理者之间的界限正在淡化，这为语言活动者提出了新挑战，因为他们不愿意看见出资人（即政府）想要最后把控语言政策。例如，2018 年，惠灵顿维多利亚大学的常务副校长罗韦尼亚·希金斯(Rawinia Higgins)教授是一位毛利人，被任命为毛利语语言委员会的主席。再如，在 2018 年举行的第 22 届社会语言学研讨会(Sociolinguistics Symposium)上，希金斯作为主旨发言人描述了新西兰 2016 年新通过的《毛利语语言法》，该法重新界定了政府和毛利人之间的关系。此外，她还评价了语言提倡者群体在与政府体制打交道时所面临的种种问题以及政府资助和政府威权给他们所带来的影响与挑战。

10.5 语言提倡

新西兰毛利语的案例说明,语言草根运动是如何通过语言提倡者群体来影响语言管理者(如政府和其他语言管理机构)来实施他们的政策目标的。但正如威廉姆斯(Williams 2007b,2008a,2017a)在研究威尔士语言政策时所指出的那样:成功的语言管理不能仅靠中央语言管理一个方面,而是需要得到不同层面的语言实施机构的支持,这些机构宛如一个完整的网络,影响着语言政策的实施。语言政策在本质上非常复杂,它的制定和实施都离不开现代社会,而现代社会的构成可以体现在许多不同的言语社区、不同的社会层面以及不同的语言域。这就为语言提倡者和语言管理者都提出了诸多挑战。莫汉蒂(Mohanty 2002:71)对此阐述得很透彻:"这个案例清晰地表明,不管政府及其语言管理机构有多强有多大,它们的语言政策若想成功就必须是站在群众的一边。"

多年来,美国的全国语言联合委员会(Joint National Committee for Languages)、语言学研究小组以及美国土著语言活动者一直在向美国政府提倡:要认可美国土著语言。2019年12月,美国众议院通过了《埃斯特·马丁内兹美国土著语言保护再授权法》(Esther Martinez Native American Languages Preservation Reauthorisation Act)。在此之前,即2019年6月,美国参议院通过该法案,并批准拨款用于重振和维持这些祖裔语。这个案例再次说明,语言提倡者群体有时可以最终影响到有威权的语言管理者。

10.5.1 语言提倡者:语言改革家

提高某一特定语言的地位就是要完成豪根称作的语言编典工作,其中包括语言的标准化、某一固定书写体系的发展以及有关以下内容的一致性:语法纯洁主义规则、拼写、词汇和发音。琼斯和穆尼(Jones and Mooney 2017:10)确认,要复活一门土著语言,帮它创建一套标准的书写体系是一个富有挑战但又不可或缺的内容。

对于许多现代标准语言而言,创建语言书写体系是关键的一步,这项工作往往都会公正地或者是神话般地归功于某一位语言改革家。例如,大家公认为藏语的标准化工作是7世纪西藏学者吞弥·桑布扎(Thonmi

Sambotha)的成就(Miller 1963)。当初,他作为一名大臣被藏王松赞干布(Srongsten Campo)送往印度。伴随吞弥·桑布扎的还有 16 名侍从,他们一起去学习印度的文字。但丁·阿利吉耶里(Dante Alighieri)在 14 世纪选择托斯卡纳方言(Tuscan dialect)来书写《神曲》(Divine Comedy),他的这一行为促使了意大利人对该方言的接受,并把它作为标准意大利语发展的基础。意大利在 19 世纪统一后,中央政府接纳该语言为国语,但直到 2007 年,这一内容才写进意大利的宪法。法兰西学术院最初是作为一个私人文学艺术俱乐部而建立的,但 1635 年,法国枢机主教黎塞留赋予了该机构一项任务,即负责传播巴黎方言,法兰西学术院的这一语言行为奠定了法语在法国的首要地位(Cooper 1989:10)。

　　从 18 至 20 世纪,有许多语言改革家都参与了欧洲某一语言标准化的活动,而这些人都是教育家、语言学家或文学家。约瑟夫·琼曼(Josef Jungmann)出生于 1773 年,是捷克查理大学(Charles University,也译布拉格大学,译者注)的校长,他发表了一些重要的译著以及一套五卷的德语—捷克语词典(Hroch 2004)。而约瑟夫·多布罗夫斯基(Josef Dobrovský)则是他的教师,也是一位语文学家(philologist)。他俩都是现代捷克语(Czech)的创始者。约翰内斯·阿维克(Johannes Aavik)是爱沙尼亚的一位教育家和语法学家,他在文学杂志上发文,支持爱沙尼亚语(Estonian)的标准化运动(Tauli 1974:54)。费伦茨·考津齐(Ferenc Kazinczy 1759—1831)是匈牙利的一位学者、诗人和语文学家,他对匈牙利语的改革以及人们对该语言的接受程度都做出了巨大贡献,所以他去世十年后,匈牙利语得到政府的认可,被认作是国家的官方语言(Remenyi 1950)。在法国大革命期间,希腊人阿扎曼蒂奥斯·科莱斯(Adamantios Korais)在巴黎攻读医学博士,后来他致力于恢复通俗希腊语(demotic Greek)的古典原味,从而产生了古体现代希腊语(也称纯正希腊语,但也受法语的影响,译者注),直到 20 世纪 70 年代,希腊的上校右翼军政府失权后,现代希腊语一直都是希腊的高语体(H variety)(Mackridge 2009:102—125)。在 19 世纪早期,武克·斯特凡诺维奇·卡拉季奇(Vuk Stefanović Karadžić)开始收集塞尔维亚的民俗材料,并出版了塞尔维亚语(Serbian)词典。他在塞尔维亚语选用西里尔字母的过程中做出了语言标准化方面的贡献(Wilson 1970)。正如维基百科在有关卡拉季奇的介绍中所说,他是一位 19 世纪的"哲学家、学术教育家、作家、翻译家、印刷商、出版商、企业家、改革家和慈善家"。伊斯瓦尔·钱德拉·维迪耶萨伽尔(Ishwar Chandra Vidyasagar)负责现代孟加拉语的发展(Hatcher 1996)。在 19 世纪上半叶,简·弗兰斯·威廉斯(Jan Frans Willems)用佛兰芒语发表了很多文学作品,人们认为他在佛兰芒语的复活和发展方面功不可没(Hermans 2015)。

庞培·法布拉(Pompeu Fabra)是西班牙的一位化学教授、工程师和语法学家。他被认为是加泰罗尼亚语复活与改革的领袖,他还是 1906 年举行的第一届加泰罗尼亚语国际会议的组织者之一(Castell 1993)。后来,他成了语文学教授,还出版了一些语法书(Fabra 1912)和一部词典。当时西班牙的国王佛朗哥(Franco)把法布拉流放在外,1948 年法布拉在法国的一个加泰罗尼亚语使用地区去世。胡适是中国的一位哲学家、文学家以及民国时期的驻美大使,他是中国五四运动以及后来的新文化运动的领袖,他还是推广汉语白话文的主要人物,普通话就是在白话文的基础上发展起来的。1962 年,胡适辞世,但他的名望在 20 世纪 80 年代再次得到公认(Grieder 1970)。夏尔·贾马·艾哈迈德(Shire Jama Ahmed)书写了许多有关索马里文化的书籍,从而发展了以拉丁字母为基础的索马里语正字法,这为 20 世纪 70 年代索马里的扫盲运动奠定了基础(Makina 2011)。

上述这些非政府人员创建了标准的语言书写系统,他们都是有影响力的语言提倡者,他们促进了这些语言的发展。

10.5.2 创造书写体系

也有一些语言改革家是为某些土著语言服务的,其中就有美国印第安部落切诺基(Cherokee)的银匠塞阔亚(Sequoya),他在 19 世纪早期为自己的语言创建了一套音节表(syllabary)。当该音节表被大家所使用后,该部落的识字水平也得到了提高。另一位类似的语言改革家是杨雄录(Shong Lue Yang),他是越南 20 世纪的一位农民,据说他曾在一个意境中见过这些字母,于是创造了救世苗文(Pahawh script),并用它来书写苗语(Hmong)和克木语(Khmu),当地人都称他为"文字之母"(Mother of Writing)。1971 年,他却被越南政府杀害。库帕(Cooper 1991)详细描述过许多其他的书写体系,而且它们都是在梦中创建的。其中一个是莫莫洛·杜瓦鲁·布格磊(Momulu Duwalu Bukele)在 18 世纪为瓦伊语(Vai)创造的音节表。另一个是韦多·佐姆(Wido Zomo)为西非土著语言洛马语(Loma)创建的书写体系。1910年,阿法卡·阿图米西(Afaka Atumisi)为杜卡语(Djuka)设计了一套书写体系,该语言是苏里南的西非奴隶所使用的一种口头语言。同样,尤雅科克(Uyakoq)为美国阿拉斯加的尤皮克语(Yupik)发明了一套字母体系,奎亚图阿克(Qiatuaq)也为该语言设计了一套书写体系。1904年,塞拉斯·约翰·爱德华兹(Silas John Edwards)为北美的西阿帕奇语(Western Apache)创建了书写体系,进而为这里的宗教解决了语言的书写问题(Basso and Anderson 1977)。有人说索马里语和切诺基语都没有神圣灵感(divine inspiration)的传统,故语言的书写体系不是很重要,但库帕发现,在为土著语言创建的21种书写体系中,有一多半的语言都是在19世纪和20世纪完成其书写体系的。

在为土著语言创建书写体系的这一现象中,有一种共同的现象:传教士和语言学家要做的事情往往是给语言编典,并使之实现标准化,进而有助于确立这些语言的地位。目前有三卷书收集了有关该主题的会议论文(Hanzeli 2014; Zwartjes and Hovdhaugen 2004; Zwartjes et al. 2009)。琼斯和穆尼(Jones and Mooney 2017)研究过濒危语言在创建正字法过程中所遇到的种种问题,并给出了许多详细的应对办法。

语言书写体系的创建者往往会被认作是语言发展的重要贡献者。在美国纳瓦霍语的书写体系开发中,局外人尝试过三次,人类学家尝试过两次(Reichard 1974; Sapir 1942),罗马天主教传教士尝试过一次(Franciscan Fathers 1910; Haile 1926),但纳瓦霍语现在使用的书写体系是一位语言学家开发的,他就是来自美国民族事务局(Bureau of American Ethnology)的约翰·哈灵顿(John Harrington)。当初他有两位年轻的助手:一位是名叫罗伯特·扬(Robert Young)的学生,另一位是他的合作者威廉·摩根(William Morgan)——纳瓦霍人(Young 1977)。这两位助手合编过纳瓦霍语词典(Young and Morgan 1943, 1980)。20世纪40年代,他们俩还合办过一份纳瓦霍语报纸,并发行了许多政府小册子和一些书籍。①

---

① 扬和摩根都得到纳瓦霍民族和美国新墨西哥大学的认可,因为他们在帮助纳瓦霍语的标准化建设上具有不俗的表现。

19世纪初,传教士开始在斐济从事斐济语(Fijian)的识字教育工作,并在后来的一个世纪里通过当地的教堂来巩固这一成果(Mangubhai 1987)。马克勒(Mugler 2001)指出,20世纪初,斐济开始为当地印度裔劳动者的后代进行泰米尔语和泰卢固语的识字教育,这些印度裔劳动者是当初被英国殖民政府强行带到斐济的,目的是让他们在斐济的甘蔗种植园劳动。斐济语和斐济印地语都是口头语言,因为殖民统治导致这些语言在书面表达方面都被英语所取代,而且,学校也要求学生都使用英语。

10.5.3 语言提倡者:个体

有些语言活动者为了语言的复活而辩护,后来他们都把该项使命传递给了语言提倡者群体。对于爱尔兰语而言,一位早期的具有领导力的语言提倡者是道格拉斯·海德(Douglas Hyde, 1860—1949),他曾经是爱尔兰一个教堂的牧师,大约在1880年创建了爱尔兰语保护协会(Society for the Preservation of the Irish Language),三年后又创建了盖尔语联盟。他在政治方面表现活跃,但在1923年创建新教政党(Protestant Party)失败后就回到他以前的学术生活,即在都柏林的大学学院教授爱尔兰语。1938年,他当选为爱尔兰的第一任总统(Dunleavy and Dunleavy 1991),其实,他在拥有政府职位之前,其语言提倡思想就影响巨大。

希伯来语的复活被称作是一个奇迹,而艾利泽·本·耶胡达则成了这个奇迹的一个象征。美国记者罗伯特·圣约翰(Robert St John)称耶胡达是希伯来语复活运动中的一股主要力量(St John 1952)。但是,圣约翰忽略了一个事实——在犹太人被流放的2000年中,希伯来语就一直作为书面语言被犹太人所使用,并作为口头语言被有些东欧的犹太复国主义者所使用,还作为教学语言被引入到奥斯曼巴勒斯坦(Ottoman Palestine)的乡村学校。大卫·尤杰洛维奇是第一位用希伯来语上课的教师。本·耶胡达居住在耶路撒冷,当时那里没有几人能用现代希伯来语会话,而且,他还被极端正统派的犹太人所绝罚(excommunicate,即开除教籍,断绝往来,译者注)。本·耶胡达的希伯来语教学生涯仅有数月,而且,他编写的希伯来语词典也在他离世后才出版(Fellman 1973)。现代希伯来语作为奥斯曼巴勒斯坦、英国托管时期巴勒斯坦以及以色列作为独立国家三个时期犹太人社区的强势语言,其发展的重任得到以下人员的先后承担:这里农业乡村的早期定居者、组建希伯来语语言委员会成员(该委员会后来成为希伯来语学院)的教师以及特拉维夫的创建者——他们把特拉维夫宣扬为一个"纯净的、说希伯来语的"地方。尽管这些语言提倡者在自己的言语社区中获得了威权,但1948年以色列独立建国以后,他们的这些工作就由以色列的国家语言管理机构来接管了(Spolsky 2014)。

  19世纪初,有些犹太人要把世俗依地语发展为文学语言或书面语言(literary language),有些作家也把它看作是"一门犹太人语言",这些作家写作时既用世俗依地语,也用希伯来语(Fishman 1993)。世俗依地语的使用得到维持,其标准化也得到发展,这些都要归功于犹太研究学院(YIVO)。该机构由一群包括马克斯·威因里希在内的学者组建,地点是在立陶宛首都维尔诺(Wilno)。1940年,威因里希把世俗依地语带到纽约,他成了纽约城市大学的依地语教授,并发表了两卷有关该语言的历史专著(Weinreich 1980,2008)。另一方面,哈西德派依地语的维持和传播则必须归功于众多拉比的影响和威权,他们把依地语看作是保持彼此身份的一种方式(Katz 2004)。

  挪威于1814年摆脱丹麦统治并独立,这为挪威语的创建提供了机会。伊瓦尔·阿森(Ivar Aasen,1813—1896)是挪威的一位语言提倡者,他还是语文学家、剧作家和诗人。1850年,阿森收集并出版了一部挪威语方言词典,还把他自己创造的语言称为挪威乡村语言,之后该乡村语言发展为挪威官方语言的一种变体,即尼诺斯克语(Linn 1997)。阿森的工作得到克努德·克努森(Knud Knudsen 1812—1895)的支持,此人是一位教育家、语文学家和作家,他认为书面语言应该反映口头言语,并赞同挪威语言的挪威语化以及对挪威乡村语言的重视。有一段时间,克努森的这些观点影响了比昂斯滕·马丁纽斯·比昂松(Bjornstjerne Martinius Bjornson,1832—1910)——挪威戏剧家、诗人和小说家。他用挪威乡村语言书写了一部著作,但后来却谴责农民以及他们使用的语言和穿着。亨利克·阿诺德·T.韦格兰德(Henrik Arnold Thaulow Wergeland,1808—1845)是挪威的一位左派发言人,他身穿手工制作的衣服,像个农民,是一位极具争议性和影响力的诗人、作家。马吕斯·尼加德(Marius Nygaard,1838—1912)是挪威的一位教育家和语言学家,他与其他同行共同负责博克马尔语的发展,博克马尔语最初被称为瑞斯克马尔语(Riksmaal),它是丹麦语的一种挪威语变体,其正字法在1907年被挪威政府所采纳。挪威语的书面形式有两种变体——博克马尔语和尼诺斯克语，豪根(Haugen 1959，1961，1966)对它们的发展进行了溯源研究，他阐明了为什么语言冲突会有语言的因素，也会有政治的原因。特鲁吉尔(Trudgill 1978)指出，尽管挪威的学生要求学习这两种语言变体，但他们还是可以继续使用自己的方言。

　　语言提倡者对于毛利语的丧失和复活都很重要。直到 19 世纪 70 年代，毛利人都还保持着高水平的双语能力，他们的毛利语识字能力不低。但新西兰战争之后①，新西兰政府决定关闭本国的教会学校，并坚持选用英语为教学媒介语，这标志着毛利语转用的开始。此外，新西兰的城市化大潮以及在第一次世界大战中毛利人的服役活动使得毛利语转用现象速度加快。不过，语言提倡者阿皮拉纳·恩加塔爵士(Sir Apirana Ngata，1874—1950)提出的双语制产生了巨大影响，此人是毛利政治家和律师，他支持毛利文化，如他提倡哈卡舞(haka dancing)和波伊舞(poi dancing)，他也支持毛利文学，如他出版了毛利民间歌曲，但他反对国家分裂，并鼓励那种不会带来语言转用的双语制。截止到 20 世纪 60 年代，没有几个毛利儿童是在说毛利语的环境中长大的(Benton and Smith 1982)。对毛利语的复活做出重要贡献的一个人物是卡塔琳娜·马苔拉(Katarina Mataira)女士，她与特·库美鲁阿·恩戈因格·皮尤亥朗伊(Te Kumeroa Ngoingoi Pēwhairangi)女士一道支持新西兰的毛利语沉浸学习运动(即对毛利年轻人教授毛利语的活动)以及语言巢运动(即得到毛利儿童父母支持的学龄前儿童跟着祖父母一起学习和使用毛利语的活动)(Spolsky 2005，2009b)。

　　综上，所有这些语言提倡者都没有任何直接的威权，他们在发展自己所选的语言时，成功率取决于那些拥有权力的语言管理者或语言管理机构对语言提倡的接受程度，而且，通常都要在语言活动者群体经过一段时间的支持活动后才能见效，例如，爱尔兰的盖尔语联盟，挪威的某一政党，爱尔兰或以色列政府对爱尔兰语或希伯来语发展倡议的采纳。可见，要判断一种语言提倡是否有效是很难的，因为其他的语言管理者或管理机构会做出有关语言改变的决定，例如，儿童父母会决定是否要让自己的小

---

　　① 从 1854—1872 年，毛利人部落与英国士兵以及英国在新西兰的定居者发生战争，目的是要保护毛利人自己的土地(Belich 1986)。

孩在希伯来语或毛利语为教学语言的学校上学；爱尔兰政府会决定是否要让爱尔兰语课成为学校的必修课；北非国家的政府会决定是否要用阿拉伯语来取代法语。总之，语言提倡者对语言转用或语言维持的贡献是难以估计的或者说是一直存在争议的。

10.6 语言管理者

语言管理者，不管是拥有威权的个体还是群体，他们都不需要等待，别人就会实施他们的决定。法国枢机主教黎塞留作为国王路易十三的首席大臣，能够赋予一个文学社团（即法兰西学术院）特别权力，该机构便有权认可巴黎法语的标准性，并推广巴黎法语。后来，法兰西学术院在法国大革命时期又得到雅各宾派的支持，再后来就得到拿破仑的支持，逐渐地就归法国教育部管辖[1]。近来，还得到好几个政府委员会的支持[2]。爱尔兰语和希伯来语都得到本国政府的认可，前者是在 1917 年爱尔兰独立时得到认可的，而后者是英国托管政府在听取了犹太复国主义领导的建议后才增加的，从而使得巴勒斯坦托管地有了三门官方语言。1948 年，以色列独立建国，政府重申了希伯来语的官方地位[3]。

另一位有权势且成功的个体语言管理者是凯末尔·阿塔图尔克（Kemal Ataturk，1881—1938）。他曾是土耳其军官和革命领导者，并成为土耳其共和国第一任总统。他进行了许多改革，其中就包括小学的免费义务教育。阿塔图尔克想要摆脱奥斯曼帝国的传统，并让国家世俗化，于是，他把土耳其语的字母表从波斯阿拉伯（Perso-Arabic）字母改为拉丁字母，同时，还要清除土耳其语中的阿拉伯语借词，而且往往又从法语

---

[1] 尽管很久以后，法兰西学术院才有足够多的法语教师来执行这一政策。
[2] 因为人们认识到，比起语言警察的功能来，法兰西学术院对奖项的授予更感兴趣。
[3] 英国枢密院国王令的条款规定，英语、阿拉伯语和希伯来语都是英国托管政府统治下的巴勒斯坦的官方语言（这些语言的地位比大多数人所想象的要受到更多的限制，因为托管政府把学校教学语言的选择权分别交给了独立的犹太人区和穆斯林区）。1948 年以色列独立之后，上述条款的内容除了把英语剔除外，其余的均得到保留。但英语依然用于以色列法律书籍的出版以及其他司法和商业活动。2018 年，以色列有一部法律把阿拉伯语从官方语言名单中移出，于是，阿拉伯语就成了以色列具有特殊地位的语言，政府之后还补充说现在的官方语言政策跟以前的没有两样（也许是正确的）。

中借用词汇,以便可代替前面被清除的词汇①。这一语言改革的结果是导致了较多人的语言转用现象,因为改革使得现代的土耳其人无法理解早先的土耳其语文献(Brendemoen 1998,2015;Lewis 1999)。尽管阿塔图尔克制定的语言政策是开放和世俗的,但该政策强调延用奥斯曼帝国时期驱逐或谋杀基督徒的政策。截止到 1860 年,在奥斯曼帝国的人口中,有 20% 的基督徒,但到了 1920 年,仅有 2%②。

一个类似的要清除自己语言中阿拉伯语影响的人是伊朗的礼萨·沙·巴列维(1878—1944)。这是一位有权势的独裁者和语言管理者,1925 年他得到英国的任命去统治伊朗,1941 年由于英国和苏联的侵略而被迫退位。在他执政时期的许多改革中,对象都是神职人员,他严禁穆斯林妇女用罩袍(chador)来遮盖头部和上身,而要求大家选用西方服饰。由于深受土耳其阿塔图尔克的影响,他也开始清除波斯语中的阿拉伯语借词,但未能取得什么成果(Perry 1985)。

苏联有两位国家领导是声名显赫的语言管理者。列宁愿意认可大多数全国各地的地方语言,并认为这是向大家传播共产主义理念的最快方式。甚至在十月革命之前,列宁就跟他的伙伴们探讨了语言和国家之间的关系问题。在 1914 年的一封书信中,列宁就指出语言的自由与平等是主体民族和少数民族的共同权利,其中就包括学校和公共机构可使用民族语言的内容。苏联宪法也响应了这种权利。列宁把这看作是国家为了实现完全同化和共产主义而必须经历的一个过渡阶段(Grenoble 2003:35)。斯大林继承了列宁的这一语言政策,但时间很短。后来有一年,乌克兰小麦歉收,斯大林感到震惊,并越来越表现出俄罗斯霸权的态度。1930 年,他打击了他称作的"地方民族主义"现象,其中就包括对"民族语言的过分尊重"。这一行动影响到许多地方语言的发展,尤其是土库曼斯坦、高加索、鞑靼利亚(Tartaria,该术语原本是西欧文学对亚洲大部分地区地图学中使用的总称,这里是指如今俄罗斯联邦的鞑靼共和国。译者

---

① 土耳其这一语言行为的根据是"太阳语言理论"(Sun-Language theory),该理论是奥地利语言学家赫尔曼·F. 克沃基奇(Hermann F. Kvergić)提出来的,他指出世界上所有的语言(包括法语)都是从最初的土耳其语中演化而来的。阿塔图尔克接受了这一理论,并依此来发展这种伪科学概念。

② 这方面的案例参见这个文献(Akcam 2013)。

注)、乌克兰和白俄罗斯的地方语言(Lewis 1972：71)①。从 1938 年起，苏联的语言政策就开始实行俄罗斯化，其中一个内容是用西里尔字母取代罗马字母以及波斯—阿拉伯字母。

李光耀于 1959 年当选为新加坡独立以来的首位总理，而且，他在这个位置上一直干到 1990 年；之后，他就担任内阁资政，直到 2011 年。此后，他还担任议会成员，一直到生命的终点，即 2015 年。他认为在新加坡现代化的发展过程中，语言改革是他的主要任务之一。李光耀从小就会说峇峇马来话(Baba Malay，即闽南话和马来语的混用，译者注)，这是一种深受福建话影响的克里奥尔语。他接受的是英语教育，但为了获得数量庞大的华人选民的支持，他又学会并使用福建话和华语。当他被选为新加坡总理后，就开始在新加坡所使用的 30 种左右的口头语言中选择了四门语言为新加坡的官方语言，它们是马来语(作为国语)、英语和华语(作为主要的政府语言和教育语言)、泰米尔语。在新加坡，英语得到重视，但 1979 年开始有了"讲华语运动"。许多华人的实际母语是各种汉语次方言，但它们都被污名化，并统称为方言。新加坡在经济上取得了成功，很多人都把它归功于李光耀出色的语言管理(Chew 2014)。

另外两位进行过语言政策管理的政治领导是菲律宾总统曼努埃尔·奎松和朝鲜国家领导人金日成②。1936 年，奎松要求相关机构建立一个国语研究院。西巴扬(Sibayan 1974：224)指出，奎松提出上述要求的理由跟挪威语改革家伊瓦尔·阿森在同一年提出的观点大同小异。一年以后，奎松宣称他加禄语(Tagalog)为菲律宾的国语。1940 年，他要求出版一本他加禄语语法书和一部该语词典。所以，奎松后来被称为菲律宾语(Filipino)之父③。

朝鲜的语言意识形态和语言政策都被国家所垄断。朝鲜族学者宋(Song 2001)指出，金日成是朝鲜的最高领导，他从 1948 年建国到 1994 年去世都一直统治着朝鲜。他在两次讲话中提出了他最根本的主体思想

---

① 1932 年，斯大林签署了"有关乌克兰、北高加索和苏联西部地区的粮食购买"政令，从而引发乌克兰大饥荒(Holodomor)，并导致 400 万乌克兰人死于这场大饥荒。此外，斯大林还命令这些地方的官员要把他们的官方文件和学校教育从乌克兰语转向俄语，并停止发行乌克兰语报纸(Applebaum 2017)。

② 我很感谢罗伯特·开普兰，是他让我对这两个案例感兴趣的。

③ 刘易斯(Lewis et al. 2016)解释道，菲律宾语是在他加禄语的基础上发展起来的，然后再增加一些来自其他区域语言的词汇。

(ideology of Juche)——自主自立之意。根据该主体思想,平壤方言是朝鲜语中最能表现朝鲜文化的一种变体,故号召大家要使用朝鲜语词汇,而不是外语词汇(如中文词汇),并规定学校要对所有的儿童都教授改革后的朝鲜语,还要修订以前使用老式朝鲜语发表的文献(Terrell 2007)。

这些权威的语言管理者在性格上都比较强势,他们没有遇到任何反对者①。这就有助于我们理解为什么我认作的语言提倡者都存在于更加自由或民主的环境里,他们对于国语的选择无法做出重大改变。加拿大案例有助于我们理解这一点。

《魁北克法语宪章》,即 1977 年通过的《101 法案》,是以雷内·莱维斯克(Rene Levesque)为首的魁北克政府所取得的一个重大成就,但是,莱维斯克自己在语言观方面似乎并没有什么极端的表现。加拿大总理艾略特·特鲁多(Elliot Trudeau)曾经建立了皇家双语双文化委员会(Royal Commission on Bilingualism and Biculturalism)。1969 年,加拿大根据该委员会的建议通过了《加拿大官方语言法》。该法把法语跟英语一起列为整个加拿大的官方语言。但加拿大是一个民主联邦制国家,因此,《加拿大官方语言法》的实施在每个地方是不一样的:仅有魁北克省才实行法语霸权政策,其他省份多数都依然以英语为强势语言。美国一直想要把英语树立为联邦政府层面的官方语言,但都未能如愿。在以色列,政府也一直努力地想要降低阿拉伯语的地位,但都以失败而告终。不过,直到最近,以色列右翼政府才通过了一部民族国家法,从而实现了降低阿拉伯语地位的愿望。但是,即便是民主社会的政策,它也要依靠政党和政府的力量。于是,语言提倡者(不管是个体,还是群体)都试图要影响这些政党和政府。不过,在更加极权的国家,一位强有力的领导能够轻而易举地成为国家层面的语言管理者。

个体的语言提倡者和语言管理者之间存在一定的差别,这反映在群体和机构不同的有效行动潜力上。语言活动者群体,如爱尔兰的盖尔语联盟以及新西兰的毛利语沉浸学习运动,他们都保持着语言提倡者的角色,并做了许多语言学院所从事的事情,直到有朝一日政府授予他们正式的威权(Spolsky 2011a)。正式的语言学院,如法兰西学术院、希伯来语学院或盖丘亚语高级语言学院——科罗内尔-莫利纳(Coronel-Molina

---

① 豪根(Haugen 1987:58)喜欢使用这个术语"万能的"(omnipotent)。

2015)把该学院描述为一个无力克服西班牙语霸权地位的学院,它们都缺乏极权统治者所拥有的那种威权,甚至还缺乏教育部长所拥有的那种威权。因此,语言学院无法真正地影响语言政策,而语言政策却会受到历史、政治、社会、民族和经济等因素的影响(Spolsky 2018b)。像法国这样的语言管理,甚至其主要的中央化语言项目都无法根除法国边沿地带的语言(如布列塔尼语和奥克西坦语),这就为法国语言复活项目的建设奠定了基础,而且,这也为法国面对新的移民潮(如在 2010 和 2016 年期间,法国就新增了 50 万的阿拉伯语移民)所带来的挑战奠定了基础。另外,斯大林也无法消灭乌克兰语。

纵观个体语言提倡者所做的工作,那么,我们需要再次提出语言管理中的这个基本问题:语言能够管理吗?语言提倡者必须说服语言管理者,但还有许多因素会影响语言的管理,哪怕是有威权人物的语言管理也是如此。每个社会都会有许多不同的群体,他们都会有自己强烈的语言意识形态。例如,常被人引用的依地语使用者和新教中阿曼门诺派教徒为了自己的社会隔离而有意增加语言障碍。可见,即使在人类需要面对语言霸权和经济全球化的时代,语言多样性也依然存在[1]。

---

[1] 这方面的内容可能会成为有规划收集活动的主题(Or et al. 2021)。

第11章　超国家组织条约、宪章及其他文件中的语言权

11.1　人权和语言

国际上有许多学者都赞同语言权存在的必要性及其重大的意义,如梅(May 2012)、菲利普森和斯古纳伯-康格斯(Phillipson and Skutnabb-Kangas 1995)以及罗曼(Romaine 2008)。斯古纳伯-康格斯和菲利普森(Skutnabb-Kangas and Phillipson 1995)把语言权看作是一种公理,它是普遍人权的一个内容,缺了它社会就容易发生冲突。然而,基比(Kibbee 1998)曾汇编过一本学术论文集,论文全部来自1996年召开的一个有关语言立法和语言权利大会的发言稿,他在该书的引言部分写道:因为语言是在言语社区中发展起来的一种社会结构,它不具有肤色或性别一样的遗传特点,而且,语言在使用环境和政策应用方面都不具有普遍性,但存在地方性。阿索兹(Arzoz 2007)指出,人权和语言权之间有差别:人权现在通常被大家所接受,具有普遍性,而语言权要得到认可,则还需要做出解释,且理由还不够充分。现在还有一些人,如帕夫连科(Pavlenko 2011),就根本否定语言有权利,但他们赞同语言使用者有权利的观点,拉波夫(Labov 2008)也持这种态度。为了避开这个争议,我将简化我的方法,即把研究重点放在选择和使用语言的权利上,因为这些权利往往都会出现在各种国际宪章和条约上,但是,当人们要实施这些语言权时,这就取决于民族国家的语言管理了,这正是本书下一章(即第12章)要探讨的话题。

里希特等(Richter et al. 2012)认识到要建立任何语言权的通用模

式都会存在问题。英戈·里希特(Ingo Richter,这里的里希特与上一行的里希特不是同一人,查看后面的参考文献便知,译者注)在四人合写专著的引言部分中指出,跟语言相关的权利并未包含在1948年的《联合国世界人权宣言》(Universal Declaration of Rights on the United Nations)或者是两年之后的《欧洲人权公约》(European Convention of Human Rights)里。然而,少数民族语言权却出现在如下国际组织的文件中:1966年的《公民权利和政治权利国际公约》以及《联合国人权宣言》(United National Declaration of Rights),1992年通过的《关于民族或族裔、宗教或语言少数群体的权利宣言》(Declaration of Rights Belonging to National or Ethnic, Religious or Linguistic Minorities)以及同一年通过的《欧洲地区语言或少数民族语言宪章》(European Charter for Regional or Minority Languages)。另外,2007年的《联合国土著人权利宣言》(UN Declaration of the Rights of Indigenous Peoples)也呼吁大家要保护濒危语言。

  斯古纳伯-康格斯和菲利普森(Skutnabb-Kangas and Phillipson 1995)总结了内含语言权条款的各种条约和国际公约,但他们的材料收集仅截止到该编著的发表之年。在研究中,他们首先发现,具有普遍性的人权宣言已经历了五个发展阶段。第一阶段是有关个人自由的陈述,个人自由包含民权和政治权,而民权和政治权都是从个人人权和去殖民化活动中发展而来的,其中的去殖民化活动就表达了人们的自决权。第二阶段增加了经济、社会和文化权。第三阶段则出现了"和谐共处权"(solidarity right),例如,人们有权享有和平以及未遭破坏的环境。这是前三个阶段的核心特点,还有两个阶段将在下文提及。在1815年之前,国际上已出现过一些保护宗教少数群体但不保护语言少数群体的双边条约。在这一时期,国语通常得到重视,人们都必须学习它,但少数民族语言却被污名化。不过,1815年结束的维也纳会议开始有了少数民族保护的内容。在波兰,波兹南(Poznan,波兰中西部城市,译者注)的波兰语得到保护,这是一种例外现象,因为该国政府没有认可任何其他的语言少数群体。相比之下,奥地利宪法在1867年认可了本国使用的所有语言。

  第三阶段介于两次世界大战期间,该阶段出现过一些有关语言少数群体的保护措施。第一次世界大战后签订的《和平条约》在内容上包含了保护少数民族语言权的条款,尤其是保护人们在私人会话、商务、宗教、新闻及其他出版领域中语言使用权的条款。公民也有权在法庭使用自己的语言(包括口头语言和书面语言)。只要有足够多的人数,小学教学可用语言少数群体的语言来进行,但学生同时还必须学习国语。这些条款在匈牙利、罗马尼亚、南斯拉夫以及土耳其的少数民族当中得到较好的应用。这些语言权若没能得到执行,条约中还有可向国际联盟投诉的条款,但这种行为如果说有效的话,也是微乎其微的。1922年,国际联盟表达了它的如下期待:其他国家在语言权的实施上也能紧随其后。但在20世纪30年代初,国际联盟拒绝了关于把语言权的保护变成具有普遍性的提议。

在第四阶段,第二次世界大战之后国际上出现了许多有关普遍人权的宣言,但没有涉及少数民族权或语言权的内容(Capotorti 1979)。仅在1975年之后,人们才开始关注少数民族群体,但语言权问题依然不在其中。

在第五阶段,有些国家的宪法和法律开始认可少数民族的语言权,但区域性和世界性公约仍甚少涉及语言问题。例如,在欧洲制定的各项政策中,移民少数群体往往被排除在外,所以,这里的流动劳工、难民和庇护寻求者都不被认作是少数民族群体。尽管克洛斯(Kloss 1971)研究过移民的权利问题,但人们通常会认为"移民来到一个新的国家后,他们会学习该国的强势语言,而且,在大多数西方国家,移民想要获得公民身份,他们就需要学习这些国家的强势语言"(Kymlicka and Patten 2003:7)。如今世界上只有诸如加拿大和以色列了了几个国家会认为,为移民教授当地国家的国语是当地国家接纳移民活动的一个合理内容,而且,这些国家还为移民设立了特别的语言课程。

11.2　少数民族的语言权

斯古纳伯-康格斯和菲利普森(Skutnabb-Kangas and Phillipson 1995)列举了一些国际机构为了土著少数民族的语言权而付出的努力。欧洲小语种管理局(European Bureau for Lesser-Used Languages)是一个由欧洲议会在1982年设立的非政府组织,它还得到欧洲委员会(Council of Europe)和欧盟委员会(European Commission)的支持。但是,该管理局于2010年停止了运作,因为给它运作的资金断供了。该管理局的使命是支持欧共体成员国和地区的少数民族群体。2011年,欧洲一个新的组织——欧洲语言平等网络处（European Language Equality Network）诞生了，其代表来自原先欧洲小语种管理局的成员国，其目标是监督欧盟和欧洲委员会有关语言方面的内容，同时还监督其他涉及语言问题的欧洲司法以及有关支持成员国少数民族语言的各种活动。该机构与欧盟一道监督语言歧视，支持少数民族语言的数字化发展，并帮助少数民族充分利用诸如伊拉斯谟计划（Erasmus）之类的教育交换项目。

欧洲议会通过了一个决议，该决议鼓励各成员国和地区政府提高少数民族语言在教育中的使用。例如，把少数民族语言纳入从幼儿园到大学的教育体系中；当有人提出要求时，幼儿园可使用这些少数民族语言；在学校课程中，加入这些少数民族的文学课和社区历史课（Arfe 1981）。几年后，欧洲议会通过了第二个决议，该决议号召大家在教育、地方行政和大众媒体中使用少数民族语言（Kuijpers 1987）。上述两个决议助推了1992年《欧洲地区语言或少数民族语言宪章》的通过，之后，有25个欧洲国家批准了该宪章。该宪章的第二部分提出了如下八个基本原则：

- 把地区语言或少数民族语言看作是文化财富的一种表达。
- 尊重每一种地区语言或少数民族语言所处的地理区域。
- 需要采取果断行动来促进地区语言或少数民族语言的发展。
- 促进和（或）鼓励人们在口头和书面表达中以及在公共和私人生活中使用地区性语言或少数民族语言。
- 在所有合适的教育阶段，提供各种形式和渠道的地区语言或少数民族语言教学及研究。
- 促进各种相关的跨国交流。
- 在有关地区语言或少数民族语言的使用方面，严禁各种不合理的差别对待、排斥、限制或偏爱，同时，也严禁那些想要阻碍或危害这些语言维持或发展的差别对待、排斥、限制或偏爱。
- 促进各国所有语言群体间的相互理解。

《欧洲地区语言或少数民族语言宪章》的第一部分列出了68个具体的承诺，每个正在申请的国家都必须完成其中的35项。例如，这些国家需要同意设置本国的一种地区语言或少数民族语言为某学校的教学语言,或者是同意在某些教育阶段教授该语言。同样地,这些国家需要同意建立用这些语言播报的电台或电视台,或者是鼓励用这些语言播报的广播电视节目。该宪章使用了可以弱化该协议色彩的一些表述,如"尽可能""在人数足够的情况下""小学生足够多的地方"。每隔五年,申请国必须提交一个有关该宪章实施情况和未来计划的报告。这些工作都是一个专家委员会和部长委员会的事情。斯古纳伯-康格斯和菲利普森(Skutnabb-Kangas and Phillipson 1995:92—93)指出:这些指示和宪章都"充满各种理解上和实施上的困难",各种倡议和计划经常都是"有头无尾"或者被"束之高阁"。他们俩还指出,欧洲委员会的各种决定对其成员国缺乏法律上的约束力,而且,决定中的条款到处都是漏洞(如"尽可能""在合适的地方")。

接下来,斯古纳伯-康格斯和菲利普森提到的是欧洲安全与合作组织(Organization for Security and Cooperation in Europe),该组织成立于20世纪50年代初,它促成了1975年签订的《赫尔辛基协议》(Helsinki Accords)①。该协议以及后来的相关文件,如1990年的哥本哈根文件(Copenhagen Document),都坚持认为各成员国的少数民族有权保留自己的民族、文化、语言和宗教身份,同时,他们也有权获得自愿型和公共型的援助,以便可以建立自己的教育机构,进而不会被强行同化掉。欧洲安全与合作组织表达了自己的意愿:在未来的各种会议中需要考虑流动劳工的权利。在该组织所处理的许多事务中,少数民族的权利都是不可或缺的内容。2003年,该组织还发布了有关少数民族语言在广播媒体中使用的准则。

1992年,联合国大会通过了《关于民族或族裔、宗教或语言少数群体的权利宣言》。该宣言的第2条指出:

> 属于民族或族裔、宗教或语言少数群体的人们(以下统称为少数民族)有权享有自己的文化,有权信奉自己的宗教并从事跟该宗教有

---

① 该协议得到欧洲安全与合作委员会(Commission for Security and Cooperation in Europe)的支持。欧洲安全与合作委员会也称美国赫尔辛基委员会(US Helsinki Commission),这是一个独立的美国政府委员会,成立于1976年,由美国18位国会的众议员和参议员以及3位由美国总统任命的助理国务卿所把控,其目的是"通过提高57个国家的人权、军事安全和经济合作来发展美国的国家安全和国家利益"。

关的活动，有权在私人和公共场所自由地使用自己的语言，并不遭受任何干扰或歧视。

《欧洲地区语言或少数民族语言宪章》中的大多数条款都使用了"shall"（将要，应该）这个词，但斯古纳伯-康格斯和菲利普森（Skutnabb-Kangas and Phillipson 1995：97）指出，这种表达用在教育领域就显得语气太弱："国家应该采取适当措施，所以，有些地方可能……"

联合国于 2007 年发布了《联合国土著人民权利宣言》（United Nations Declaration on Indigenous Rights），里面的条款用词就更加强硬。该宣言得到绝大多数国家的认可，但最初却遭到澳大利亚、加拿大、新西兰和美国的拒绝，不过后来这些国家都改变了自己的立场，但依然认为作为一种宣言它在国际法中缺乏法律威权。格林（Green 2019）也认为这个宣言存在瑕疵，并列举了澳大利亚一些土著人民权利被剥夺的案例。她最后说，该宣言的基本问题是它以"西方标准"为基础，并给予各国政府太多的行使权力。

总之，由于情况复杂，国际组织需要花费很多精力才能与成员国达成协议，此外，还要花费很长时间才能说服各成员国政府接受这些人权宣言和国际条约。事实上，国际组织必须认可国家主权，这就意味着国际组织不需要把人权宣言的实施情况写进协议中。换句话说，国际组织的功能更像是语言提倡者，而不是语言管理者。国际组织可以提出自己的建议，并劝说各国政府采取行动。另外，那些遭受语言歧视的群体若提出申诉，并指控某国违反了国际组织有关地区性或国际性的人权原则和权利内容时，这也可促进这些国家的政府采取行动。

格林（Green 2019）追述了《联合国土著人民权利宣言》的发展过程：最初，该宣言的雏形来自危地马拉一名律师的理念。该律师名叫奥古斯托·威廉森·迪亚兹（Augusto Willemsen Diaz），他想要把土著人问题和少数民族问题分开来处理。这就促使了 1982 年工作小组的成立，该小组由独立专家构成，没有政府官员。1988 年该小组完成了初稿，1993 年完成了修改和编辑。1994 年，该小组的一个分委会向联合国人权委员会提交了一个提案，于是，联合国人权委员会次年又组建了一个新的工作小组，其人员由各成员国代表构成，另还聘请了一些土著人。经过 11 年的谈判，修改后的权利宣言最终被联合国人权委员会所接受，接下来就是进入与非洲国家谈判的阶段。因为非洲国家在此之前并没有认识到该权利宣言适用于他们。2007年,该权利宣言在联合国大会上通过,但有4个国家(上文提到过)投了弃权票,经过25年的协商后,大家都做了妥协。尽管澳大利亚最后签署了该宣言,但是,格林(Green 2019)指出,该国的土著人并没有把该宣言当作自卫的武器来保护自己,据报道,这里有许多违反该宣言的案例,如遇到跟土著人相关的事情却未跟土著人协商,违反土著人的人权,霸占土著人部落的土地。

11.3 语言权的区域性认可

如果查看一些区域性政策,我们就会发现它们已经把国家主权是否可以干预超国家组织权利宪章的问题解释得很清楚了。哈梅尔(Hamel 1995)指出,普遍人权的概念与南美单语单文化民族国家的意识形态格格不入(也可参看 Spolsky 2018b)。南美国家对待土著人的基本方法是"去印第安化"(de-Indianise)。这里大多数国家的宪法根本都没有提及土著少数民族,甚至那些本着自由和实证思想而制定的宪法对此也只字未提。不过,在一些地方性的教育条款中,有涉及土著人的内容,其中就包含对土著语言教育的支持,因为人们开始越来越尊重法律和人权,但跟所有的区域性协议都没有任何关系。

麦卡蒂(McCarty 2012)在了解了美洲的土著语言政策之后,就开始用联合国于2007年发布的《联合国土著人民权利宣言》来解释人们对土著语言的情绪变化,她发现各种地方化的以及基层的核心倡议虽然部分地认可土著语言的地位,但其制定基础并不是联合国的该宣言。麦卡蒂(McCarty 2012:568)最后总结说,"在整个美洲,语言压制、种族歧视和经济失衡是生活中的现实",土著人只有自强才有出息。

苏联制定中央化的语言政策,并控制着所有的语言政策,后来还越来越喜欢把俄语强加给那些使用其他语言的地区(Grenoble 2003)。但自从苏联解体后,各个新独立的国家都赶紧确立自己国语的地位,并使用自己的国语(Hogan-Brun and Melnyk 2012),从而改变了之前由于实行俄罗斯化语言政策给其他语言所带来的降级现状,但这些国家并没有认可本国所有的少数民族语言。在亚洲和太平洋地区,正如巴尔道夫和阮

(Baldauf and Nguyen 2012)在描述高度多语地区时所说,现在各国的主要语言问题是英语的全球化传播,而且诸如东南亚联盟(简称东盟)这样的区域性国际组织在语言实践方面还助长了英语的全球扩散(Kirkpatrick 2017)。

11.4 欧盟

随着 1993 年《马斯特里赫特条约》的生效,欧盟就此诞生。根据该条约,欧盟各成员国必须把自己的部分自治权转让给欧盟。于是,欧盟就成了坚持国家主权观念中的一个例外。随着欧盟朝着联邦制方向的发展,欧盟的中央行政管理体系承担着越来越多的功能。但关键的是为了语言政策的目的,各成员国在文化上依然保留着自己的自治权(Ammon 2012),在涉及到语言的问题上也是如此。

如同欧盟创建条约中第 217 条所规定的那样,欧盟的一个核心原则是多语制,这就要求欧盟下属的所有机构在制定语言政策时都必须得到所有成员国的投票通过。欧盟还为自己的每一个机构都制定了具体的规则。例如,在欧洲委员会、各国元首大会、欧洲议会以及部长理事会上,任何人都可以使用自己的国语。

这个要求给语言资源部带来较大的压力,因为他们要提供翻译服务,而欧盟共有 24 门官方语言,这就要求会议厅有足够多的小隔间供翻译人员使用①。所有的官方文件都必须翻译成 24 种语言,所以经常导致委员会的会议推迟。尽管所有成员国的语言都被看作是欧盟的"官方语言",但仅有三门语言——英语、法语和德语是欧盟的"程序性语言"(procedural language),即用于欧盟各个机构日常工作的语言。

加佐拉(Gazzola 2006)在研究完欧盟各种不同的潜在语言机制(language regime)之后,发现多语的方法符合欧洲议会的语言目标,而且这并没有给他们带来不可持续的成本增长。欧盟两个自治的机构制定了简单的语言政策:法院使用法语,而欧洲中央银行(European Central Bank)

---

① 欧洲议会长年雇用大约 270 名口译人员,还经常聘用 1500 名得到认可的非正式口译人员。欧洲议会每次召开全会时都有 700—900 名口译人员。此外,欧洲议会还雇用大约 600 名笔译人员,而且,还有大约 30%的翻译工作外包给自由笔译工作者。

则使用英语。

阿蒙(Ammon 2012)认为,多数欧洲国家都接受"一个国家,一个民族,一种语言"的理念,于是,它们国语地位的维持就建立在此基础之上。欧盟成员国除了有国家官方语言外,还有地区官方语言(如加泰罗尼亚语)。在上文谈过的《欧洲地区语言或少数民族语言宪章》的保护下,欧盟国家还有一些"土著少数民族语言",但有些土著少数民族语言未能得到该宪章的保护,因为它们的所在国尚未批准该宪章或者是因为它们还没进入国家的地区语言或少数民族语言名单。此外,欧盟成员国还存在一些外源性少数民族语言和移民语言,而当前的一些公约无法为它们提供任何保护。芬戈尔德(Faingold 2020)总结了欧盟的少数民族语言状况:这些语言在某种程度上受到欧盟法律的影响,如 2004 年欧盟的宪法草案和《里斯本条约》(Treaty of Lisbon),但它们主要还得依靠所属国的法律和政策,各国对本国一些较大的少数民族语言,如西班牙的加泰罗尼亚语、巴斯克语和加里西亚语(Galician),都会有不同的认可态度。

欧盟把有关语言和教育的政策问题主要都留给了那些具有主权的成员国来处理,但它强烈建议各成员国要教授两门外语。欧盟之所以要加上第二门外语,目的是为了消除外语教学中的一种趋势:各成员国都只教授具有全球性特点的英语。只教英语的这种现象遭到一些学者(如 Phillipson 2003,2017)的强烈反对。英国脱欧之后,有人猜测英语在欧盟的地位会发生变化:莫迪亚诺(Modiano 2017)推断这可为欧洲一种新的通用语——"欧洲英语"的发展提供机会,但多数人都认为英语在欧盟各机构的角色不会改变。

11.4.1 欧洲委员会

欧洲委员会的创建早于欧盟,它成立于 1949 年,当时比利时、丹麦、法国、爱尔兰、意大利、卢森堡、荷兰、挪威、瑞典和英国签订了一个条约,标志着欧洲委员会的诞生。2019 年,该委员会共有 47 个成员国。其宗旨是维护欧洲的人权、民主和法制。

尽管欧洲委员会不能立法,但它能落实一些国际协定。它建立了欧洲人权法院(European Court of Rights),从而可以实施《欧洲人权公约》(European Convention on Human Rights)。在人人享有公正审判权的框架下,里面还包含了人人享有语言翻译服务的权利。该公约的第 14 条涉及有关杜绝歧视的内容，其中还包括杜绝基于语言的歧视。该公约的第 2 条包含了儿童的教育权，他们有权根据父母的宗教及其他世界观来选择自己的学校，但该条款并没有给出详细的内容。斯古纳伯-康格斯和菲利普森（Skutnabb-Kangas and Phillipson 1995：86）解释道：法院要对教育做出裁决，其最好的办法就是给予每个成员国权利，让它们自己来决定自己的教育语言。

然而，欧洲委员会在 1954 年实实在在地颁布了一个文化公约（Cultural Convention），并得到各成员国的批准。其目的是为了：

> 促进欧洲各族人民的相互理解以及对彼此文化多样性的相互欣赏；保护欧洲文化；提高各国对欧洲共同文化遗产建设的贡献，而且，该文化遗产必须是能够反映人类相同核心价值的遗产；特别是，鼓励大家对公约签署国的语言、历史和文明的学习。

可见，欧洲委员会远离了早期国际组织以及其他区域性联盟的语言政策。那时候的国际组织把自己的语言使用限制在法语上，第一次世界大战之后则限制在英语中。那时候的区域性联盟也仅用一门官方语言，如阿拉伯联盟（League of Arab States）仅用阿拉伯语，东南亚联盟选用英语，中非货币共同体（Monetary Community of Central Africa）使用法语。尽管欧洲委员会只有两门官方语言（即英语和法语）和三门附加的工作语言（即德语、意大利语和俄语），但它为了鼓励大家教授外语而付出了很大的努力。

欧洲委员会有两个专门处理语言问题的机构：一个是欧洲现代语言中心（European Centre for Modern Languages），它成立于 1994 年，坐落在奥地利的格拉茨（Graz）。另一个是语言政策计划署（Language Policy Program），它位于法国的斯特拉斯堡（Strasbourg），是《欧洲地区语言或少数民族语言宪章》的秘书处。欧洲委员会的主要活动是发展《欧洲语言共同参考框架》（Common European Framework of Reference for Languages）（Council of Europe 2001，2018）。该框架由英国、瑞士和法国学者构成的写作小组领导众人共同完成①，他们咨询了 20 个成员国的代

---

① 写作小组的成员分别是约翰·L. M. 特里姆（John L. M. Trim，以前在剑桥大学就职）、达尼埃利尔·科斯特（Danielil Coste，就职在枫特奈/圣-克罗德高等师范学校）、布莱恩·诺思（Brian North，就职在瑞士欧洲中心）和约瑟夫·希尔斯（Joseph Sheils，就职在欧洲委员会秘书处）。

表。该框架的目的是要阐明外语教学与评价的共同标准,并成了欧洲外语领域(Nikolaeva 2019)及其他领域(Read 2019)的一个主要工具。可见,欧洲委员会尽管没有立法权,但它在学校语言的教学与评价方面起着重要的作用。

帕拉辛等人(Palacin et al. 2015)有一次讨论过西班牙和法国在对待本国的巴斯克语方面所表现出来的差别。他们指出,巴斯克语曾经遭到西班牙国王佛朗哥的迫害,但现在却得到西班牙宪法的保护。在法国,法语在宪法上处于霸权地位,这就意味着法国的巴斯克语只能从欧洲有关语言权的政策中寻求保护,但帕拉辛等人怀疑这是否有足够的作用。

11.4.2 权利的提倡

在语言管理方面,欧盟和欧洲委员会的主要工作都是关注其官方语言的发展情况。尽管它们都有许多文件强调了多语制的重要性以及各成员国需要认可《欧洲地区语言或少数民族语言宪章》中所涉及的语言,但实际结果是,在这两大机构的各个部门中出现了越来越多的单语现象,而且,英语也越来越强势(Varennes 2012:161)。此外,有相当高比例的儿童上学时却不懂得学校的教学语言,这一事实清楚地表明,学者日益支持的语言人权在现实中并没有得到落实。正如人类在解决气候变化问题方面所表现出来的失败一样,人类在语言政策方面也是如此,许多哲学、学术和科学观点与数据在不断变化的实践面前显得极其乏力无效。

第 12 章　作为语言管理者的民族国家

12.1　谁在乎？

20 世纪 60 年代被颜诺和奈科瓦皮尔（Jernudd and Nekvapil 2012）称为古典语言规划时期，此时该领域的大多数研究都是从民族国家（而且都是新独立的民族国家）的层面开始的，到了该时期的结尾阶段许多语言政策和语言管理（也就是他们称作的语言规划）的研究还是集中在民族国家的层面上[①]。为了能够更好地阐明现实中有许多因素都会影响语言政策以及在语言管理中还有许多相互竞争的行为都会阻碍国家层面的语言干预，所以，我改变了内容演示的顺序：如在本书的结构安排中，我首先分析个体和家庭的语言政策，然后才探讨其他更高层面的语言政策。我想通过这种方式来探讨个体和集体社会语库的变化发展。但是，民族国家毫无疑问是国家语言政策发展的主要力量。我深深地认识到世界上有些国家（尤其是英语核心国家）老是把本国的语言选择看作是理所当然的事情。有些国家使用两门或两门以上的官方语言，这些语言相互竞争，从而导致国家最有可能出现严重的而且具有争议性的语言问题。

我以前已经讲过，探讨国家层面语言政策的最好方法是使用语言政策三成分模式——语言实践、语言信仰和语言管理，然后是调查语言管理

[①]　20 世纪 60 年代，许多国家的经济和语言规划都纷纷失败。这导致我更喜欢使用语言管理这个术语，而不是语言规划，也喜欢这样使用术语的还有捷克语言学家，如诺伊斯图普尼和奈科瓦皮尔（Neustupný and Nekvapil 2003）。语言管理这个术语具有一种附加的魅力，它使人想到修改和变化的可能。但是，有些专家可能比较固执，他们会继续使用语言规划和语言政策术语或者简称为 LPP。

是否适合语言实践以及语言管理是如何受到语言信仰或语言意识形态影响的。最后,我们要明白国家对语言的干预有多大的成功以及国家层面的语言政策是如何因为以下三个原因而弱化的:第一,无法辨清人们真正的语言实践;第二,无法看清在不同层面以及在许多语言域都得宠的语言政策;第三,无法认清那些干扰语言政策实施的非语言因素。

民族国家的语言管理行为最好是建立在以下两个基础上:一是政府对国家作为一个言语社区的语言实践的掌握程度;二是政府对各种语言变体的作用及价值的语言信仰状况。这就是为什么福特基金会在关注一些新独立的非洲国家时要资助一些相关的语言调查项目(Ford Foundation 1975),这些项目详细地调查了如下几个非洲国家的语言使用情况:埃塞俄比亚(阿姆哈拉语是官方语言)、肯尼亚(英语跟斯瓦希里语一道依然是法定官方语言)、坦桑尼亚(斯瓦希里语是事实上的国语)、乌干达(英语是法定官方语言,而斯瓦希里语是法定工作语言)和赞比亚(英语依旧是法定官方语言)。

尽管大家似乎都明白,一个民族国家的语言政策必须基于或者至少需要考虑到全国人民的语库情况,但在实际情况中,要对此做出准确的决断是很困难的。甚至我们要判断社会上有多少种语言变体这样一件事都不容易,因为大家对于什么是语言都还存在分歧。如前文所述,即使在得到国际标准化组织(ISO)批准以及得到大家认可的世界语言出处列表中,其中的政治因素也要多于语言因素。尽管学界对于语言概念的规定标准是语言之间的互懂度(mutual unintelligibility),但是,南斯拉夫时期组建的语言(如塞尔维亚—克罗地亚语就是随着南斯拉夫的成立而新组建起来的语言,译者注)能够得到快速的认可,这说明语言的界定是政治性的:语言是带着国旗的语言变体。此外,世界上还有许多语言的实际名称是不确定的。于是,《民族语》在处理大多数语言的名称时首先是满足自己的选择,然后再给出几个其他名称供参考(Eberhard et al. 2019)。

为了部分地解决语言名称的混乱问题,国际标准化组织出台了 ISO 15924 文件,并列举了将近 500 种的语言书写体系,但这必须得到统一码联盟(Unicode Consortium)的授权。统一码联盟是一个非政府间国际组织,里面有一位注册主任和六位专家成员,这些人会根据最常见的语言名来决定四字母码(four-letter code),如用"Hebr"代表"Hebrew"(希伯来语),用"Latn"代替"Latin"(拉丁语)。他们还会决定书写体系的数字码

213

(numeric code),如用 100 至 199 的数字来代表基于右侧的字母表,用 200 至 299 的数字来代表基于左侧的字母表,993 则用来代表绘文字 (Emoji,这是一个来自日语的单词,指无线通信中所使用的视觉情感符号,可用来代表多种表情)。例如,国际标准化组织提出过 ISO 639—1, 639—2 和 639—3 三种分类系统,它们分别为那些得到认可的语言列举了两字码和三字码①。这些分类系统都要得到美国国际暑期语言学院的授权。美国国际暑期语言学院以前被称为暑期语言学院,这是一个由语言学家所组成的机构,坐落在美国的德克萨斯州,其目的是要把《圣经》翻译成世界上所有的语言。不过,也有人对该分类系统的运行提出过批评,认为这种分类方法以及依靠一个基督教传教组织的做法都有些不妥 (Morey et al. 2013)②。

除了语言名称存在不确定性这个问题外,有关语言的地位或种类也还存在一些问题。当一些语言学家在 20 世纪 60 年代开始研究语言政策及规划时,斯图尔特(Stewart 1968)为国家多语制现象的描述提出了一个类型学方案。他根据语言的四个特点(即语言的标准化③、历史性④、自治性⑤和活力度⑥)提出了许多语言类型:从标准语言(即拥有上述四个特点的语言)到人造语言(即缺乏上述四个特点的语言)。然后,他列举了语言的十大功能,以便任何特定的语言都能在言语社区中找到自己的定位。这十大功能是:国家官方语言、地方官方语言、交际广泛语言、国际性语言、首都语言、群体语言、教育语言、课程语言、文学语言和宗教语言。在他的这种类型学方案中,最后的一种分类是根据语言使用的程度来进行的:从使用者不足 5% 的语言到高于 75% 的语言进行分类。

但是,由于语言名称的混乱以及我们还存在无法精确统计人们语言

---

① ISO 639—3 包括 7707+码。

② 莫雷等人(Morey et al. 2013)列举了一些其他的问题:代码有助于记忆(如"eng"代表 "English");有些少数民族语言的代码蕴含冒犯含义;《民族语》并未提供数据引用的出处;该分类系统忽视了一些已发表的研究成果;该分类系统假设一切都是永久的,所以导致乔叟英语和现代英语具有相同的代码。

③ 语言的标准化是指该语言拥有被大家所接受的书写体系、公开出版的语法书和词典,同时,该语言的使用者相信该语言存在正确的表达形式。

④ 语言的历史性是指人们相信该语言历史悠久,或具有一个大传统。

⑤ 语言的自治是指人们相信该语言变体不是另一门语言的一种方言。

⑥ 语言活力是指儿童在成长的过程中所使用的语言就是父母使用的语言,即存在语言的自然代际传承,或者是该语言的使用者认为语言的传承就应该这样,这是家庭语言政策的一部分。

水平的问题,人们对于语言使用和语言掌握的程度就会存在不同的看法。有些人对于广泛接受一种国语表现出神话般的语言信仰,这方面的一个典型案例就是泰国人。根据斯莫利(Smalley 1994)的研究,泰国使用着80种不同的语言(而《民族语》的统计数字是73种),但大家都普遍认为泰国是一个单语国家,全国有超过90%的人都使用并懂得该国的国语——泰语。不过,斯莫利指出,泰语的变体很多,它包括各种方言以及其他相互听不懂的语言变体。他还指出,标准泰语并不是泰国大多数人的母语,而只是他们在学校学习的一种变体而已。他估计泰语的使用者至多也就是1000万人,但《民族语》的报道说有6000万人。跟中国在对待各种汉语方言一样,泰国在对待这些相互都听不懂的泰语方言时,也都把它们统称为一种语言——泰语。

语言使用者的人数是如何确定的?一个显而易见的答案是语言普查(language census)。然而,科泽等人(Kertzer et al. 2002)认为,语言使用人数的统计方法会受到一些政治因素的干扰。一个国家在进行语言普查时,一般会问几个不同的语言问题;第一语言是指一个人最早学习的语言或者是使用最多的语言;说话能力并不包含阅读能力和写作能力,人们也很少用量化的方法来研究说话能力;并非所有的人都同意使用某些语言名称;许多父母并不能准确地知道他们小孩的语言水平。因此,我们不能完全依赖某些有关语言使用人数的报道,即使它们都具有诸如《民族语》这样权威数据来源的报道。

因此,我们最好把语言以及语言使用者的数量问题作为语言信仰而不是语言事实来对待,这样会更加安全一些。同样,我们也要以这种态度来看待如下一些重要的语言特点:语言使用的管理域、语言口头表达和阅读欣赏的能力、儿童能够从父母那里习得一种语言的比例。语言普查的结果可能会受到所提问题(如您的家庭语言是什么?您最先学会的是什么语言?您在大多数时间里使用什么语言?)的干扰,同时,还会受到普查对象对自己语言名称理解上的影响[1]。

世界各国潜在的和实际的社会语库相当丰富,从罕见的单语国家(如

---

[1] 本书第9章谈到了印度语言的一些详细情况,由此可知,许多人使用的语言并没有名称,还有许多语言有好几个名称。此外,人们在美国的一次语言调查中(Shin and Kominski 2010)发现,这里的希伯来语使用者超过20万,而依地语的使用者则不足20万。但是,据报道美国仅有30名拉地诺语使用者,很可能,这些人把自己使用的拉地诺语作为西班牙语来报道了。

日本,但还是存在许多语言变体)到超级的多语国家(如巴布亚新几内亚,使用着 832 种活语言),它们各不相同。但是,一个好的起点也许有助于我们更好地认识这一切。兰博特(Lambert 1999)指出,有些双语制或三语制或多语制国家(如瑞士和比利时)具有两种或三种或更多相互竞争的官方语言,从而产生一些特别的语言问题,于是,我们在跟这些国家打交道时需要把它们作为不同的群体来对待。对此,费什曼(Fishman 1968, 1969)采用了不同的方法来处理。他根据一个国家所拥有的大传统(Great Tradition,即对国家意识形态的认同)的数量来划分国家。于是,他提出了以下三类国家:第一是缺乏大传统的前殖民地国家,这些国家独立后继续接受和使用帝国语言;第二是拥有单一大传统的国家(如坦桑尼亚),这些国家可以选用一门本土语言为国语,然后对它进行标准化和现代化的改进工作;第三是具有许多相互竞争的大传统国家(如印度),其中也包括拥有两种或三种大传统的国家(如比利时和瑞士),这些国家常常利用属地划分的方法来规避大传统之间的冲突(McRae 1975; Spolsky 2006c; Williams 2012)。

　　对于民族国家使用的每一种语言来说,与它们最相关的特点是作为第一语言或第二语言使用者的人数及比例①,每一种语言的属性(即从国际性语言到垂死语言)②,识字的老师和程度(即从历史发展悠久并拥有大量历史文学作品的语言到缺乏书写体系的语言),语言标准化的程度(如具有书面语法、词典以及类似语言学院的支撑机构)。此外,还可以通过语言所使用的场域来进行更详细的分类,从家庭域的语言使用到政府、科学和高等教育领域的语言使用③。

　　普尔(Pool 1991)把官方语言界定为被指定需要或允许在国家及其他机构的正式事务中所使用的语言。接着,他还引用了克洛斯(Kloss

---

　　① 德斯万(De Swaan 1998a, 1998b, 2001)令人信服地指出,正是第二语言的使用才使得国际性语言的价值大涨。英语在欧洲、亚洲或非洲都没有最多的第一语言使用者,但它具有最多的第二语言使用者。

　　② 费什曼(Fishman 1991)提出过代际语言差异级别表,该表描述了各类不同活力的语言:从弱小语言(其语言使用者数量极少,并与世隔绝)到强势语言(在高等教育和政府领域得到使用)。后来,刘易斯(Lewis et al. 2016)提出了扩展版代际语言差异级别表,也是描述了各类不同活力的语言:从已灭绝语言到国际性语言。

　　③ 费什曼(Fishman 1967)早前提出,后来费什曼等人(Fishman et al. 1971)又再次证明:把语言的功能分配在具体不同的语言域,这种做法有利于双语制的稳定发展。例如,在美国新泽西州的泽西市,人们可以使用西班牙语和英语,前者用于家庭和教堂,而后者则用于公共交际。

1966)的观点:一个国家能够有效管理好的官方语言的最大数量是三门语言。普尔把官方语言的选择看作是效率与公平之间的选择,然后提出一个妥协方案,即把国家的一部分财务收益用于弥补语言少数群体的语言翻译费用。通常,官方语言(苏联及有些其他国家也称国语)是由政府指定的语言,它用于满足政府的各项功能:立法[①]、行政和司法。

官方语言未必是一个国家多数人所使用的语言。例如,许多前殖民地国家或地区依然保持了帝国语言作为它们官方语言的做法,且并没有把官方语言的地位授予那些仅有口头表达的当地语言。有些国家(如巴基斯坦)的国语是该国少数群体的母语。国语这个术语在 150 多个国家的宪法中得到使用,它不一定就是该国的官方语言,但一定是跟该国本土有某些关系的语言。布兰(Brann 1994)区分了国语跟以下语言之间的差别:某一民族的属地语言(territorial language)、地区语言、社区语言和中心语言或政府语言。

例如,印度有两门官方语言——印地语和英语,但它并没有指定国语。此外,该国的宪法还认可了 22 门列表语言。印度还有 5 门语言被认定为该国的古典语言。印度各邦可能都会提高各自母语的地位。印度的人口普查还会报道一门语言作为人们第一、第二和第三语言的使用者人数:它列举了 1369 门母语和 1474 个语言名称,由于这些语言名称难以归类,于是就被纳入了母语的类别。

波尔斯顿(Paulston 1998:1)的研究提醒我们,语言少数群体(linguistic minority)或少数民族语言(minority language)的表达都属于用词不当现象。"少数"这个词只是一个数字概念,但它不能反映语言的地位情况,不过,通常少数民族语言都从属于强势语言或多数人语言。

仅对语言进行分类和赋能是不够的,我们还需要了解有关语言功能的详细情况,从语言的个人功能(如用语言做梦或计算)到语言的公共功能、政府功能和教育功能[②]。为了能够清楚解释语言维持或语言转用现象,我们需要了解如下几个关键的语言使用情况:成人跟儿童对话,该选

[①] 许多国家的宪法(如加勒比海国家的宪法)规定,国语水平的达标是个人参选政治职务的一个必备条件。

[②] 我们也需要认识到如下语言事实:在非英语国家,学校的许多课程是用英语之外的语言来教授的;例如,学校会把国语用作许多课程的教学语言,但是,其科学课却常常会用英语来教授。

用什么语言？学校的教学语言是什么语言以及政府使用什么语言？语言普查未能提供语言使用的详细情况，最多也就是给出一些简单问题的回答，例如，有多少人声称能够使用该语言。通常，政府也未能开展复杂的语言使用调查，如像受到福特基金会资助的东非国家政府所进行的语言调查。因此，一个国家的语言政策更有可能是受到语言意识形态或语言信仰的驱动，而不是根据语言实践的准确数据来制定的。

沃尔特和本森（Walter and Benson 2012）根据语言在国内外的凸显度以及语言发展的层级对语言进行了分类，而且，还附加了每个层级的语言在世界上使用人口的百分比：国际性语言（international language）——英语和法语，被世界上17%的人所使用；主要语言（major language）——荷兰语、俄语和汉语，被世界上23%的人所使用；发达的国家性语言（developed national language）——印地语和瑞典语，被世界上21%的人所使用；欠发达的国家性语言（undeveloped national language）——马达加斯加语和盖丘亚语，被世界上18%的人所使用；不发达的国家性语言（underdeveloped national language）——地方通用语和地方贸易语言，被世界上20%的人所使用；不发达的次国家性语言（sub-national languages）——伊洛卡诺语和克伦语（Karen，缅甸的一种少数民族语言，译者注），被世界上20%的人所使用；地方口头语言（localised oral language）——哥伦比亚的图尤卡语（Tuyuca）和肯尼亚的博拉那语（Borana），被世界上1%的人所使用。此外，沃尔特和本森还提供了有关学校教学语言的统计数据：世界上有97种语言的使用人数超过1000万，但其中还有45种语言未能成为学校的教学语言；全球有771种语言的口头使用人数介于25万至1000万之间，但其中仅有109种语言用于学校。总之，世界上还有40%的儿童（约23亿人）无法获得用自己的第一语言进行教学的教育。

国家主权和语言意识形态

对一个国家社会语言状况的描述将有助于我们更好地理解人们赋予各种语言的价值，进而推导出该国的语言意识形态，它是构成一个国家中央政府语言管理行为的基础。科巴鲁比亚斯（Cobarrubias 1983：63）提出了四种典型的语言意识形态：语言同化（跟殖民主义有特别的关系）；语言多元主义（如在美国路易斯安那成为一个州之前，那里的法语的特殊地位以及萨摩亚语在美属萨摩亚的特殊地位）；语言本土化（如现代希伯来语);语言国际化(如英语在印度的推广)。

但是,仅凭社会语言状况的分析就能制定一个国家的语言政策,那是不可能的。例如,加拿大于1963年建立了皇家双语双文化委员会,这是对魁北克民族主义者构成的威胁所做出的一种反应。这些民族主义者要分裂国家,并忽视该国的79种土著语言和17种移民语言。再如,主要由福特基金会支持的非洲语言研究(Ford Foundation 1975)未能促使这些国家接纳那些可以反映它们当前社会语库的语言政策。可见,民族主义思想以及宗教或经济理由通常是影响一个国家宪法或法律中语言政策表达的主要因素。

一旦政府的合法性被认为是建立在人民主权之上的,那么欧洲民族国家的发展就促进了国家通用语发展的呼声(Wright 2012:59)。只要奥匈帝国的皇帝依然拥有权力,他就能解决好自己的多语问题,他采用的方法是口译和笔译,这正是《圣经·以斯帖记》中亚哈随鲁(Ahasuerus)所采取的方法。但是,甚至在法国大革命带来民主统治以及霸权语言政策之前,枢机主教黎塞留就已经认识到单一的以及标准化的语言对于保护王权具有重要的意义(Cooper 1989)。于是,19世纪人们对国家概念的界定开始出现了如下标记:"一个国家,一个民族和一种语言。"①后来,这个概念不仅仅被欧洲国家所采用,而且,还被世界上更多的国家所接受②。尽管持单语主义观点的语言信仰未必能得到现实状况的支撑,例如泰国就属这种情况(Smalley 1994),但是,单语制依然是民族国家语言意识形态的一个重要特点。

以前,使用德语的国家或地区拥有较强烈的单语制语言信仰,它以人民大众(Volk)和语言民族主义的模式出现,并神秘地集合了血统和语言两个因素。这种语言信仰不但驱动着德国语言政策的发展,同时也被那些根据《凡尔赛条约》而新成立的国家所接受(Wright 2012:62—63)。尽管大家对于民族主义的性质还存在许多分歧,但赖特总结说,所有的民族主义都强调单语制;"单语制国家要求公民都使用国语,以示忠诚";在

---

① 根据皮勒(Piller 2016)的研究,这个概念和公式被鲍曼和布里格斯(Bauman and Briggs 2003)错误地说成是约翰·赫德(Johan Herder)的功劳。

② 多克(Doak 2006)在研究了日本的民族主义现象后发现,该术语在日语中有两个不同的翻译,从而区分了国民主义(kokuminshugi)和民族主义(minzokushugi)。而西方学者现在也认可了许多种类的民族主义。

单语制国家，所有的文化、经济和政治生活都更好管理（Wright 2012：64）。虽然语言交际者和民族主义者在语言意识形态上都赞同单语制，但他们会有不同的语言政策：如同阿蒙（Ammon 2012）所发现的那样，法国曾要求其所有的公民以及它所管控的殖民地的人们都使用法语，但德国则规定过所有使用德语的地方都应该归它统治。

  一方面，民族和宗教团体对单语制意识形态提出了反驳意见，他们认为他们的民族和文化身份要在多样性的背景下才能得到体现，才有机会维持他们的传统语言。另一方面，本书第11章所讨论的国际组织条约都支持人权中的语言内容——语言权，这也是超国家组织所提倡的。语言的多样性内容很丰富（如可以体现民族身份的各种祖裔语言以及能够维持少数民族语言权的多语制），有些人的语言意识形态是支持语言多样性的，但它与以下三个方面却格格不入：追求国家团结统一的政治欲望；追求交际快速高效的经济关注；追求单语霸权的民族主义意识形态。在国家层面，对于单语和多语语言意识形态的选择往往会通过宪法或语言法在名义上得到解决，但其实施却会受到各个层面语言政策的干扰：从个人到地区、民族群体以及本书引论部分所探讨的众多非语言因素。

  鉴于语言意识形态的这种复杂性，那么谁的语言信仰或语言意识形态能最好地体现国家的共识呢？在集权制国家，国家首脑或独裁者身居高位，他们可以为所欲为，尽管他们可能在语言或跟语言相关的事情上没有多大利益。本书第10章所描述的语言管理者符合这里的界定：这些人可以从黎塞留开始，然后就是苏联的国家领导、殖民统治者等，他们的政府可以忽视大众的意见，并按照自己对语言政策的适当理解来行事。从本书第7章所研究的殖民语言政策我们知道，帝国政府在其殖民地自己设置和管理政府部门及教育领域的语言选择。尽管在葡萄牙帝国的早期岁月里，教会负责殖民地的教育工作，而且，他们发现使用当地语言的一个好处：更有利于当地人皈依宗教。教会的这种做法很像列宁刚开始统治苏联时的行为：在建设社会主义的过程中，允许人们保持俄语之外的语言。但是，世俗的殖民统治者是规则的制定者，他们要求大家都使用帝国语言。无独有偶，斯大林也不相信多元民族主义会有什么好结果，于是，他选择了回归沙皇时代仅对俄语发展进行支持的做法。斯大林首先降低了乌克兰语的地位，这是对乌克兰有一年小麦歉收行为的惩罚。然后，他就偏爱俄语，而对其他语言，其中包括他自己的母语格鲁吉亚语，都置之不理。在中国,政府尽管认可了语言的多样性问题,继承了其2000多年的古老传统——优先发展标准汉语,现在他们称之为普通话。但他们也有过一些不利于少数民族语言发展的行为,此外,他们还偏爱普通话,而忽视了汉语方言的发展。

在纳粹德国,政府把海外使用德语的地方都纳入其统治的版图,理由是这些地方使用德语。在法西斯意大利,政府致力于语言同一化(linguistic unification)的发展,它之所以会这样做,是因为受到方言恐惧症(dialectophobia)以及"一国一语"语言意识形态的影响(Klein 1989)。

在朝鲜,金日成从1948至1994年一直领导着这个国家的发展,其语言政策强调了语言的同一化和纯洁化,旨在排除汉语对朝鲜语的影响(Song 2001)。

民主国家的情况比集权制国家的情况更加复杂,因为它会随着执政党的改变而改变,进而转变语言问题的发展重点和未来走向。但是,在许多国家,自从19世纪民主主义得到发展以后,大家就形成了一个共识——国家需要强势的官方语言。英语核心国家更是如此,这些国家的政府只会碰到少量的语言活动者所施加的压力——他们要求政府认可自己的祖裔语,并允许他们使用自己的祖裔语。例如,20世纪60年代,新西兰的儿童就不再会说毛利语了。于是,在20世纪80年代,这里的语言活动者就发起了一场保护毛利语的运动,最后成功地劝说新西兰政府支持那些用毛利语开展活动的学校和电视台,进而让广大民众也逐渐地接受了该语言(尽管刚开始时有些勉强)。几乎就在同一时期,新西兰手语也得到该国法律上的认可①。接下来,语言活动者的下一个任务是劝说新西兰政府把毛利语提升为国家的官方语言,这一行动还得到新西兰毛利人事务部(Department of Māori Affairs)下设的一个局的帮助,他们为新西兰政府内阁准备了许多简短的意见书(Spolsky 2009b)。20世纪90年代,新西兰的聋人社区开始向政府施压,最后,新西兰手语以同样的路径被提升为该国的官方语言。2002年,新西兰政府建立了残疾人问题办公室(Office of Disability Issues),隶属于该国的教育部。2006年,新西兰提出了一个有关手语的法案,并得到通过(McKee and Manning

---

① 缪尔德等人(Meulder et al. 2019)描述过18个国家类似的语言运动,它们都成功地游说本国政府要在法律上认可本国手语。

2019)。然而，在提到太平洋诸岛上使用的各种波利尼西亚语时，它们的认可过程更加漫长，尽管这些语言的使用者有20万人之多，也尽管这些太平洋岛民中的语言活动者进行了长达30年的斗争，可最终的结果只是新西兰政府于2019年把他们的语言发展纳入了国家预算的范围。1992年，新西兰的一位财政部官员起草了一个有关这些语言发展的国家语言政策（Waite 1992），但一直未得到政府的认可（East et al. 2013）。

在澳大利亚，语言政策可以建立在州政府或联邦政府两个不同的层面上。例如，在澳大利亚的维多利亚州，当一个政策出台以后，一系列的联邦政策就会陆陆续续地被制定并公布出来，其内容非常广泛，从语言多样性发展的呼吁到出于经济动机的考虑而支持亚洲语言教育的提议。在加拿大，英法两门殖民语言之间的斗争导致了联邦政府只好制定双语政策，但该政策忽视了加拿大的其他语言。而且，加拿大一直就没有重视过本国的土著语言。就在同一时期，魁北克省却要竭力地以牺牲英语为代价来恢复法语的地位。随着南非种族隔离现象的终结，该国的宪法给予了部分南非语言象征性的认可，但它并没有解决英语和南非荷兰语之间的历史恩怨。英国地方民族主义的兴起并没有威胁到英语的霸权地位，但是，语言活动者发起的各种语言运动却支持了爱尔兰盖尔语、苏格兰语（Scots，即苏格兰英语，译者注）和苏格兰盖尔语的发展，甚至还支持了康沃尔语（Cornish）口语发展之后其书面语的复活。在英国的威尔士，现在有大约20%的人会说威尔士语（Welsh），但只有这里的人才会真正地支持威尔士语的发展，并支持它成为全国大会上的一种官方语言（Williams 2008b）。在美国，移民带来了许多英语之外的语言。但美国对这些移民语言比较友好的政策时期仅有以下两个：一是历史早期曾出现过有关语言选择的讨论；二是对双语教育的支持曾出现过短暂的繁荣期。如今，美国有超过4000万的西班牙语使用者，但西班牙语的维持需要依靠连续不断的新移民。同时，美国的国防和情报社区时常会鼓励国家要加强战略语言（strategic language）的教学。

为了了解一个国家语言意识形态的影响状况，那么，我们要问的第一个问题是：在一个国家内，谁的语言信仰最重要？是政治领导或政府官员的？还是语言活动者或语言提倡者的？还是全体大众的[①]？答案似乎是

[①] 斯波斯基（Spolsky 2009a：184）曾提到过"他们"，但未指出"他们"具体是谁，不过笼统而言，是指"那些构成'政府'的人员"。他现在后悔当初没有详细地研究这一问题。

潜在的语言管理者——政治领导,因为他们能制定国家的语言政策,而且能掌控国家资金的应用以及其他政策的实施。

大众百姓的语言信仰能够激励语言提倡者群体的行为,但只有当这些语言提倡者群体能够说服政府采取行动时,政府的语言管理才会出现。例如,美国的英语官方化运动由来已久,并在许多州取得了成功,即它们都宣布英语为这些州的官方语言。这进而在地方上成功地打击了美国的双语教育,但这并没有促使美国在联邦层面上做出任何有关英语为官方语言的政策决定。在以色列,有一个反阿拉伯语的语言运动,其目的是要让希伯来语成为以色列的唯一官方语言。最终,该运动于 2019 年取得成功:一个以色列民族主义提案在克内塞特(Knesset)即以色列国会得到通过。于是,阿拉伯语在以色列的地位发生了改变,从原先"未指明"(undefined)的官方语言降为如今同样"未指明"的但具有特殊地位的语言。在拉脱维亚,有大约三分之一的人口使用俄语,故有人提出了把俄语提升为该国官方语言的议案。为此,2012 年拉脱维亚举行了一次全民公决,结果,该议案遭到否决。在白俄罗斯,该国的官方语言是白俄罗斯语(Belarusian),但 1994 年之后,政府变得越来越专制,并竭力恢复俄语在该国的地位,从而导致白俄罗斯语成了反对党的语言(Goujon 1999)。

在许多后殖民地国家,它们会选择单一的殖民语言为其官方语言,其中的原因有很多,但一个关键的原因是那些支持殖民语言在本国沿用的国家领导能够依此来维持他们个人在国家领导上的重要地位,因为这些人能够通过有限的殖民教育体系渠道来学习和掌握殖民语言。迈尔斯—斯科顿(Myers-Scotton 1990,1993)研究后发现了这种现象,并称之为社会精英圈。当社会精英领导着一个新独立的后殖民地国家时,社会精英圈现象就会出现。以前,国家独立运动的领导都会选择他们自己使用的语言为官方语言,并把它制定为语言政策,以便可以阻挡那些未受过教育的大众接近政治权力和经济发展。通常,这就意味着殖民语言的官方地位得以继续,因为这些国家的领导都是用这些语言接受教育的,这也有助于我们理解为什么大多数非洲国家会继续使用那些殖民政府带进来的外地语言为本国的官方语言。这些国家的领导都认为殖民语言可以促进国家的团结,并为国家融入全球经济提供信息渠道,原因是欧洲各帝国列强在 19 世纪达成了瓜分非洲的协议,从而导致非洲的殖民地以及后来独立的国家在边界划分上都忽视了民族和语言这两个因素

(Forster et al. 1988)。

我们至今还非常缺乏如下主题的详细研究:政府是如何接受语言提倡者所提建议的?所以,我们只能依据议员和部长们制定的语言政策来判断他们的语言信仰[①]。从根本上来说,这个话题已经超越了语言的范畴,因为它牵涉到少数民族各个方面的地位问题,所以就只好把关注焦点放在魁北克、加泰罗尼亚、巴斯克以及英国凯尔特地区要求自治的问题上。一般而言,中央政府的语言意识形态是偏爱并致力于建立或维持单一国语的霸权地位,并认为这对于维持国家的统一以及公民之间的便捷沟通至关重要。

12.2 国家语言管理:法律

国家语言管理是如何进行的?它可以通过法律或法规来进行管理,也可以通过委托代理或机构来加以实施。国家语言管理的第一步应该是制定宪法,而宪法是一个国家等级最高的法律。世界上有少数几个国家没有成文宪法,它们是英国、加拿大、新西兰、沙特阿拉伯和以色列。但大多数国家都有自己的成文宪法,并附有各种形式的修正案。2009年,在一个宪法网站(Constitution.org)里出现了一篇题为"语言条款"的报道。该文发现,自1789年以来全世界有大约800个版本的国家宪法,其中有50%的宪法都指定了本国的一门官方语言或国语,有10%的宪法指定了本国的两门官方语言或国语。另外,还有9%的宪法指定了一种特别的语言,该语言可能是本国某些国家机构(如法院或学校)所要使用的语言,也可能是某些公共岗位所要求的一种语言。大约有45%的宪法没有提及语言问题。法语是26个国家的官方语言,有54个宪法提到法语。阿拉伯语是23个国家的官方语言,有39个宪法提到阿拉伯语。英语是20个国家的官方语言,有30个宪法提到英语。西班牙语是15个国家的官方语言,有39个宪法提到西班牙语。有92个国家指定了单一的官方语

[①] 一个正面的例外现象是,新西兰语言活动者提出的详细意见书促使了该国政府对毛利语官方地位的认可(Spolsky 2005)。另一个重要的例外现象是威廉姆斯(Williams 2008a)所研究的凯尔特语、西班牙和加拿大案例,此人详细描述了这些案例中那些引发语言政策制定的立法和官僚活动。

言,有 29 个国家指定了两种官方语言。南非宪法列举了 11 种官方语言。现将宪法中有些典型的语言条款整理如下:

阿塞拜疆共和国的国语①是阿塞拜疆语。(2002 年阿塞拜疆宪法第 21.1 条)。

法兰西共和国的国语是法语。(2005 年法国宪法第 2 条)

爱尔兰语是爱尔兰的国语和第一官方语言,而英语被认作是第二官方语言。(2002 年爱尔兰宪法第 8 条)

阿拉伯语是黎巴嫩的国语和官方语言,而法语的使用范畴则要根据法律的指定来决定。(1990 年黎巴嫩宪法第 11 条)

南非共和国的官方语言是塞皮迪语(Sepedi)、塞索托语(Sesotho)、塞茨瓦纳语、斯威士语(Swati)、特什文达语(Tshivenda)、齐聪加语(Xitsonga)、阿非利堪斯语、英语、恩德贝勒语(Ndebele)、科萨语(Xhosa)和祖鲁语(Zulu)。(2003 年南非宪法第 6.1 条)

在马拉维,任何人想要获得被提名或被选为国会议员的资格,他们都必须……(b)具备熟练使用(说和阅读)英语的能力,以便能够积极地参与议会的各项活动。(1999 年马拉维宪法第 51.1.b 条)

在罗马尼亚社会主义共和国,所有的司法程序都必须用罗马尼亚语来完成。(1975 罗马尼亚宪法第 109 条)

为了发展和加强阿富汗的所有语言,国家会采纳和实施各种有效的计划。(2004 年阿富汗宪法第 16 条)

人们使用语言的自由会得到保护。(2002 年瑞士宪法第 18 条)

在宪法之外的情况下,语言的地位是由其他法律和议会来决定的。勒克莱克(Leclerc 1994,1994—2018)详细研究过许多这种法律。在阿尔巴尼亚,有不少法律都涉及学校语言的内容;在阿尔及利亚,有许多法律都会谈及阿拉伯语的地位问题;在安道尔(Andorra),有一部法律把加泰罗尼亚语定为该国的官方语言;在比利时,有 14 部联邦法律关乎语言;在加拿大,有 29 部联邦及省级法律涉及语言;在中国,2000 年通过了国家通用语言文字法;在克罗地亚,有涉及少数民族语言的几部法律;在丹

---

① 在苏联,大家都使用"国语"(state language)这个术语,而不是"官方语言"。

麦,不止一部法律要求国家为移民教授丹麦语;在西班牙,有12部联邦法律涉及全国性语言和自治社区的语言;在爱沙尼亚,有4部基本法和管理条例;在美国,失效的《双语教育法》和《不让一个孩子掉队法》控制着学校语言管理的联邦资金;在芬兰,有6部法律涉及芬兰语(Finnish)、瑞典语和萨米语的地位;在法国,有大约22部法律法规确定了法语的霸权地位;在匈牙利,有一部教育基本法和若干少数民族法;在意大利,有不少法律都涉及语言;在拉脱维亚,基本法确立了拉脱维亚语的地位;在立陶宛,有几部法律都涉及该国的官方语言和少数民族语言;在摩尔多瓦,有一部法律指定了摩尔达维亚语(Moldavan,即摩尔多瓦语,译者注)为该国的官方语言,而其他语言则为少数民族语言;在新西兰,有两门官方语言——毛利语和新西兰手语,是通过法律确立的;在波兰,有一部法律保护着波兰语(Polish);在罗马尼亚,一部类似的法律保护着罗马尼亚语(Rumania),另还有一部法律则保护着20门少数民族语言;在英国,有一些法律涉及移民,在该国的自治区(威尔士、苏格兰和北爱尔兰)还有一些语言法;在俄罗斯,一部后苏联(post-Soviet)法律确定了俄语为俄罗斯联邦的官方语言;在我们原先称为南斯拉夫的地方,塞尔维亚、斯洛伐克、斯洛文尼亚和科索沃都制定了确立各自官方语言的法律,从而取代塞尔维亚—克罗地亚语;在瑞典,有几部有关少数民族语言的法律;在瑞士,有一些联邦法律以及许多州级法律都涉及语言问题。上述这些案例都属于标记案例(marked cases),即非常见案例;因为许多国家通过实践达成共识,并确立了语言的使用规范。

除了法律可以解决一个国家有关官方语言和国语的选择等问题外,还有一些重要的法规也能处理诸如词汇拼写和语言书写体系改革等问题。这方面最著名的一个案例是土耳其语的重大改革:凯末尔·阿塔图尔克着手清除土耳其语中的阿拉伯语词汇和奥斯曼元素,并转用拉丁字母书写(Lewis 1999)。挪威存在两种挪威语变体,这两种语言体系的斗争导致双方最后达成妥协,两种语言的书面语都被接受(Haugen 1966)。在20世纪的大部分时间里,德语的拼写改革是德国语言界的一个重要议题,如今这个问题依然尚未最终解决(Johnson 2002)。

法律得到通过,但不等于能够得到实施。甚至有些政治家和官员都没有按照法律要求来使用官方语言,而依然使用别的什么语言。在苏联解体后不久,有一个由部长和政治家组成的乌克兰代表团访问了以色列。

我的一位朋友也出席了他们的一次宴请,然后告诉我:这些人在宴会的正式发言中都使用刚刚得到国家认可的乌克兰语,但在私下的交谈中却使用俄语——这是苏联统治时期受到人们偏爱的语言。对于宪法以及其他法律中的语言政策来说,它们的实施往往取决于法院的裁决。在法国,1994年通过的《杜蓬法》规定本国所有的公共活动(包括国际会议)都必须使用法语来进行,但后来,法国的宪法法院取消了这一条款。在以色列,许多有关语言使用的法院裁决都忽视了该国有关双官方语言的法律,以色列之所以要实行双官方语言政策是因为出于安全的需要,故呼吁大家在路标中要使用阿拉伯语。在南非,该国的高等法院于2018年维护了南非大学仅用英语授课的权利,从而忽视了宪法上认可的11种语言。

尽管宪法和法律通常都会规定国语的正式使用场合,但也有一些常见的例外现象。第一个是与人权相关的语言条款:任何人若被警察所调查或指控,他们都有权明白自己为何被调查或指控。世界上大约有40个国家的宪法出现了这一内容。第二个是少数民族和语言少数群体的语言权保护。这在苏联集团国家比较常见,如今在拉丁美洲国家的宪法中也越来越多,在一些亚洲国家也有出现,如中国、印度、巴基斯坦、印度尼西亚和菲律宾。

但是,在语言政策和语言实施之间还有很长的路要走。例如,法国大革命大会(French Revolutionary Assembly)要求本国所有的教学都用法语来进行,但法国花费了将近一个世纪的时间才实现这一理想,因为在法国四周的边远地区,教师的法语水平普遍较差。库埃加(Kouega 2007)研究发现,喀麦隆于1966年颁布的宪法就存在关于支持本国土著语言发展的条款,但至今也未能实现。在印度,独立时颁布的宪法规定十年后让印地语取代英语,但英语却在继续使用。

在许多案例中,有关语言的法律法规都试图支持国家的中央化和统一性,结果却导致国家的内陆区域和边远地带之间产生冲突。西班牙就是如此,法国也是,但程度没那么大。解决这一问题的方法是属地管理。印度各邦之间的边界就是根据当地语言来确定的。瑞士和比利时尽管名义上都属双语制或多语制国家,但每个区域实际上都实行单语政策。在芬兰,除了南部的沿海地区外,其余地方都已实现了芬兰语取代瑞典语的梦想。最近,在许多国家,某些特定区域得到一些自治,这促进了当地语言的发展。例如,加拿大魁北克的法语,西班牙的加泰罗尼亚语和巴斯克语,英国的各种凯尔特语变体。此外,正如前文所说,苏联和南斯拉夫解体之后,原先各加盟共和国的名义官方语言(titular language)的地位也得到提升。

12.3　国家语言管理:代理人和管理机构

　　大家都认为,国家语言政策的实施是语言学院的主要工作。但事实上,语言学院只是提倡某一被选语言的使用及其形式的机构。倘若语言学院得到正式的授权来管理语言政策,那么它通常也只是向教育部长或教育部门提出自己对学校教学语言的性质和选择方面的看法与建议。由于学校的课程、资金和师资往往都受到中央政府的控制,因此学校也许是最有可能实施语言政策的单位。尽管学校不能保证是否能顺利地实施语言政策,但它是一个国家强有力的语言管理工具(Hornberger 2008;Spolsky 2009c)。

　　正是出于这种原因,语言活动者以及语言提倡者群体都会竭尽全力地来获取教育体系的控制权。毛利语的复活运动是从学前儿童的语言巢开始的,而语言巢是由草根群众发起和主办的,后来则发展为毛利语沉浸式独立学校,再往后新西兰政府在接受了语言活动者的建议后就开始资助和管理独立学校。当初,巴勒斯坦的英国托管政府为了省钱就把教育工作让给了当地的阿拉伯人社区和犹太人社区来负责,这就为希伯来语再度本地化的实现提供了可能。法语作为霸权语言的形成是在法国大革命之后,因为那时的学校开始世俗化,同时接受中央的管控。以色列独立以后,教育部未能实施自己的语言管理政策,即在犹太人学校教授阿拉伯语。这促使以色列的国防机构开始来管理上述政策的实施(Mandel 2014)。在魁北克,由于其教育体系分为使用法语的天主教学校和使用英语的新教学校,这种不同的语言教学为后来魁北克的分裂活动埋下了隐患。在泰国,有好几个政府内阁部门都想要管控教育,如泰国国防部负责小学教育,这就导致泰国出现了一些不良的教育情况:尽管英语很重要,但允许不合格的教师来教授英语。而且,泰国许多有关土著语言维持的项目都只能依靠一些社区来进行,因为它们会负责承担一些类似语言的教育(Coronel-Molina and McCarty 2016;McCarty et al. 2015)。印度尼西亚的学校选择了印尼语为学校语言,而不是原先的殖民语言——荷兰语,也不是当地使用最广的语言——爪哇语,其主要原因是为了印尼语的传播以及作为主要第二语言的建立,其做法跟许多其他国家的一样(Zein 2020)。所以,教育系统就成了国家语言政策实施的主要机构。但是,当国家因经济发展缓慢、战争、内乱、疾病、饥荒或腐败而导致学校资金匮乏时,学校支持国家语言政策的概率就会很低。

另一个有权实施国家语言政策的政府机构是负责国家广播电视的部门。国家广播电视一般都由政府控制。以色列教育部负责全国的广播电视管理工作,有人建议增加依地语播报的新闻,但遭到拒绝,J. 费什曼和D. 费什曼(Fishman and Fishman 1974)对此进行过记录和研究。任何政府机构都能从事有关语言选择的管理工作。为此,一个显而易见的办法是选择单位员工、网站或接线员所使用的语言。通常,这种语言选择都会仅限于官方语言或国语,有时则会增加另外一种大语言或者是诸如英语这样的游客所需要的语言。

在法国,尽管枢机主教黎塞留树立了法语的地位,然后他又授权给法兰西学术院来管理法语,而且,在法国大革命期间召开的全国大会于1794年通过了一系列的法律,而这些法律进一步加强了法语和法兰西学术院的地位。但是,到了20世纪,事实证明法国还需要一些其他的语言管理机构。于是,1937年法国成立了法语办公室(Office de la Langue Francaise),但20年后却被法语词汇办公室(Office du Vocabulaire Francais)所取代。从1989年至2006年,法语词汇办公室又被法语高级理事会(Conseil Superieur de la Langue Francaise)所取代。该理事会的会长由法国总理担任,其宗旨是为法国政府提供法语在国内外使用、管理和传播等方面的咨询。该理事会接到的第一个任务是法语词汇的拼写改革。此外,比利时和魁北克也有类似的法语理事会。法语高级理事会隶属于法语和法国语言总代表处(Delegation generale a la langue francaise et aux langues de France),该机构于1989年是作为法国文化部的一部分而设立的,自从1994年开始它就负责以下两方面的事务:第一是管理《杜蓬法》以及后来制定的相关法令的实施情况,并促进在线法语术语词典和移民法语教学的发展;第二是支持法国区域性语言(如布列塔尼语、巴斯克语、奥克西坦语和加泰罗尼亚语)的发展。此外,法国还有十几个其他的官方或半官方的法语管理机构。

176　　　学术界有许多重要的有关国家语言管理行为的研究。现以加拿大为例,看看该国一系列的语言管理行为。为了消除魁北克闹独立带来的威胁,加拿大联邦政府开始实施英法双语政策。为了解决加拿大联邦政府里英语占强势地位而法语却被淹没这种现象所带来的诸多问题,加拿大于 1963 年建立了皇家双语双文化委员会。该委员会于 1965 年报道说,加拿大将出现国家危机,1969 年建议联邦政府把加拿大变成一个正式的双语国家。于是,在特鲁多总理领导下的加拿大政府在同年通过了《官方语言法》(Official Languages Act),该法规定政府必须用英语和法语来为本国公民提供服务,政府希望通过这种做法来改善本国法语使用者的就业机会,并降低魁北克闹独立带来的压力。但是,该语言法在武装部队中的实施显然遇到很多困难:尽管海军和空军都建立了双语秘书处,但大家都不愿意实施双语法。20 年后,效果依然不好,仅有高级军官要求掌握英法双语,军队中有四分之三的人是英语使用者,他们的法语水平较低。另外四分之一的人是法语使用者,这些人熟悉英语,因而都被分配到那些需要双语的岗位上了(Spolsky 2009a:133—135)。威廉姆斯(Williams 2008a:301—360)详细研究了加拿大为建设双语制国家所付出的努力。他最后总结说,尽管魁北克试图"让法语在加拿大得到广泛使用的行为合法化,并在公共域取得了很大的成功",但是,在加拿大的联邦层面以及在魁北克之外的省份,该双语政策并不算是成功的。所以,加拿大既然无法建立全国性的双语社区,那就只好保护法语使用者作为语言少数人群的语言权——根据加拿大"法语人数需求"(where numbers warrant)原则行事。当然,加拿大发展多文化的努力并没有为加拿大许多其他土著语言和移民语言的发展带来任何平等的保护。

　　威廉姆斯(Williams 2008a:127—130)还研究过爱尔兰政府为解决当地的爱尔兰语问题在语言规划方面所付出的努力。从 1927 年开始,爱尔兰语使用者在本国公共服务领域的工作招聘中就享有优先权。1937 年,爱尔兰宪法把爱尔兰语提升为该国的第一官方语言,从而促进了国家通过制定语言政策来稳定本国的爱尔兰语社区,但这一招并不太管用,因为许多爱尔兰语使用者都离开了该国的爱尔兰语使用区(即盖尔特克司特区),他们都去那些被英语化的爱尔兰城市和城镇找工作了。可见,爱尔兰的语言政策是失败的,尽管政府采取了一些策略,但是,爱尔兰 60 年的改革和倡议并没有产生一个自我维持的爱尔兰语社区。

威尔士对语言问题的解决办法与众不同。尽管威尔士语的母语使用者平均年龄在不断增长,使用者的数量也在不断减少,但自从 1993 年通过了《威尔士语言法》(Welsh Language Act)以及威尔士语言委员会(Welsh Language Board)成立以后,社会对威尔士语维持活动的支持就越来越多。从 1995 年至 2008 年,威尔士总共批准了大约 350 个有关威尔士语的项目,实际上已经建立了一个双语公共空间。由于权力下放运动的影响,威尔士最近行动不断,旨在鼓励大家使用这些双语资源。但是,威廉姆斯总结说,对于威尔士语的发展,还有许多事情要做,而且,还缺乏强有力的中央共识,故威尔士的这些行为还无法得到中央政府的支持。国家语言政策要应用一个成功的策略,这是非常复杂的,为了展现其复杂性,威廉姆斯(Williams 2007a)列举了如下需要解决的若干问题:需要创建一个有关社会经济发展的国家数据中心;需要建立一个国家语言规划与资源中心;需要述评威尔士语的教学方法以及作为法定学校(statutory school)教学语言的使用方法;需要述评双语学校以及威尔士语学校的教师培训情况;需要确定威尔士语家乡地区一旦被指定后,它们会有什么优先行动;需要采取行动,以便各语言管理机构就语言政策问题达成共识;需要发展大学的双语教育和继续教育;需要扩展《威尔士语言法》的用途——用于处理消费者以及私营企业工人的权利。威廉姆斯还指出,有关威尔士语的语言政策策略正变得越来越弱化,例如,2004 年解散了威尔士语言委员会,在全国大会上提出的政策实施时间表未能如期完成。他还注意到,政府给予威尔士语言委员会及其领导——相当于政府巡查员(Dyfarnydd,这是一个威尔士语单词,译者注)的威权非常微弱。威廉姆斯(Williams 2007b)在回顾了 2016 年威尔士宣布采用一种新策略之后的情况后,简直不敢相信到 2050 年,威尔士语的使用者会达到百万的目标,因为在语言规划和实施方面都存在许多不确定性。

　　上述加拿大和威尔士两个案例都不涉及国语政策——寻求语言霸权,而是有关语言少数群体为了保护自己的语言所做出的反击行为。地方政府是得到国家认可的,所以它们能够利用自己所拥有的属地特色以及中央政府在一定程度上的权力下放行为来管理自己所辖范围内的语言政策。而且,属地原则(territorialism)是解决民族分裂的首先办法。加拿大联邦政府给予了各省一定的权力,这既为魁北克意欲独立的想法奠定了基础,也为魁北克为了树立法语的地位所做的一切提供了可能。同样,英国政府的权力下放也为威尔士为了促进威尔士语的维持所做的一切提供了机会。

此外,还有一切其他的案例。瑞士和比利时名义上都是双语或多语国家,它们都认可地方上的单语政策,并允许当地居民的语库按照自己严重的语言偏见来发展。印度独立后,巴基斯坦却分离出去了,因为它们的语言、民族和宗教都不同。此外,印度各州之间的边界划分都是按照当地主要语言的使用地域来进行的。尽管印度宪法中包含了这种属地的语言自治(linguistic autonomy)内容,但在印度各种语言政策之间存在分歧,而且由来已久。这就导致了印地语和各州的其他语言之间一直存在冲突。印地语是受到国家重视的语言,并得到印度教民族主义的支持,而各州的其他语言为了抗衡印地语而看中了貌似中立的英语,并为英语在印度的使用背书,让它作为一门有用的第二语言而继续存在,虽然印度1948年的宪法本想数年后消除英语在印度的崇高地位。在铁托领导下的南斯拉夫也存在同样的语言压力:国家声称塞尔维亚—克罗地亚语是一门团结性语言(unifying language),的确如此,当这些语言变体所在的地方成为新的国家时,它们各自都迅速地成为了本国的官方语言,如塞尔维亚语、克罗地亚语、马其顿语(Macedonian)、斯洛文尼亚语(Slovene)、黑山语(Montenegrin)和阿尔巴尼亚语(Albanian)。在南非历史上,南非荷兰语(也称阿非利堪斯语)和英语之间一直存在语言斗争(language struggle),而非洲土著语言却被忽视了,直到1996年,南非宪法才认可其中九门语言。

所有这些案例都具备两种或两种以上的语言变体,而且,每一种语言变体都有自己的历史和大传统,于是,它们都曾为争夺首要地位而相互斗争过。这方面的典型案例是20世纪60年代一些新独立的国家,其中更加复杂的是某些新独立的殖民地国家,因为殖民语言阻碍了这些国家中许多土著语言的发展——使得它们没有机会成为这些国家中政府部门或教育领域的官方语言。现在的问题是,如何在众多的利益竞争中为语言变体的选择而达成共识。通常,传教士是最早声称要在各种语言变体中进行语言选择的人。例如,传教士在斐济众多的方言中选择了巴乌语为当地的标准语,后改称斐济语,并给予了它强势语言的地位(Schütz 1985)。

世界上有7000多种语言,而政治实体(political entity)不足200个,要把如此多的语言塞进如此少的政治实体中,许多语言冲突就由此而生。

楼必安可(Lo Bianco 2017；Lo Bianco and UNICEF 2015)认识到这一事实后,就一直通过辅助性对话(facilitated dialogue,这是一种结合了精神病学、教育教学、语言景观和政治冲突而发展起来的话语技巧)来帮助一些国家制定语言政策,这些国家包括马来西亚、缅甸、斯里兰卡、泰国以及其他受到联合国儿童基金会(UNICEF)资助的国家。他举例如下：

> 我们主要研究从缅甸移居过来,且现住泰国的难民人口。我们从22个不同的泰国机构里共请来了68名参与对象,并用6种语言为这些人组织了一场为期3天的闭门会议。我们的研究结果包括以下三个内容：写了一份长达35页的立场声明书(position statement),其主题是有关缅甸难民作为泰国少数民族所拥有的权力；创建了一个能起协调作用的草根代表委员会；培训了这些缅甸难民,让他们知道如何有效地向政府当局提出自己有关语言权的建议。上述这个代表委员会一直积极活动,并形成了全国性的语言运动,他们要求缅甸政府出台一个语言政策,旨在认可和支持缅甸诸多的少数民族语言(Lo Bianco 2017)。

然后,楼必安可接着说：

> 上述草根代表委员会的关键特点是：共同建立话语规则；让参与者按照问题的大小列出名单；了解参与者认识问题的不同方法,知道解决问题所需要的基本知识,对现有研究进行反思；委托别人或自己亲自进行原始研究；遵循从口语到书面语的语言顺序；共同建立新词汇和新短语,从而为我们带来研究的新视角以及问题的新解读。

影响草根代表委员会的其他重要条件是：联合国儿童基金会的机构支持和资金支持；参与者的明智选择；辅助性技能的使用；对公认知识(recognised knowledge)的掌握以及楼必安可在政策制定过程中的中立性,他至今已经完成了45个这样的对话(即私人交际)。

但是,有个问题依然未能得到彻底解决,那就是：国家语言政策要怎样制定才算是成功的？

第 13 章　几个国家的语言政策案例

在认识到那些能够反映语言政策效率的数据非常重要以后,我将在本书中给出许多有关国家语言政策及其实施状况的详情。本章是该著作的倒数第二章,我将在此描述许多具体的国家案例,这是我对语言政策模式再思考结果的首次尝试性总结。从本质上说,它们都可被看作是在试图回答这个问题:语言能管理吗?

13.1　新加坡和马来西亚的语言政策

新加坡经常被认为是国家语言规划在服务经济发展方面比较成功的一个案例(Chew 2006,2014;Dixon 2009;Wee 2003;Xu and Li 2002)。李光耀自幼就使用峇峇马来克里奥尔语(Baba Malay creole),并在英语学校接受教育。后来,他坚信英语(他与妻子都精通英语)和华语是新加坡在东西方取得经济发展过程中的两门重要语言。于是,他开始学习和使用福建话(新加坡华人使用的一种主要汉语方言)和华语(Rappa and Wee 2006),并把这种刚掌握的语言能力用于他的竞选活动。1959 年,他终于赢得了竞选,成功地当选为新加坡总理。执政后,他制定的第一个语言政策是多语政策。在此,他并没有把所有人的母语都囊括其中,而是选择了四大民族的具有象征性的语言为新加坡的官方语言,它们是英语、华语(不是福建话等方言)①、马来语(不是马拉雅拉姆语)和泰米尔语。马来语的使用者仅占新加坡总人口的 15%(Rappa and Wee 2006),但该语言被宣称是新加坡的国语,即国歌所使用的语言。于是,这四门语言就成

---

① 新加坡使用的主要汉语方言有闽南话、潮州话、广东话、客家话和海南话。

为了新加坡学校的教学语言,并取代了以前英国殖民政府所认可的一些地方语言。1972年,李光耀领导的人民行动党赢得了议会中的所有席位,他宣布学校实行双语政策:英语是各校的第一语言,而其余三门语言则是学校的第二语言。到1983年,99%的学校都以英语为教学媒介语。1978年,新加坡开始发动了一项新的语言运动——讲华语运动,旨在用华语取代各种汉语方言。据报道,2010年新加坡有接近一半的华人都跟随李光耀及其家庭的做法——在家里使用华语。但是,英语在私人及公共场域的使用依然在增加,伴随这种现象的一个主要原因是新加坡的不断发展以及进入第一世界的状态。新加坡的人均国民生产总值(GDP)由1959年的大约2200美元上升为20世纪90年代的6万多美元(Rappa and Wee 2006)。可是,新加坡华人周(Chew 2014)指出,新加坡取得这么高的人均国民生产总值是新加坡华人以放弃自己的母语为代价的,也许这有助于我们理解为什么新加坡的幸福指数排在30个国民生产总值比新加坡更低的国家之后。还有一种解释是新加坡华人对汉语方言的依恋感依然存在,可是这些汉语方言却得不到使用,年轻人只能在教堂的一些场合才有机会使用这些方言(Rappa and Wee 2006:93—94)。新加坡的第二个主要语言运动是2000年发动的"说好英语运动"(Speak Good English Movement),该运动旨在遏制当地的一种英语变体——新加坡式英语(Singlish)的不断蔓延和扩散。新加坡学者拉帕和黄福安(Rappa and Wee 2006:90)指出,鉴于英语拥有较高的工具性价值,人们对于该语言运动并没有什么反对意见。

　　另一方面,在马来西亚,马来语自该国于1963年独立以来就一直是受宠语言:它是该国事实上的国语,也是该国法律上的国语,它在马来西亚的国家建设以及马来传统文化的维持方面起到了一定的作用。在马来西亚,马来族占总人口的60%,华族有25%(他们使用各种汉语方言),欧亚人(Eurasian)和印度人的所占比例超过7%(Rappa and Wee 2006)。马来西亚的主要语言问题是马来语(Bahasa Melayu)和英语之间的平衡问题,马来语代表了马来西亚的传统,而英语可为国家的现代化和经济发展提供语言渠道。1961年的《马来西亚教育法》规定,马来语为中小学的必修课,同时,马来语也是包含军队和警察在内的政府机构的必用语言。但是,马来西亚华人继续把自己的小孩送到华文学校以及非马来语大学读书。华人这样做的原因之一是担心马来语学校的教育质量问题,因为这些学校的失败率较高。

马来西亚的语言冲突问题已经扩大到高等教育领域。吉尔（Gill 2005，2006）指出，马来西亚中学的科学和数学课从 2002 年开始转用英语教学，当那些受该语言政策影响的第一批学生进入高校读本科时，这些高校于 2005 年才做了一些相应的语言政策修改。由于这些高校缺乏明确的政策实施指南，于是出现了一些混乱的状态：大学首先是从大众媒体的报道才获知中小学的这一教学语言的变化情况，于是纷纷制定自己的语言政策。马来西亚前总理敦·马哈蒂尔·穆罕默德（Tun Mahathir Mohamad）及其内阁曾就此做过一个决定，但没有后续的文件跟进，目的是为了避免社会的误解，因为马来西亚的知识分子强烈支持学校继续用马来语教学的做法。所以，马来西亚政府对于这样一个反对使用马来语的语言政策既不表态也不担责，因为马来西亚向来就支持马来语的发展，且已根深蒂固。吉尔（Gill 2006）后来继续报道了马来西亚大学对该问题的争论。同样，在马来西亚参议院会议的工作记录中，也没有任何有关该主题的观点或辩论，但有一些对某些决定的总结性陈述，而高校各种计划的实施则由大学的各个学院自己来执行：在实践中，这就意味着大学一年级有 30% 的课程要用英语来教授。但这种做法导致了学生家长的担忧，因为科学和数学课在中学阶段就完全用英语来教授，为什么到了大学又要回到马来语？马来西亚教育部长只在 2005 年才否决过大学想要逐步转用英语，并需要用英语教授所有理科课程的要求。但是，与新加坡相比，马来语在马来西亚依然占据更强势的地位，只不过出于英语实用性的考虑，马来语的地位才开始有些弱化。

13.2 东非的斯瓦希里语

20 世纪 70 年代，福特基金会（Ford Foundation 1975；Fox 2007）支持过一些国家的语言研究，其中一部分就是资助东非五个国家的社会语言调查。这五个国家是乌干达、肯尼亚、埃塞俄比亚、坦桑尼亚和赞比亚。这些国家在国语和官方语言的选择方面有不同的表现，这值得我们关注。乌干达和肯尼亚都选择了英语和斯瓦希里语为自己的官方语言；坦桑尼亚把斯瓦希里语作为自己事实上的国语，而英语是自己事实上的工作语言;赞比亚仅仅把英语作为国家的官方语言,但也认可了七种地区官方语言;埃塞俄比亚选择了阿姆哈拉语为自己的国语和官方语言。在此,我们首先要注意到,撒哈拉沙漠以南的非洲语言被用来作为国语的案例是罕见的。

我们该如何来看待非洲斯瓦希里语的地位呢?怀特利(Whiteley 1969:1)指出,斯瓦希里语的地位以及人们对它的认可度有了快速的提高。截止到他写此著作为止,斯瓦希里语是"非洲大陆在知名度、教学、讨论和使用等方面最广泛的语言",它还被选为坦桑尼亚的国语。怀特利追述了斯瓦希里语的发展历史,该语言最初是从东非沿海一带所使用的班图语发展而来的。索尔特(Salt 1814)是最早研究班图语的人,他说该语言最初是一些在阿拉伯人船上工作的海员所使用的一种行话。19 世纪,斯瓦希里语在非洲内地得到传播,并在殖民时期成为一种广泛使用(包括口头和笔头)的语言。此外,东非数国政府及传教士都认可该语言,并使用该语言。而且,在 20 世纪 30 年代,一个跨地区语言委员会开展了该语言的标准化工作。怀特利注意到要把斯瓦希里语发展为一门国语还是存在很多困难的,而且,他想知道该语言是否会成为"非洲最有活力的本土语言,也就是说,它可以用于支持全部的教育项目,也可以用于掌握现代技术,还可以用于文学创作"(Whiteley 1969:126)。此外,他还注意到,坦桑尼亚对斯瓦希里语的重视程度要远远高于其周边邻国(Whiteley 1969:99)。

1964 年,坦桑尼亚联合共和国成立,它由坦噶尼喀(Tanganyika)和桑给巴尔群岛(Zanzibar)两部分组成。该国共使用着 120 多种土著语言,其中的斯瓦希里语有 1500 万的母语使用者,它还有 3200 万的第二语言使用者。英语是该国的工作语言,据报道这里的英语使用者达 400 万人。斯瓦希里语属于一种班图语,而班图语有很多借词都来自阿拉伯语,而且,它的书写体系也是用阿拉伯字母完成的。1928 年,斯瓦希里语的标准化内容在一次会议上得到确认,该语言的标准体选择桑给巴尔方言(Zanzibar dialect)为其发展基础。斯瓦希里语的使用得到坦噶尼喀非洲民族联盟(Tanganyika African National Union)的支持。后来,该组织在坦桑尼亚独立后成了执政党。在总统朱利叶斯·尼雷尔(Julius Nyerere)的领导下,坦桑尼亚于 1967 年出台了一个教育政策——《自力更生之教育》(Education for Self-reliance)。该政策强调了农村的小学教育，并表达了要在教育中排除西方影响的决心。但是，过了一段时间之后，政府的这种强烈立场不坚定了。政府在 1982 年和 1995 年两次宣布英语为本国中学的教学媒介语。后来，坦桑尼亚还建立了许多私立英语学校，在这里英语的使用是受到鼓励的（Vavrus 2002）。斯瓦希里语是坦桑尼亚事实上的国语，但 1977 年的宪法以及 1985 年的修订版都没有提及语言问题。2015 年，坦桑尼亚的教育部长宣称，国家要在所有的教育阶段都抛弃英语，但这似乎并没有发生过。怀特利（Whiteley 1969）指出，要发展斯瓦希里语，并让它来承担一门现代语言的所有角色，这是有很大困难的，成本也是很高的。即使像坦桑尼亚这样最看重斯瓦希里语的国家也很难有足够的实力来跟英语竞争。

尽管乌干达国内使用着 30 多种语言，但其中仅有三种是较大的，且都想占据强势地位，从而构成了相互竞争的关系。它们是英语、卢干达语（Luganda，有 600 万的使用者，是该国的通用语）和斯瓦希里语（在该国具有最多的第二语言使用者）。英语是国家法定语言，斯瓦希里语是国家工作语言。首先，乌干达在 1965 年独立时制定了一个语言教育政策：有六门乌干达本土语言可以用作小学阶段的教学媒介语，它们是卢干达语、卡拉莫琼语（Akarimojong）或阿特索语（Ateso）、卢格巴拉语（Lugbara）、鲁欧语（Luo）、尼奥罗语（Runyoro）或芦陀罗语（Rutooro）和闰扬科勒语（Runyankole）或鲁基加语（Rukiga）。其次，儿童在上学的头几年里要用他们自己的母语来接受教育。第三，在小学第一年就要开设英语课程，而且，在小学的七年当中都要一直开设该课程。在小学的第四年，学校要开始用英语来开设数学和体育课。在小学第五年，英语作为教学媒介语的使用要逐渐扩展到科学课以及其他的课程。在小学六、七年级，学校所有的课程都要用英语来教授。然而，实践证明这个详细的计划在实施过程中却困难重重（Mukama 2009）。纳卡衣乍（Nakayiza 2013）指出，最初有些乌干达人反对使用斯瓦希里语，但后来在穆塞韦尼（Museveni）总统的领导下，乌干达宣称斯瓦希里语为该国的第二官方语言，也是该国军队的通用语。自从 1992 年开始，乌干达政府就一直鼓励本国的学校要使用斯瓦希里语，但由于缺乏足够的懂得该语言的教师，从而导致政府的号召迟迟难以实行。不过，斯瓦希里语在东非国家作为通用语的使用也提升了该语言的魅力。同时，没有其他的东非土著语言得到像斯瓦希里语如此好的发展：仅有一半的东非土著语言拥有令人满意的正字法，而且，尽管一些非政府组织以及一些草根语言活动会敦促这些土著语言的使用与发展，但这些语言的生存维持却一直都显得有气无力。

鲍威尔（Powell 2002）在一个研究中比较了三个前英国殖民地的语言政策。他首先对肯尼亚的语言政策发展做了有趣的分析。该国独立后，政府从英帝国东非公司（Imperial British East Africa Company）中接管了肯尼亚的管控权。英帝国东非公司是一个商业协会，它于1885年的柏林会议之后宣告成立，并从369名英国官员中聘用了8名，让他们来负责教育。与乌干达不同，肯尼亚被殖民后没有可以合作的、现成的社会精英，于是，殖民政府需要创造和任命一些新的行业首领，并制定了新的行业准则，这些行业首领就称之为传统。与此同时，也有越来越多的白人来到肯尼亚定居，他们还要求对当地有统治权，但这些要求都被殖民办公室（Colonial Office）于1923年所做出的决定给拒绝了，其目的是为了保留非洲人的肯尼亚。肯尼亚的殖民教育是从传教士开始的，这些传教士都选择了英语、斯瓦希里语或其他地方语言为教学语言。肯尼亚的殖民教育体系喜欢在职业教育中使用地方语言授课，但第二次世界大战之后，语言教育政策发生了变化：小学头四年用地方语言授课，然后是用斯瓦希里语，并逐渐引入英语。但1949年，肯尼亚提出了替代方案：直接从地方语言转用英语，从而降低了斯瓦希里语的地位。此时，肯尼亚国内就治理问题出现了两派之间的政治斗争：一派是要求有利于白人的英国统治；另一派是想要发展非洲的精英，让他们来治理肯尼亚。后来，肯尼亚出现了激进民族主义运动——毛毛运动（Mau Mau Movement），该运动反对英国殖民，并支持非洲语言。随着该运动的发展，肯尼亚国内冲突不断。但是，到了1966年，肯尼亚有一半的小学都是以英语为教学媒介语。1964年，肯尼亚独立，乔莫·肯雅塔（Jomo Kenyatta）成为该国的第一位总统。英国殖民时期的行政官员全部都由受过英语学校教育的非洲人来代替。1985年，肯尼亚的教育政策规定，全国的小学头四年要用地方语言来开展教学，之后就转用英语。这里指的地方语言共有18门，其中包括斯瓦希里语，且该语言还是学校的一门必修课。在肯雅塔总统执政期间，基库尤语（Kikuyu）最初是政府领域里的一门强势语言。但是，到了1974年，斯瓦希里语被认作肯尼亚的国语，而且，肯尼亚的宪法也是这样规定的。斯瓦希里语和英语都是该国指定的官方语言，但宪法也规定学校要发展和使用本国的土著语言和手语。尽管在实践中，肯尼亚的学校继续把语言学习的重点放在英语上,但是,相关的学术研究(Piper et al. 2016)表明,人们用当地的土著语言交流时可以更好地理解彼此的意思。此外,莫斯(Mose 2017)研究后发现,肯尼亚的教师并不赞同上述语言政策,他们更喜欢使用英语,而不是地方语言,所以,官方语言政策无法在学校得到广泛的实施。英语是一种全球性语言,它的地位和经济价值似乎再次超过了肯尼亚政府声称重要的国语。

斯瓦希里语在《民族语》中被列为赞比亚的交际广泛语言,但是,奥汉内斯和卡孝基(Ohannessian and Kashoki 1978)估计该语言在赞比亚的母语使用者不足 8000 人。在这里,除了殖民语言外,没有任何其他的中立语言(neutral language),即不跟本国任何一个民族或地区有关系的语言。当地的本巴语和汤加语跟卢瓦勒语(Luvale)一样被列为赞比亚的省级语言。它们三者的使用者分别为 300 多万、100 多万和不足 20 万。直到英国殖民政府在 1924 年接管该国,传教士一直负责这里有限的非洲人教育。学校的教学可以用当地语言来进行,但缺乏这些语言的教材、教师和标准化规范。在赞比亚,只要有合格的英语教师,殖民教育的目标就是教授英语。截止到 20 世纪 50 年代后期,小学开始用学生的母语上课;到了三年级就要转用政府批准的七大语言中的一门;到五年级甚至更早的时候则要转用英语。在实践中,不少教师并不懂得当地批准的用于教学的非洲语言,可见,赞比亚语言在学校的教学中并没有占据较高的优先权。因此,该国制定了计划,要培训更多的能用当地语言授课的教师。然而,教师在大部分时间却继续使用英语上课,因为他们以前接受过用英语上课的培训。在赞比亚的许多地区,仅有一半的学生是政府所批准的那几种语言的母语使用者。20 世纪 70 年代,赞比亚开始了小学新课程的改革,进行了一些语言使用方面的改进。但调查发现,主要问题依然存在。当前的调查报告指出,赞比亚的学校资源不足,标准偏低。姆万扎(Mwanza 2017)则认为,出现这种问题的部分原因是赞比亚教师对于赞比亚语言以及非正式的英语持有纯粹主义态度。最近的一篇学术文章(Banda and Mwanza 2017)也指出,赞比亚学校采取单语教育政策就是一个错误,如果这些学校能够采用超语方法,并认可学生的多语现象,那么,情况就会更好。

综上所述,在东非这些案例国家中,斯瓦希里语得到广泛的使用,并被视为一种具有潜在凝聚力的语言。但是,当这些国家在接受该语言,并把它作为一门具有凝聚力的语言来使用时,却面临着一些较大的问题,而且,它们还受到在经济上占据优势的全球性语言——英语的挑战,英语会形成一种拉力,从而吸引着人们去学习它。此外,在殖民统治时期,英语就在这些国家树立了牢固的地位,可谓历史悠久,而且,如今英语在这些国家的社会精英圈中享有不小的权势,还在这些国家的高等教育以及政府领域中都得到较多的使用。

13.3 苏联加盟共和国的语言政策

在苏联时期,许多加入苏联的加盟共和国都必须服从苏联的国家语言政策。这些政策"从根本上改变了苏联境内语言使用的本质"(Grenoble,2003:1)。在早期的苏联,有两派相互竞争的语言政策观:一派想要利用众多的民族语言来建设社会主义,并形成各民族的一种身份感;另一派则想要推动俄语作为各加盟共和国国语的发展,并使它可以用于整个帝国的行政、司法和教育领域。鉴于苏联是一个多民族和多语言的国家,它有2.86亿人口和130个民族,使用着150种至200种语言,因此,国家必须制定综合的语言政策。格勒诺布尔(Grenoble)提出建议,苏联可以把全国的语言根据其地位分为四个等级:地位最低的语言是那些没有任何人支持的语言;地位第三的语言是指那些有部分人支持的语言,如哈萨克语(Kazakh),这些语言有自己的书写体系,但未能得到官方语言的地位;地位第二的语言是名义官方语言,这些语言在各自的加盟共和国都享有官方语言的地位,但离开自己所属的加盟共和国之后就用之甚少或一无所用;地位最高的语言是俄语,它是该国唯一的通用语,并作为新建苏联的官方语言来发展的,它还是该国所有行政、司法和教育领域中的唯一官方语言。在长达75年的时间里,该语言政策一直在15个加盟共和国发挥着作用。这些加盟共和国当初不是按照民族和语言来划分的,而是为了创建新的民族身份而成立的。

苏联最大的民族群体是斯拉夫族,他们构成了三大加盟共和国,即俄罗斯加盟共和国、白俄罗斯加盟共和国和乌克兰加盟共和国。这三个加盟共和国几乎占据了全苏联80%的人口。苏联还有三个突厥族加盟共和国,它们是乌兹别克、鞑靼和哈萨克。高加索(Caucasus)地区有三种在本质上毫无关系的语言,它们是阿塞拜疆语、格鲁吉亚语和亚美尼亚语(Armenian)。苏联时期,这里的人口结构发生了较大的变化,其原因是多方面的:各地不同的出生率和家庭规模;城市化的发展;强制性的人口迁移,如把苏联境内许多克里米亚鞑靼人(Crimean Tatars)、希腊人和保加利亚人迁往中亚地区。此外,苏联政府还把许多俄罗斯族人民迁往波罗的海加盟共和国,尤其是迁往拉脱维亚,这里的俄罗斯族人口占据了半壁江山,然后是迁往爱沙尼亚和立陶宛,俄罗斯族人口分别接近40%和9%(Grenoble 2003)。

187　　在苏联刚成立不久,中央政府在语言政策方面迈出的重要一步就是扫盲运动,其内容包括为一些语言创建新的书写体系以及教育人民如何识字。该运动的成就是提高了人民的识字率:从1897年的24%提升为1939年的81%(Grenoble 2003)。最初,该运动在语言书写体系的发展方面是把重点放在了西里尔字母上,但到了20世纪30年代,开始为许多语言开发基于拉丁字母的书写体系,进而取代了以前基于阿拉伯字母和蒙古语字母的书写体系。苏联中央政府在语言政策方面的另一个工作重点是语言的词汇发展,他们成立了一些语言委员会,以便可以为众多的地方语言实现俄罗斯化和现代化。在1950年之前,苏联各加盟共和国的语言是得到中央政府支持的,但在那之后苏联就出现了语言俄罗斯化的转向:根据苏联1958年至1959年的《教育改革》,少数民族的母语教育不再是必修课,他们要把俄语变为自己的第二母语。尽管苏联1936年的宪法规定,大家都有权享受用母语进行的教育,但其实施情况各地不均衡。此时,学校把语言教育的重点都放在了俄语上,小学低年级就已经开设了俄语课,所以,到了1981年,在全国把俄语之外的语言作为教学媒介语来使用的学校当中,它们开设俄语课的平均初始年级都下降到2.6年级,即小学2至3年级之间(Grenoble 2003)。

　　苏联的解体使得地方语言有了重新建立自己地位的机会(Hogan-Brun and Melnyk 2012)。有些加盟共和国甚至在独立前就通过了自己的国语法:乌克兰在1986年,吉尔吉斯斯坦在1989年,乌兹别克斯坦在1992年,亚美尼亚在1993年,阿塞拜疆和立陶宛均在1995年。其他加盟共和国在独立后不久也通过了类似的法律,俄罗斯联邦直到2005年才通过它的法律。还有三个原先的加盟共和国独立后就把俄语划分成外语,它们是爱沙尼亚、拉脱维亚和立陶宛。吉尔吉斯斯坦和哈萨克斯坦独立后继续保持了俄语的官方语言地位。白俄罗斯则把俄语列为本国的第二国语。塔吉克斯坦、土库曼斯坦和乌克兰把俄语界定为本国的族际交际语(language of interethnic communication)。另外,还有四个国家独立后未在法律或宪法上提及俄语的问题。大多数苏联前加盟共和国独立后都把自己的国语划定为本国必需的教育语言,另外再增加一些有关维持少数民族语言的条款。各国学校的语言政策会有一些变化,有些国家选择自己的国语为各个教育阶段的教学媒介语,有些国家则采用双语政策——本国国语为基础教育阶段的教学媒介语,而俄语是最高教育阶段的教学媒介语。总之,这些原先的加盟各国往往都会或多或少地在自己的高等教育中用到俄语为教学媒介语。

在波罗的海地区,名义官方语言重新获得自己的地位,并为大家所使用。在俄罗斯联邦,俄语的地位变得越加牢固。在乌克兰,乌克兰语和俄语平分秋色。在白俄罗斯,俄语的地位依然较高。在高加索地区,名义官方语言、俄语和少数民族语言三分天下。在中亚,哈萨克斯坦和吉尔吉斯斯坦都在努力地提高各自名义官方语言的地位,但俄语依然用于本国的政府和高等教育领域。在塔吉克斯坦,俄语依然用于高等教育。

总之,政治上的独立使得苏联前加盟共和国摆脱了俄语霸权的束缚,而且,它们都在不同程度上体现了它们制定的新语言政策是成功的。通常,各名义官方语言都重新获得了自己的地位,但是,苏联长达75年俄罗斯化的影响依然不可小视。

13.4 中国和朝鲜半岛国家

最近的一篇杂志文章(Charlemagne 2020)指出,中国学者现在都称自己的国家为文明型国家(civilization state),而不是民族型国家(nation state)。持这种观点的其他国家或国际组织还有俄罗斯、印度、美国、土耳其及欧盟,这表明语言政策是动态和充满活力的。正如物理学中的恒定位移(constant shift)现象一样,不断变化的政治经济模式也可能会影响到社会的方方面面,其中就包括语言政策。例如,英国的脱欧行为改变了欧盟中各语言的地位,也改变了英语在欧盟中的地位。中国一直延续其2000多年来大一统的思想,而语言是该思想中的一个核心内容。

中华人民共和国是一个语言多样性很丰富的国家,自成立不久,它就积极地完成了其语言管理中的几大重要任务:汉字的简化与标准化;普通话作为国家通用语的推广;汉语拼音作为一种辅助字母的设计与使用;地区性语言变体的性质识别与使用分布;少数民族语言作为地方官方语言的认可与描述;少数民族语言书写体系的创建;外语名称及术语的翻译;语言教学和语言传播;双语教育;外语教学和语言测试(Spolsky 2016a)。

在上述的语言管理内容中,有些是中国古人的功劳。例如,雅言是中国最早的通用语,它作为汉语中的主要和重要变体,其地位的确立可以追溯到2000多年前(这里应该是4000多年前,译者注)。中国在汉朝、唐朝和明朝时就开展过重要的术语管理工作,民国政府在1935年开始了汉字书写的简化工作。中华人民共和国在这些语言管理的基础上进行了内容上的扩展工作,并开展过许多在中央政府领导下的语言活动,但在"文革"期间这些工作都被迫停止了。

为了解决大量的文盲问题,中国于1954年成立了中国文字改革委员会,该委员会制定的《汉字简化方案》于1956年公布。普通话是汉语的标准体,汉语拼音是根据发音来书写汉字的一种方式。最初有些人试图用汉语拼音来取代传统汉字,最后汉语拼音被界定为汉字学习的一种辅助工具。2000年通过的《中华人民共和国国家通用语言文字法》确定了普通话以及规范汉字的地位,但也认可了诸如福建话和上海话等汉语方言必要但有限度的使用,而且,少数民族语言的维持得到允许。这些也是广泛语言研究的主题。如今,不断地有人转用普通话,而且,大规模的人口城市化运动又加速了这一现象的出现。虽然许多少数民族语言得到了官方的正式认可,但还有接近300种的少数群体语言变体依然是有些人关注的话题,其中有些问题尚未得到解决。截止到2004年,已有30种左右的少数民族语言有了自己的书写体系。

从1996年开始,全国科学技术名词审定委员会开始梳理一些新术语。此外,中国还在开展中文国际推广计划,其中以孔子学院为中心,至今它已在世界90个国家开设了教学点。有些基层的少数民族语言使用者不愿意学习和转用普通话,于是学校开展了双语教学。此外,在外语教学以及英语的公立教学和社会办学等方面都取得了不少进步。中国的科举考试制度已有1300多年的历史,如今新中国在此基础上发展了当下的考试制度:语文和英语是每年高考的必考科目,每年有超过900万的高中毕业生参加高考,以便竞争有限的大学指标。最近,中国学界开始有人在研究家庭语言政策。

从上文有关中华人民共和国语言管理的概述内容来看,我们不难发现中国在这方面做得很不错。中国的语言管理存在强有力的(政府)管控能力。他们会严肃对待边疆地区所出现的语言(包括方言、少数民族社区和区域性社区所使用的语言)的影响力。所以,在中国这样的一个大国,各种关系极其复杂,语言规划中央化、语言政策在实施过程中会遇到各种困难,这是不可避免的结果。不过,这也产生了语言管理中不同层级和不同场域之间的差异性,我们或许可以从这些差异性的分析研究中获益(Spolsky 2009a)。鉴于中国语言社区的宏大性和复杂性,所以,中国的中央政府虽然强有力,但在制定语言政策时仍会遇到各种各样的严重问题。如同经济或其他领域的规划一样,在语言规划的过程中,最关键的问题是各地对中央政府所制计划的执行情况,但实践证明这种假设是无效的。因为不同的民族和社会群体会有很大不同的语言实践,而且,语言群体内部以及群体之间也都会有不同的语言意识形态,于是,在语言管理过程中就可能出现各种语言冲突现象。

中国的语言管理任务宏大而复杂,而且语言管理的各个目标之间还存在潜在的冲突关系,这些都会影响到语言管理工作能否取得成功(哪怕是微小的成功)。更何况这些语言管理工作还会受到很多语言之外因素的影响,例如,中国现代史上所发生的一些社会大问题,"文革"所带来的人才断代问题以及中央计划经济所带来的主要问题,全球化以及信息技术所带来的社会变化加大了语言管理的难度。如今,重要的是语言管理者要有请人咨询的意愿(如充分发挥各种学术会议、专家委员会以及政治家的作用)和对实验与改革要有开放的心态。

在语言管理领域,我们很难评价语言管理措施的效果,而且,在这个领域,失败通常都多于成功。不过,在经济、国际政治和公共卫生政策等领域,情况也是如此。例如,在经济领域,我们从一个经济危机摇摇晃晃地走向另一个经济危机;在国际政治领域,人类的战争一个接着一个地发生。因此,我们也不要指望中国的语言管理工作能够把如此复杂的语言管理任务解决得那么完美无缺。但是,我们不难发现中国的语言管理在如下几个方面取得了成功:在提高百姓的识字率方面;在维持国家语言身份感方面;在解决部分但不是全部少数民族的语言问题方面;在中文国际传播方面以及在培养外语人才方面。但是，上述各领域依然还存在一些未完成的任务，而且，在语言管理中有些目标之间还存在矛盾，例如，要维持繁体字，同时还要处理好电脑时代的语言要求；要推广普通话的使用，但又要认可一些地区语言和祖裔语言的地位；要进行中文国际推广，还要加强国内的英语教学。另外，有些语言政策的实施还存在一定的难度，它们需要复杂系统中各个层级的资源和支持。这些都给社会带来了一些问题。中国是一个大国，而且，中国的语言问题复杂多样，这为学界的语言管理研究提供了一个魅力四射的案例。但是，这里也出现了一些令人遗憾的管理结果（Postiglione 2009）。

南北两个朝鲜制定了不同的语言政策。在日本占领朝鲜半岛期间，朝鲜人受到多年的迫害，如禁止使用朝鲜语。半岛独立后，朝鲜语的地位在南北两个朝鲜都得到恢复。在朝鲜，他们为了满足自己社会主义国家建设的要求而进行了语言改革，如清除朝鲜语中的汉字以及摆脱汉语的影响（Song 2001; Terrell 2007）。另一方面，在韩国，他们把接受全球化看作是自己的一个发展目标，从而导致英语在韩国享有很高的地位，公立学校和私人机构纷纷教授英语，许多人都愿意把自己的家人送到英语国家去学习英语（Song 2011）。总之，在南北两个朝鲜国家，它们的语言管理都受到国家意识形态的驱动。

13.5 欧盟

不管我们是把欧盟看作是文明型国家，还是民族型国家的联邦，反正欧盟认可其主权成员国的语言权利，这不仅体现在欧盟对各成员国语言和语言政策的整合上，例如，欧洲理事会、欧洲成员国理事会和欧洲议会都使用 23 种官方语言，它们完全不顾翻译中的技术困难和开销成本（Gazzola 2006），而且还反映在欧盟的工作语言上，例如，欧洲委员会的工作语言包括英语、法语和德语，欧洲法院仅用法语，欧洲中央银行只用英语。此外，欧盟还在一些宪章和条约中支持语言多样性以及少数民族语言的发展（Faingold 2020; Nic Shuibhne 2001）。欧盟的官方语言是由其成员国选出来的。例如，爱尔兰有两种语言（即英语和爱尔兰语，译者注）入选，卢森堡语（Luxembourgish）被忽略。法语是法国、比利时和卢森堡选出来的。欧盟的会议要提供口头和笔头翻译,但成本相当高。首先,会场通常都没有足够多的小隔间用来作同声翻译室;其次,据说委员会议事日程的第一条通常是说明会议缺乏足够的译员,故无法提供所有官方语言的翻译。因此,欧盟需要把语言的使用限制在工作语言范围内。自从英国脱欧后,欧盟就英语在欧盟的地位问题进行过辩论,但众所周知,爱尔兰无论如何都会把英语列为自己的一种官方语言(Ammon 2012)。

有些区域性语言在自己的国家中属于官方语言,它们在欧盟也得到认可,还有一些区域性语言,如加泰罗尼亚语、苏格兰语或苏格兰英语和索布语(Sorbian,该语言主要在德国境内使用,译者注),则未能得到欧盟的认可。成员国的土著语言若被适当的国家提名,它们就可以获得欧盟宪章的保护。不过,现在还很难统计有多少种土著语言已得到这种待遇。外源性语言(Exogenous language)在这里是指移民语言,它们不享受欧盟宪章的保护。欧盟的各部门都会指定哪些语言可以用来陈述、提问或回答问题。该语言政策的成本昂贵:欧洲委员会聘用了1500名笔头翻译人员,欧洲议会则雇用了500名全日制和2700名自由的口译人员(Gazzola 2006)。欧盟的语言政策也适用于欧洲的语言教学。欧盟语言教学的核心目标是三语——本国国语、英语和一门其他外语。尽管大家都努力地想在这三门语言之间取得平衡,但大家对这三门语言的掌握水平和使用能力是不均衡的,普遍都是英语状况最好。欧盟各成员国的少数民族语言的使用人数都在继续下跌,但有少数例外现象,这些例外现象都不是因为欧盟的语言政策所带来的结果,而是依靠当地的特殊条件才得以发展的。

13.6 印度尼西亚、以色列、爱尔兰和印度

在评价语言规划(该术语是有些人的用法,而我则更喜欢称之为语言管理)方面,早期的国别研究是比较少的,在某种程度上甚至是罕见的。鲁宾等人(Rubin et al. 1977)选择了三个英文国名都以字母"I"开头的国家——印度、印度尼西亚和以色列,后又增加了英文国名不以字母"I"开头的国家——瑞典。为了呼应,楼必安可(Lo Bianco 2012)也提出了他对如下四个国家的语言复活行动的思考:前面三个以字母"I"开头的国家

不变，但还外加了一个也是以字母"I"开头的国家——爱尔兰。在此，我也将研究四个英文国名都以字母"I"开头的国家，它们是印度尼西亚、以色列、爱尔兰和印度。但我会把重点放在印度尼西亚上，因为这个国家在处理极其复杂的多语问题上似乎是成功的，接下来则简述其他几个国家的语言管理情况。

13.6.1 印度尼西亚：选择新国语

印度尼西亚（以下简称印尼）有 2.5 亿人口，600 个民族，使用着 700 多种语言和 1000 多种方言。印尼的国语是印尼语（Bahasa Indonesia），该国还有 40 多种土著语言，在一定区域内起着交际广泛语言的作用。随着国内移民传统以及语言多样性的发展，个人多语现象开始司空见惯。尽管该国当初没有用印尼语取代众多土著语言在各个语言域中的作用，但是，鼓励全国人民学习和使用印尼语的长期计划已经把印尼语当成国语来使用。

印尼的语言具有超级多样性的特点，这些语言包括印尼语、众多的土著语言、马来语群（Malayic）以及非马来语群的区域性通用语、各个移民社区（如华人社区和阿拉伯人社区）的祖裔语、各种手语以及各种主要的教育语言（如阿拉伯语、英语和法语）。印尼语是从马来语的廖内方言（Riau，廖内是印尼的一个省，位于苏门答腊岛，译者注）发展而来的。1928 年，印尼的第二届"青年大会"（Youth Conference）认可印尼语为该国的一种统一语言。1945 年，印尼的国家宪法认可印尼语为国语。1928 年，印尼使用马来语的人口还不足 5%，但该国在选择国语时并没有选择它的殖民语言——荷兰语（该大会当初就是用荷兰语召开的），也没有选择使用人数几乎达到全国人口一半的爪哇语（Zein 2020）。如今，印尼语是该国最重要的一种语言，职场对该语言的使用要求也不低，它还是该国政治、媒体和教育领域的官方语言。印尼 2011 年的人口普查显示，有 20% 的印尼人把它作为自己的母语来使用，该语言的识字率已经超过 90%。

1928 年，印尼青年大会第一次宣称了印尼语的新角色。1938 年，印尼召开了第一届印尼语言大会（First Congress of Indonesian Language），并接受了"一种语言，即印尼语"的口号，于是，印尼语的地位得到加强。1945年,印尼宣布独立,并确认了印尼语的地位。1954年,印尼政府认可了印尼语的国语地位,从而进一步巩固了印尼语的地位。后来在苏哈托(Soeharto)总统执政的"新秩序"时期(即1967—1998年,译者注),印尼语的地位依然得到发展。与此同时,印尼的土著语言也陆续得到认可,但在苏加诺(Sukarno)总统执政时期(即1945—1966年,苏加诺被称为印尼国父,译者注),国家要求土著人需要掌握和使用印尼语,以便体现他们对国家的忠诚。如今,印尼在语言地位规划方面认可本国土著语言在个人、民族和区域身份中的角色,但是,这些语言并不包括华语、宗教语言等之类的语言。从2009年开始,外语(包括阿拉伯语)被认为是印尼在国际交往中的重要语言,从而得到认可。

印尼在语言本体规划方面需要把印尼语打造成"一种稳定的、先进的国语或官方语言"(Zein 2020)。如今,该项任务就成了印尼语言发展与建设研究院(Badan Bahasa)的使命。该机构成立于1947年,是印尼的语言文化研究单位,最近它改名为印尼语言与图书开发署(Agency for Language and Book Development)。最初,印尼语的正字法深受荷兰殖民的影响,但在第二届"青年大会"上,有人建议取代原先的印尼语正字法。1967年,印尼提出了一套新的印尼语拼写系统,但从未得到实施。然而,1987年,印尼语正字法有了一些改变,2009年再次有了变化。在日本占领印尼期间,印尼语的术语开始得到发展。在这之后,印尼语的术语继续得到发展。印尼语中出现了许多借词,有些是从本国的土著语言那里借来的,但多数是从外来人口的祖裔语或外语中借来的,尤其从荷兰语中借来的最多,其次是英语和阿拉伯语。印尼曾经就印尼语语法的标准化问题出现过不少争议,印尼语的语法主要受到阿拉伯语和结构语言学的影响。在印尼,人们对印尼语之外的语言却没有类似的研究兴趣。

如今,印尼有好几百种语言都面临濒危。导致小语言的人们转用印尼语的原因有如下几个:第一是有许多人迁移到人口密度没那么大的地区定居;第二是印尼语作为学校教学媒介语的使用;第三是印尼语作为媒体语言的使用。此外,印尼有些更大的语言也同样面临着生存危机。例如,爪哇语出现了语言转用现象,其原因之一是该语言的语域句式非常复杂。斯密斯—海夫纳(Smith-Hefner 2009)报道说,如今一个值得关注的语言转用现象是,在印尼爪哇岛中南部的日惹(Yogyakata)有许多年轻的爪哇人都放弃爪哇语的使用，进而转用印尼语（这说明爪哇语作为高语体的使用在下降）。这里的女性也是如此，这反映了她们的语言意识形态已经发生了改变。另外，还有一些人是从更小的土著语言转用区域性通用语。宗教皈依也是引发印尼语言转用的一个因素。印尼还出现过由于部落战争而导致的种族灭绝现象，有些地方（尤其是新几内亚西部）则发生了暴力冲突，进而导致了军国主义政府的诞生，他们对某些语言进行过压制。

尽管印尼语言发展与建设研究院做了一些语言记录方面的工作，但据估计，那些被记录的语言还不到印尼土著语言的10%（Zein 2020）。印尼对本国许多语言的活力或使用状况知之甚少，数据匮乏，对有关人们语言态度的研究也寥寥无几，地方上对于语言可持续性发展的行动则寥若晨星。学校教育受到几个部门的管理，总体上可分为世俗学校和宗教学校（Zein 2020）。自2014年开始，世俗小学和中学都要接受教育文化部的管理，而宗教学校则要接受宗教事务部的管理。大学（除宗教大学）属于另外一个部的管理对象。

印尼刚独立时，学校的主要重点是印尼语的教学，而且，学校都选择印尼语为教学语言，但那时，学校都缺乏合格的印尼语教师。在苏哈托的"新秩序"时期，小学三年级可以教授一些土著学生的母语，到了四年级时政策不变，但要把重点放在国语的教学上。人们对于百姓应该达到的印尼语识字水平存在不同的观点。尽管有些学生掌握了自己母语的识字技巧，但教育的总体目标是要转用印尼语。在印尼，人们更喜欢印尼语和英语。不过，有数据表明印尼有些地方持有不同的观点，他们反对官方语言政策。印尼学校还会教授阿拉伯语和一些亚洲语言，但英语是强势外语。

鲍伍（Paauw 2009）通过数据表明，印尼当初选择印尼语为国语是成功的。刚开始时，印尼有三种国语或官方语言选择方案：第一是荷兰语，这是印尼的前殖民语言，但它没有英语或法语那样的国际地位；第二是爪哇语，全国有一半的人都使用该语言，但那些不使用爪哇语的人都讨厌它；第三是马来语，全国仅有大概5%的人使用该语言，但人们都认为该语言比爪哇语更好学，而爪哇语的社会语域太复杂。此外，荷兰语之所以败选，还有一个原因：日本在占领印尼期间，严禁当地人使用荷兰语，却让印尼语得到较大的发展。洛温伯格（Lowenberg 1990）指出：

250

印尼语是印尼政治独立运动中的一个工具和一种象征,这是它的核心角色;印尼语在民族所属方面具有中立性,它不是印尼国内任何重要民族的第一语言;印尼语可以为所有不同等级和地位的言语表达在编码时提供自由。

由于印尼在民族和语言方面都存在多样性,因此,国语的选择对于印尼的国家统一至关重要。这为国语法律地位的确立提供了强有力的意识形态基础。国语在教育和识字方面的发展是国语政策实施的一个主要内容。双方言或双语体(但社会精英使用高语体)和城市化都是促进国语发展的重要因素。除了高等教育对国语政策的实施不足外,人们对该语言的广泛接受是有目共睹的:

世界上没有哪个后殖民地国家能够像印尼一样以如此之快的发展速度和如此之广的接受程度发展和实施一门国语。世界上也没有哪个后殖民地国家的国语能够像印尼语一样得到如此多语言管理域的使用,这是一个壮举,尤其是在人口、民族、语言和文化等方面都如此多样的环境下取得这个成绩,更是令人难忘(Paauw 2009:7)。

赖特(Wright 2004)认为印尼语的发展由于以下两个原因而尚未达到其顶点。一方面,印尼国内出现各种问题,如腐败、民族矛盾、帝汶(Timor)的丧失以及英语全球化带来的语言压力;另一方面,印尼的各种地方语言表现出活跃的状态。但鲍伍(Paauw)总结说,从本质上说,印尼语的发展是语言规划中的一个成功案例。

1959年,苏加诺总统暂停了印尼宪法,建立了指导性民主(Guided Democracy),即由国家最高领导控制下的国家机制。1965年,印尼的国家权力开始转移到苏哈托手里,他于1967年正式成为印尼总统,并建立了国家的"新秩序"。此时,印尼的学校开始重视意识形态的教育,其中还包括用印尼语教授潘查希拉(Pancasila,即思想五戒律。这是一个古老的印度教理想,是印度佛教的"五戒",成了印尼立国的哲学基础,译者注)印尼语不仅被看作是团结全国各族人民的一股力量,同时,也被视为国家的一种神圣象征。莫菲特(Morfit 1981)注意到,1979年印尼的公务员(包括高级公务员)都需要参加一个为期两周的潘查希拉学习提高班。学员必须每天都上课考勤，上课时间是从上午8点到下午的6点，课后有家庭作业，最终还要考试。思想五戒律的内容如下：要相信世上存在一个"至高无上者"(supreme being)；要致力于公正文明的人道主义发展；要致力于印尼的团结统一发展；要致力于明智政策和共识的思想发展；要致力于社会正义的发展。这些戒律均来自苏加诺的指导性民主，但人们还是把它们视为古人的智慧，而且，还把它们看作是印尼未来政策制定的基础。在这种思想的支持下，印尼语言发展与建设研究院开发了印尼语的术语体系，并从爪哇语中借来了许多词汇。于是，印尼语的发展就成了印尼的一个核心口号。印尼语的名词化现象给印尼语带来了抽象化的特点。而且，印尼语中委婉语的使用随处可见。但印尼官僚的话语政策(discourse policy)助长了独裁，并弱化了反对者的声音。苏哈托的统治目标是想通过单一的语言使用来达到全国公民思想一致和文化统一的结果。他允许土著语的使用，但不过分鼓励土著语的发展。根据印尼的语言政策，如果标识牌没有使用标准的印尼语书写，其主人就会被罚款。印尼的学生和青年有一种抵抗政府语言政策的形式：他们发展了一种当地使用的、非标准的印尼语变体，它包含了大量来自印尼土著语和英语的借词(Zein, unpublished)。所有这些语言内容的变化与发展都表明了话语规划(discourse planning)的重要性，同时也验证了楼必安可的观点："话语规划是每一个权力机构（如军队、政党、宗教机构和意识形态运动组织）都孜孜以求的东西，它们都想要影响广大民众的思想状态"(Lo Bianco 2001：52)。

　　楼必安可(Lo Bianco 2012)指出，在可比较的亚洲国家中，印尼是语言政策领域取得较成功的一个国家。他引用了达佐维佐约(Dardjowidjojo 1998)的观点，即以下四个因素影响着印尼的语言政策：以前的殖民语言政策；民主主义的响应；国语跟地方语言或殖民语言之间的竞争；国语被采纳后的成功培育。早期有关这些话题的研究较多，如阿里沙赫巴纳(Alisjahbana 1974)强调了印尼语现代术语的成功发展以及日本占领所带来的影响。英国撤离马来西亚后，马来西亚跟印尼分享了马来语的发展状况，从而促进了印尼语的发展。1928年印尼的《青年宣誓》(Youth Pledge)使得印尼语成了抵抗荷兰殖民统治以及印尼民族主义的一个象征。印尼语的国内传播是随着扫盲的发展通过教育系统而得到发展的。随着学校增加了英语的教学，于是，印尼出现了双语和多语现象。双语体的发展结果是,印尼语用于官方场合,而地方语言则用于当地的商业和文化生活。

13.6.2 以色列:古典祖裔语的世俗化和复活

在本书的前面几章里,我已在好几处描述过希伯来语的复活情况。希伯来语作为一门书面语言的使用已有 2000 年的历史,它的传承是通过宗教教育体系来完成的,最终希伯来语拥有了以色列国语的地位。希伯来语的发展历程是清晰的:公元前,巴比伦人被放逐以及犹大王国被占领的两个事件,使得耶路撒冷这片圣地(Holy Land)上所使用的语言除了原先的希伯来语外,还增加了两种其他的语言,即阿拉米语和希腊语。这些语言是耶路撒冷第二圣殿被毁以后以及犹太人流散在海外所使用的主要口头语言。后来,阿拉米语和希腊语都有些希伯来语化(Hebraise)。因为在它们的使用社区,人们对这两种语言做了很多内容上的增加和修改,从而形成了新的口语变体,这些语言使用者会坚定地维持自己的希伯来语,人们会教小孩说希伯来语,并把它作为一门书面语言来使用和尊重。随着政治犹太复国主义的成长以及 19 世纪末开始的犹太人返乡潮的出现,一场有关希伯来语复活的运动就开始了。

楼必安可(Lo Bianco 2012)把希伯来语复活运动分为两个阶段:第一是希伯来语的再度口语化,后来就是希伯来语的复活。犹太人首先是把希伯来语引进到巴勒斯坦的乡村学校,学生毕业后则把该语言带到家里,并与自己的小孩一起使用。如今在以色列,尽管犹太教中的有些哈西德派教徒(Hassidim)会维持依地语的使用,而一些移民则会坚持自己祖裔语的使用,特别是当他们群居在一起的时候更是如此,但是,现代希伯来语依然是强势语言。那些带有强烈民族主义色彩的语言活动很容易得到成人语言教学项目的支持,这就意味着大多数在 20 世纪的后 50 年来到以色列的新移民,不管他们是从纳粹对犹太人的大屠杀(Holocaust)中逃出的幸存者,还是从伊斯兰国家被赶出来的犹太阿拉伯语使用者,他们都接纳了希伯来语,并把它看作是以色列的本地语言。他们的小孩也在公立犹太人学校学习希伯来语。犹太人的这些语言行为也给以色列的非犹太人形成了一种压力,从而影响到这些人的希伯来语学习,所以,巴勒斯坦阿拉伯语(Palestinian Arabic)最终也被希伯来语化了,而巴勒斯坦人则把巴勒斯坦阿拉伯语作为强势的第二语言来使用。

13.6.3 爱尔兰：转用英语

爱尔兰于 1937 年独立，同年制定了宪法，之后还通过了许多跟语言相关的法律。尽管爱尔兰语得到了爱尔兰本国宪法和法律的认可，但是，正如楼必安可(Lo Bianco 2012：518)所说，在爱尔兰"所有被政府正式指定的爱尔兰语区域"都未能"在各个领域实施爱尔兰语的规范化工作"。爱尔兰当初的语言政策强调了属地原则，但这些地方的经济政策和语言政策不能同步发展，从而导致爱尔兰语的使用情况恶化，甚至连爱尔兰语使用区(即盖尔特克司特区)都不断地出现人们转用英语的现象，而该国的其他地区则完全是英语的天下。可见，爱尔兰发动的国语复活运动比印度尼西亚的国语运动要早，而与希伯来语的复活运动则属同一个时代，但是，爱尔兰最终却无法在口语表达和语言重要性两方面实现爱尔兰语的复活。

13.6.4 印度语言的多样性与复活

尽管印度和印度尼西亚的语言多样性有相似之处，但是，楼必安可(Lo Bianco 2012：506)指出，虽然印度宪法认可了本国的许多大语言，可是，印度的地方(或邦级)语言复活运动此起彼伏，这极大地阻碍了印地语在国内的全面推广，却鼓励了英语在印度的维持，使得英语在印度的使用大大超越了印度宪法当初所允许的 15 年时间。结果，印度需要管理的是一个极其复杂和多语的社会语库，这或多或少与印度最初制定的语言规划是想吻合的，但它并没有满足印度教民族主义当前所期待的愿望。

第 14 章　语言政策理论再思考

　　上一章陈述的国别语言政策案例有助于我们理解：为什么民族型国家要制定和实施一个语言政策是如此困难？主要是因为以下两大语言目标之间经常存在冲突：一是各国都想要选择一门经济优势最大化的语言，二是各国都想要选择一门能够代表本国民族文化身份的语言。即使这两大目标都可实现，例如，英语国家就是如此，另外，那些具有发达的国际性语言的国家也基本上这样，但是，这些国家仍然还面临着如下的问题：从个体权利（individual right）到国际权利（international right）的不同视角来看，社会各层级的语言目标是多样的，而且是完全不同的。此外，语言政策的实施是复杂的，但集权制国家比民主制国家要简单些，而且，语言政策的实施需要依靠一定的资源，这样才能支持高水平的语言教育以及对少数民族语言的认可。在某些国家，国语的选择毫无问题，政策也制定得很好，并在大部分地区得到实施，但它们往往是以忽略那些得到认可和未得到认可的语言少数群体的要求和需求为代价的。

　　国家语言政策的成败首先取决于语言状况的复杂程度。这方面的一个简单案例就是日本，这是一个十足的单语国家，这类国家的语言管理要比语言情况复杂的国家（如印尼）更简单。其次是国家的政治和经济力量。集权制国家比民主制国家更有希望实施自己的语言政策。另外，国家只有经济发展了，才能划拨足够的资金用于教育事业，进而在教育中实施语言政策。第三是意识形态，这也是一个重要的影响因素。国家若有单一的大传统或者国家身份得到国民的普遍认可，那么这类国家的语言政策会更好处理。一个国家如有好几个相互竞争的大传统，其最好的管理方式是采取属地化的管理原则。有些国家（如巴基斯坦）的语言政策选择了一条艰巨的道路，即国语的选择违背了本国多数人的语言实践和语言信仰。大多数国家都发现要处理好语言多样性所带来的挑战以及语言少数群体(不管是土著人还是移民)的语言生存问题并不容易。在同一个国家,不同的语言域和不同的语言群体具有不同的语言需求,而且,这些语言需求是相互竞争的。要解决好这些问题,大家就需要达成共识,并找到一个良好的管理办法。但目前,世界上几乎没有哪个国家能够做到这一点。

  语言政策的基本问题是教育资源的匮乏。全球教育监测报告小组(Global Education Monitoring Report Team 2020)对此解释得很清楚。他们的研究得出不少相关的发现。在中等富裕国家,仅有18%的贫穷学生可以完成中学教育,而在最富裕的国家,所有的学生都可完成中学教育。被边缘化的学生群体(如土著学生或移民学生)往往被学校所忽视。甚至在中等收入国家,许多小学生都还没有掌握一些基本的语言技能,其中就包括强势语言的阅读能力。在经济合作与发展组织(OECD)的成员国中,移民学生所就读的学校通常都是移民学生占半数或以上的学校,因此,他们没有机会从学生同伴中习得当地的强势语言。甚至在经济合作与发展组织的成员国中,教授这些弱势学生的教师都是合格程度较低的教师。于是,语言教育政策的失败反映了国家教育体系的失败,最终则反映了国家政策被误导,并导致失败,进而无法认可语言的多样性和资源的悬殊性。

14.1 语言政策的当前模式

  总之,我发现语言实践是可以管理的,但是,因为语言管理可以出现在许多不同的层面,所以语言实践的管理就变得更加困难了。在个人层面,每人都可从自己的语库中选择自己想要使用的语言变体或语言项(language item)。在语言的使用过程中,人们会根据自己的语言水平和语言认知来做出有关语言内容上的选择:使用什么语言以及如何使用语言才能对预期受众或读者合适。这种现象正是贝尔(Bell 1984)所称作的听众设计(audience design),他提出这个概念是为了阐明新西兰各种广播节目的播音员在工作时所采取的不同语言风格,但他还扩大了研究的内容,即对多语社区中所出现的语码转换或超语现象也进行了思考。语码转换或超语现象这种用法可能符合也可能不符合如今各种社区(如家庭、学校、居住小区、职场、媒体、地方或国家)或语言域(如家庭域、朋友圈、购物场、职场和官场)中所期待的语言变体。各种社区或语言域所使用的语言变体可能会受到其内部或外部的语言提倡者或语言管理者的影响,而他们的影响力又会受到以下因素的左右:宗教、教育、政治、经济、历史、社会或心理。正是因为社会的这种复杂性,从而使得我们在预测个体或群体当前的语言维持或语言转用时不知道哪个影响因素是最厉害的。通常,家庭或家长是影响一个人语库初期建设的关键,但家中一些其他的重要人员也会改变小孩的语库发展。例如,当家庭中最近有人移民海外或外地时,或者是当家中有兄弟姐妹上学时,或者是当居住小区中有使用其他语言的同龄人时,儿童的语库建设都会受到影响。学校是影响儿童语库建设的另一个主要因素,其影响通常取决于政府所选择的教学语言(但它又受限于教师对该语言的掌握程度)。另外,儿童家长对学校的选择(这取决于家长对语言经济价值的语言信仰)有时也是影响儿童语库建设的一种因素。当人们因各种原因(如移民或城市化)而迁移到新的社区居住时,或者是,当人们需要增加自己的语言域时,那么,他们的语库就可能会得到扩大或改变。任何国家层面的语言管理在理论上都要认可语言的多样性,并向平等的目标发展,但实际上却很少这样做,因为它们即使认识到上述所有的各种影响力量,但语言政策的实施最终还取决于它们是否能够获得足够的资源来支持这些计划。要在这些条件的限制范围内制定和实施一个好的国家语言政策,那就必须有足够的资金。

14.2 语言需要管理吗?

直到最近,我才发现,我对语言政策的研究其实是一个更大工程里面的一部分,我把这个更大的工程称作"语言能管理吗?"。但是,当我继续对此进行再三思考后却注意到,我不喜欢使用"语言规划"这个术语,因为苏联的经济规划大部分都不成功,尽管它为社会规划和语言规划提供了一种模式,但我想知道"语言能管理吗?"这个问题是否属于一个有道理的问题①。2019 年,有人(Anonymous 2019)在《经济学人》杂志中曾刊登

---

① 新加坡华人学者周(Chew 2014:12)提醒过我,说我在以前的研究中(Spolsky 2009a)也提到过"语言是否需要管理"这个问题。

过一篇名为《小心机器人》(Beware of the Borg)的圣诞论文(Christmas essay),该文比较和讨论了经济发展中计划模式和市场模式的各自优点。而且,该论文还注意到如今的计算机变得越来越强大,数据源也变得越来越丰富。这些变化都使得技术不仅有管控经济的可能,甚至还有左右选举投票箱的可能。文章指出,如今人们通常不会关注机器般的工作效率会有哪些好处,而是关心人类如何来实现自己的愿望。有时,计算机会提供两个风马牛不相及的事情来进行比较,如中国新疆的维吾尔语话题以及忙碌的人们愿意接受爱丽莎(Alexa,亚马逊公司自动语音助手的名称,译者注)或西瑞(Siri,苹果公司自动语音助手的名称,译者注)所提供的数据和做出的决定。此外,计算机还可为智利总统萨尔瓦多·阿连德(Salvador Allende)提供一套更好的经济发展模式——赛博协同控制工程(Project Cybersyn,阿连德试图通过电脑对各种信息的控制与决策来实现他完美的计划经济,于是,聘请了英国的控制论专家来为他设计该工程,译者注)。该系统是由一位名叫斯塔福德·比尔(Stafford Beer)的英国顾问所创建的。20世纪70年代初,萨尔瓦多·阿连德刚当选国家总统后不久就开始实行国有化的社会主义经济制度。1973年,智利发生军事政变,阿连德以身殉职。之后,智利就放弃了国有化的社会主义经济制度。但是,人们在不断地研发计算机的控制能力,从而使得计算机变得越加强大,以至于它们有能力收集和加工大数据。于是,人们就有可能通过云计算对数以亿计的服务器进行数据方面的处理,进而就有了一种可以预测市场未来变化的技术。所以,如今有越来越多的人开始信任技术,并用它来代替个人的判断。因此,我们对于"语言能规划吗?"这个问题的回答是"现在还不能,但很快就能"①。

  但这是一件好事情吗?通常,最有效的语言都具有统一性和霸权性,这是我们想要的吗?或者说,有一种社会系统允许和认可语言的多样性出现在个体和言语社区的复杂语库中,我们能想象有这样的一种系统吗?现有如下两种选择,我们应该朝哪个方向发展?一是独裁型的国家语言规划,即强迫每个人都转用通用语,从而可以促进国家的团结和提高交际的效率,这是各国政府所追求的;另一种是自由型的国家语言规划,即允

---

① 例如,大数据的分析是以人们在短信或电话中所使用的语言为基础,它能更加精准地帮助人类回答有关语言使用的问题。

许每个人都使用自己的祖裔语,也不要转用社会功能或经济价值都更理想的语言,这是语言学家所提出的想法。如今,我们是否陷入了"地球北方世界观"(Northern view of the world)的漩涡中,从而无法思考其他视角出发的方法?我现在认识到,我自己对多样性的组合也有偏见,而多样性不管是在个体层面还是在社区层面都给我们带来选择的机会。我们有足够多的案例(如印度)体现了家庭、城市或国家实行多语制是可行的(Agnihotri and Sachdeva 2021)。

最近,允许教室里实现语言多样性的呼声越来越高,这体现在超语这个新术语的诞生和使用上(Garcia and Li 2013)。这一现象使得我们想到,现在有些语言学家向我们呼吁别管自己的语言(Hall 1950),还有一些语言学家则提倡语言的规定性纯洁,相比之下,前者比后者更合理些(Fishman 2006)。在讨论社区应该在多大程度上维持其传统语言的问题时,李嵬(Li 2018b)首先研究了海外移民社区的语言问题——这是他称作的后多语性挑战(post-multilingual challenge)的一部分,他还把超语看作是一种草根的语言反映(Garcia and Li 2013):"由于多语使用者会通过策略性和创新性的方法来使用各种符号资源,从而可以对付各种复杂的社会和认知活动,于是,他们知道如何通过超语来行事、知事和成事"。这是个体和社区语言实践中一个非同寻常的特点,这些人和社区的语库得到扩大,从而能够利用自己的语库来跨越单语带来的限制。

尽管这种思想充满魅力,但我妻子却不断地提醒我,正如鲁宾斯坦(Rubinstein 2018:92)在对一本有关超语话题的专著进行书评时在其结尾处所说:

> 虽然该书认为超语走进教室的做法能够为语言使用带来一些好处和机会,而且,该书对超语的总体语调是非常乐观的,但是,如果要把超语使用作为一种合法的教育实践,那么社会(特别是语言政策制定者和教师)对它的接受情况可能就是另一回事了,所以,该书最后在谈到这方面的内容时语调却没有那么积极乐观了。

国家层面的语言政策制定者以及教师通常都更赞同语言要拥有自己的固定性,他们都持有费什曼(Fishman 2006)那样的语言理念——所有的语言都要有自己的正确版本,以示其规范性和完美性,而且,他们都不喜欢超语的开放性以及语言学家只要"描述"(describe),不要"规定"(prescribe)的观念。

人们对于语言多样性的概念以及许多语言学家所崇尚的多语制都尚未形成广泛的统一性。因此,那些支持语言多样性和少数民族语言的人所要面临的首要任务是找到如何改变大众语言信仰或语言意识形态的方法,并希望说服强大的语言管理者以及广大的百姓如何接受他们所提倡的语言立场。语言政策如同经济政策和政治政策一样,依然是一个有争议的问题。语言政策可以出现在不同的社会层面,而且,每个言语社区都会有不同的语言实践、语言意识形态和语言管理尝试,从而形成复杂的语言政策环境。这就意味着,我们根本还没有解决语言政策的简单办法。尽管我们必须承认集权国家拥有极大的权力,但在任何国家都没有哪个社会层面(如个体、家庭、企业、宗教、国际协定或国家)可能有绝对的决定权。我们若不能认可语言政策的这种复杂性,那就不利于语言管理行为的选择和实施。语言政策的再思考可以让我们清晰地认识到在理解语言政策方面我们还需要做哪些。

14.3　语言政策再思考

我还记得我当语言学专业的学生时所听过的一些课程内容,但它们大多都是有关语言中音系学(phonology)的问题。当教师快要结束讲课时最后都会宣布问题解决的一个方案,并把它写在黑板上。尽管大家对此还会有分歧、疑问和犹豫,但我似乎已经领悟到这是一个人人均能得出自己结论的领域。所以,后来我开始转向语言教学问题的研究,该领域的问题解决方法众多,大家一个接一个地提出、验证和放弃。经过多年在该领域的摸爬滚打之后,我最终为语言政策提出了一个工作模式。

40多年前,我就开始思考语言政策这个主题了(Spolsky 1977)。以前,我与罗伯特·库帕曾经共同编撰过一本书,其名称是《双语教育前沿》。该论文集中的第一篇论文是我写的,我在文中引用了一个我以前提出来的语言教育模式,其实,这个模式是我跟我的一群年轻同事为了描述双语教育而一起提出来的,因为当初我们都参与了美国"纳瓦霍语阅读研究"(Navajo Reading Study)课题(Spolsky et al. 1976)。该模式包含了六个影响因素，它们是心理、社会、经济、宗教文化、政治和语言。而这些因素又在以下三个层面发挥作用：在双语项目开展之前社区的语言状况；那些受到双语项目管理人员控制的因素；那些负责双语项目结果的人所获得的感知。正是这个由三层面和六因素所构成的语言教育模式使得我后来扩大了语言研究的视野，并开始思考各个层面的语言政策。

十年后，我与罗伯特·库帕定期会面，而此时他正在撰写后来成为语言政策经典之作的那本书（Cooper 1989）。该书以如下四个具有挑战性的语言规划案例为开始：由黎塞留创办的法兰西学术院；奥斯曼巴勒斯坦的希伯来语复活；美国的女权运动；埃塞俄比亚的大众扫盲运动。在这些案例的分析基础上，他探讨了语言规划和社会变迁。对这两者之间的整合研究就是颜诺和奈科瓦皮尔（Jernudd and Nekvapil 2012）称作的古典语言规划（classical language planning），这是负责该领域研究的社会语言学家所要从事的工作。

所以，我对语言政策的思考已经有一些年份了。1996年，我在给一本书作序时首次贸然地提出了一个语言政策模式（Spolsky 1996）。在那之后的几个月里，我曾与艾拉娜·肖哈米讨论过以色列的语言教育政策（Spolsky and Shohamy 1998，2000）。总之，在我早期的有关语言政策的研究中，我主要是关注如下几个内容：以色列当前的语言概况；以色列各种语言的状况和地位；以色列作为一个独立不久的国家所面临的其他语言问题；以色列对希伯来语之外的语言的角色需求。此外，我们把语言政策划分为语言实践、语言意识形态和语言政策（这里的"语言政策"是作为前一个"语言政策"的下义词，即后来他在语言政策专著中提到的语言管理或语言规划，译者注）。在我第一本有关语言政策的专著里（Spolsky 2004），我把语言政策的成分扩展为语言实践、语言信仰或语言意识形态、语言管理或语言规划。几年以后，由于接触到布拉格学者群（Nekvapil and Sherman 2009）的研究成果，我对语言管理术语的理解和使用更加娴熟。于是，我撰写了第二本有关语言政策的专著——《语言管理》（Spolsky 2009a）。该著作的主要创新之处在于把语言管理分为几个层面和几个语言域——从家庭域开始，到超国家组织域结束。在接下来的数年里，我在这个模式的基础上，更加仔细地研究了如下几个内容：家庭层面的语言政策（Spolsky 2012a）；语言学院和语言活动；中国的语言政策（Spolsky 2014）以及两个殖民语言政策案例（Spolsky 2018b，2019c）。回顾和总结这些研究，我对原先提出的语言政策模式进行了一些修改，并增加了个体因素的考虑（Spolsky 2019b，2019e）。为此，本书在章节的安排上是从个体语言政策开始的，最后以国家或民族的语言政策为结束，尽管我们还有许多语言政策问题尚未解决，但本书各章的顺序安排还是非常有利于我们解释为什么在制定和实施一个有效而又平等的语言政策时会遇到那么多困难。

14.4　语言命名和统计的难处

在学校学习一门新的学科，这不仅要增加一些概念，而且还要认识一些新术语①。语言政策学科存在许多术语问题，首先该学科的名称就有术语问题：我以前谈到过，"language"（语言）这个词存在一词多义（polysemy）现象，所以，我更喜欢使用"variety"（语言变体或语言）这个词。另外，"policy"（政策）这个词具有歧义性，它可以被理解为一个学科领域，也可以被看作是一种计划或项目。而且，语言实践既可被视为语库，也可被看作是语言状况，但这仅限于传统用法，而且，这个术语现在更多的是指城市公共标识。在我提出的语言政策三成分模式中，其中一个成分是语言信仰（该术语显得更松散随意）或语言意识形态（该术语体现了更具组织化的体系，且该体系还受到某种运动的支持）。尽管我还是更喜欢使用"语言管理"术语，而不是常见的"语言规划"术语，但我不得不承认，对于许多人来说，该学科的名称是"语言政策和语言规划（LPP）"。

该学科令人困惑的第二个层面是各种语言名称的区别：语言（language）、口语（vernacular）、差异较大的方言（topolect）、差异较小的方言（dialect）、洋泾浜（pidgin）和克里奥尔语（creole）。语言的这种划分导致语言名称的应用要与特定的语言变体相对称。中国把相互听不懂的汉语变体称作是差异较小的方言，而不是差异较大的方言，从而形成了一个具有很多方言的巨大语言，而这些方言的使用者不能相互理解（语言的理解可以通过口头和笔头，有些方言尽管无法通过口头交流实现沟通，但可通

---

① 我还记得自己读书时有一位科学课教师发音口齿不清，从而给学生带来了一些语言理解上的困难。例如，我们花了很长一段时间才搞清楚一个问题：我们听见的"felthpar"（长石）其实是"feldspar"（长石）。

过汉字达到沟通的目的,译者注)。除此之外,语言名称的不同还会带来许多问题。例如,以色列的现代希伯来语需要一个不同的名称吗?以至于人们可以把它与圣经希伯来语(Biblical Hebrew)、拉比希伯来语(Mishnaic Hebrew,也译为米示拿希伯来语,译者注)和中世纪希伯来语(Medieval Hebrew)区分开来。再如,古英语(Old English)和得克萨斯英语(Texan English)都是英语的一种变体,它们是一样的吗?另外,在使用语言的名称时,我们需要使用其本土名称还是外语名称?例如,法语的本土表达是"francais",而英语表达是"French",我们该用哪一个呢?而且,对于那些有几个名称的语言,我们又该使用其中的哪一种?例如,犹太西班牙语可称为拉地诺语(Ladino)、朱代兹莫语(Judezmo)或西班尼奥利特语(Spaniolit)。

正如我以前所指出的那样,即便大家都同意使用某一语言的名称,但是,要所有人都赞同某一语言说话者或使用者的人数却不是一件简单的事情。因此,就语言使用、语言使用者的语言信仰或语言意识形态的现状,要建立一个可行的模式,这绝不容易,而且,该模式也很难直截了当地预测它们的未来发展走向。倘若我们经过一段时间的发展后能够获得这些内容的准确数字(往往是通过熟练的语言使用者的年龄来进行概率估算),那么,我们就能更好地决定哪些语言确实属于濒危语言,同时,也能更好地知道一门语言的使用者转用另一门语言的概率。由于数据收集的艰难性,所以我们不得不依赖猜测和估计来作决定,而且,这些猜测和估计经常是匿名的,正如《民族语》(Eberhard et al. 2019)或勒克莱克(Leclerc 1994—2018)所提供的主要数据表都是这样做出的。

语言中还存在许多内容方面的不确定性,这迫使我们这些研究语言政策的人去思考和再思考,而不是计算、测量、统计和决定。我们正在处理的是一个动态的、不确定的语言现象,所以,我们确实会对某些数据表示不赞同,需要再思考,并继续提出修订过的模式和理论,这有助于增加我们对语言政策的理解,从而能够制定明智有效的语言管理政策。

附　　录

表 A.1　扩展版代际语言差异级别表

级别	名称	描述	联合国教科文组织的定性
0	国际性语言（international）	全球使用，功能甚广	安全
1	国语（national）	用于国家层面的教育、职场、大众媒体和政府机构	安全
2	地区性语言（regional）	用于当地或地区的大众媒体和政府机构的服务	安全
3	贸易语言（trade）	用于当地或地区性职场的内外部交流	安全
4	教育语言（educational）	语言的识字功能通过公办教育系统得到传播	安全
5	书面语言（written）	用于各代人的口头交流，也可作为书面语言有效地用于社区的某些地方	安全
6a	活力语言（vigorous）	用于各代人的口头交流，儿童也把它作为第一语言来学习	安全
6b	临危语言（threatened）	用于各代人的口头交流，但仅有部分育龄父母会把它传承给自己的小孩	脆弱
7	转用语言（shifting）	育龄父母能够熟练使用该语言，但不会把它传承给自己的小孩	确认濒危
8a	垂死语言（moribund）	该语言仅剩的活跃使用者是祖父母一辈	严重濒危
8b	接近灭绝的语言（nearly extinct）	该语言仅剩的使用者是祖父母一辈或更老的一辈，而且，他们使用的机会也不多	致命濒危
9	休眠语言（dormant）	该语言只是一个民族社区的文化身份符号，人们对它的语言水平仅停留在象征意义上	消亡
10	已灭绝语言（extinct）	没有人再把自己的民族身份感跟这门语言联系起来，甚至连象征意义都没有	消亡

五国濒危语言

表 A.2　印度濒危语言表（部分）

濒危语言	级别	所在邦	人数	使用状况	转用语言	出处
坎佯语（Khamyang）	8a	阿萨姆邦（Assam）	800人中有50人	祖父母	阿萨姆语	—
拉尔特语（Ralte）	8a	米佐拉姆邦（Mizoram）	1961年170人 1981年90人	老人	米索语（Miso）	有[1]
鲁嘎语（Ruga）	8a	梅加拉亚邦（Meghalaya）	1950年前出生的少数人	老人	加罗语（Garo）	有[2]
图里语（Turi）	8a	焦达纳格布尔（高原）（Chotanagpur）	35万人中有2000人	—	萨德里语（Sadri）及其方言	无
阿拉尔语（Allar）	7	喀拉拉邦（Kerala）	350名狩猎采集者	—	马拉雅拉姆语	无
阿通语（Atong）	7	梅加拉亚邦	梅加拉亚邦4600人；孟加拉国5400人	无法估计	加罗语	有[3]
东俾路支语（Eastern Baloch）	7	俾路支斯坦（Balochistan）	9.5万人中有800人；巴基斯坦有350万人	主要作为第二语言	乌尔都语	无
巴兹加尔语（Bazigar）	7	哈里亚纳邦（Haryana）及其他邦	80万人中有5.8万人	超过40岁	印地语、旁遮普语	有[4]
贝拉里语（Bellari）	7	哈里亚纳邦	1000人	—	—	无
伊卢拉语（Irula）	7	泰米尔纳德邦（Tamilnadu）及其他邦	20万人中有5000至1.1万	所有语言域，晚间新闻	巴达迦语（Badaga）、卡纳达语（Kannada）及其方言	有[5]

---

[1] 见 Mehrotra(1999)。
[2] 见 Burling(2003)。
[3] 见 Van Breugel(2014)。
[4] 见 Deb et al.(1987)。
[5] 见 Das(2013)。

(续表)

语言	等级	分布地区	人口	使用场合	其他语言	文字
马吉语 （Majhi）	7	恰尔肯德邦 （Jharkhand）	5.5万人中有 1.1万人；尼泊 尔有2.5万人	不在家， 在宗教 领域使用	尼泊尔语	无
迈赫瓦尔语 （Majhwar）	7	恰蒂斯加尔邦 （Chhattisgarh）	17.4万人中 有3.4万人	—	恰蒂斯加尔语 （Chhattisgarhi）	无
拉瓦特语 （Rawat）	7	北阿坎德邦 （Uttarakhand）	700人	人少， 且贫穷	库马翁语 （Kumaoni）	无
桑斯语 （Sansi）	7	哈里亚纳邦、 旁遮普邦及其他邦	6万人	家庭，但 儿童不会	印地语、 旁遮普语、 古吉拉特语	无
亚卡语 （Yakkha）	7	锡金邦（Sikkim） 和西孟加拉邦	6300人中有 800人；尼泊尔 有1.9万人	成人	尼泊尔语	无
巴尔蒂语 （Balti）	6b	查谟和克什米尔地 区（印控）（Jammu and Kashmir）	3.8万人中 有1.38万人	成人（所有） 和儿童 （部分）	普里克语（Purik）、 乌尔都语	无
班塔瓦语 （Bantawa）	6b	锡金邦和 西孟加拉邦	1.44万人	成人	尼泊尔语	无
高德瓦尔语 （Godwari）	6b	古吉拉特邦	300万人	成人和儿 童，主要 语言域	印地语 （受过教育的人）	无
卡查里语 （Kachari）	6b	阿萨姆邦	1.6万人	作为第二 语言	阿萨姆语	无
科拉加语 （Koraga）	6b	卡纳塔克邦 （Karnataka）	1.4万	成人和儿 童（部分）	图鲁语（Tulu）	无
昆巴兰语 （Kumbaran）	6b	喀拉拉邦	1万	成人和儿 童（部分）	马拉雅拉姆语	无
安德语 （Andh）	6b*	印度中央邦 （Madhya Pradesh） 和特伦甘纳邦 （Telangana）	42万人中 有10万人	—	马拉地语	无
布罗克斯达特语 （Brokstat）	6b*	查谟和克什米 尔地区（印控）	1万人	—	拉达克语 （Ladakh）	无
德哈鲁语 （Dekharu）	6b*	恰尔肯德邦 和西孟加拉邦	1万	？（原文就 是疑问号， 译者注）	—	有[1]

---

① 见 Hammarstrom(2015)。

（续表）

杜布利语（Dubli）	6b*	古吉拉特邦及其他邦	79.1万人中有25万人	—	古吉拉特语	无
格罗玛语（Groma）	6b*	锡金邦	1.4万人	—	藏语？（原文有疑问号）	无
古龙语（Gurung）	6b*	锡金邦	3.3万人	全部使用尼泊尔语	廓尔喀语（Gurkhas）	无
卡瑙济语（Kanauji）	6b*	北方邦（Uttar Pradesh）	950万人	成人	印地语、英语（上层社会）	有[①]
科达库语（Kodaku）	6b*	卡纳塔克邦	1.5万人	家庭，儿童	印地语	无
库伊语（Kui）	6b*	奥里萨邦	60至90万人	双语项目	奥里雅语	有[②]
库里奇亚语（Kurichiya）	6b*	喀拉拉邦	2.9万人	种姓高	马拉雅拉姆语	无
雷布查语（Lepcha）	6b*	锡金邦	4.3万人	成人与儿童	小学所教语言	无
林甘姆语（Lyngngam）	6b*	阿萨姆邦及其他邦	1.16万人	—	阿萨姆语	无
东马加尔语（Eastern Magar）	6b*	锡金邦	28万人中有7万人	来自尼泊尔的移民	尼泊尔语	无
马哈利语（Mahali）	6b*	西孟加拉邦和奥里萨邦	26万人中有2.6万人	家庭	当地语言	否
马尔帕哈里亚语（Mal Paharia）	6b*	恰尔肯德邦和西孟加拉邦	10万人中有一半人	文化适应	孟加拉语、印地语、桑塔利语	有[③]
马拉韦丹语（Malavedan）	6b*	喀拉拉邦和泰米尔纳德邦（Tamil Nadu）	1.2万人	家庭？（原文有疑问号）	马拉雅拉姆语	无
帕尔丹语（Pardhan）	6b*	安得拉邦（Andhra Pradesh）及其他邦	13.5万人	—	印地语和当地语	无
帕西语（Parsi）	6b*	古吉拉特及其他	1.16万人	宗教	古吉拉特、英语及其他语言	无
北普什图语（Northern Pashto）	6b*	许多邦	2.17万人	—	乌尔都语	无

[①] 见 Dwivedi and Kar(2016)。
[②] 见 Mohanty(1990)。
[③] 见 Manna and Ghosh(2015)。

(续表)

帕塔尼语 （Pattani）	6b*	喜马偕尔邦 （Himachal Pradesh）	2万人	家庭	英语、印地语	无
波瓦里语 （Powari）	6b*	喜马偕尔邦和 马哈拉施特拉邦 （Maharashtra）	200万人	四分之一的 人在家使用， 一半的儿童 也使用	印地语、 马拉地语	无
热利语 （Reli）	6b*	安得拉邦和 奥里萨邦	1.3万人	家庭和网络	泰卢固语 （与外人交流时）	无
夏尔巴语 （Sherpa）	6b*	锡金邦和 西孟加拉邦	1.3万人	村民、儿 童（部分）	尼泊尔语 及其他语言	无
蒂纳尼语 （Tinani）	6b*	喜马偕尔邦	1.16万人	家庭、村庄	印地语、 帕塔尼语	无

表A.3　瓦努阿图濒危语言表（部分）

濒危语言	级别	人数	使用状况	转用语言	出处
白沙语 （Whitesands）	7	7500人	儿童；家庭	比斯拉马语	有①
奥卢阿语 （Aulua）	6a	750人	多数语言域； 成人与儿童；教堂	比斯拉马语、 英语、法语	有②
阿瓦瓦语 （Avava）	6a	400人	多数语言域； 成人与儿童	比斯拉马语	有③
多里格语 （Dorig）	6a	200人	多数语言域	拉空语（Lakon,三代后 转用）和图姆语（Tume）	有④
伊顿语 （Eton）	6a	500人	成人与儿童	比斯拉马语及其他	无
希乌语 （Hiw）	6a	150人	成人与儿童	比斯拉马语	无
科罗语 （Koro）	6a	160人	成人与儿童	多里格语 （多语现象普遍）	有⑤

---

① 见 Hammond(2009)。
② 见 Crowley(2000)。
③ 见 Crowley and Lynch(2006)。
④ 见 Francois(2011)。
⑤ 见 Francois(2011)。

(续表)

勒莱帕语（Lelepa）	6a	400 人	成人与儿童	比斯拉马语、英语及其他当地语言	有①
洛约普语（Loyop）	6a	250 人	成人与儿童	瓦特拉塔语（Vatrata,1958 年大量人口外迁,仅靠留下的人）	有②
姆沃特拉普语（Mwotlap）	6a	1800 人以上	成人与儿童	比斯拉马语	无
瓦托港语（Port Vato）或达基语（Daakie）	6a	1300 人	成人与儿童	比斯拉马语	无
萨语（Sa）	6a	4000 人	家庭；成人与儿童	四种当地方言、比斯拉马语	有③
萨高语（Sakao）	6a	2000 人	家庭；成人与儿童	比斯拉马语、托罗马克语（Tolomako）	有④
乌努阿语（Unua）	6a	1000 人	成人与儿童	比斯拉马语（教堂）	有⑤
中湄沃语（Central Maewo）	6b	1400 人	成人与年轻人（部分）	比斯拉马语	无
奈沃沃语（Neverver）	6b	1250 人	成人与年轻人（部分）	比斯拉马语	无
宁得语（Ninde）或拉博语（Labo）	6b	1100 人	成人与年轻人（部分）	—	—

表 A.4 巴西濒危土著语言表（部分）

濒危语言	级别	人数	使用状况	转用语言	出处
瓜加迦拉语（Guajajara）或特内特哈拉语（Tenetehara）	4	2 万人中有 1.4 万人（在 11 个土著区）	乡村的成人与儿童，城市情况不详	葡萄牙语（作为通用语）	无

---

① 见 Francois et al. (2015)。
② 见 Fran.ois et al. (2015)。
③ 见 Cheer et al. (2013)。
④ 见 Guy(1974)。
⑤ 见 Pearce(2015)。

(续表)

语言	级别	人数	使用情况	其他语言	文献
希克斯卡里亚纳语（Hixkaryana）	4	600人	成人与儿童；学校与文学	葡萄牙语	无
贾马马迪语（Jamamadi）	4(或濒危类)	1000人	成人与儿童；学校(渴望)	葡萄牙语	无
沙万特语（Xavante）	4	1.9万人（单语人有7000）	成人与儿童；学校	葡萄牙语	无
卡雅布语（Kayapo）	5	7000人（在20多个社区中）	成人与儿童；所有语言域；初始教育	葡萄牙语（部分人）	有①
马克萨卡利语（Maxakali）	5	1270人	年轻人，一语的书面形式使用率30%	葡萄牙语（部分人）	无
阿拉维特语（Arawete）	6a	340人	主要是单语者，1970年被发现	葡萄牙语（部分20岁以下的人）	有②
阿苏里尼语（Asurini）	6a	120人	40岁以上的人，成人支持学校教学	葡萄牙语（14岁以下的人）	有③
道语（Daw）	6a	120人	成人与儿童；学校教该语言的识字	涅恩加图语（老人）、葡萄牙语（年轻人）	有④
希马里马语（Himarima）	6a	40人或1000人	成人与儿童	无对外接触	否
卡迪维乌语（Kadiweu）	6a	1590人	成人与儿童	葡萄牙语（部分人）	否

① 见 Zanotti(2016)。
② 见 De Castro(1992)。
③ 见 Pereira(2009)。
④ 见 Martins(2004)。

(续表)

语言	级别	人口	使用者	双语情况	文献
卡罗语（Karo）或阿拉拉图皮语（Arara Tupi）	6a	200人	成人与儿童；2个村庄	葡萄牙语（对外接触时）	是[①]
马基里塔里语（Maquiritari）	6a	430人；委内瑞拉也有6000人	成人与儿童	—	无
梅希纳库语（Mehinaku）	6a	200人	成人与儿童	—	有[②]
尼南语（Ninam）	6a	470人	成人与儿童	葡萄牙语（部分人，尤其是儿童）	无
苏鲁阿哈语（Suruaha/Zuruaha）	6a	140人	成人与儿童	与世隔绝	有[③]
苏瑞语（Surui）	6a	250—1000人	成人与儿童	葡萄牙语（部分人）	无
乌鲁尤沃沃语（Uru-Eu-Wau-Wau）	6a	87—183人	成人与儿童	与外界接触甚少	无
怀米里—阿特罗里语（Waimiri-Atroari）	6a	1000—2000人	成人与儿童	葡萄牙语（20%的男性与外界接触时）	无
亚诺马米语（Yanomami）	6a	4000—6000人	成人与儿童	可能濒危	有[④]
佐伊语（Zoe）	6a	180人	成人与儿童	最近跟外界有接触，1997年还是单语	无
艾卡纳语（Aikana）	6b	150人或200人（搬迁）	成人	葡萄牙语（部分儿童）	有[⑤]

---

① 见 Gabas(1999)。
② 见 Gregor(2009)。
③ 见 Feitosa et al.(2010)。
④ 见 Borofsky and Albert(2005)。
⑤ 见 Anonby(2009)。

（续表）

阿韦蒂语（Aweti）	6b	170人（搬迁）	成人和儿童（部分）	葡萄牙语、卡玛尤拉语（Kamayura）	有①
博罗罗语（Bororo）	6b	1390人	成人和儿童（部分）	葡萄牙语（儿童）	有②
加布堤语（Jabuti）或德乔罗米提语（Djeoromitxi）	6b	5—50人或170人	成人和儿童（部分）	葡萄牙语	有③
马曼德语（Mamainde）	6b	300人	成人和儿童（部分）	四分之一的村庄发生语言转用	有④
伊艾特语（Iate）	7	1000人或2300人	成人	成人双语，葡萄牙语（儿童）	有⑤
英加里科语（Ingariko）	7	1000人（圭亚那也有1000人）	成人和儿童（代际传承好）	葡萄牙语（部分儿童）	无
涅恩加图语（Nheengatu）	7	3000—10000人	有些地区的老人；成人；没有儿童	图卡诺语（Tukano,耶稣会信徒）、葡萄牙语（许多人）	有⑥
特雷纳语（Terena）	7	1.6万人或2万人	成人，学校教	葡萄牙语	有⑦
瓦皮沙纳语（Wapishana）	7	4000人或7000人（圭亚那有6000人）	部分儿童	葡萄牙语	无

---

① 见 Drude(2011)。
② 见 Crocker and Maybury-Lewis(1985)。
③ 见 Van der Voort(2007)。
④ 见 Eberhard(2009)。
⑤ 见 Ribeiro(2009)。
⑥ 见 Moore et al. (1994)。
⑦ 见 Ferreira(2010)。

表 A.5　尼日利亚濒危语言表(部分)

濒危语言	级别	人数	使用状况	转用语言	出处
英语	1	—	—	—	—
豪萨语	2	—	—	—	—
约鲁巴语	2	—	—	—	—
伊格博语	2	—	—	—	—
布拉—帕比尔语(Bura-Pabir)	6b	25万人	成人,儿童(部分)	英语	无
杜古里语(Duguri)	6b	6.5万人	成人,儿童(部分)	豪萨语	无
德查语(Dza)	6b	10万人	成人,年轻人(部分)	豪萨语、尼日利亚皮钦语	无
恩赞伊语(Nzanyi)	6b	7.7万人	成人,儿童(部分)	富尔富尔德语(学校)	无
奥卢鲁莫—伊科姆语(Olulumo-Ikom)	6b	3万人	成人,儿童(部分)	尼日利亚皮钦语、埃贾罕姆语(Ejagham)	无
坦格尔语(Tangale)	6a	20万人	成人,儿童(部分)	豪萨语(年轻人和穆斯林)	无
阿克语(Ake)	6a	2000—3000人	成人,儿童	豪萨语	无
巴厘语(Bali)	6a	2000—10万人	成人,儿童	巴卡马语(Bacama)、豪萨语和皮钦语	无
卡克菲姆—穆希尔语(Cakfem-Mushere)	6a	5000人	成人,儿童	豪萨语和皮因语(Piin)	无
霍洛姆语(Horom)	6a	1500人	成人,儿童	地处偏僻,却充满活力	有[①]
伊塞夫—马西语(Iceve-Maci)	6a	5000人,喀麦隆也有人	家庭、村庄;成人,儿童	皮钦语	无
伊科语(Iko)	6a	5000人	成人,儿童	伊比比奥语(Ibibio)	无

① 见 Blench(1998)。

（续表）

濒危语言	级别	人数	使用状况	转用语言	出处
克帕舍姆语（Kpasham）	6a	3000人	成人，儿童；乡村小学，一所初中	巴卡马语、豪萨语和富尔富尔德语	无
姆瓦尼普语（Mvanip）	6a	100人	成人，儿童	富尔富尔德语	有[①]
恩敦达语（Ndunda）	6a	300人	成人，儿童	富尔富尔德语、曼比拉语（Mambila）、恩多罗语（Ndoro）	有[②]
纳姆语（Nnam）	6a	3000人	成人，儿童	皮钦语、英语（学校）	无
佩语（Pe）	6a	4000人	成人，儿童	—	无
罗格语（Rogo）	6a	—	成人，儿童	？（原文有疑问号）	无
沃里语（Vori）	6a	3000人	成人，儿童	—	无
尤蒂语（Yotti）	6a	3000人	成人，儿童	穆穆耶语（Mumuye）	无

表A.6 俄罗斯少数民族语言表

濒危语言	级别	人数	使用状况	转用语言	出处
阿瓦尔语（Avar）	3	71.5万人	达吉斯坦（Dagestan）共和国认可；交际广泛语言；中小学	俄语	有[③]
阿赫瓦赫语（Akhvakh）	6b	200人或8000人以上	成人和儿童（部分）	阿瓦尔语（文学和报刊）、俄语（教育）	无
北阿尔泰语（Northern Altai）	6b	5.7万或7.4万人	家庭、社区；儿童（极少）	俄语（充满活力）	有[④]

① 见 Blench(2012)。
② 见 Blench and Dendo(2003)。
③ 见 Mustafina et al.(2014)。
④ 见 Yagmur and Kroon(2006)。

（续表）

语言		人口	使用情况	其他语言	文献
安迪语（Andi）	6b	5800 人或 4 万人	儿童（部分）	俄语	无
阿尔奇语（Archi）	6b	970 人或 2000 人	城市化；儿童（极少）	俄语、阿瓦尔语	有①
博特利克语（Botlikh）	6b	210 人或 7000 人	儿童（部分）；语言域（极少）	俄语、阿瓦尔语	无
查马拉尔语（Chamalal）	6b	500 人或 2000 人	儿童（部分）	俄语、阿瓦尔语	无
楚科奇语（Chukchi）	6b	5100 人或 1.59 万人	驯鹿牧民，儿童（极少）	伊文语、雅库特语（牧民抵制俄语）	无
楚瓦什语（Chuvash）	6b	124.3 万人或 144 万人	地区性语言	俄语	有②
迪多语（Dido）	6b	1.25 万人或 2 万人	高地地带教盛行，儿童（50%）	俄语（小学）	无
多尔干语（Dolgan）	6b	1050 人或 2 万人	家庭域，30 岁以上成人，儿童（部分）	俄语	有③
鄂温克语（Evenki）	6b	4800 人或 3.84 万人	成人和儿童（极少）	俄语（鄂温克语的学校教学失败）	有④
希努克语（Hinukh）	6b	5 人或 600 人	儿童（极少）	迪多语、俄语	无
汗哲博语（Hunzib）	6b	1000 人或 2000 人	儿童（极少）	阿瓦尔语、俄语（学校）	无
卡累利阿语（Karelian）	6b	2.56 万人或 6.08 万人	儿童会学，但都转用其他语言	俄语	有⑤
汉特语（Khanty）	6b	9580 人或 3.09 万人	部分儿童学习，但后来都转用其他语言	鞑靼语、俄语	有⑥

① 见 Chumakina(2009)。
② 见 i Font(2014)。
③ 见 Krivonogov(2013)。
④ 见 Mamontova(2014)。
⑤ 见 Pyoli(1998)。
⑥ 见 Jordan(2003)。

（续表）

赫瓦尔希语 (Khvarshi)	6b	1740 人或 4000 人	儿童（部分）	阿瓦尔语、 俄语	无
科米—彼尔米亚克语 (Komi-Permyak)	6b	6.31 万人或 9.45 万人	部分村庄的 部分儿童	俄语	无
科米—塞立恩语 (Komi-Zyrian)	6b	15.6 万人或 22.8 万人	地区性语言； 部分儿童学习	涅涅茨语、俄语	无
科里亚克语 (Koryak)	6b	1670 人或 7950 人	少数语言域， 小学，儿童（部分）	俄语（使用人数 灾难性下降）	无
曼希语 (Mansi)	6b	940 人或 1.23 万人	儿童（极少）	俄语（学校）	无
希尔玛丽语 (Hill Mari)	6b	3 万人	儿童（极少）	草原马里语 （学校）、俄语	有[①]
莫克沙语 (Moksha)	6b	2030 人或 4770 人	儿童（部分） 跟长辈交流时使用	俄语	无
涅涅茨语 (Nenets)	6b	2.19 万人或 4.46 万人	西伯利亚， 年轻人使用流畅	俄语	无
恩加纳桑语 (Nganasan)	6b	130 人或 860 人	部分半游 牧民族使用	俄语	无
穆斯林塔特语 (Tat. Muslim)	6b	2010 人	地区性语言	阿塞拜疆语、 俄语	无
廷迪语 (Tindi)	6b	2150 人或 1 万人	儿童（极少）	阿瓦尔语、 俄语	无
乌德穆尔特语 (Udmurt)	6b	32.4 万人或 55.4 万人	儿童（部分）	俄语	无
维普斯语 (Veps)	6b	1640 人或 5940 人	竭力复活	俄语	有[②]
巴格拉瓦尔语 (Baglaval)	6b*	1450 人或 4000 人	—	—	—

[①] 见 Morova et al. (2015)。
[②] 见 Siragusa(2015)。

（续表）

犹太塔特语(Judeo-Tat)	6b*	2000人或1万人	—	—	—
卡拉塔语(Karata)	6b*	260人或6400人	—	—	—
罗姆语(Romani)	6b*	12.8万人或20.5万人	—	—	—
伊文语(Even)	7	5660人或2.18万人	—	—	—
戈多贝里语(Ghodoberi)	7	130人或3000人	—	—	—
鲁甸语(Ludian)	7	3000人	—	—	—
绍尔语(Shor)	7	2840人或1.29万人	50岁,单语人	—	—
依地语	7	200人或1680人	—	—	—
尤皮克语(Yupik)	7	200人或1200人	—	—	—

注：上述各表的数据均来自《民族语》的网络版(Eberhard et al. 2019)。在每一门语言中,如果它们有多个名称的话,我都选用其中的第一个。另外,如果出现了任何有关这些语言使用状况的报告或发表的文献,我都会补充一些注释说明。否则,我都根据《民族语》的报道来获取数据,而这些数据通常都来自一些不知姓名的专家,往往是来自美国国际暑期语言学院的语言学家。

参 考 书 目

Abela, A. and Walker, J. (eds)(2014). *Contemporary Issues in Family Studies: Global Perspectives on Partnerships, Parenting and Support in a Changing World*. Malden. MA and Oxford: Wiley Blackwell.

Adams, J. N. (2003). *Bilingualism and the Latin language*. Cambridge: Cambridge University Press.

Adegbija, E. (2001). Saving threatened languages in Africa: a case study of Oko. In J. A. Fishman (ed.), *Can Threatened Languages Be Saved?* (pp. 284—308). Clevedon, Avon: Multilingual Matters Ltd.

Adkins, M. (2013). Will the real Breton please stand up? Language revitalization and the problem of authentic language. *International Journal of the Sociology of Language*, 2013(223), 55—70.

Ager, D. E. (1996). *Language Policy in Britain and France: The Processes of Policy*. London and New York: Cassell.

Ager, D. E. (1999). *Identity, Insecurity and Image: France and Language*. Clevedon, Philadelphia and Adelaide: Multilingual Matters Ltd.

Ager, D. E. (2001). *Motivation in Language Planning and Language Policy*. Clevedon and Buffalo, NY: Multilingual Matters Ltd.

Agnihotri, R. K. and Sachdeva, R. (eds)(2021). *Being and Becoming a Multilingual*. Hyderabad: Orient BlackSwan.

Ahmed, S. (2008). Censorship. In E. W. Rothenbuhler, K. Jensen, J. Pooley and R. T. Craig (eds), *The International Encyclopedia of Communication*. Hoboken, NJ: John Wiley and Sons.

Ahmed, S. M. O. (2012). *Aspects of Bilingualism in a Mauritanian Context*. Masters thesis, Aboubekr Belkaid University, Tlemcen, Algeria.

Akcam, T. (2013). *The Young Turks' Crime against Humanity: The Armenian Genocide and Ethnic Cleansing in the Ottoman Empire* (Vol. 17). Princeton: Princeton University Press.

Alidou, H., Boly, A., Brock-Utne, B., Diallo, Y. S., Heugh, K. and Wolff, H.

E. (2006). Optimizing learning and education in Africa -the language factor, <https://www. heart-resources. org/doc_lib/ optimizing-learning-and-education-in-africathe-language-factor/>(last accessed 2 October 2020).

Alisjahbana, S. T. (1974). Language policy, language engineering and literacy in Indonesia and Malaysia. In J. A. Fishman(ed.), *Advances in Language Planning* (pp. 391—416). Berlin: Walter de Gruyter.

Alt, J. -C. (2013). L'esclavage en Mauritanie. Enqu. te men. e par Amnesty International. ILCEA. *Revue de l'Institut des langues et cultures d'Europe, Am. rique, Afrique, Asie et Australie*(17), <http://ilcea. revues. org/ 1735>(last accessed 23 September 2020).

Ammon, U. (ed.)(2001). *The Dominance of English as a Language of Science: Effects on Other Languages and Language Communities.* Berlin and New York: Mouton de Gruyter.

Ammon, U. (2012). Language policy in the European Union(EU). In B. Spolsky (ed.), *Handbook of Language Policy* (pp. 570—591). Cambridge: Cambridge University Press.

Amos, H. W. (2017). Regional language vitality in the linguistic landscape: hidden hierarchies on street signs in Toulouse. *International Journal of Multilingualism*, 14(2), 93—108.

Andall, J. and Duncan, D. (2005). *Italian Colonialism: Legacy and Memory.* Bern: Peter Lang.

Anderson, C. (2004, October). The Long Tail. *Wired*.

Aneesh, A. (2012). Negotiating globalization: men and women of India's call centers. *Journal of Social Issues*, 68(3), 514—533.

Angelelli, C. V. (2004). *Medical Interpreting and Cross-Cultural Communication.* Cambridge: Cambridge University Press.

Anonby, S. (2009). Language Use on the Tubarao-Latund. Reserve, Rond. nia, Brazil. Electronic Survey Report.

Anonymous. (2019). Beware of the Borg. *The Economist*, 433(9174), 59—64.

Antonini, R. (2002). Irish language used in the community and family domains in two Gaeltacht areas: a comparative analysis. *Durham Working Papers in Linguistics*, 8, 1—12.

Applebaum, A. (2017). *Red Famine: Stalin's War on Ukraine.* New York: Doubleday.

Appleyard, D. and Orwin, M. (2008). The Horn of Africa: Ethiopia, Eritrea, Djibouti and Somalia. In A. Simpson(ed.), *Language and National Identity in Africa*(pp. 267—290). Oxford: Oxford University Press.

Arfe, G. (1981). *On a community charter of regional languages and cultures and on a charter of rights of ethnic minorities*. European Parliament: Strasbourg.

Arviso, M. and Holm, W. (2001). Tséhootsooidi Olta'gi Dine Bizaad Bihoo'aah: a Navajo immersion program at Fort Defiance, Arizona. In L. Hinton and K. Hale (eds), *The Green Book of Language Revitalization in Practice* (pp. 203—215). New York: Academic Press.

Arzoz, X. (2007). The nature of language rights. *JEMIE Journal on Ethnopolitics and Minority Issues in Europe*, 6,1—35.

Aspinall, A. (1946). The circulation of newspapers in the early nineteenth century. *The Review of English Studies*, 22(85), 29—43.

Associated Press News. (2019). Census: Louisiana remains 1 of nation's poorest states, 27 September, <https://apnews.com/article/1068e41cc2374eb9a3457b807de011f0>(last accessed 12 October 2020).

Aunger, E. A. (1993). Regional, national and official languages in Belgium. *International Journal of the Sociology of Language*, 104, 31—48.

Austin, P. K. (2013). Language documentation and meta-documentation. In M. C. Jones and S. Ogilvie(eds), Keeping Languages Alive: *Documentation, Pedagogy and Revitalization* (pp. 3—15). Cambridge: Cambridge University Press.

Austin, P. K. and Sallabank, J. (eds)(2011). *The Cambridge Handbook of Endangered Languages*. Cambridge: Cambridge University Press.

Austin, P. K. and Sallabank, J. (eds)(2014). *Endangered Languages. Beliefs and Ideologies in Language Documentation and Revitalisation*. Oxford: Oxford University Press for the British Academy.

Avineri, N. R. (2012). *Heritage language socialization practices in secular Yiddish educational contexts: The creation of a metalinguistic community*. PhD, UCLA.

Azam, M., Chin, A. and Prakash, N. (2013). The returns to English-language skills in India. *Economic Development and Cultural Change*, 61(2), 335—367.

Backhaus, P. (2005). Signs of multilingualism in Tokyo -a diachronic look at the linguistic landscape. *International Journal of the Sociology of Language*, 175/176,103—21.

Backhaus, P. (2006). Multilingualism in Tokyo -a look into the linguistic landscape. *International Journal of Multilingualism*, 3(1)52—66.

Backhaus, P. (2007). Linguistic Landscapes: *A Comparative Study of Urban Multilingualism in Tokyo*. Clevedon: Multilingual Matters Ltd.

Bae, S. H. (2013). The pursuit of multilingualism in transnational educational migration: strategies of linguistic investment among Korean jogi yuhak families in Singapore. *Language and Education*, 27(5), 415—431.

Bahalwan, Y. (2015). The acquisition of English as a second language by mixedmarriage children in Sydney. *Language Horizon*, 3(1),117—124.

Bailey, B. (1997). Communication of respect in interethnic service encounters. *Language in Society*, 26(3),327—356.

Bailey, M. J. H. and Cooper, B. S. (2009). The introduction of religious charter schools: a cultural movement in the private school sector. *Journal of Research on Christian Education*, 18(3), 272—289.

Baldauf Jr, R. B. and Nguyen, H. T. M. (2012). Language policy in Asia and the Pacific. In B. Spolsky(ed.), *The Cambridge Handbook of Language Policy* (pp. 617—638). Cambridge: Cambridge University Press.

Ball, S. J. (2012). *Politics and Policy Making in Education: Explorations in Sociology*. London: Routledge.

Bamgbose, A. (2004). *Language of Instruction Policy and Practice in Africa*. Dakar: Regional Office for Education in Africa, UNESCO.

Banda, F. and Mwanza, D. S. (2017). Language-in-education policy and linguistic diversity in Zambia: an alternative explanation to low reading levels among primary school pupils. In M. K. Banja(ed.), *Selected Readings in Education* (pp. 109—132). Lusaka: University of Zambia Press.

Barron-Hauwaert, S. (2004). *Language Strategies for Bilingual Families: The One-Parent-One-Language Approach*. Clevedon: Multilingual Matters.

Bartsch, R. (1987). *Norms of Language: Theoretical and Practical Aspects*. London and New York: Longman.

Basso, K. H. and Anderson, N. (1977). A Western Apache writing system: the symbols of Silas John. In J. A. Fishman(ed.), *Advances in the Creation and Revision Of Writing Systems* (pp. 77—104). The Hague and Paris: Mouton.

Bauman, R. and Briggs, C. L. (2003). *Voices of Modernity-Language Ideologies and the Politics of Inequality*. Santa Fe: School of American Research Press.

Becker, K. and Newlin-Lukowicz, L. (2018). The myth of the New York City Borough accent: Evidence from perception. *University of Pennsylvania Working Papers in Linguistics*, 24(2),9—17.

Belich, J. (1986). *The New Zealand Wars*. Auckland: Auckland University Press.

Bell, A. (1984). Language style as audience design. *Language in Society*, 13(2), 145—204.

Ben-Rafael, E., Shohamy, E., Amara, M. H. and Trumper-Hecht, N. (2006). Linguistic landscape as symbolic construction of the public space: the case of Israel. *International Journal of Multilingualism*, 3(1),7—30.

Benally, A. and Viri, D. (2005). Din. Bizaad [Navajo language] at a crossroads: extinction or renewal? *Bilingual Research Journal*, 29(1),85—108.

Beniamino, M. (1996). *Le francais de la Reunion Inventaire des particularites lexi-*

cales. Malakoff, France: Edicef.

Benmaman, V. (1992). Legal interpreting as an emerging profession. *Modern Language Journal.*, 76(10), 445—449.

Benor, S. B. (2010). Ethnolinguistic repertoire: shifting the analytic focus in language and ethnicity. *Journal of Sociolinguistics*, 14(2), 159—183.

Benor, S. B., Krasner, J. and Avni, S. (2020). *Hebrew Infusion: Language and Community at American Jewish Summer Camps*. New Brunswick, NJ: Rutgers University Press.

Benrabah, M. (2004). Language and politics in Algeria. *Nationalism and Ethnic Politics*, 10, 59—78.

Benrabah, M. (2013). *Language Conflict in Algeria: From Colonialism to Post-Independence*. Bristol, Buffalo and Toronto: Multilingual Matters.

Benson, C. (2000). The primary bilingual education experiment in Mozambique, 1993 to 1997. *International Journal of Bilingual Education and Bilingualism*. 3 (3), 149—166.

Benton, R. A. (1997). *The Maori language: Dying or reviving*. Wellington: New Zealand Council for Educational Research.

Benton, R. A. and Smith, L. (1982). *Survey of language use in Maori households and communities: A report to participants in the initial investigation 1973—1978*. Wellington: New Zealand Council for Educational Research.

Berman, P. (ed.)(2011). *Debating PC: The controversy over Political Correctness on College Campuses*. New York: Delta.

Bernier, S. and Pariseau, J. (1994). *French Canadians and Bilingualism in the Canadian Armed Forces*(Vol. Ⅱ: Official languages). Ottawa: Ministry of Supply and Services.

Bhat, C. and Bhaskar, T. (2007). Contextualising diasporic identity. In G. Oonk (ed.), *Global Indian Diasporas*(pp. 89—118). Amsterdam: Amsterdam University Press.

Bhuiyan, A. A. M. (2017). Indigenous languages in Bangladesh: loopholes behind the scene. *Indigenous Policy Journal*. 27(3), 1—16.

Bingbing, J., Jianhua, S. and Yijia, W. (2015). A survey of the language use in the migrant schools in Shanghai. In Y. Li and W. Li(eds), *The Language Situation in China*(Vol. 2, pp. 120—136). Berlin and Beijing: De Gruyter Mouton and Commercial Press.

Blanc, H. (1964). *Communal Dialects in Baghdad*. Cambridge, MA: Harvard University Press.

Blench, R. (1998). Recent fieldwork in Nigeria: report on Horom and Tapshin. *Ogmios: Newsletter of the Foundation for Endangered Languages*, 9, 10—11.

Blench, R. (2012). *An Atlas of Nigerian Languages*. Jos, Nigeria: Kay Williamson Educational Foundation.

Blench, R. and Dendo, M. (2003). Language death in West Africa. Paper presented at the Round Table session on Language and Endangerment, Bad Godesborg.

Block, D. (2018). *Political Economy and Sociolinguistics: Neoliberalism, Inequality and Social Class*. London: Bloomsbury Publishing.

Blommaert, J. (2013). *Ethnography, Superdiversity and Linguistic Landscapes: Chronicles of Complexity*. Bristol: Multilingual Matters.

Bogoch, B. (1999). Gender, literacy and religiosity: dimensions of Yiddish education in Israeli government-supported schools. *International Journal of the Sociology of Language*, 138, 123—160.

Bokamba, E. G. (1991). French colonial language policies in Africa and their legacies. In D. F. Marshall(ed.), *Language Planning* (Vol. Ⅲ of Focusschrift in honor of Joshua A. Fishman on the occasion of his 65th birthday, pp. 175—214). Amsterdam and Philadelphia: John Benjamins Publishing Company.

Bokamba, E. G. (2008). DR Congo: language and 'authentic nationalism'. In A. Simpson(ed.), *Language and National Identity in Africa* (pp. 214—234). Oxford: Oxford University Press.

Bordia, S. and Bordia, P. (2015). Employees' willingness to adopt a foreign functional language in multilingual organizations: the role of linguistic identity. *Journal of International Business Studies*, 46(4), 415—428.

Borofsky, R. and Albert, B. (2005). *Yanomami: The Fierce Controversy and What We Can Learn From It*. Berkeley: University of California Press.

Botticini, M. and Eckstein, Z. (2012). *The Chosen Few: How Education Shaped Jewish History*. Princeton: Princeton University Press.

Boulet, J. R., Zanten, M. V., McKinley, D. W. and Gary, N. E. (2001). Evaluating the spoken English proficiency of graduates of foreign medical schools. *Medical Education*, 35(8), 767—773.

Bourhis, R. Y. (1984). Cross-cultural communication in Montreal: two field studies since Bill 101. *International Journal of the Sociology of Language*, 46, 33—48.

Bourhis, R. Y. and Sioufi, R. (2017). Assessing forty years of language planning on the vitality of the Francophone and Anglophone communities of Quebec. Multilingua, 36(5), 627—661.

Bowe, R., Ball, S. J. and Gold, A. (2017). *Reforming Education and Changing Schools: Case Studies in Policy Sociology*. London: Routledge.

Bradley, D. and Bradley, M. (2019). *Language Endangerment*. Cambridge: Cambridge University Press.

Brann, C. M. B. (1994). The national language question: concepts and terminologies. *L'ogos* 14.

Brecht, R. D. and Rivers, W. P. (2000). *Language and National Security in the 21st Century: The Role of the Title VI/Fulbright-Hays in Supporting National Language Capacity*. Dubuque, IA: Kendall-Hunt Publishing Company.

Brecht, R. D. and Rivers, W. P. (2005). Language needs analysis at the societal level. In M. Long(ed.), *Second Language Needs Analysis*. Cambridge: Cambridge University Press.

Brecht, R. D. and Rivers, W. P. (2012). US language policy in defence and attack. In B. Spolsky(ed.), *The Cambridge Handbook of Language Policy*(pp. 262—277). Cambridge: Cambridge University Press.

Brecht, R. D. and Walton, A. R. (1994). National strategic planning and less commonly taught languages. *The Annals of the American Academy of Political and Social Science*, 532, 190—212.

Brendemoen, B. (1998). The Turkish language reform. In L. Johanson and E. A. C. Johanson(eds), *The Turkic Languages*(1st edn). Abingdon: Routledge.

Brendemoen, B. (2015). The Turkish language reform. In L. Johanson and E. A. C. Johanson(eds), *The Turkic Languages*(2nd edn). Abingdon: Routledge.

Browne, M. H. (2005). *Wairua and the Relationship It Has with Learning te reo Maori within te Ataarangi*. Master of Educational Administration thesis, Massey University, New Zealand.

Bruthiaux, P. (2008). Language education, economic development, and participation in the Greater Mekong Subregion. *International Journal of Bilingual Education and Bilingualism*, 11(2), 134—148.

Bührig, K. and Meyer, B. (2004). Ad-hoc-interpreting and the achievement of communicative purposes in doctor-patient-communication. *Multilingual Communication*, 3, 43—62.

Bumpass, L. L. and Sweet, J. A. (1989). National estimates of cohabitation. *Demography*, 26(4), 615—625. doi:10.2307/2061261.

Burhanudeen, H. (2003). Factors influencing the language choices of Malay Malaysians in the family, friendship and market domains. *Journal of Language and Linguistics*, 2(2), 224—245.

Burling, R. (2003). *The Language of the Modhupur Mandi, Garo: Vol. I: Grammar*. Ann Arbor: The Scholarly Publishing Office, University of Michigan.

Byram, M. (2018). Language education in and for a multilingual Europe. In A. Bonnet and P. Siemund(eds), *Foreign Language Education in Multilingual Classrooms*(Vol. 7, pp. 33—56). Philadelphia and Amsterdam: John Benjamins Publishing Company.

Cadora, F. I. (1970). Some linguistic concomitants of urbanization. *Anthropological*

Linguistics. 12(1), 10—19.

Caldas, S. J. (2006). *Raising Bilingual-Biliterate Children in Monolingual Cultures*. Clevedon, Buffalo and Toronto: Multilingual Matters Ltd.

Caldas, S. J. (2008). Changing bilingual self-perceptions from early adolescence to early adulthood: empirical evidence from a mixed-methods case study. *Applied Linguistics*, 29(2), 290—311.

Caldas, S. J. (2012). Language policy in the family. In B. Spolsky(ed.), *Handbook of Language Policy*(pp. 351—373). Cambridge: Cambridge University Press.

Caldas, S. J. and Caron-Caldas, S. (2000). The influence of family, school, and community on bilingual preference: results from a Louisiana/Quebec case study. *Applied Psycholinguistics*, 21(3), 365—381.

Caldas, S. J. and Caron-Caldas, S. (2002). A sociolinguistic analysis of the language preferences of adolescent bilinguals: shifting allegiances and developing identities. *Applied Linguistics*, 23(4), 490—514.

Cameron, D. (2000). Styling the worker: gender and the commodification of language in the globalized service economy. *Journal of Sociolinguistics*, 4(3), 323—347.

Capotorti, F. (1979). *Study on the Rights of Persons Belonging to Ethnic, Religious and Linguistic Minorities*. New York: United Nations.

Cardozier, V. R. (1993). *Colleges and Universities in World War II*. Westport, CT: Praeger.

Carriere, J.-M. (1941). The phonology of Missouri French: a historical study. *French Review*. 410—415.

Castell, J. M. I. (1993). The First International Catalan Language Congress, Barcelona, 13—18 October, 1906. In J. A. Fishman(ed.), *The Earliest Stage of Language Planning: 'The First Congress' Phenomenon*(pp. 47—68). Berlin: Mouton.

Central Intelligence Agency. (2017). *The World Factbook*. Washington, DC: Central Intelligence Agency.

Cerqueglini, L. (2018). *Intergenerational transmission of traditional Arabic dialects in Israel*. Paper presented at the Fourth Intergenerational Transmission of Minority Languages Symposium: Language and Identity.

Chabal, P. and Birmingham, D. (2002). *A History of Postcolonial Lusophone Africa*. Bloomington: Indiana University Press.

Chang, T., Rasyid, Y. and Boeriswati, E. (2018). Similarities and differences of honorific systems between Indonesian and Korean languages(Perbedaan dan Persamaan Honorifik Bahasa Indonesia dan Korea). *Indonesian Language Education and Literature*, 3(2), 212—226.

Charlemagne. (2020). Huntington's disease. *The Economist*, 434(9175), 20.

Cheer, J. M., Reeves, K. J. and Laing, J. H. (2013). Tourism and traditional culture: land diving in Vanuatu. *Annals of Tourism Research*, 43, 435—455.

Chen, I.-C. (2020). *Government Internet Censorship Measures and International Law* (Vol. 26). Cologne: LIT Verlag Münster.

Cheng, K. K. Y. (2003). Language shift and language maintenance in mixed families: a case study of a Malaysian-Chinese family. *International Journal of the Sociology of Language*, 161, 81—90.

Chew, P. G.-L. (2006). Language use and religious practice: the case of Singapore. In T. Omoniyi and J. A. Fishman(eds), *The Sociology of Language and Religion: Change, Conflict and Accommodation* (pp. 213—234). Basingstoke: Palgrave Macmillan.

Chew, P. G.-L. (2014). From multilingualism to monolingualism. Linguistic management in Singapore. In K. Sung and B. Spolsky(eds), *Conditions for English Language Teaching and Learning in Asia* (pp. 1—16). Newcastle upon Tyne: Cambridge Scholars Publishing.

Chiswick, B. R. (ed.)(1992). *Immigration, Language and Ethnicity: Canada and the United States*. Washington, DC: American Enterprise Institute.

Chiswick, B. R. (1994). Language and earnings among immigrants in Canada: a survey. In S. Zerker(ed.), *Essays in Canadian Social Science* (pp. 247—264). Jerusalem: Magnes Press.

Chiswick, B. R. and Miller, P. W. (1992). Language in the immigrant labor market. In B. R. Chiswick(ed.), *Immigration, Language and Ethnicity: Canada and the United States* (pp. 229—296). Washington, DC: American Enterprise Institute.

Chiswick, B. R. and Miller, P. W. (2002). Immigrant earnings: language skills, linguistic concentrations and the business cycle. *Journal of Population Economics*, 15(1), 31—57.

Chiswick, B. R. and Repetto, G. (2000). *Immigrant Adjustment in Israel: Literacy and Fluency in Hebrew and Earnings*. Bonn: Institute for the Study of Labor.

Chumakina, M. (2009). Loanwords in Archi, a Nakh-Daghestanian language of the North Caucasus. In M. Haspelmath, U. Tadmor (eds), *Loanwords in the World's Languages: A Comparative Handbook* (pp. 430—446). The Hague: De Gruyter Mouton.

Coates, J. (2005). *Women, Men and Language: A Sociolinguistic Account of Gender Differences in Language* (3rd edn). Harlow, UK: Longman.

Cobarrubias, J. (1983). Ethical issues in language planning. In J. Cobarrubias and J. A. Fishman(eds), *Progress in Language Planning: International Perspectives* (pp. 41—85). The Hague: Mouton.

Cohen, S., Moran-Ellis, J. and Smaje, C. (1999). Children as informal interpreters in GP consultations: pragmatics and ideology. *Sociology of Health and Illness*, 21(2), 163—186.

Colenso, W. (1872). *Willie's first English book, written for young Maoris who can read their own Maori tongue, and who wish to learn the English language*. Wellington: G. Didsbury, Government Printer.

Coles, F. A. (1993). Language maintenance institutions of the Isleiio dialect of Spanish. *Spanish in the United States: Linguistic Contact and Diversity*, 6, 121—133.

Collier, V. P. and Thomas, W. P. (2004). The astounding effectiveness of dual language education for all. *NABE Journal of Research and Practice*, 2(1), 1—20.

Commins, P. (1988). Socioeconomic development and language maintenance in the Gaeltacht. *International Journal of the Sociology of Language*, 70, 11—28.

Conklin, A. L. (1997). *A Mission to Civilize: The Republican Idea of Empire in France and West Africa, 1895—1930*. Stanford, CA: Stanford University Press.

Conrick, M. and Regan, V. (2007). *French in Canada: Language Issues*. Bern: Peter Lang.

Conteh, J. (2012). Families, pupils and teachers learning together in a multilingual British city. *Journal of Multilingual and Multicultural Development*, 33(1), 101—116.

Conteh, J., Riasat, S. and Begum, S. (2013). Children learning multilingually in home, community and school contexts in Britain. In M. Schwartz and A. Verschik(eds), *Successful Family Language Policy* (pp. 83—102). Dordrecht: Springer.

Cooper, R. L. (ed.)(1982). *Language Spread: Studies in Diffusion and Social Change*. Bloomington: Indiana University Press.

Cooper, R. L. (1989). *Language Planning and Social Change*. Cambridge: Cambridge University Press.

Cooper, R. L. (1991). Dreams of scripts: writing systems as gift of God. In R. L. Cooper and B. Spolsky (eds), *The Influence of Language on Culture and Thought: Essays in honor of Joshua A. Fishman's Sixty-Fifth Birthday* (pp. 219—226). Berlin: Mouton de Gruyter.

Cooper, R. L. and Carpenter, S. (1976). Language in the market. In M. L. Bender, J. D. Bowen, R. L. Cooper and C. A. Ferguson(eds), *Language in Ethiopia*. London: Oxford University Press.

Corne, C. (1993). Creole French: of continuity, change, and creation. *Prudentia*, 25(2), 47—71.

Coronel-Molina, S. (2008). Language ideologies of the High Academy of the Quechua Language in Cuzco, Peru. *Latin American and Caribbean Ethic Studies*, 3(1), 319—340.

Coronel-Molina, S. (2015). *Language Ideology, Policy and Planning in Peru*. Bristol: Multilingual Matters.

Coronel-Molina, S. and McCarty, T. L. (2016). *Indigenous Language Revitalization in the Americas*. New York and London: Routledge.

Council of Europe. (2001). *Common European Framework of Reference for Languages: Learning, Teaching, Assessment*. Cambridge: Cambridge University Press.

Council of Europe. (2018). *Common European Framework of Reference for Languages: Learning, Teaching, Assessment: Companion Volume with New Descriptors*. Strasbourg: Council of Europe Publishing.

Coupland, N. (2011). *The Handbook of Language and Globalization*. Malden, MA and Oxford: John Wiley and Sons.

Covell, M. (1993). Political conflict and constitutional engineering in Belgium. *International Journal of the Sociology of Language*. 104, 65—86.

Crawford, J. (1999). *Bilingual Education: History, Politics, Theory and Practice* (4th edn). Los Angeles, CA: Bilingual Education Services.

Crocker, J. C. and Maybury-Lewis, D. (1985). *Vital Souls: Bororo Cosmology, Natural Symbolism, and Shamanism*. Tucson, AZ: University of Arizona Press.

Crowley, T. (2000). The language situation in Vanuatu. *Current Issues in Language Planning*, 1(1), 47—132.

Crowley, T. and Lynch, J. (2006). *The Avava Language of Central Malakula (Vanuatu)*. Canberra: Australian National University.

Curdt-Christiansen, X. L. (2013). Negotiating family language policy: doing homework. In M. Schwartz and A. Verschik(eds), *Successful Family Language Policy*(pp. 277—295). Dordrecht: Springer.

Curdt-Christiansen, X. L. (2016). Family language policy in the Chinese community in Singapore: a question of balance? In W. Li(ed.), *Multilingualism in the Chinese Diaspora Worldwide*(pp. 255—275). Abingdon: Taylor & Francis.

Curtin, P. D. (1972). *The Atlantic Slave Trade: A Census*. Madison, WI: University of Wisconsin Press.

Damari, R. R., Rivers, W. P., Brecht, R. D., Gardner, P., Pulupa, C. and Robinson, J. (2017). The demand for multilingual human capital in the US labor market. *Foreign Language Annals*, 50(1), 13—37.

Daoud, M. (2011). The sociolinguistic situation in Tunisia: language rivalry or accommodation? *International Journal of the Sociology of Language*, 211, 9—34.

Dardjowidjojo, S. (1998). Strategies for a successful national language policy: the Indonesian case. *International Journal for the Sociology of Language*, 130, 35—47.

Darquennes, J. (2013). The contribution of the ecology of language to the advancement of linguistic profiling: some notes and some preliminary suggestions on further improvements. In W. Vandenbussche, E. H. Jahr and P. Trudgill(eds), *Language Ecology for the 21st Century: Linguistic Conflicts and Social Environments*(pp. 94—114). Oslo: Noovus.

Das, P. (2013). The Irula Language and Literature. *The Criterion*, 4(2), 1—7.

David, D. (2016). Reconciliation in Australia: achieving transparency through the theatre. *Cultures of the Commonwealth*, <https://search.informit.com.au/documentSummary;dn=796520699105469;res=IELLCC>(last accessed 23 September 2020).

De Castro, E. V. (1992). *From the Enemy's Point of View: Humanity and Divinity in an Amazonian Society*. Chicago: University of Chicago Press.

De Klerk, V. (2001). The cross-marriage language dilemma: his language or hers? *International Journal of Bilingual Education and Bilingualism*, 4(3), 197—216.

De Swaan, A. (1998). A political sociology of the world language system(1): the dynamics of language spread. *Language Problems and Language Planning*, 22(1), 63—78.

De Swaan, A. (1998). A Political sociology of the world language system(2): The unequal exchange of texts. *Language Problems and Language Planning*, 22(2), 109—128.

De Swaan, A. (2001). *Words of the World: The Global Language System*. Cambridge and Malden, MA: Polity Press and Blackwell Publishers.

Deane, S. (2016). Syria's lost generation: refugee education provision and societal security in an ongoing conflict emergency. *IDS Bulletin*, 47(3).

Deb, P. C., Ram, B. and Lal, J. (1987). *Bazigars of Punjab: A Socio-Economic Study*. Delhi: Mittal Publications.

Delafosse, M. (1904). *Vocabulaires comparatifs de plus de 60 langues ou dialectes parles a la Cote d'Ivoire et dans les regions limitrophes: avec des notes linguistiques et ethnologiques, une bibliographie et une carte*. Angers, France: E. Leroux.

Desai, G. (1990). Theater as praxis: discursive strategies in African popular theater. *African Studies Review*, 33(1), 65—92.

Diamond, J. (1997). *Guns, Germs, and Steel: The Fates of Human Societies*. New York and London: W. W. Norton & Co.

Diamond, J. (2005). *Collapse: How Societies Choose to Fail or Survive*. London: Penguin Books.

Diamond, J. (2013). *The World Until Yesterday: What Can We Learn From Traditional Societies?* London: Penguin.

Diki-Kidiri, M. (1998). *Dictionnaire orthographique du sango*. Bangui: BBA Editions.

Dixon, L. Q. (2009). Assumptions behind Singapore's language-in-education policy: implications for language planning and second language acquisition. *Language Policy*, 8(2), 117—138.

Doak, K. (2006). *A History of Nationalism in Modern Japan: Placing the People*. Leiden: Brill.

Doherty, M. A. (2000). *Nazi Wireless Propaganda: Lord Haw-Haw and British Public Opinion in the Second World War*. Edinburgh: Edinburgh University Press.

Dopke, S. (1992). *One Parent, One Language: An Interactional Approach*. Amsterdam and Philadelphia: John Benjamins Publishing Company.

Dornyei, Z. (1999). Motivation. In B. Spolsky(ed.), *Concise Encyclopedia of Educational Linguistics*. Amsterdam and New York: Elsevier.

Dornyei, Z. (2009). The L2 motivational self system. In Z. Dornyei and E. Ushiodo (eds), *Motivation, Language Identity and the L2 Self* (Vol. 36, pp. 9—11). Bristol: Multilingual Matters.

Dornyei, Z. and Clement, R. (2001). Motivational characteristics of learning different target languages: results of a nationwide survey. In Z. Dornyei and R. Schmidt(eds), *Motivation and Second Language Acquisition* (Vol. 23, pp. 399—432). Honolulu, HI: University of Hawai'i Press.

Dornyei, Z. and Ushioda, E. (2009). *Motivation, Language Identity and the L2 Self*. Bristol: Multilingual Matters.

Dossou, C. (2002). *Langue francaise et langues nationales dans le contexte des plurilinguismes d'Afrique noire: le cas du Benin*. Doctorat en Sciences du langage, Universite de Cergy-Pontoise.

Drori, I. (2009). *Foreign Workers in Israel: Global Perspectives*. Albany, NY: SUNY Press.

Drude, S. (2011). 'Derivational verbs' and other multi-verb constructions in Aweti and Tupi-Guarani. In A. Y. Aikhenvald, P. Muysken and J. Birchall (eds), *Multi-Verb Constructions* (pp. 213—254). Leiden: Brill.

Druviete, I. and Ozolins, U. (2016). The Latvian referendum on Russian as a second state language. *Language Problems and Language Planning*, 40(2), 121—145.

Duchene, A. and Heller, M. (eds)(2008). *Discourses of Endangerment: Ideology* and Interest in the Defence of Languages. London and New York: Continuum.

Duchene, A. and Heller, M. (2012). Language in Late Capitalism: Pride and Profit. London: Routledge.

Duchene, A. and Heller, M. (2012). Language policy in the workplace. In B. Spolsky(ed.), Handbook of Language Policy (pp. 322—334). Cambridge: Cambridge University Press.

Dunleavy, J. E. and Dunleavy, G. W. (1991). Douglas Hyde: A Maker of Modern Ireland. Berkeley: University of California Press.

Dunmore, S. (2019). Language Revitalisation in Gaelic Scotland. Edinburgh: Edinburgh University Press.

Duranti, A., Ochs, E. and Schieffelin, B. B. (2011). The Handbook of Language Socialization. Malden, MA and Oxford: John Wiley and Sons.

Dwivedi, P. and Kar, S. (2016). Kanauji of Kanpur: a brief overview. Acta Linguistica Asiatica, 6(1), 101—119.

Dzialtuvaite, J. (2006). The role of religion in language choice and identity among Lithuanian immigrants in Scotland. In T. Omoniyi and J. A. Fishman(eds), The Sociology of Language and Religion: Change, Conflict and Accommodation (pp. 79—85). Basingstoke: Palgrave Macmillan.

East, M., Chung, H. and Arkinstall, C. (2013). A fair go for all: a contribution to the call for a national languages policy in Aotearoa New Zealand. The New Zealand Language Teacher, 39.

Eberhard, D. M. (2009). Mamainde Grammar: A Northern Nambikwara Language and Its Cultural Context. Amsterdam: Netherlands Graduate School of Linguistics.

Eberhard, D. M., Simons, G. F. and Fennig, C. D. (eds)(2019). Ethnologue: Languages of the World. Dallas, TX: SIL International.

Education Review Office. (1995). Kura Kaupapa Maori. Wellington: Education Review Office.

Edwards, J. (1992). Sociopolitical aspects of language maintenance and loss. In W. Fase, K. Jaspaert and S. Kroon(eds), Maintenance and Loss of Minority Languages (pp. 37—54). Amsterdam and Philadelphia: John Benjamins Publishing Company.

Edwards, J. (2019). Language typology in contemporary perspective. In J. Darquennes, J. Salmons and W. Vandenbussche(eds), Language Contact. Berlin: Mouton de Gruyter.

Elder, C., Pill, J., Woodward-Kron, R., McNamara, T., Manias, E., Webb, G. and Mccoll, G. (2012). Health professionals'views of communication: implications for assessing performance on a health-specific English language test. TESOL

Quarterly, 46(2), 409—419.

Elman, B. A. (2000). *A Cultural History of Civil Examinations in Late Imperial China*. Berkeley, Los Angeles and London: University of California Press.

Englebert, P. (1996). *Burkina Faso: Unsteady Statehood in West Arica*. Boulder, CO: Westview Press.

Estival, D. and Pennycook, A. (2011). L'Academie francaise and Anglophone language ideologies. *Language Policy*, 10(4), 325—341.

Ewans, M. (2017). *European Atrocity, African Catastrophe: Leopold II, the Congo Free State and Its Aftermath*. London: Routledge.

Ezzamel, M. (1997). Accounting, control and accountability: preliminary evidence from ancient Egypt. *Critical Perspectives on Accounting*, 8(6), 563—601.

Fabra, P. (1912). *Gramatica de la lengua catalana*. Barcelona: Massa, Casas & Ca.

Faingold, E. D. (2020). *Language Rights and the Law in the European Union*. London: Palgrave Macmillan.

Fairclough, N. (2003). Political correctness: the politics of culture and language. *Discourse Society*, 14(1), 17—28.

Fasold, R. (1987). Language policy and change: sexist language in the periodical news media. In P. Lowenberg (ed.), *Georgetown University Round Table on Languages and Linguistics* 1987 (pp. 187—206). Washington, DC: Georgetown University Press.

Fayzullina, G. Z., Ermakova, E. N., Fattakova, A. A. and Shagbanova, H. S. (2017). The problem of fixation of Siberian endangered languages in the multimedia corpus: evidence from the Siberian Tatars Tyumen region dialect. *Pertanika Journal of Social Sciences and Humanities*, 25, 59—72.

Feitosa, S. F., Garrafa, V., Cornelli, G., Tardivo, C. and Carvalho, S. J. d. (2010). Bioethics, culture and infanticide in Brazilian indigenous communities: the Zuruah case. *Cadernos de saude publica*, 26, 853—865.

Feldmann, H. (2016). The long shadows of Spanish and French colonial education. *Kyklos*, 69(1), 32—64.

Fellman, J. (1973). *The Revival of a Classical Tongue: Eliezer Ben Yehuda and the Modern Hebrew Language*. The Hague: Mouton.

Ferguson, C. A. (1959). Diglossia. *Word*, 15, 325—340.

Ferguson, C. A. and Gumperz, J. (eds) (1960). *Linguistic Diversity in South Asia*. Bloomington: Indiana University Research Centre in Anthropology, Folklore, and Linguistics.

Ferreira, J. A. S. (2010). Bilingual education among the Karipuna and Galibi-Marwono. In B. Migge, I. Leglise and A. Bartens (eds), *Creoles in Education: An*

Appraisal of Current Programs and Projects(Vol. 36, pp. 211—236). Amsterdam and Philadelphia: John Benjamins Publishing Company.

Ferreira, M. P. (2005). *Cantus Coronatus D'El-Rei Dom Dinis: 7 Cantigas by King Dinis of Portugal* (Vol. 10). Kassel: Edition Reichenberger.

Fishman, J. A. (ed.)(1966). *Language Loyalty in the United States: The Maintenance and Perpetuation of Non-English Mother Tongues by American Ethnic and Religious Groups*. The Hague: Mouton.

Fishman, J. A. (1967). Bilingualism with and without diglossia; diglossia with and without bilingualism. *Journal of Social Issues*, 23(2), 29—38.

Fishman, J. A. (1968). Language problems and types of political and sociocultural integration: a conceptual postscript. In J. A. Fishman, C. A. Ferguson and J. Das Gupta(eds), *Language Problems of Developing Nations*(pp. 491—498). New York: John Wiley and Sons.

Fishman, J. A. (1969). National languages and languages of wider communication in the developing nations. *Anthropological Linguistics*, 11, 111—135.

Fishman, J. A. (ed.)(1974). *Advances in Language Planning*. The Hague: Mouton.

Fishman, J. A. (1990). What is reversing language shift(RLS)and how can it succeed? *Journal of Multilingual and Multicultural Development*, 11(1—2), 5—36.

Fishman, J. A. (1991). *Reversing Language Shift: Theoretical and Empirical Foundations of Assistance to Threatened Languages*. Clevedon: Multilingual Matters Ltd.

Fishman, J. A. (1993). Reversing language shift: successes, failures, doubts and dilemmas. In E. H. Jahr(ed.), *Language Conflict and Language Planning*(pp. 69—81). Berlin: Mouton de Gruyter.

Fishman, J. A. (ed.)(2001). *Can Threatened Languages Be Saved? Reversing Language Shift, Revisited: A 21st Century Perspective*. Clevedon: Multilingual Matters Ltd.

Fishman, J. A. (2006). *Do Not Leave Your Language Alone: The Hidden Status Agendas within Corpus Planning in Language Policy*. Mahwah, NJ: Lawrence Erlbaum Associates.

Fishman, J. A. and Fishman, D. E. (1974). Yiddish in Israel: a case-study of efforts to revise a monocentric language policy. *International Journal of the Sociology of Language*, 1, 126—146.

Fishman, J. A. and Lovas, J. (1970). Bilingual education in a sociolinguistic perspective. *TESOL Quarterly*, 4, 215—222.

Fishman, J. A., Cooper, R. L. and Ma, R. (1971). *Bilingualism in the Barrio*.

Bloomington: Research Center for the Language Sciences, Indiana University.

Fishman, J. A., Gertner, M. H., Lowy, E. G. and Milan, W. G. (1985). *The Rise and Fall of the Ethnic Revival: Perspectives on Language and Ethnicity*. Berlin: Mouton de Gruyter.

Fleming, L. (2016). Linguistic exogamy and language shift in the northwest Amazon. *International Journal of the Sociology of Language*, 240, 9—27.

Footitt, H. and Kelly, M. (2012a). *Languages at War: Policies and Practices of Language Contacts in Conflict*. Basingstoke: Palgrave Macmillan.

Footitt, H. and Kelly, M. (2012b). *Languages and the Military: Alliances, Occupation and Peace Building*. Basingstoke: Palgrave Macmillan.

Footitt, H. and Tobia, S. (2013). *WarTalk: Foreign Languages and the British War Effort in Europe, 1940—1947*. Basingstoke: Palgrave Macmillan.

Ford Foundation. (1975). *Language and Development: A Retrospective Survey of Ford Foundation Language Projects, 1952—1974*. New York: Ford Foundation.

Forster, S., Mommsen, W. J. and Robinson, R. E. (1988). *Bismarck, Europe and Africa: The Berlin Africa Conference 1884—1885 and the Onset of Partition*. Oxford: Oxford University Press.

Foster, B. R. (1982). Education of a bureaucrat in Sargonic Sumer. *Archiv Orientalni*, 50, 238—241.

Foucault, M. (1975). *Surveiller et punir: naissance de la prison*. Paris: Gallimard.

Fox, M. J. (2007). Ford Foundation: personal reflection. In C. B. Paulston and G. R. Tucker(eds), *The Early Days of Sociolinguistics* (pp. 271—272). Dallas, TX: The Summer Institute of Linguistics.

Franciscan Fathers. (1910). *Ethnologic Dictionary of the Navaho Language*. St. Michaels, AZ: Franciscan Fathers.

Francois, A. (2011). Social ecology and language history in the northern Vanuatu linkage: a tale of divergence and convergence. *Journal of Historical Linguistics*, 1(2), 175—246.

Francois, A. (2012). The dynamics of linguistic diversity: egalitarian multilingualism and power imbalance among northern Vanuatu languages. *International Journal of the Sociology of Language*, 214, 85—110.

Francois, A., Franjieh, M., Lacrampe, S. and Schnell, S. (2015). The exceptional linguistic density of Vanuatu. In A. Fran. ois, M. Franjieh, S. Lacrampe and S. Schnell(eds), *The languages of Vanuatu: Unity and Diversity* (pp. 1—21). Canberra: Australian National University.

Freyre, G. (1938). *Casa-grande and senzala: formacao da familia brasileira sob o regimen de economia patriarchal*. Koln: Schmidt.

Gabas, N. J. (1999). *A grammar of Karo, Tupi* (Brazil). PhD, University of California Santa Barbara, Santa Barbara.

Gagnon, A. and Montcalm, M. B. (1990). *Quebec: Beyond the Quiet Revolution*. Scarborough, ON: Nelson Canada.

Gal, S. (1978). Peasant men can't get wives: language change and sex roles in a bilingual community. *Language in Society*, 7(1), 1—16.

Galisson, M.-P., Malonga-Moungabio, F. and Denys, B. (2016). The evolution of mathematics teaching in Mali and Congo-Brazzaville and the issue of the use of French or local languages. In A. Hallai and P. Clarkson(eds), *Teaching and Learning Mathematics in Multilingual Classrooms*(pp. 249—266). Rotterdam: Sense Publishers.

Garcia, O. and Li, W. (2013). *Translanguaging: Language, Bilingualism and Education*. Berlin: Springer.

Garcia, O., Morin, J. L. and Rivera, K. M. (2001). How threatened is the Spanish of New York Puerto Ricans? Language shift with vaiven. In J. A. Fishman(ed.), *Can Threatened Languages Be Saved?* (pp. 44—73). Clevedon: Multilingual Matters Ltd.

Gardner, R. C. and Lambert, W. E. (1959). Motivational variables in second-language acquisition. *Canadian Journal of Psychology*, 13, 266—272.

Gardner, R. C. and Lambert, W. E. (1972). *Attitudes and Motivation in Second Language Learning*. Rowley, MA: Newbury House.

Gazzola, M. (2006). Managing multilingualism in the European Union: language policy evaluation for the European Parliament. *Language Policy*, 5(4), 393—417.

Genesee, F. (1988). The Canadian second language immersion program. In C. B. Paulston(ed.), *International Handbook of Bilingualism and Bilingual Education*(pp. 163—184). New York: Greenwood Press.

Gewald, J. B. (2003). The Herero genocide: German unity, settlers, soldiers, and ideas. In M. Bechhaus-Gerst and R. Klein-Arendt(eds), *Die (koloniale) Begegnung: AfrikanerInnen in Deutschland*(1880—1945), *Deutsche in Afrika*(1880—1918)(pp. 109—127). Frankfurt am Main: Peter Lang.

Gibson, M. (2013). Dialect levelling in Tunisian Arabic: towards a new spoken standard. In A. Rouchdy(ed.), *Language Contact and Language Conflict in Arabic*(pp. 42—58). London and New York: Routledge.

Giles, H. (1971). *A study of speech patterns in social interaction: Accent evaluation and accent change*. PhD, Bristol University.

Giles, H. (1973). Accent mobility: a model and some data. *Anthropological Linguistics*, 15(2), 87—105.

Giles, H., Taylor, D. M. and Bourhis, R. Y. (1973). Towards a theory of interpersonal accommodation through language: some Canadian data. *Language in Society, 2(2)177—192.

Gill, S. K. (2005). Language policy in Malaysia: reversing direction. *Language Policy*, 4(3).

Gill, S. K. (2006). Change in language policy in Malaysia: the reality of implementation in public universities. *Current Issues in Language Planning*. 7(1), 82—94.

Glazer, N. (1966). The process and problems of language maintenance: an integrative review. In J. A. Fishman(ed.), *Language Loyalty in the United States*(pp. 358—368). The Hague: Mouton.

Glinert, L. (1987). Hebrew-Yiddish diglossia: type and stereotype implications of the language of Ganzfried's Kitzur. *International Journal of the Sociology of Language*, 67, 39—56.

Global education monitoring report team. (2020). Global education monitoring report, 2020: inclusion and education: all means all, <http://hdl.voced.edu.au/10707/553248>(last accessed 13 October 2020).

Gorter, D. (ed.)(2006). *Linguistic Landscape: A New Approach to multilingualism*. Clevedon: Multilingual Matters Ltd.

Gouin, F., Swan, H. and Betis, V. (1892). *The Art of Teaching and Studying Languages*. London: G. Philip & Son.

Goujon, A. (1999). Language, nationalism, and populism in Belarus. *Nationalities Papers*, 27(4), 661—677.

Goyal, S. and Pandey, P. (2009). How do government and private schools differ? Findings from two large Indian states, <http://crossasia-repository.ub.uni-heidelberg.de/3465/>(last accessed 13 October 2020).

Green, S. (2019). A critical reading of the Declaration on the Rights of Indigenous Peoples. *Indigenous Policy Journal*, 29(3).

Gregor, T. (2009). *Mehinaku: The Drama of Daily Life in a Brazilian Indian Village*. Chicago: University of Chicago Press.

Grenoble, L. A. (2003). *Soviet Language Policy*. Dordrecht: Kluwer Academic Publishers.

Grenoble, L. A. (2011). Language ecology and endangerment. In P. K. Austin and J. Sallabank(eds), *The Cambridge Handbook of Endangered Languages*(pp. 27—45). Cambridge: Cambridge University Press.

Grenoble, L. A. and Whaley, L. J. (1998). Toward a typology of language endangerment. In L. A. Grenoble and L. J. Whaley(eds), *Endangered Languages* (pp. 22—54). Cambridge: Cambridge University Press.

Grieder, J. B. (1970). *Hu Shih and the Chinese Renaissance: Liberalism in the Chinese Revolution*, 1917—1937 (Vol. 46). Cambridge, MA: Harvard University Press.

Grimes, B. A. (ed.)(1996). *Ethnologue: Languages of the World* (13th edn). Dallas, TX: Summer Institute of Linguistics.

Grin, F. (1996a). Economic approaches to language and language planning: an introduction. *International Journal of the Sociology of Language*, 121, 1—16.

Grin, F. (1996b). The economics of language: survey, assessment and prospects. *International Journal of the Sociology of Language*. 121, 17—44.

Grin, F. (1997). *Langues et differentiels de statut socio-economique en Suisse*. Berne: Office federal de la statistique.

Grin, F. (1998). *Language policy in multilingual Switzerland-Overview and recent developments*. Paper presented at the Cicle de conferencies sobre politica lingüistica, Barcelona.

Grin, F. (1999). Economics. In J. A. Fishman(ed.), *Handbook of Language and Ethnic Identity* (pp. 9—24). New York and Oxford: Oxford University Press.

Grin, F. (2001). English an economic value: facts and fallacies. *World Englishes*. 20(1), 65—78.

Grin, F. (2003). Language planning and economics. *Current Issues in Language Planning*, 4(1), 1—66.

Grin, F. (2005). The economics of language policy implementation: identifying and measuring costs. In N. Alexander(ed.), *Mother Tongue-Based Bilingual Education in Southern Africa: The Dynamics of Implementation* (pp. 11—25). Paris: Multilingualism Network.

Grin, F. and Korth, B. (2005). On the reciprocal influence of language politics and language education: the case of English in Switzerland. *Language Policy*, 4(1), 67—85.

Grin, F. and Sfreddo, C. (1998). Language-based earnings differentials on the Swiss labour market: is Italian a liability? *International Journal of Manpower*. 19(7), 520—532.

Grin, F., Sfreddo, C. and Vaillancourt, F. (2010). *The Economics of the Multilingual Workplace*. New York and London: Routledge.

Grosjean, F. (2019). *A Journey in Languages and Cultures: The Life of a Bicultural Bilingual*. Oxford: Oxford University Press.

Guilherme, A. (2015). Indigenous education in Brazil: the issue of contacted and noncontacted Native Indians. *Diaspora, Indigenous, and Minority Education*, 9(4), 205—220.

Gumperz, J. J. (1958). Dialect differences and social stratification in a North Indian village. *American Anthropologist*, 60(4), 668—682.

Gumperz, J. J. (1964). Linguistic and social interaction in two communities. *American Anthropologist*, 66(6, Part 2), 137—153.

Gumperz, J. J. (1965). *Linguistic repertoires, grammars, and second language instruction*. Paper presented at the Roundtable on languages and linguistics, Georgetown University, Washington, DC.

Gumperz, J. J. (1968). The speech community. In D. L. Sills(ed.), *International Encyclopedia of the Social Sciences* (Vol. 9, pp. 381—386). New York: The Macmillan Company.

Gumperz, J. J. (1983). *Language and Social Identity*. Cambridge: Cambridge University Press.

Gumperz, J. J. and Blom, J.-P. (1972). Social meaning in linguistic structures: code switching in northern Norway. In J. J. Gumperz and D. Hymes(eds), *Directions in Sociolinguistics*. New York: Holt, Rinehart, & Winston.

Guy, J. B. M. (1974). *A Grammar of the Northern Dialect of Sakao*. Canberra: Department of Linguistics, Research School of Pacific Studies, Australian National University.

Haile, B. (1926). *A Manual of Navaho Grammar*. St Michaels, AZ: Franciscan Fathers.

Halaoui, N. (2000). La legislation constitutionnelle des langues au Benin. *Revue juridique et politique: independance et cooperation*, 54(3), 270—288.

Hale, K. (1992). On endangered languages and the safeguarding of diversity. *Language*, 68(1), 1—3.

Hall, R. A., Jr. (1950). *Leave Your Language Alone*! Ithaca, NY: Cornell University Press.

Halperin, L. R. (2014). *Babel in Zion: Jews, Nationalism, and Language Diversity in Palestine*, 1920—1948. New Haven, CT: Yale University Press.

Hamel, R. E. (1995). Linguistic rights for Amerindian peoples in Latin America. In R. Phillipson, M. Rannut and T. Skutnabb-Kangas(eds), *Linguistic Human Rights: Overcoming Linguistic discrimination* (pp. 289—304). Berlin and New York: Mouton de Gruyter.

Hamel, R. E. (2013). Language policy and ideology in Latin America. In R. Bayley, R. Cameron and C. Lucas(eds), *The Oxford Handbook of Sociolinguistics* (pp. 609—628). Oxford: Oxford University Press.

Hammarstrom, H. J. F. (2015). Ethnologue 16/17/18th editions: a comprehensive review. *Language*, 91(3).

Hammond, J. (2009). *The Grammar of Nouns and Verbs in Whitesands, an Oceanic Language of Southern Vanuatu*. (MA). University of Sydney.

Hamp-Lyons, L. and Lockwood, J. (2009). The workplace, the society, and the wider world: the offshoring and outsourcing industry. *Annual Review of Applied Linguistics*, 29, 145—167.

Hanzeli, V. E. (2014). *Missionary Linguistics in New France: A Study of Seventeenth and Eighteenth-Century Descriptions of American Indian Languages*. Berlin: Walter de Gruyter GmbH & Co KG.

Haque, S. and Le Lievre, F. (eds)(2019). *Politique linguistique familiale / Family Language Policy: Dynamics in Language Transmission under a Migratory Context*. Munich: Lincom.

Harrington, J., Palethorpe, S. and Watson, C. I. (2001). Does the Queen speak the Queen's English? *Nature*, 408(6815),927.

Harris, J. R. (1995). Where is the child's environment? A group socialization theory of development. *Psychological Review*, 102, 458—489.

Harris, J. R. (1998). *The Nurture Assumption: Why Children Turn Out the Way They Do*. New York: Free Press.

Harris, J. R. (2011). *The Nurture Assumption: Why Children Turn Out the Way They Do* (2nd edn). New York: Simon & Schuster.

Hartig, F. (2015). *Chinese Public Diplomacy: The Rise of the Confucius Institute*. London: Routledge.

Hatcher, B. A. (1996). *Idioms of Improvement: Vidyāsāgar and Cultural Encounter in Bengal*. New York: Oxford University Press.

Haugen, E. (1959). Planning for a standard language in Norway. *Anthropological Linguistics*, 1(3), 8—21.

Haugen, E. (1961). Language planning in modern Norway. *Scandinavian Studies*, 33, 68—81.

Haugen, E. (1966). *Language Conflict and Language Planning: The Case of Modern Norwegian*. Cambridge, MA: Harvard University Press.

Haugen, E. (1972). The ecology of language. In A. Dil(ed.), *The Ecology of Language: Essays by Einar Haugen* (pp. 325—326). Stanford, CA: Stanford University Press.

Haugen, E. (1987). *Blessings of Babel: Bilingualism and Language Planning: Problems and Pleasures*. Berlin, New York and Amsterdam: Mouton de Gruyter.

Haugen, J. D. and Philips, S. U. (2010). Tongan Chiefly Language: the formation of an honorific speech register. *Language in Society*, 39(5), 589—616.

Heggoy, A. A. (1973). Education in French Algeria: an essay on cultural conflict. *Comparative Education Review*, 17(2),180—197.

Heller, M. (2010). The commodification of language. *Annual Review of Anthropology*, 39(1), 101—114. doi:10.1146/annurev.anthro.012809.104951

Heller, M. and McElhinny, B. (2017). *Language, Capitalism, Colonialism: Towards a Critical History*. Toronto: University of Toronto Press.

Hermans, T. (2015). *The Flemish Movement: A Documentary History* 1780—

1990. London: Bloomsbury Publishing.

Heugh, K., Benson, C., Bogale, B. and Yohannes, M. A. G. (2007). Final report. Study on medium of instruction in primary schools in Ethiopia, <http://ecommons.hsrc.ac.za/bitstream/handle/20.500.11910/6273/4379_Heugh_Studyonmediumofinstruction.pdf?sequence=1&isAllowed=y>(last accessed 13 October 2020).

Hilmes, M. (2002). Rethinking radio. In M. Hilmes and J. Loviglio(eds), *Radio Reader: Essays in the Cultural History of Radio*(pp. 1—19). New York and London: Routledge.

Hinton, L. (2011). Revitalization of endangered languages. In P. K. Austin and J. Sallabank(eds), *The Cambridge Handbook of Endangered Languages* (pp. 291—311). Cambridge: Cambridge University Press.

Hirvonen, V. (2008). 'Out on the fells, I feel like a Sami': is there linguistic and cultural equality in the Sami school? In N. H. Hornberger(ed.), *Can Schools Save Indigenous Languages? Policy and Practice on Four Continents*(pp. 15—41). Basingstoke: Palgrave Macmillan.

Hogan-Brun, G. (2017). *Linguanomics*. London: Bloomsbury.

Hogan-Brun, G. and Melnyk, S. (2012). Language policy management in the former Soviet sphere. In B. Spolsky(ed.), *Handbook of Language Policy*. Cambridge: Cambridge University Press.

Holm, W. (1996). On the role of 'YounganMorgan'in the development of Navajo literacy. In E. Jelinek, S. Midgette, K. Rice and L. Saxon(eds), *Athabaskan Language Studies: Essays in Honor of Robert W. Young*(pp. 391—406). Albuquerque, NM: University of New Mexico Press.

Holm, A. and Holm, W. (1995). Navajo language education: retrospect and prospect. *Bilingual Research Journal*, 19(1), 141—167.

Holm, W. and Holm, A. (1990). Rock Point: a Navajo way to go to school: a valediction. *Annals, AASSP*, 508, 170—184.

Holmes, J. and Stubbe, M. (2015). *Power and Politeness in the Workplace: A Sociolinguistic Analysis of Talk at Work*. Abingdon: Routledge.

Holton, G. (2011). The role of information technology in supporting minority and endangered languages. In P. K. Austin and J. Sallabank(eds), *The Cambridge Handbook of Endangered Languages*(pp. 371—399). Cambridge: Cambridge University Press.

Hornberger, N. H. (1998). Language policy, language education, language rights: indigenous, immigrant, and international perspectives. *Language in Society*, 27(4), 439—458.

Hornberger, N. H. (ed.)(2008). *Can Schools Save Indigenous Languages? Policy* and *Practice on Four Continents*. Basingstoke: Palgrave Macmillan.

Horne, A. (2012). *A Savage War of Peace: Algeria* 1954—1962. London: Pan Macmillan.

Hornsby, D. (2007). Regional dialect levelling in urban France and Britain. *Nottingham French Studies*. 46(2), 64—81.

Horvath, B. and Sankoff, D. (1987). Delimiting the Sydney speech community. *Language in Society*. 16(2), 179—204.

Hourigan, N. (2007). The role of networks in minority language television campaigns. In M. J. Cormack and N. Hourigan(eds), *Minority Language Media: Concepts, Critiques and Case Studies* (pp. 69—87). Bristol: Multilingual Matters.

Hroch, M. (2004). From ethnic group toward the modern nation: the Czech case. *Nations and Nationalism*, 10(1—2), 95—107.

Huillery, E. (2011). The impact of European settlement within French West Africa: did pre-colonial prosperous areas fall behind? *Journal of African Economies*, 20(2), 263—311.

Huss, L. (2008). Revitalization through indigenous education: a forlorn hope? In N. Hornberger(ed.), *Can Schools Save Indigenous Languages?* (pp. 125—135). Basingstoke: Springer.

Hymes, D. (1974). Foundations in Sociolinguistics: An Ethnographic Approach. Philadelphia: University of Pennsylvania Press.

i Font, H. A. (2014). Chuvash language in Chuvashia's instruction system: an example of educational language policies in post-Soviet Russia. *Journal on Ethnopolitics and Minority Issues in Europe*, 13(4), 52.

Igboanusi, H. (2008). Mother tongue-based bilingual education in Nigeria: attitudes and practice. *International Journal of Bilingual Education and Bilingualism*, 11(6),721—734.

Irvine, J. T. (1989). When talk isn't cheap: language and political economy. *American Ethnologist*, 16(2),248—267.

Jacobs, B., Ryan, A. M., Henrichs, K. S. and Weiss, B. D. (2018). Medical interpreters in outpatient practice. *The Annals of Family Medicine*. 16(1), 70—76.

Jacobs, J. (ed.)(1893). *The Jews of Angevin England: Documents and Records from Latin and Hebrew Sources Printed and Manuscript for the First Time Collected and Translated*. London: David Nutt.

Jan, J.-S., Kuan, P.-Y. and Lomeli, A. (2016). Social context, parental exogamy and Hakka language retention in Taiwan. *Journal of Multilingual and Multicultural Development*, 37(8), 794—804.

Jernudd, B. H. and Nekvapil, J. (2012). History of the field: a sketch. In B. Spolsky(ed.), *Handbook of Language Policy*(pp. 16—36). Cambridge: Cambridge University Press.

Johansson, S. (1991). Language use in mixed marriage, University of Lund, Sweden, <hj. sel-lsj. /bl/bl. pdf>(last accessed 17 June 2005).

Johnson, S. (2002). On the origin of linguistic norms: orthography, ideology and the first constitutional challenge to the 1996 reform of German. *Language in Society*, 31(4), 549—576.

Johnston, A. and Lawson, A. (2000). Settler colonies. In H. Schwarz and S. Ray (eds), *A Companion to Postcolonial Studies* (pp. 360—376): John Wiley & Sons.

Jones, J. P. (2002). *Constitution Finder*. Richmond, VA: T. C. Williams School of Law, University of Richmond.

Jones, M. C. and Mooney, D. (eds). (2017). *Creating Orthographies for Endangered Languages*. Cambridge: Cambridge University Press.

Jones, M. C. and Ogilvie, S. (eds)(2013). *Keeping Languages Alive: Documentation, Pedagogy and Revitalization*. Cambridge: Cambridge University Press.

Jones, S. (1983). Arabic instruction and literacy in Javanese Muslim schools. *International Journal of the Sociology of Language*, 1983(42), 83—94.

Jordan, P. (2003). Continuity and change in Eastern Khanty language and worldview. In E. Kasten(ed.), *Rebuilding Identities: Pathways to Reform in Post-Soviet Siberia*(pp. 63—88). Berlin: Dietrich Reimer Verlag.

Jowitt, D. (2018). *Nigerian English*. Berlin: Walter de Gruyter GmbH and Co.

Judge, A. (2000). France:'One state, one nation, one language'? In S. Barbour and C. Carmichael(eds), *Language and Nationalism in Europe*(pp. 44—84). Oxford and New York: Oxford University Press.

Kachru, B. B. (1986). *The Alchemy of English: The Spread, Functions and Models of Non-Native Englishes*. Oxford: Pergamon Institute of English.

Kachru, B. B., Kachru, Y. and Nelson, C. (eds)(2009). *The Handbook of World Englishes*. Hoboken, NJ: John Wiley & Sons.

Kala, C. P. (2005). Ethnomedicinal botany of the Apatani in the Eastern Himalayan region of India. *Journal of Ethnobiology and Ethnomedicine*, 1(1), 1—11.

Kamen, H. (2004). *Empire: How Spain Became a World Power*, 1492—1763. London: Harper Collins.

Kamwangamalu, N. M. (2008). Commentary from an African and international perspective. In N. Hornberger(ed.), *Can Schools Save Indigenous Languages?* (pp. 136—151). Basingstoke: Springer.

Kamwangamalu, N. M. (2016). Why inherited colonial language ideologies persist in postcolonial Africa. In N. M. Kamwangamalu(ed.), *Language Policy and Economics: The Language Question in Africa* (pp. 125—155). London: Springer.

Kankaanranta, A., Karhunen, P. and Louhiala-Salminen, L. (2018). 'English as corporate language'in the multilingual reality of multinational companies. *Multilingua*. 37(4). 331—351.

Kapadia, P. (2016). Jatra Shakespeare: Indigenous Indian Theater and the Postcolonial Stage. In P. Kapadia(ed.), *Native Shakespeares* (pp. 101—114). London: Routledge.

Karliner, L. S., P. rez-Stable, E. J. and Gildengorin, G. (2004). The language divide. *Journal of General Internal Medicine*, 19(2), 175—183.

Katz, D. (2004). *Words on Fire: The Unfinished Story of Yiddish*. New York: Basic Books.

Keefers, L. E. (1988). *Scholars in Foxholes: The Story of the Army Specialized Training Program in World War II*. Jefferson, NC: McFarland & Company.

Kelly, M. and Baker, C. (2013). *Interpreting the Peace: Peace Operations, Conflict and Language in Bosnia-Herzegovina*. Basingstoke: Palgrave Macmillan.

Kendrick, M. and Elizabeth, N. (2016). Family language practices as emergent policies in child-headed households in rural Uganda. In J. Macalister and S. H. Mirvahedi(eds), *Family Language Policies in a Multilingual World* (pp. 56—73). London: Routledge.

Kent, J. (2015). Lumumba and the 1960 Congo crisis: cold war and the neo-colonialism of Belgian decolonization. In M. B. Jer. nimo and A. C. Pinto(eds), *The Ends of European Colonial Empires: Cases and Comparisons* (pp. 218—242). London: Palgrave Macmillan.

Kerswill, P. (2003). Dialect levelling and geographical diffusion in British English. In D. Britain and J. Cheshire(eds), *Social Dialectology: In Honour of Peter Trudgill* (pp. 223—243). Amsterdam and Philadelphia: John Benjamins Publishing Company.

Kertzer, D. I., Kertzer, D. I., Arel, D. and Hogan, D. P. (2002). *Census and Identity: The Politics of Race, Ethnicity, and Language in National Censuses*. Cambridge: Cambridge University Press.

Kibbee, D. A. (ed.)(1998). *Language Legislation and Linguistic Rights*. Amsterdam and Philadelphia: John Benjamins Publishing Company.

King, J. (2001). Te Kohanga Reo: Maori language revitalization. In L. Hinton and K. Hale(eds), *The Green Book of Language Revitalization in Practice* (pp. 119—131). New York: Academic Press.

King, K. A. and Benson, C. (2003). Indigenous language education in Bolivia and Ecuador: contexts, changes, and challenges. In J. W. Tollefson and A. B. M.

Tsui(eds), *Medium of Instruction Policies: Which Agenda? Whose Agenda?* (pp. 241—261). Mahwah, NJ: Lawrence Erlbaum Associates.

King, R. D. (2001). The poisonous potency of script: Hindi and Urdu. *International Journal of the Sociology of Language*, 150, 43—60.

Kingsley, L. (2013). Language choice in multilingual encounters in transnational workplaces. *Journal of Multilingual Multicultural Development*, 34(6), 533—548.

Kirkpatrick, A. (2017). Language education policy among the Association of Southeast Asian Nations(ASEAN). *European Journal of Language Policy*, 9(1), 7—25.

Klain, B. and Peterson, L. C. (2000). *Native media, commercial radio, and language maintenance: Defining speech and style for Navajo broadcasters and broadcast Navajo.* Paper presented at the Texas Linguistic Forum.

Klein, G. (1989). Language policy during the fascist period: the case of language education. In R. Wodak(ed.), *Language, Power and Ideology: Studies in Political Discourse*(pp. 39—55). Amsterdam and Philadelphia: John Benjamins Publishing Company.

Kloss, H. (1966). German-American language maintenance efforts. In J. Fishman (ed.), *Language Loyalty in the United States*(pp. 206—252). The Hague: Mouton.

Kloss, H. (1969). *Research Possibilities on Group Bilingualism: A Report.* Laval University, Quebec: International Center for Research on Bilingualism.

Kloss, H. (1971). Language rights of immigrant groups. *International Migration Review*, 5(2), 250—268.

Kodesh, S. (1972). *Me-'inyan le-'inyan ba-ulpan(Issues in the Ulpan).* Tel Aviv: Hamatmid.

Kopeliovich, S. (2006). *Reversing language shift in the immigrant family: Case study of a Russian-speaking community in Israel.* PhD, Bar-Ilan University, Ramat-Gan.

Kopeliovich, S. (2009). *Reversing Language Shift in the Immigrant Family: A Case Study of a Russian-Speaking Community in Israel.* Saarbrücken, Germany: VDM Verlag Dr Müller.

Kopeliovich, S. (2011). Family language policy: a case study of a Russian-Hebrew bilingual family: toward a theoretical framework. *Diaspora, Indigenous, and Minority Education*, 4(3), 162—178.

Kopeliovich, S. (2013). Happylingual: a family project for enhancing and balancing multilingual development. In M. Schwartz and A. Verschik(eds), *Successful Family Language Policy*(pp. 249—275). Dordrecht: Springer.

Korsch, B. M. , Gozzi, E. K. and Francis, V. (1968). Gaps in doctor-patient communication: I. Doctor-patient interaction and patient satisfaction. *Pediatrics*, 42 (5), 855—871.

Kosonen, K. (2009). Language-in-education policies in Southeast Asia: an overview. In K. Kosonen and C. Young(eds), *Mother Tongue as Bridge Language of Instruction: Policies and Experiences in Southeast Asia* (pp. 22—43). Bangkok: Southeast Asian Ministers of Education Organization.

Kouadio N'Guessan, J. (2008). Le francais en Cote d'Ivoire: de l'imposition . l'appropriation d. complex. e d'une langue exog. ne. *Documents pour l'histoire du francais langue etrangere ou seconde*. 40—41, 179—197.

Kouega, J.-P. (2007). The language situation in Cameroon. *Current Issues in language planning*, 8(1), 3—92.

Krashen, S. (1981). *Second Language Acquisition and Second Language Learning*. Oxford: Pergamon.

Krauss, M. (1991). *Endangered languages*. Paper presented at the Linguistic Society of America Annual meeting.

Krauss, M. (1992). The world's languages in crisis. *Language*, 68(1), 4—10.

Krivonogov, V. P. (2013). The Dolgans'ethnic identity and language processes. *Journal of Siberian Federal University. Humanities and Social Sciences*, 6(6), 870—881.

Kuijpers, W. (1987). *On the languages and cultures of regional and ethnic minorities in the European Community*. Strasbourg: European Parliament.

Kulick, D. (1992). *Language Shift and Cultural Reproduction: Socialization, Self and Syncretism in a Papua New Guinean Village*. Cambridge and New York: Cambridge University Press.

Kumar, V. (2019). 'Resettlement'-adding new languages in the life of the Bhils and the Pawras of the West Central India. *International Journal of Innovations in TESOL and Applied Linguistics*, 4, 1—10.

Kumar, V. , Hasnain, S. I. and Kulkarni-Joshi, S. (2015). Maintenance and shift among tribal migrants in Nandurbar. *International Journal of Innovations in TESOL and Applied Linguistics*, 1(1), 1—7.

Kweon, S.-O. and Spolsky, B. (eds)(2018). *The Asian EFL Classroom*. Abingdon: Routledge.

Kymlicka, W. and Patten, A. (2003). 1. Language rights and political theory. *Annual Review of Applied Linguistics*, 23, 3—21.

Labov, W. (1962). The social motivation of a sound change. *Word*, 19, 273—309.

Labov, W. (1966). *The Social Stratification of English in New York City*. Washington, DC: Center for Applied Linguistics.

Labov, W. (2008). Unendangered dialects, endangered people. In K. A. King, N. Schilling-Estes, L. Fogle, J. L. Lia and B. Soukup(eds), *Sustaining Linguistic Diversity: Endangered and Minority Languages and Language Varieties* (pp. 219—238). Washington, DC: Georgetown University Press.

Lambert, R. D. (1999). A scaffolding for language policy. *International Journal of the Sociology of Language*, 137, 3—25.

Lambert, W. E., Giles, H. and Picard, O. (1975). Language attitudes in a French-American community. *International Journal of the Sociology of Language*, 4, 127—152.

Lange, D. (1988). *Tomorrow's Schools: The Reform of Education Administration in New Zealand*. Wellington: Government Printer.

Langer, N. and Davies, W. (eds)(2011). *Linguistic Purism in the Germanic Languages*. Berlin: Walter de Gruyter.

Lastra, Y. (2001). Otomi language shift and some recent efforts to reverse it. In J. A. Fishman(ed.), *Can Threatened Languages Be Saved?* (pp. 142—165). Clevedon: Multilingual Matters Ltd.

Laitin, D. D. (1992). *Language Repertoires and State Construction in Africa*. Cambridge: Cambridge University Press.

Lawrence, A. (2016). *Colonial approaches to governance in the periphery: Direct and indirect rule in French Algeria*. Paper presented at the Conference on Colonial Encounters and Divergent Development Trajectories in the Mediterranean, Harvard University.

Leclerc, J. (1994). *Recueil des legislations linguistiques dans le monde*. Quebec, Canada: Centre internationale de recherche en am. nagement linguistique.

Leclerc, J. (1994—2018). *L'amenagement linguistique dans le monde*, <http://www.tlfq.ulaval.ca/axl/>(last accessed 23 September 2020).

Lee, T. and McLaughlin, D. (2001). Reversing Navajo language shift, revisited. In J. A. Fishman(ed.), *Can Threatened Languages Be Saved?* (pp. 23—43). Clevedon: Multilingual Matters Ltd.

Lee, Y.-J. and Koo, H. (2006). 'Wild geese fathers' and a globalised family strategy for education in Korea. *International Development Planning Review*, 28(4), 533—553.

Leibowitz, A. H. (1970). *The Imposition of English as the Language of Instruction in American schools*. Washington, DC: Center for Applied Linguistics and ERIC Clearinghouse for Linguistics.

Lemaire, H. B. (1966). Franco-American efforts on behalf of the French language in New England. In J. A. Fishman(ed.), *Language Loyalty in the United States* (pp. 253—279). The Hague: Mouton.

Leonard, S. D. (1996). Vernacular languages and education in New Caledonia. In F. Mugler and J. Lynch(eds), *Pacific Languages in Education* (pp. 76—91). Suva: Institute of Pacific Studies, University of the South Pacific.

Leventhal, T. and Brooks-Gunn, J. (2000). The neighborhoods they live in: the effects of neighborhood residence on child and adolescent outcomes. *Psychological Bulletin*, 126(2), 309.

Levin, T., Shohamy, E. and Spolsky, B. (2003). *Academic achievements of immigrants in schools: Report to the Ministry of Education*. Tel Aviv University.

Lewis, E. G. (1972). *Multilingualism in the Soviet Union*. The Hague: Mouton.

Lewis, E. G. (1980). *Bilingualism and Bilingual Education: A Comparative Study*. Albuquerque, NM and Oxford: University of New Mexico Press and Pergamon.

Lewis, G. (1999). *The Turkish Language Reform: A Catastrophic Success*. Oxford: Oxford University Press.

Lewis, M. P. (ed.) (2009). *Ethnologue: Languages of the World* (16th edn). Dallas, TX: SIL International.

Lewis, M. P. and Simons, G. F. (2010). Assessing endangerment: expanding Fishman's GIDS. *Revue roumaine de linguistique*, 55(2), 103—120.

Lewis, M. P., Simons, G. F. and Fennig, C. D. (eds) (2013). *Ethnologue* (17th edn). Dallas, TX: SIL International.

Lewis, M. P., Simons, G. F. and Fennig, C. D. (eds) (2016). *Ethnologue* (19th edn). Dallas, TX: SIL International.

Li, M. (2005). The role of parents in Chinese heritage-language schools. *Bilingual Research Journal*, 29(1), 197—207.

Li, W. (2016a). Transnational connections multilingual realities: the Chinese Diaspora experience in a global context. In W. Li(ed.), *Multilingualism in the Chinese Diaspora Worldwide* (pp. 1—12). Abingdon: Taylor & Francis.

Li, W. (ed.) (2016b). *Multilingualism in the Chinese Diaspora Worldwide*. Abingdon: Taylor & Francis.

Li, W. (2018a). Community languages in late modernity. In J. W. Tollefson and M. P. rez-Milans(eds), *The Oxford Handbook of Language Policy and Planning* (pp. 591—609). New York: Oxford University Press.

Li, W. (2018b). Translanguaging as a practical theory of language. *Applied Linguistics*, 31(1), 9—30.

Li, Y. and Li, W. (eds) (2015a). *Language Planning in China*. Berlin: De Gruyter.

Li, Y. and Li, W. (eds) (2015b). *The Language Situation in China* (Vol. 2). Berlin and Beijing: De Gruyter Mouton and Commercial Press.

Liddicoat, A. J. (2009). Evolving ideologies of the intercultural in Australian multicultural and language education policy. *Journal of Multilingual Multicultural Development*, 30(3), 189—203.

Linn, A. R. (1997). *Constructing the Grammars of a Language: Ivar Aasen and Nineteenth-Century Norwegian Linguistics.* Münster: Nordus Publikationem.

Lo Bianco, J. (2001). *Officialising language: A discourse study of language politics in the United States.* (unpublished PhD) Australian National University, Canberra.

Lo Bianco, J. (2008). Educational linguistics and education systems. In B. Spolsky and F. M. Hult (eds), *The Handbook of Educational Linguistics* (pp. 113—126). Malden, MA and Oxford: Blackwell.

Lo Bianco, J. (2012). National language revival movements: reflections from India, Israel, Indonesia and Ireland. In B. Spolsky (ed.), *The Cambridge Handbook of Language Policy* (pp. 501—522). Cambridge: Cambridge University Press.

Lo Bianco, J. (2017). Resolving ethnolinguistic conflict in multi-ethnic societies. *Nature Human Behavior.* doi:10.1038/s41562-017-0085.

Lo Bianco, J. and UNICEF. (2015). *Synthesis report: Language, education and social cohesion (LESC) initiative in Malaysia Myanmar and Thailand.* Bangkok: UNICEF EAPRO.

Lo Bianco, J. and Wickert, R. (eds) (2001). *Australian Policy Activism in Language and Literacy.* Canberra: Language Australia.

Lopez, L. E. (2008). Top-down and bottom-up: counterpoised visions of bilingual intercultural education in Latin America. In N. H. Hornberger (ed.), *Can Schools Save Indigenous Languages? Policy and Practice on Four Continents* (pp. 42—65). Basingstoke: Palgrave Macmillan.

Lorente, B. P. (2017). *Scripts of Servitude: Language, Labor Migration and Transnational Domestic Work.* Bristol: Multilingual Matters.

Lowenberg, P. H. (1990). Language and identity in the Asian state: the case of Indonesia. *The Georgetown Journal of Languages and Linguistics*, 1(1), 109—120.

Lüdi, G. (2006). Multilingual repertoires and the consequences for linguistic theory. In K. Bührig and J. D. t. Thije (eds), *Beyond Misunderstanding: Linguistic Analyses of Intercultural Communication* (Vol. 144, pp. 11—42). Amsterdam and Philadelphia: John Benjamins.

Lyons, Z. (2004). Under two flags: national conflicts and the reconstruction of identity. *Language and Intercultural Communication*, 4(1—2), 109—120.

Lyons, Z. (2009). Imagined identity and the L2 self in the French Foreign Legion. In Z. D. rnyei and E. Ushioda (eds), *Motivation, Language Identity and the L2*

Self (pp. 248—273). Bristol: Multilingual Matters.

Ma, R. and Herasimchuk, E. (1971). The linguistic dimensions of a bilingual neighborhood. In J. A. Fishman, R. L. Cooper and R. Ma(eds), *Bilingualism in the Barrio* (pp. 349—464). Bloomington: Research Center for the Language Sciences, Indiana University.

Macalister, J. and Mirvahedi, S. H. (2016). *Family Language Policies in a Multilingual World: Opportunities, Challenges, and Consequences.* New York and London: Routledge.

McCarthy, D. M., Waite, K. R., Curtis, L. M., Engel, K. G., Baker, D. W. and Wolf, M. S. (2012). What did the doctor say? Health literacy and recall of medical instructions. *Medical care*, 50(4), 277—282.

McCarty, T. L. (2002). *A Place to Be Navajo: Rough Rock and the Struggle for Self-Determination in Indigenous Schooling.* Mahwah, NJ: Lawrence Erlbaum Associates.

McCarty, T. L. (2008). Schools as strategic tools for indigenous language revitalization: lessons from Native America. In N. H. Hornberger (ed.), *Can Schools Save Indigenous Languages?* (pp. 161—179). Basingstoke: Springer.

McCarty, T. L. (2012). Indigenous language planning and policy in the Americas. In B. Spolsky (ed.), *The Cambridge Handbook of Language Policy* (pp. 544—569). Cambridge: Cambridge University Press.

McCarty, T. L., Nicholas, S. E. and Wyman, L. T. (2015). 50(0) years out and counting: Native American language education and the four Rs. *International Multilingual Research Journal*, 9(4). 227—252.

Macaulay, T. B. (1920). *Minute by the Hon'ble T. B. Macaulay, dated the 2nd February* 1835. Calcutta: Superintendent, Government Printing.

McEwen, E. and Anton-Culver, H. (1988). The medical communication of deaf patients. *The Journal of Family Practice*, 26(3), 289—291.

MacGregor, L. (2003). The language of shop signs in Tokyo. *English Today*, 19(1), 18—23.

Macias, R. F. (1997). Bilingual workers and language-use rules in the workplace: a case study of nondiscriminatory language policy. *International Journal of the Sociology of Language*, 127, 53—70.

McIvor, O. (2020). Indigenous language revitalization and applied linguistics: parallel histories, shared futures? *Annual Review of Applied Linguistics*, 40, 78—96. doi:10.1017/S0267190520000094.

McKee, R. and Smiler, K. (2016). Family language policy for deaf children and the vitality of New Zealand Sign Language. In J. Macalister and S. H. Mirvahedi (eds), *Family Language Policies in a Multilingual World* (pp. 40—65). London: Routledge.

McKee, R. L. and Manning, V. (2019). Implementing recognition of New Zealand Sign Language: 2006—2018. In M. D. Meulder, J. J. Murray and R. L. McKee (eds), *The Legal Recognition of Sign Languages: Advocacy and Outcomes around the World* (pp. 224—237). Bristol: Multilingual Matters.

Mackey, W. (1970). A typology of bilingual education. *Foreign Language Annals*, 3(4), 596—608.

Makina, A. (2011). *The Impact of Globalization on Somali Culture*, <https://www.researchgate.net/publication/228432222_The_Impact_of_Globalization_on_Somali_Culture>(last accessed 13 October 2020).

Mackridge, P. (2009). *Language and National Identity in Greece*, 1766—1976. Oxford: Oxford University Press.

MacNaughton, J. C. (1994). *Nisei linguists and new perspectives on the Pacific War: Intelligence, race, and continuity*. Paper presented at the Conference of Army Historians, <http://www.army.mil/cmh-pg/topics/apam/Nisei.htm>(last accessed 4 October 2020).

McRae, K. D. (1975). The principle of territoriality and the principle of personality in multilingual states. *International Journal of the Sociology of Language*, 4, 33—54.

MacSwan, J. (2017). A multilingual perspective on translanguaging. *American Educational Research Journal*, 54(1), 167—201.

Magga, O. H., Nicolaisen, I., Trask, M., Dunbar, R. and Skutnabb-Kangas, T. (2005). Indigenous children's education and indigenous languages, <http://citeseerx.ist.psu.edu/viewdoc/download?doi=10.1.1.476.5279&rep=rep1&type=pdf>(last accessed 4 October 2020).

Mahapatra, B. (1990). A demographic appraisal of multilingualism in India. In D. P. Pattanayak(ed.), *Multilingualism in India* (pp. 1—14). Bristol: Multilingual Matters.

Maher, J. C. (2001). Akor Itak -our language, your language: Ainu in Japan. In J. A. Fishman(ed.), *Can Threatened Languages Be Saved?* (pp. 323—349). Clevedon: Multilingual Matters Ltd.

Mair, V. (1991). What is a Chinese'dialect/topolect'? Reflections on some key Sino-English linguistic terms. *Sino-Platonic Papers*, 29.

Makoni, S. B. and Severo, C. (2015). Lusitanization and Bakhtinian perspectives on the role of Portuguese in Angola and East Timor. *Journal of Multilingual and Multicultural Development*, 36(2), 151—162.

Malinowski, D. (2008). Authorship in the linguistic landscape: a performative-multimodal view. In E. Shohamy and D. Gorter(eds), *The Linguistic Landscape:*

Expanding the Scenery (pp. 107—125). London: Routledge.

Mallikarjun, B. (2004). Indian multilingualism, language policy and the digital divide. *Language in India*, 4(4), 109—113.

Maltby, W. S. (2008). *The Rise and Fall of the Spanish Empire*. Basingstoke: Palgrave Macmillan.

Mamontova, N. A. (2014). What language do real Evenki speak? Discussions surrounding the nomad preschool. *Anthropology and Archeology of Eurasia*, 52(4), 37—75.

Manan, S. A., David, M. K. and Dumanig, F. P. (2016). Language management: a snapshot of governmentality within the private schools in Quetta, Pakistan. *Language Policy*, 15(1), 3—26.

Mandel, G. (1993). Why did Ben-Yehuda suggest the revival of spoken Hebrew? In L. Glinert(ed.), *Hebrew in Ashkenaz* (pp. 193—207). New York and Oxford: Oxford University Press.

Mandel, Y. (2014). *The Creation of Israeli Arabic: Political and Security Considerations in the Making of Arabic Language Studies in Israel*. Basingstoke and New York: Palgrave Macmillan.

Mangubhai, F. (1987). Literacy in Fiji: its origins and its development. *Interchange*, 18(1—2), 124—135.

Manna, S. and Ghosh, A. (2015). Endangered Culture and Dialects with Special Reference to Mal-Paharia-A Primitive Tribal Group of Jharkhand. In G. K Bera and K. Jose, *Endangered Cultures and Languages in India*. Karachi: Spectrum Publications.

Manzano, F. (2004). Situation and use of Occitan in Languedoc. *International Journal of the Sociology of Language*, 160, 63—90.

Martin, W. (1817). *Tonga Islands: William Mariner's account*. London: John Murray.

Martins, M. d. L. (2014). Lingua Portuguesa, globalizacao e lusofonia. In N. B. Bastos(ed.), *Lingua portuguesa e lusofonia* (pp. 15—33). Sao Paulo: EDUC - Editora de PUC-SP.

Martins, S. A. (2004). *Fonologia e gramatica Daw*. PhD, Vrije Universiteit, Amsterdam.

Massini-Cagliari, G. (2004). Language policy in Brazil: monolingualism and linguistic prejudice. *Language Policy*, 3(1), 3—23. doi: 10.1023/B: LPOL. 0000017723.72533.fd

Mathur, H. M. (ed.)(2012). *Resettling Displaced People: Policy and Practice in India*. New Delhi: Routledge.

May, S. (2012). *Language and Minority Rights: Ethnicity, Nationalism and the*

Politics of Language(2nd edn). New York and London: Routledge.

May, S. and Hill, R. (2008). Maori-medium education: current issues and challenges. In N. H. Hornberger(ed.), *Can Schools Save Indigenous Languages? Policy and Practice on Four Continents* (pp. 66—98). Basingstoke: Palgrave Macmillan.

Mays, T. M. (2002). *Africa's First Peacekeeping Operation: The OAU in Chad, 1981—1982*. Westwood, CT: Praeger.

Mbokou, L. M. (2012). A survey of bilingualism in multilingual Gabon. In H. S. Ndinga-Koumba-Binza and S. E. Busch(eds), *Language Science and Language Technology in Africa: A Festschrift for Justus C. Roux*(pp. 163—175). Stellenbosch: Sun Press.

Meadows, W. C. (2002). *The Comanche Code Talkers of World War II*. Austin, TX: University of Texas Press.

Meer, N. (2009). Identity articulations, mobilization, and autonomy in the movement for Muslim schools in Britain. *Race Ethnicity and Education*, 12(3), 379—399.

Mehrotra, R. R. (1999). Endangered languages in India(Vol. 140). *International Journal of the Sociology of Language*, 140(1), 105—114.

Mehrotra, S. (ed.)(2006). *The Economics of Elementary Education in India: The Challenge of Public Finance, Private Provision and Household Costs*. New Delhi: Sage.

Mendel, Y. (2014). *The Creation of Israeli Arabic: Political and Security Considerations in the Making of Arabic Language Studies in Israel*. Basingstoke: Palgrave Macmillan.

Meulder, M. D., Murray, J. J. and McKee, R. L. (eds)(2019). *The Legal Recognition of Sign Languages: Advocacy and Outcomes around the World*. Bristol: Multilingual Matters.

Migge, B. and Leglise, I. (2010). Integrating local languages and cultures into the education system of French Guiana. In B. Migge, I. L. glise, and A. Bartens (eds), *Creoles in Education: An Appraisal of Current Programs and Projects* (pp. 107—132). Amsterdam and Philadelphia: John Benjamins Publishing Company.

Migue, J.-L. (1970). Le nationalisme, l'unite nationale et la theorie economique de l'information. [Nationalism, National Unity, and the Economic Theory of Information. With English summary.] *Canadian Journal of Economics*, 3(2), 183—198.

Mikkelson, H. (2016). *Introduction to Court Interpreting*. London: Routledge.

Miller, R. A. (1963). Thon-Mi Sambhoṭa and His Grammatical Treatises(Vol. 83).

Journal of the American Oriental Society, 83(4), 485—502.

Milroy, L. (1980). *Languages and Social Networks*. Oxford: Basil Blackwell.

Mirvahedi, S. H. (2016). Exploring family language policies among Azerbaijani speaking families in the city of Tabriz, Iran. In J. Macalister and S. H. Mirvahedi (eds), *Family Language Policies in a Multilingual World* (pp. 74—95). London: Routledge.

Mitchell, L. (2009). *Language, Emotion, and Politics in South India: The Making of a Mother Tongue*. Bloomington: Indiana University Press.

Mitchell, S. (2016). *Exploring the use of procedural policy instruments in the development and implementation of French second language policy in New Brunswick and Nova Scotia*. PhD, Universit. d'Ottawa/University of Ottawa.

Mizuno, T. (2000). Self-censorship by coercion: the federal government and the California Japanese-language newspapers from Pearl Harbor to internment. *American Journalism*, 17(3),31—57.

Modiano, M. (2017). English in a post-Brexit European Union. *World Englishes*, 36(3), 313—327.

Mohanty, A. K. (1990). Psychological consequences of mother-tongue maintenance and the language of literacy for linguistic minorities in India. *Psychology and Developing Societies*, 2(1), 31—50.

Mohanty, A. K. (2019). Language policy in education in India. In A. Kirkpatrick and A. J. Liddicoat(eds), *The Routledge International Handbook of Language Education Policy in Asia*. London: Routledge.

Mohanty, A. K. (2019). *The Multilingual Reality: Living with Languages*. Bristol: Multilingual Matters.

Mohanty, A. K., Panda, M. and Pal, R. (2010). Language policy in education and classroom practices in India. In K. Menken and O. Garcia(eds), *Negotiating Language Policies in Schools: Educators as Policymakers* (pp. 211—231). London and New York: Routledge.

Mohanty, P. (unpublished). Wall, gate or door: English in Indian society and education.

Mohanty, P. (2002). British language policies in 19th century India and the Oriya language movement. *Language Policy*, 1(1), 57—73.

Moon, S. (2011). Expectation and reality: Korean sojourner families in the UK. *Language and Education*, 25(2), 163—176.

Moore, D., Facundes, S. and Pires, N. (1994). Nheengatu(Lingua Geral Amaz. nica), its history, and the effects of language contact, <https://escholarship.org/uc/item/7tb981s1> (last accessed 23 September 2020).

Moore, L. C. (2016). Change and variation in family religious language policy in a

West African Muslim community. *Language Policy*, 15(2), 125—139.

Morey, S., Post, M. W. and Friedman, V. A. (2013). The language codes of ISO 639: a premature, ultimately unobtainable, and possibly damaging standardization, <https://core.ac.uk/download/pdf/41237514.pdf>(last accessed 4 October 2020).

Morfit, M. (1981). Pancasila: the Indonesian state ideology according to the new order government. *Asian Survey*, 21(8), 838—851.

Morova, N. S., Lezhnina, L. V., Biryukova, N. A., Domracheva, S. A. and Makarova, O. A. (2015). Diversity and tolerance in a multi-ethnic region of Mari El Republic, Russia. *Review of European Studies*, 7(8), 171—181.

Morris, D. and Jones, K. (2007). Minority language socialisation within the family: investigating the early Welsh language socialisation of babies and young children in mixed language families in Wales. *Journal of Multilingual and Multicultural Development*, 28(6), 484-501.

Mose, P. N. (2017). Language-in-education policy in Kenya. *Nordic Journal of African Studies*, 26(3), 215—230.

Mufwene, S. S. (2001). *The Ecology of Language Evolution*. Cambridge and New York: Cambridge University Press.

Mufwene, S. S. (2005a). Globalization and the myth of killer languages: what's really going on. In G. Huggan and S. Klasen(eds), *Perspectives on Endangerment* (Vol. 5, pp. 19—48). Hildesheim: Olms.

Mufwene, S. S. (2005b). Language evolution: the population genetics way. In G. Hauska(ed.), *Gene, Sprachen und ihre Evolution* (pp. 30—52). Regensburg: Regensburg University Press.

Mugler, F. (2001). Dravidian languages in Fiji: survival and maintenance. In A. Abbi, R. S. Gupta and A. Kidwai(eds), *Linguistic Structures and Language Dynamics in South Asia: Papers from the Proceedings of SALA XVIII Roundtable* (pp. 21—40). Delhi: Motilal Banarsidass.

Mukama, R. (2009). Theory and practice in language policy: the case of Uganda. *Kiswahili*, 72(1).

Muller, K. (2012). Between Europe and Africa: Mayotte. In R. Adler-Nissen and U. Gad(eds), *European Integration and Post-Colonial Sovereignty Games* (pp. 187—203). London: Routledge.

Mustafina, D., Bilyalova, A., Mustafina, L. and Slavina, L. (2014). Language policy and language situation in the Russian national regions. *European Journal of Science and Theology*, 6, 185—191.

Muth, S. (2014). Linguistic landscapes on the other side of the border: signs, language and the construction of cultural identity in Transnistria. *International Jour-*

nal of the Sociology of Language, 2014(227), 25—46.

Mwanza, D. S. (2017). Implications of teachers'attitudes towards unofficial languages on English language teaching in multilingual Zambia. *Zambian Journal of Language Studies*, 1(1), 101—124.

Myers-Scotton, C. (1990). Elite closure as boundary maintenance: the case of Africa. In B. Weinstein(ed.), *Language Policy and Political Development* (pp. 25—42). Norwood, NJ: Ablex Publishing Company.

Myers-Scotton, C. (1993). Elite closure as a powerful language strategy: the African case. *International Journal of the Sociology of Language*, 103, 149—163.

Nakayiza, J. (2013). *The sociolinguistics of multilingualism in Uganda: A case study of the official and non-official language policy, planning and management of Luruurilunyara and Luganda*. PhD, SOAS, University of London, London.

Navarro, D. and Macalister, J. (2016). Adrift in an Anglophone world: refugee families'language policy challenges. In J. Macalister and S. H. Mirvahedi(eds), *Family Language Policies in a Multilingual World* (pp. 125—142). London: Routledge.

Neff, D., Haasnoot, C. W., Renner, S. and Sen, K. (2019). The social and economic situation of Scheduled Tribes in India. In C. Fleming and M. Manning (eds), *Routledge Handbook of Indigenous Wellbeing*. London: Routledge.

Nekvapil, J. (2012). From language planning to language management. *Media and Communication Studies*, 63, 5—21.

Nekvapil, J. and Nekula, M. (2006). On language management in multinational companies in the Czech Republic. *Current Issues in Language Planning*, 7(2—3), 307—327.

Nekvapil, J. and Sherman, T. (eds)(2009). *Language Management in Contact Situations: Perspectives from Three Continents*. Frankfurt am Main, Berlin, Bern, Bruxelles, New York, Oxford and Wien: Peter Lang.

Neustupný, J. V. (1970). Basic types of treatment of language problems. *Linguistic Communications*, 1, 77—98.

Neustupný, J. V. and Nekvapil, J. (2003). Language management in the Czech Republic. *Current Issues in Language Planning*, 4(3—4), 181—366.

Ng, S. H. and He, A. (2004). Code-switching in trigenerational family conversations among Chinese immigrants in New Zealand. *Journal of Language and Social Psychology*, 23(1), 28—48.

Nic Shuibhne, N. (2001). The European Union and minority language rights. *International Journal on Multicultural Societies*, 3(2), 61—77.

Nikolaeva, S. (2019). The Common European Framework of Reference for Language: past, present, and future. *Advanced Education*, 6(12), 12—20.

Nolan, J. S. (2008). School and extended family in the transmission and revitalization of Gallo in Upper-Brittany. *Journal of Multilingual and Multicultural Development*, 29(3), 216—234.

Nolan, R. (2020). Language barrier. *The New Yorker*, 6 January.

Noro, H. (1990). Family and language maintenance: an exploratory study of Japanese language maintenance among children of postwar Japanese immigrants in Toronto. *International Journal of the Sociology of Language*, 86, 57—68.

Novianti, E. (2013). Family communication in mixed-marriage between Sundanese and Minangkabau. *The International Journal of Social Sciences*, 18(1), 33—50.

Ó Riagáin, P. (1997). *Language Policy and Social Reproduction: Ireland 1893—1993*. Oxford: Clarendon Press.

O'Donnell, P. E. (2000). Crossing the line in Quebec and Catalonia: the consequences of the linguistically 'mixed' marriage. *Language Problems and Language Planning*, 24(3), 233—247.

Obeng, S. G. and Adegbija, E. (1999). Sub-Saharan Africa. In J. A. Fishman (ed.), *Handbook of Language and Ethnic Identity* (pp. 353—368). New York and Oxford: Oxford University Press.

Ochs, E. (1986). Introduction. In B. B. Schieffelin and E. Ochs (eds), *Language Socialization across Cultures* (pp. 2—13). Cambridge: Cambridge University Press.

Ochs, E. (1988). *Culture and Language Development: Language Acquisition and Language Socialization in a Samoan Village*. Cambridge, Cambridge University Press.

Ochs, E. and Schieffelin, B. (2001). Language acquisition and socialization: three developmental stories and their implications. In A. Duranti (ed.), *Linguistic Anthropology: A Reader* (pp. 263—301). Oxford: Blackwell.

Ochs, E. and Schieffelin, B. B. (2011). The theory of language socialization. In A. Duranti, E. Ochs and B. B. Schieffelin (eds), *The Handbook of Language Socialization* (pp. 1—21). Malden, MA and Oxford: Wiley Blackwell.

Oellers-Frahm, K. (1999). European Charter for Regional and Minority Languages—minority group rights and compatibility with concepts of equality, nondiscrimination and national unity in French Constitution—reconciling official language with freedom of speech. American Journal of International Law, 93(4), 938—942.

Ohannessian, S. and Kashoki, M. E. (eds) (1978). *Language in Zambia*. London: International African Institute.

Olajo, A. S. and Oluwapelumi, A. M. (2018). A study on the extinction of indigenous languages in Nigeria: causes and possible solutions. *Annals of Language and Literature*, 2(1), 22—26.

Omissi, D. (2016). *The Sepoy and the Raj: The Indian Army*, 1860—1940. Berlin: Springer.

Omoniyi, T. and Fishman, J. A. (eds)(2006). *Explorations in the Sociology of Language and Religion*. Amsterdam and Philadelphia: John Benjamins Publishing Company.

Oni, J. B. (1995). Fostered children's perception of their health care and illness treatment in Ekiti Yoruba households, Nigeria. *Health Transition Review*, 5(1), 21—34.

Oonk, G. (2007). *Global Indian Diasporas: Exploring Trajectories of Migration and Theory*. Amsterdam: Amsterdam University Press.

Oonk, G. (2007). 'We Lost our Gift of Expression'. In G. Oonk(ed.), *Global Indian Diasporas*(pp. 67—88). Amsterdam: University of Amsterdam Press.

Or, I. G., Shohamy, E. and Spolsky, B. (eds)(2021). *Multilingual Israel: Language Ideologies, Survival, Integration, and Hybridization*. Bristol: Multilingual Matters.

Otheguy, R., Garcia, O. and Reid, W. (2015). Clarifying translanguaging and deconstructing named languages: a perspective from linguistics. *Applied Linguistics Review*, 6(3), 281—307.

Oyero, O. (2003). Indigenous language radio for development purposes. In E. O. Soola(ed.), *Communicating for Developing Purposes*(pp. 185—195). Ibadan, Nigeria: Kraft Books.

Paauw, S. (2009). One land, one nation, one language: an analysis of Indonesia's national language policy. *University of Rochester Working Papers in the Language Sciences*, 5(1), 2—16.

Paia, M. and Vernaudon, J. (2016). Le defi de l'education bilingue en Polynesie francaise. In C. H. lot and J. Erfurt(eds), *L'Education bilingue en France: Politiques linguistiques, mod. les et pratiques*(pp. 87—99). Strasbourg: Lambert-Lucas.

Palacin, I., Martinez, A. and Ortuoste, L. (2015). Shouting against the silencing. A brief introduction to the minority struggles from the Basque Country. *Revista Eletr. nica Direito e Sociedade-REDES*, 3(2),55—63.

Pandharipande, R. V. (2002). Minority matters: issues in minority languages in India. *International Journal on Multicultural Societies*, 4(2), 213—234.

Pandharipande, R. V., David, M. K. and Ebsworth, M. E. (eds)(2020). *Language Maintenance, Revival and Shift in the Sociology of Religion*. Bristol: Multilingual Matters.

Paternost, J. (1985). A sociolinguistic tug of war between language value and language reality in contemporary Slovenian. *International Journal of the Sociology of Language*, 52, 9—29.

Paugh, A. L. (2005). *Acting adult: Language socialization, shift, and ideologies in Dominica, West Indies*. Paper presented at the Proceedings of the 4th International Symposium on Bilingualism.

Paul, D. A. (1998). *The Navajo Code Talkers*. Pittsburgh: Dorrance Publishing.

Paulston, C. B. (ed.)(1988). *International Handbook of Bilingualism and Bilingual Education*. New York: Greenwood Press.

Paulston, C. B. (1998). Linguistic minorities in Central and East Europe: an introduction. In C. B. Paulston and D. Peckham(eds), *Linguistic Minorities in Central and East Europe*(pp. 1—18). Clevedon and Philadelphia: Multilingual Matters Ltd.

Paulston, C. B. and Watt, J. M. (2011). Language policy and religion. In B. Spolsky(ed.), *Handbook of Language Policy*. Cambridge: Cambridge University Press.

Pavlenko, A. (2011). Language rights versus speakers'rights: on the applicability of Western language rights approaches in Eastern European contexts. *Language Policy*, 10(1), 37—58.

Pavlenko, A. (2017). Superdiversity and why it isn't: reflections on terminological innovation and academic branding. In S. Breidbach, L. Küster and B. Schmenk (eds), *Sloganizations in Language Education Discourse*. Bristol: Multilingual Matters Ltd.

Pearce, E. (2015). *A Grammar of Unua* (Vol. 647). Berlin: Walter de Gruyter GmbH and Co KG.

Pereira, A. A. (2009). *Estudio morfossintatico do Asurini do Xingu*. PhD, Universidade Estadual de Campinas, Campinas.

Perry, J. R. (1985). Language reform in Turkey and Iran. *International Journal of Middle East Studies*, 17(3), 295—311.

Phillipson, R. (1992). Linguistic imperialism. In C. Chapelle(ed.) *The Encyclopedia of Applied Linguistics*(pp. 1—7): Wiley Online Library.

Phillipson, R. (1992). *Linguistic imperialism*. Oxford: Oxford University Press.

Phillipson, R. (2003). *English-Only Europe?: Challenging Language Policy*. London: Routledge.

Phillipson, R. (2017). Myths and realities of'global'English. *Language Policy*, 16 (3), 313—331. doi:10.1007/s10993-016-9409-z.

Phillipson, R. and Skutnabb-Kangas, T. (1995). Linguistic rights and wrong. *Applied Linguistics*, 16, 483—504.

Phillipson, R. and Skutnabb-Kangas, T. (2013). Linguistic imperialism and endangered languages. In T. K. Bhatia and W. C. Ritchie(eds), *The Handbook of Bilingualism and Multilingualism*(pp. 495—516). Hoboken, NJ: Wiley.

Piller, I. (2016). Herder: an explainer for linguists, <http://www.languageonthemove.com/herder-an-explainer-for-linguists/>(last accessed 4 October 2020).

Piper, B., Schroeder, L. and Trudell, B. (2016). Oral reading fluency and comprehension in Kenya: reading acquisition in a multilingual environment. *Journal of Research in Reading*, 39(2), 133—152.

Pizer, G. (2013). Bimodal bilingual families: the negotiation of communication practices between deaf parents and their hearing children. In M. Schwartz and A. Verschik(eds), *Successful Family Language Policy*(pp. 203—222). Dordrecht: Springer.

Pool, J. (1991). The official language problem. *American Political Science Review*, 85(2), 495—514.

Postiglione, G. A. (2009). Dislocated education: The case of Tibet. Comparative Education Review. 483—512.

Powell, R. (2002). Language planning and the British Empire: comparing Pakistan, Malaysia and Kenya. *Current Issues in Language Planning*, 3(3), 205—279.

Preston, D. R. (ed.)(1999). *Handbook of Perceptual Dialectology*. Amsterdam and Philadelphia: John Benjamins Publishing Company.

Preston, R. A. (1991). *To Serve Canada: A History of the Royal Military College since the Second World War*. Ottawa: Ottawa University Press.

Priedīte, A. (2005). Surveying language attitudes and practices in Latvia. *Journal of Multilingual and Multicultural Development*, 26(5), 409—424.

Pütz, M. and Mundt, N. (eds)(2019). *Expanding the Linguistic Landscape*. Bristol: Multilingual Matters.

Pyoli, R. (1998). Karelian under pressure from Russianinternal and external Russification. *Journal of Multilingual and Multicultural Development*, 19(2), 128—141.

Qy Research. (2019). *Global Digital English Language Learning Market Size, Status and Forecast 2025*. Market Insight Reports. Harrisburg, NC and Pune: Wise Guy Reports.

Rahman, T. (2009). Language ideology, identity and the commodification of language in the call centers of Pakistan. *Language in Society*, 38(2), 233—258.

Ramonienė, M. (2013). Family language policy and management in a changed sociopolitical situation: Russians and Russian speakers in Lithuania. In M. Schwartz and A. Verschik(eds), *Successful Family Language Policy*(pp. 127—143). Dordrecht: Springer.

Rampton, B. (2014). *Crossings: Language and Ethnicity among Adolescents*.

Abingdon: Routledge.

Rappa, A. L. and Wee, L. (2006). *Language Policy and Modernity in Southeast Asia: Malaysia, the Philippines, Singapore, and Thailand*. New York: Springer Science.

Rautz, G., Toggenburg, G. N., Tomaselli, A. and Zabielska, K. (eds) (2008). *Material for Specialized Media EURASIA-Net Project*. Bolzano/Bozen: EURAC within the EURASIA-Net project.

Read, J. (2019). The influence of the Common European Framework of Reference (CEFR) in the Asia-Pacific region. *LEARN Journal: Language Education and Acquisition Research Network*, 12(1), 12—18.

Read, J., Wette, R. and Deverall, P. (2009). *Achieving English Proficiency for Professional Registration: The Experience of Overseas-Qualified Health Professionals in the New Zealand Context*. Canberra: IELTS Australia and British Council.

Recendiz, N. R. (2008). Learning with differences: strengthening H..h.. and bilingual teaching in an elementary school in Mexico City. In N. H. Hornberger (ed.), *Can Schools Save Indigenous Languages? Policy and Practice on Four Continents* (pp. 99—124). Basingstoke: Palgrave Macmillan.

Regnault, M. (2009). Politique culturelle et départementalisation à Mayotte. *Revue juridique de l'Océan Indien*(NS-2009), 145—174.

Reichard, G. (1974). *Navaho Grammar*. New York: AMS Press.

Reid, C. (2004). *Negotiating Racialised Identities: Indigenous Teacher Education in Australia and Canada*. Canberra: Common Ground.

Remennick, L. (2002). Transnational community in the making: Russian-Jewish immigrants of the 1990s in Israel. *Journal of Ethnic and Migration Studies*, 28(3), 515—530. doi:10.1080/13691830220146581.

Remenyi, J. (1950). Ferenc Kazinczy, Hungarian critic and neologist (1759—1831). *The Slavonic and East European Review*, 29(72), 233—243.

Renan, E. (1882). Qu'est-ce qu'une nation? *Bulletin de l'Association Scientifique de France*, 26 March.

Reshef, Y. (2019). *Historical Continuity in the Emergence of Modern Hebrew*. Lanham, MD: Lexington Books.

Restall, M. (2007). The decline and fall of the Spanish Empire? *The William and Mary Quarterly*, 64(1), 183—194.

Revis, M. (2016). How religious ideologies and practices impact on family language policy: Ethiopians in Wellington. In J. Macalister and S. H. Mirvahedi (eds), *Family Language Policies in a Multilingual World* (pp. 135—153). London: Routledge.

Ribeiro, E. R. (2009). Tapuya connections: language contact in eastern Brazil(Vol. 9). *LIAMES: Linguas Indigenas Americanas*, 9(1), 61—76.

Richter, D., Richter, I., Toivanen, R. and Ulasiuk, I. (2012). *Language Rights Revisited-The Challenge of Global Migration and Communication*(Vol. 4). Berlin: BWV Verlag.

Riley, K. C. (2011). Language socialization and language ideologies. In A. Duranti, E. Ochs and B. B. Schieffelin(eds), *The Handbook of Language Socialization* (pp. 493—514). Malden, MA and Oxford: Wiley Blackwell.

Robitaille, L. B. (2002). *Le Salon des immortels: Une academie tres francaise*. Paris: Denoel.

Rochette, B. (2011). Language policies in the Roman Republic and Empire. In J. Clackson(ed.), *Blackwell Companion to the History of the Latin Language*(pp. 549—563). Malden, MA and Oxford: Blackwell.

Rodrigues, A. D. I. (1986). Linguas Brasileiras: para um conhecimento das linguas indigenas. Sao Paulo: Edicoes Loyola.

Rodriguez, C. and El Gazi, J. (2007). The poetics of indigenous radio in Colombia. *Media, Culture, Society*, 29(3), 449—468.

Rodriguez-Ordonez, I. (2019). The role of linguistic ideologies in language contact situations. *Language and Linguistics Compass*, e12351. doi: https://doi.org/10.1111/lnc3.12351.

Rohsenow, J. S. (2004). Fifty years of script and written language reform in the P. R. C.: the genesis of the language law of 2001. In M. Zhou(ed.), *Language Policy in the People's Republic of China: Theory and Practice since* 1949(pp. 21—45). Dordrecht: Kluwer Academic Publishers.

Romaine, S. (2008). Language rights, human development and linguistic diversity in a globalizing world. In P. v. Sterkenburg(ed.), *Unity and Diversity of Languages*(pp. 85—96). Amsterdam: John Benjamins Publishing Company.

Ronjat, J. (1913). *Le developpement du langage observe chez un enfant bilingue*. Paris: H. Champion.

Rosen, L. (1977). The anthropologist as expert witness. *American Anthropologist*, 79(3), 555—578.

Rosenbaum, Y., Nadel, E., Cooper, R. L. and Fishman, J. A. (1977). English on Keren Kayemet Street. In J. A. Fishman, R. L. Cooper and A. W. Conrad (eds), *The Spread of English* (pp. 179—196). Rowley, MA: Newbury House Publishers.

Rosier, P. and Holm, W. (1980). *The Rock Point Experience: A Longitudinal Study of a Navajo School Program*. Washington, DC: Center for Applied Linguistics.

Rubin, J., Jernudd, B., Das Gupta, J., Fishman, J. A. and Ferguson, C. A. (1977). *Language Planning Processes*. The Hague: Mouton Publishers.

Rubinstein, C. V. (2018). Book review: translanguaging: language, bilingualism and education by Ofelia Garcia and Li Wei (2014). *Bellaterra Journal of Teaching & Learning Language & Literature*, 11(1), 85—95.

Ryoo, H. K. (2005). Achieving friendly interactions: a study of service encounters between Korean shopkeepers and African-American customers. *Discourse Society*, 16(1), 79—105.

Sacks, O. (2019). The machine stops. *The New Yorker*, XCIV(48), 11 February, 28—29.

Sahgal, A. (1991). Patterns of language use in a bilingual setting in India. In J. Cheshire (ed.), *English around the World: Sociolinguistic Perspectives* (pp. 299—307). Cambridge: Cambridge University Press.

Salimbene, F. P. (1996). Court interpreters: standards of practice and standards for training. Cornell Journal of Law and Public Policy, 6, 645—672.

Sallabank, J. (2011). Language policy for endangered languages. In P. K. Austin and J. Sallabank (eds), *The Cambridge Handbook of Endangered Languages* (pp. 277—290). Cambridge: Cambridge University Press.

Salt, H. (1814). *A voyage to Abyssinia*. London: Rivington.

Samarin, W. J. (1986). French and Sango in the Central African Republic. *Anthropological Linguistics*, 28(3), 379—387.

Samarin, W. J. (1991). The origins of Kituba and Lingala. *Journal of African Languages and Linguistics*, 12(1), 47—78.

Samper-Padilla Jose, A. (2008). Sociolinguistics aspects of Spanish in the Canary Islands. *International Journal of the Sociology of Language*, 2008(193—4), 161—176. doi:10.1515/IJSL.2008.053.

Sapir, E. (1942). *Navaho Texts*. Iowa City: Linguistic Society of America.

Saulson, S. B. (ed.) (1979). *Institutionalized Language Planning*. The Hague: Mouton.

Sawyer, J. F. A. (2001). Religion and language. In R. Mesthrie (ed.), *Concise Encyclopedia of sociolinguistics*. Oxford: Pergamon.

Schalley, A. C. and Eisenchlas, S. A. (2020). *Handbook of Home Language Maintenance and Development: Social and Affective Factors* (Vol. 18). Berlin: Walter de Gruyter GmbH and Co KG.

Schieffelin, B. B. and Doucet, R. C. (1998). The 'real' Haitian Creole: ideology, metalinguistics, and orthographic choice. In B. B. Schieffelin, K. A. Woolard and P. V. Kroskrity (eds), *Language Ideologies: Practice and Theory* (pp. 285—316). New York and Oxford: Oxford University Press.

Schlick, M. (2003). The English of shop signs in Europe. *English Today*, 19(1), 3—17.

Schorr, S. A. (2000). *Gedud Meginei Hasafah B'eretz Yisrael 1923—1936 (Legion for the Defense of the Language in Palestine 1923—1936)*. Haifa: Herzl Institute for Research on Zionism.

Schultz, K. (2001). *Tropical Versailles: Empire, Monarchy, and the Portuguese Royal Court in Rio de Janeiro, 1808—1821*. New York and London: Routledge.

Schüpbach, D. (2009). Language transmission revisited: family type, linguistic environment and language attitudes. *International Journal of Bilingual Education and Bilingualism*, 12(1), 15—30.

Schuster, M., Elroy, I. and Elmakais, I. (2017). We are lost: measuring the accessibility of signage in public general hospitals. *Language Policy*, 16(1), 23—38.

Schütz, A. J. (1985). *The Fijian Language*. Honolulu, HI: University of Hawaii Press.

Schwartz, M. (2008). Exploring the relationship between family language policy and heritage language knowledge among second-generation Russian-Jewish immigrants in Israel. *Journal of Multilingual and Multicultural Development*, 29(5), 400—418.

Schwartz, M. (2010). Family language policy. Applied Linguistics Review, 1(1), 171—191.

Schwartz, M., Moin, V., Leiken, M. and Breitkofy, A. (2011). Immigrant parents'choice of a bilingual versus monolingual kindergarten for second-generation children: motives, attitudes, and factors. *International Multilingual Research Journal*, 4(2), 107—124.

Seto, K. (2014). What should we understand about urbanization in China? *Yale Insights-Yale School of Management*, <https://insights.som.yale.edu/insights/whatshould-we-understand-about-urbanization-in-china> (last accessed 4 October 2020).

Shabani, O. A. P. (2007). Language policy of a civic nation-state: constitutional patriotism and minority language rights. In D. Castiglione and C. Longman(eds), *The Language Question in Europe and Diverse Societies: Political, Legal and Social Perspectives*(pp. 37—59). Oxford: Hart.

Sharma, R. N. and Sharma, R. K. (1996). *History of Education in India*. New Delhi: Atlantic Publishers.

Shibata, S. (2000). Opening a Japanese Saturday school in a small town in the United States: community collaboration to teach Japanese as a heritage language. *Bilingual Research Journal*, 24(4), 465—474.

Shin, H. B. and Kominski, R. A. (2010). *Language Use in the United States:*

2007. Washington, DC: US Census Bureau.

Shiohata, M. (2012). Language use along the urban street in Senegal: perspectives from proprietors of commercial signs. *Journal of Multilingual Multicultural Development*, 33(3), 269—285.

Shir, R. (2019). Resisting Chinese linguistic imperialism: Abduweli Ayup and the movement for Uyghur mother tongue-based education, <https://docs.uhrp.org/pdf/UHRP_Resisting_Chinese_Linguistic_Imperialism_May_ 2019.pdf>(last accessed 4 October 2020).

Shively, R. L. (2011). L2 pragmatic development in study abroad: a longitudinal study of Spanish service encounters. *Journal of Pragmatics*, 43(6), 1818—1835.

Shneer, D. (2004). *Yiddish and the Creation of Soviet Jewish Culture: 1918—1930*. Cambridge: Cambridge University Press.

Shohamy, E. (2007). At what cost? Methods of language revival and protection: examples from Hebrew. In K. A. King, N. Schilling-Estes, J. J. Lou, L. Fogle and B. Soukup(eds), *Endangered and Minority Languages and Language Varieties: Defining, Documenting and Developing*. Washington, DC: Georgetown University.

Shohamy, E., Levin, T., Spolsky, B., Inbar, O., Levi-Keren, M. and Shemesh, M. (2002). *Assessment of academic achievement of immigrant students in Israeli schools*. Paper presented at the AILA World Congress, Singapore.

Sibayan, B. (1974). Language policy, language engineering and literacy in the Philippines. In J. A. Fishman(ed.), *Advances in language Planning*(pp. 221—254). The Hague: Mouton.

Silver, R. E. (2005). The discourse of linguistic capital: language and economic policy planning in Singapore. *Language Policy*, 4(1), 47—66.

Simon, J. (ed.)(1998). *Nga Kura Maori: The Native Schools System 1867—1967*. Auckland: Auckland University Press.

Siragusa, L. (2015). Metaphors of language: the Vepsian ecology challenges an international paradigm. Eesti ja soome-ugri keeleteaduse ajakiri. *Journal of Estonian and Finno-Ugric Linguistics*, 6(1), 111—137.

Siridetkoon, P. and Dewaele, J. M. (2018). Ideal self and ought-to self of simultaneous learners of multiple foreign languages. *International Journal of Multilingualism*, 15(4), 313—328.

Sirles, C. A. (1999). Politics and Arabization: the evolution of postindependence North Africa. *International Journal of the Sociology of Language*, 137, 115—130.

Skutnabb-Kangas, T. (2000). *Linguistic Genocide in Education, or Worldwide Diversity and Human Rights?* Mahwah, NJ: Lawrence Erlbaum Associates.

Skutnabb-Kangas, T. and Phillipson, R. (1995). Linguistic human rights, past and present. In T. Skutnabb-Kangas, R. Phillipson and M. Rannut(eds), *Linguistic Human Rights: Overcoming Linguistic Discrimination* (pp. 71—110). Berlin and New York: Mouton de Gruyter.

Skutnabb-Kangas, T. and Phillipson, R. (2010). The global politics of language: markets, maintenance, marginalization, or murder. In N. Coupland(ed.), *The Handbook of Language and Globalization* (pp. 77—100). Malden, MA and Oxford: John Wiley & Sons.

Skutnabb-Kangas, T. and Phillipson, R. (2017). *Language Rights*. New York and London: Routledge.

Smalley, W. A. (1994). *Linguistic Diversity and National Unity: Language Ecology in Thailand*. Chicago: University of Chicago Press.

Smith, A. (2017). Indigenous languages on stage: a roundtable conversation with five indigenous theatre artists. *Theatre Research in Canada/Recherches th..trales au Canada*, 38(2), 219—235.

Smith, J. (2016). *Maori Television: The First Ten Years*. Auckland: Auckland University Press.

Smith-Hefner, N. J. (2009). Language shift, gender, and ideologies of modernity in Central Java, Indonesia. *Journal of Linguistic Anthropology*, 19(1), 57—77.

Song, J. J. (2001). North and South Korea: language policies of divergence and convergence. In N. Gotieb and P. Chen(eds), *Language Planning and Language Policy. East Asian Perspectives* (pp. 129—157). London: Curzon.

Song, J. J. (2011). English as an official language in South Korea: global English or social malady. *Language Problems and Language Planning*, 35(1), 35—55.

Soukup, B. (2016). English in the linguistic landscape of Vienna, Austria (ELLViA): outline, rationale, and methodology of a large-scale empirical project on language choice on public signs from the perspective of sign-readers. *Views*, 25, 1—24.

Spolsky, B. (1970). Navajo language maintenance: six-year-olds in 1969. *Language Sciences*, 13, 19—24.

Spolsky, B. (1974). Linguistics and the language barrier to education. In T. A. Sebeok, A. S. Abramson, D. Hymes, H. Rubenstein, E. Stankiewicz and B. Spolsky(eds), *Current Trends in Linguistics: Linguistics and Adjacent Arts and Sciences* (Vol. 12, pp. 2027—2038). The Hague: Mouton.

Spolsky, B. (1974). Navajo language maintenance: six-year-olds in 1969. In F. Pialorsi(ed.), *Teaching the Bilingual* (pp. 138—149). Tucson, AZ: University of Arizona Press.

Spolsky, B. (1975). Prospects for the survival of the Navajo language. In M. D.

Kinkade, K. Hale and O. Werner(eds), *Linguistics and Anthropology, in Honor of C. F. Voegelin* (pp. 597—606). Lisse: The Peter de Ridder Press.

Spolsky, B. (1977). The establishment of language education policy in multilingual societies. In B. Spolsky and R. L. Cooper(eds), *Frontiers of Bilingual Education* (pp. 1—21). Rowley, MA: Newbury House Publishers.

Spolsky, B. (1978). Bilingual education in the United States. In J. E. Alatis(ed.), *Georgetown Roundtable on Language and Linguistics* 1978 (pp. 268—284). Washington, DC: Georgetown University Press.

Spolsky, B. (1989). Maori bilingual education and language revitalization. *Journal of Multilingual and Multicultural Development*, 9(6), 1—18.

Spolsky, B. (1991a). Hebrew language revitalization within a general theory of second language learning. In R. L. Cooper and B. Spolsky(eds), *The Influence of Language on Culture and Thought: Essays in Honor of Joshua A. Fishman's Sixty-Fifth Birthday* (pp. 137—155). Berlin: Mouton de Gruyter.

Spolsky, B. (1991b). The Samoan language in the New Zealand educational context. *Vox*, 5, 31—36.

Spolsky, B. (1993). Language conflict in Jerusalem -1880 and 1980. In E. H. Jahr (ed.), *Language Conflict and Language Planning* (pp. 179—192). Berlin: Mouton de Gruyter.

Spolsky, B. (1995). The impact of the Army Specialized Training Program: a reconsideration. In G. Cook and B. Seidelhofer(eds), *For H. G. Widdowson: Principles and Practice in the Study of Language: A Festschrift on the Occasion of His Sixtieth Birthday* (pp. 323—334). Oxford: Oxford University Press.

Spolsky, B. (1996). Prologemena to an Israeli language policy. In T. Hickey and J. Williams(eds), *Language, Education and Society in a Changing World* (pp. 45—53). Dublin and Clevedon: IRAAL/Multilingual Matters Ltd.

Spolsky, B. (1998). *Sociolinguistics*. Oxford: Oxford University Press.

Spolsky, B. (ed.)(1999). *Concise Encyclopedia of Educational Linguistics*. Amsterdam and New York: Elsevier.

Spolsky, B. (2001). Language in Israel: policy, practice and ideology. In J. E. Alatis and A.-H. Tan(eds), *Georgetown University Roundtable on Language and Linguistics* (pp. 164—174). Washington, DC: Georgetown University Press.

Spolsky, B. (2003). *Language policy*. Paper presented at the ISB4: Proceedings of the 4th International Symposium on Bilingualism, Tempe, AZ.

Spolsky, B. (2004). *Language Policy*. Cambridge: Cambridge University Press.

Spolsky, B. (2005). Maori lost and regained. In A. Bell, R. Harlow and D. Starks (eds), *Languages of New Zealand* (pp. 67—85). Wellington: Victoria University Press.

Spolsky, B. (2006a). Fallas en la politica del lenguaje(Failures of language policy). In R. Terborg and L. G. Landa(eds), *Los retos de la planificati. n del lenguaje en el siglo XXI*(*The Challenges of Language Policy in the XXI Century*)(Vol. 1, pp. 91—111). Mexico: Universidad Nacional aut. noma de M. xico.

Spolsky, B. (2006b). Language policy failures -why won't they listen? In M. Pütz, J. A. Fishman and J. N. -v. Aertselaer(eds), *'Along the Routes to Power': Explorations of Empowerment through Language*(pp. 87—106). Berlin and New York: Mouton de Gruyter.

Spolsky, B. (2006c). *Territoriality, tolerance, and language education policy*. Paper presented at the 16th Annual Nessa Wolfson Colloquium University of Pennsylvania, Philadelphia.

Spolsky, B. (2008a). Family language management: some preliminaries. In A. Stavans and I. Kupferberg(eds), *Studies in Language and Language Education: Essays in Honor of Elite Olshtain*(pp. 429—450). Jerusalem: The Hebrew University Magnes Press.

Spolsky, B. (2008b). Riding the tiger. In N. H. Hornberger(ed.), *Can Schools Save Indigenous Languages? Policy and Practice on Four Continents*(pp. 152—160). Basingstoke: Palgrave Macmillan.

Spolsky, B. (2009a). *Language Management*. Cambridge: Cambridge University Press.

Spolsky, B. (2009b). Rescuing Maori: the last 40 years. In P. K. Austin(ed.), *Language Documentation and Descriptions* (Vol. 6, pp. 11—36). London: School of Oriental and African Studies.

Spolsky, B. (2009c). *School alone cannot do it, but it helps: Irish, Hebrew, Navajo and Maori language revival efforts*. Paper presented at the Visiting professor seminar, Institute for Advanced Studies, University of Bristol, UK.

Spolsky, B. (2011a). Does the United States need a language policy? *CAL Digests*, 1—6.

Spolsky, B. (2011b). Ferguson and Fishman: sociolinguistics and the sociology of language. In R. Wodak, B. Johnstone and P. Kerswill(eds), *The Sage Handbook of Sociolinguistics*(pp. 11—23). London: Sage Publications Ltd.

Spolsky, B. (2012a). Family language policy -the critical domain. *Journal of Multilingual and Multicultural Development*, 33(1), 3—11.

Spolsky, B. (ed.)(2012b). *The Cambridge Handbook of Language Policy*. Cambridge: Cambridge University Press.

Spolsky, B. (2014). Language management in the People's Republic of China. *Language*, 90(4), e165-e175.

Spolsky, B. (2016a). Language management in the PRC: an evaluation. *Chinese*

Spolsky, B. (2016b). The languages of diaspora and return. *Brill Research Perspectives in Multilingualism and Second Language Acquisition*, 1(2—3), 1—119. doi:10.1163/2352877X—12340002.

Spolsky, B. (2018a). Family language policy: the significant domain. In S. Haque and F. Le Li. vre (eds), *Family Language Policy: Dynamics in Language Transmission under a Migratory Context* (pp. 16—32). Munich: Lincom.

Spolsky, B. (2018b). Language policy in Portuguese colonies and successor states. *Current Issues in Language Planning*, 19(1), 62—97.

Spolsky, B. (2019a). Family language policy: the significant domain. In S. Haque (ed.), *Politique linguistique familiale* (pp. 23—36). Munich: Lincom.

Spolsky, B. (2019b). The individual in language policy and management, 28 June, <https://catedra-unesco.espais.iec.cat/en/2019/06/28/37-the-individual-in-langua ge-policy-and-management/> (last accessed 23 September 2020).

Spolsky, B. (2019c). Language policy in French colonies and after independence. *Current Issues in Language Planning*, 19(3), 231—315. doi:10.1080/14664208.2018.1444948.

Spolsky, B. (2019d). Linguistic landscape -the semiotics of public signage. *Linguistic Landscape*, 6(1), 2—15.

Spolsky, B. (2019e). A modified and enriched theory of language policy (and management). *Language Policy*, 18(3), 323—338. doi:10.1007/s10993-018-9489-z

Spolsky, B. (2019f). Some demographic aspects of language policy (in Chinese). *Chinese Journal of Language Policy and Planning*, 4, 12—18.

Spolsky, B. (2020a). Linguistic landscape: the semiotics of public signage. *Linguistic Landscape*, 6(1), 2—25.

Spolsky, B. (2020b). Language management agencies and advocates. In T. Rahman (ed.), *Alternative Horizons in Linguistics* (pp. 1—18). Hyderabad: Lincom Europa.

Spolsky, B. and Benor, S. B. (2006). Jewish languages. In K. Brown (ed.), *Encyclopedia of Language and Linguistics* (2nd edn, Vol. 6, pp. 120—124). Oxford: Elsevier.

Spolsky, B. and Cooper, R. L. (eds) (1977). *Frontiers of Bilingual Education*. Rowley, MA: Newbury House Publishers.

Spolsky, B. and Cooper, R. L. (eds) (1978). *Case Studies in Bilingual Education*. Rowley, MA: Newbury House Publishers.

Spolsky, B. and Cooper, R. L. (1991). *The Languages of Jerusalem*. Oxford: Clarendon Press.

Spolsky, B. and Holm, W. (1973). Literacy in the vernacular: the case of Navajo.

In R. W. J. Ewton and J. Ornstein(eds), *Studies in Language and Linguistics*, 1972—3(pp. 239—251). El Paso: University of Texas at El Paso Press.

Spolsky, B. and Hult, F. M. (eds)(2008). *Handbook of Educational Linguistics*. Oxford: Blackwell.

Spolsky, B. and Shohamy, E. (1998). Language policy in Israel. *New Language Planning Newsletter*, 12(4), 1—4.

Spolsky, B. and Shohamy, E. (1999). *The Languages of Israel: Policy, Ideology and Practice*. Clevedon: Multilingual Matters.

Spolsky, B. and Shohamy, E. (2000). Language practice, language ideology and language policy. In R. D. Lambert and E. Shohamy(eds), *Language Policy and Pedagogy, Essays in Honor of A. Ronald Walton*(pp. 1—42). Amsterdam and Philadelphia: John Benjamins Publishing Company.

Spolsky, B., Engelbrecht, G. and Ortiz, L. (1983). Religious, political, and educational factors in the development of biliteracy in the Kingdom of Tonga. *Journal of Multilingual and Multicultural Development*, 4(6), 459—470.

Spolsky, B., Green, J. and Read, J. (1976). A model for the description, analysis and perhaps evaluation of bilingual education. In A. Verdoodt and R. Kjolseth (eds), *Language in Sociology*(pp. 233—263). Louvain: Editions Peeters.

Spolsky, B., Holm, W., Holliday, B. and Embry, J. (1973). A computer-assisted study of the vocabulary of young Navajo children. *Computers in the Humanities*, 7, 209—218.

St John, R. (1952). *Tongue of the Prophets: The Life Story of Eliezer Ben Yehuda*. New York: Doubleday.

Stewart, W. (1968). A sociolinguistic typology for describing national multilingualism. In J. A. Fishman(ed.), *Readings in the Sociology of Language*(pp. 531—545). The Hague: Mouton.

Stroud, C. (1999). Portuguese as ideology and politics in Mozambique: semiotic(re) constructions of a postcolony. In J. Blommaert(ed.), *Language Ideological Debates*(pp. 343—380). Berlin: Walter de Gruyter.

Suleiman, Y. (1994). Nationalism and the Arabic language: an historical overview. In Y. Suleiman(ed.), *Arabic Sociolinguistics: Issues and Perspectives*(pp. 3—24). Richmond: Curzon Press.

Suleiman, Y. (1996). Language and identity in Egyptian nationalism. In Y. Suleiman(ed.), *Language and Identity in the Middle East and North Africa* (pp. 25—38). London: Curzon Press.

Sumien, D. (2009). Comment rendre l'occitan disponible? P. dagogie et diglossie dans les ecoles Calandretas. In P. Sauzet and F. Pic(eds), *Politique linguistique et enseignement des langues de France*(pp. 67—86). Paris: L'Harmattan.

Takeda, K. (2009). The interpreter, the monitor and the language arbiter. *Meta*: *Journal des traducteurs/Meta*: *Translators'Journal*, 54(2), 191—200.

Tauli, V. (1974). The theory of language planning. In J. A. Fishman(ed.), *Advances in Language Planning*(pp. 49—67). The Hague: Mouton.

Tavarez, D. (2013). A banned sixteenth-century biblical text in Nahuatl: the proverbs of Solomon. *Ethnohistory*, 60(4), 759—762.

Taylor-Leech, K. (2009). The language situation in Timor-Leste. *Current Issues in Language Planning*, 10(1), 1—68.

Te Puni Kokiri. (1998a). *Maori Language Policy*: *An International Example of Private Sector Contribution to Minority Language Revitalisation*. Wellington: Te Puni Kokiri Ministry of Maori Development.

Te Puni Kokiri. (1998b). *Maori Language Policy*: *Language Corpus Development*. Wellington: Te Puni Kokiri Ministry of Maori Development.

Te Puni Kokiri. (1998c). *Maori Language Strategy*: *Maori Language Corpus Development*. Wellington: Te Puni Kokiri Ministry of Maori Development.

Te Puni Kokiri. (1998d). *Maori Language Strategy*: *Public and Private Sector Activities and Options*. Wellington: Te Puni Kokiri Ministry of Maori Development.

Te Puni Kokiri. (1998e). *Monitoring the Health of the Maori Language and the Effectiveness of Maori Language Policies*: *Monitoring and Evaluation Mechanisms Used in the Basque Country*(*Euskadi*). Wellington: Te Puni Kokiri Ministry of Maori Development.

Te Puni Kokiri. (1998f). *Progress on Maori Language Policy*. Wellington: Te Puni Kokiri Ministry of Maori Development.

Te Puni Kokiri. (2002). *Survey of Attitudes*, *Values and Beliefs about the Maori Language*. Wellington: Te Puni Kokiri Ministry of Maori Development.

Terasawa, T. (2017). Has socioeconomic development reduced the English divide? A statistical analysis of access to English skills in Japan. *Journal of Multilingual Multicultural Development*, 38(8), 671—685.

Terrell, J. A. (2007). *Political ideology and language policy in North Korea*. Paper presented at the Annual Meeting of the Berkeley Linguistics Society.

Thibaut, J. W. and Kelley, H. H. (1959). *The Social Psychology of Groups*. London: Routledge.

Thirumalai, M. S. (2003). Lord Macaulay: the man who started it all, and his minute. *Language in India*, 3(4).

Thomas, W. P. and Collier, V. P. (2002). A national study of school effectiveness for language minority students'long-term academic achievement, <escholarship.org/uc/item/65j213pt>(last accessed 4 October 2020).

Tibategeza, E. R. and du Plessis, T. (2018). The prospects of Kiswahili as a medium of instruction in the Tanzanian Education and Training Policy. *Journal of Language and Education*, 4(3), 88—98.

Tosi, A. (2000). *Language and Society in a Changing Italy*. Clevedon: Multilingual Matters Ltd.

Tosi, A. (2011). The Accademia della Crusca in Italy: past and present. *Language Policy*, 10(4), 289—303.

Tossa, C. Z. (1998). Ph. nom. nes de contact de langues dans le parler bilingue fong-befran. ais. *Linx*, 38, 197—220.

Totten, S. and Hitchcock, R. K. (2011). *Genocide of Indigenous Peoples: A Critical Bibliographic Review* (Vol. 1). Piscataway, NJ: Transaction Publishers.

Tov, E. (2018). *Scribal Practices and Approaches Reflected in the Texts Found in the Judean Desert*. Leiden: Brill.

Trouche, L. (2016). The development of mathematics practices in the Mesopotamian scribal schools. In J. Monaghan, L. Trouche and J. M. Borwein (eds), *Tools and Mathematics* (pp. 117—138). Bern: Springer.

Trudgill, P. (1978). Norwegian as a normal language. In U. Rhyneland (ed.), *Language Contact and Language Conflict*. Volda, Norway: Ivar Aasen Institute.

Trudgill, P. (1986). *Dialects in Contact*. Oxford: Blackwell.

Tveit, J. E. (2009). Dubbing versus subtitling: old battleground revisited. In J. D. Cintas and G. Anderman (eds), *Audiovisual Translation* (pp. 85—96). Basingstoke: Palgrave Macmillan.

United Nations Development Programme. (2015). 2015 Human development report, <http://hdr.undp.org/en/content/human-development-report-2015> (last accessed October 2020).

US Census Bureau. (2004). Public education finances: 2002, <https://www.census.gov/library/publications/2004/econ/gc024-1.html> (last accessed 2 October 2020).

Vaillancourt, F. (1980). *Difference in Earnings by Language Groups in Quebec, 1970: An Economic Analysis*. Quebec City: International Center for Research on Bilingualism.

Vaillancourt, F., Lemay, D. and Vaillancourt, L. (2007). Laggards no more: the changed socioeconomic status of Francophones in Quebec. *Backgrounder-C. D. Howe Institute*, 1(1)—13.

Valdman, A. (1968). Language standardization in a diglossia situation: Haiti. In J. A. Fishman, C. A. Ferguson and J. Das Gupta (eds), *Language Problems of Developing Nations* (pp. 313—326). New York: Wiley.

Valdman, A. (1997). *French and Creole in Louisiana*. New York: Plenum.

Valdman, A. (2001). Creole: the national language of Haiti. *Footsteps*, 4, 36—39.

Valdman, A. (2015). *Haitian Creole: Structure, Variation, Status, Origin*. Sheffield: Equinox.

Van Breugel, S. (2014). *A Grammar of Atong*. Leiden: Brill.

Van der Voort, H. (2007). Proto-Jabuti: Um primeiro passo na reconstrucao da lingua ancestral dos Arikapu e Djeoromitxi. Boletim do Museu Paraense Emilio Goeldi. *Ciencias Humanas*, 2(2), 133—168.

Vanthemsche, G. (2006). The historiography of Belgian colonialism in the Congo. In C. L. vail(ed.), *Europe and the World in European Historiography* (pp. 89—119). Pisa: Edizioni Plus -Pisa University Press.

Varennes, F. d. (2012). Language policy at the supra-national level. In B. Spolsky (ed.), *Handbook of Language Policy*. Cambridge: Cambridge University Press.

Vavrus, F. (2002). Postcoloniality and English: exploring language policy and the politics of development in Tanzania. *TESOL Quarterly*, 36(3), 373—397.

Versteegh, K. (2001). Arabic in Europe: from language of science to language of minority. *Lingua e stile*, 36(2), 335—346.

Vertovec, S. (2007). Super-diversity and its implications. *Ethnic and Racial Studies*, 30(6), 1024—1054.

Vicino, T. J., Hanlon, B. and Short, J. R. (2011). A typology of urban immigrant neighborhoods. *Urban Geography*, 32(3), 383—405.

Waite, J. (1992). *Aoteareo: Speaking for Ourselves: A Discussion on the Development of a New Zealand Languages Policy*. Wellington: Learning Media, Ministry of Education.

Wallace, M. (2019). Competency-based education and assessment: a proposal for US court interpreter certification. In E. Huertas-Barros, S. Vandepitte and E. Iglesias-Fern. ndez(eds), *Quality Assurance and Assessment Practices in Translation and Interpreting* (pp. 112—132). Hershey, PA: IGI Global.

Walsh, F. (2012). *Normal Family Processes: Growing Diversity and Complexity*. New York: Guilford Press.

Walter, S. L. (2003). Does language of instruction matter in education? In M. R. Wise, T. N. Headland and R. M. Brend(eds), *Language and Life: Essays in Memory of Kenneth L. Pike* (pp. 611—636). Dallas, TX: SIL International and the University of Texas at Arlington.

Walter, S. L. (2008). The language of instruction issue: framing an empirical perspective. In B. Spolsky and F. M. Hult(eds), *Handbook of Educational Linguistics* (pp. 129—146). Malden, MA and Oxford: Blackwell Publishing.

Walter, S. L. and Benson, C. (2012). Language policy and medium of instruction in formal education. In B. Spolsky(ed.), *The Cambridge Handbook of Language Policy* (pp. 278—300). Cambridge: Cambridge University Press.

Walter, S. L. and Davis, P. M. (2005). *The Eritrea national reading survey*. Dallas, TX: SIL International.

Wang, H. (2014). *Writing and the Ancient State: Early China in Comparative Perspective*. Cambridge: Cambridge University Press.

Wang, Y. and Phillion, J. (2009). Minority language policy and practice in China: the need for multicultural education. *International Journal of Multicultural Education*, 11(1), 1—14.

Webster, A. K. (2010a). Imagining Navajo in the boarding school: Laura Tohe's No Parole Today and the intimacy of language ideologies. *Journal of Linguistic Anthropology*, 20(1), 39—62.

Webster, A. K. (2010b). On intimate grammars with examples from Navajo English, Navlish, and Navajo. *Journal of Anthropological Research*, 66(2), 187—208.

Webster, A. K. (2014). Dif'G'one'and semiotic calquing: a signography of the linguistic landscape of the Navajo Nation. *Journal of Anthropological Research*, 70(3), 385—410.

Wee, L. (2003). Linguistic instrumentalism in Singapore. *Journal of Multilingual Multicultural Development*, 24(3), 211—224.

Weinreich, M. (1945). Der yivo un di problemen fun undzer tsayt. *YIVO Bleter*, 25(1).

Weinreich, M. (1980). *History of the Yiddish Language* (J. A. Fishman and S. Noble, trans.). Chicago: University of Chicago Press.

Weinreich, M. (2008). *History of the Yiddish Language* (S. Noble and J. A. Fishman trans., P. Glasser ed.). New Haven and London: Yale University Press.

Weinreich, U. (1944). Di velshishe shprakh in kampf far ir kiyem. *YIVO Bleter*, 23, 225—248.

Weinreich, U. (1953). *Languages in Contact: Findings and Problems*. New York: Linguistic Circle of New York.

Werner, O., Austin, M. and Begishe, K. (1966). *The Anatomical Atlas of the Navaho*. Evanston, IL: Northwester University.

Westbrook, R. (1985). Biblical and cuneiform law codes. *Revue Biblique (1946—)*, 92(2), 247—264.

Whiteley, W. H. (1969). *Swahili: The Rise of a National Language*. London: Methuen and Co.

Wille, C., de Bres, J. and Franziskus, A. (2015). Intercultural work environments in Luxembourg. Multilingualism and cultural diversity among cross-border workers at the workplace (Working paper). University of Luxembourg.

Williams, C. H. (2007a). *Language and Governance*. Cardiff: University of Wales

Press.

Williams, C. H. (2007b). *When Mandarin gates yield*. Paper presented at the Babel in reverse: Language ideology in the 21st century conference, Duisburg.

Williams, C. H. (2008a). *Linguistic Minorities in Democratic Context*. Basingstoke and New York: Palgrave Macmillan.

Williams, C. H. (2008b). Welsh language policy and the logic of legislative devolution. In C. H. Williams(ed.), *Linguistic Minorities in Democratic Context* (pp. 245—301). Basingstoke: Palgrave Macmillan.

Williams, C. H. (2012). Language policy, territorialism and regional autonomy. In B. Spolsky(ed.), *Handbook of Language Policy* (pp. 174—202). Cambridge: Cambridge University Press.

Williams, C. H. (2017a). Policy review: wake me up in 2050! Formulating language policy in Wales. *Languages, Society and Policy*. doi:doi.org/10.17863/CAM.9802.

Williams, C. H. (2017b). Policy review: wake me up in 2050! Formulating language policy in Wales. *Languages, Society and Policy, Policy Papers*. doi:doi.org/10.17863/CAM.9802.

Williams, R. J. (1972). Scribal training in ancient Egypt. *Journal of the American Oriental Society*, 92(2), 214—221.

Wilson, D. (1970). *The Life and Times of Vuk Stefanović Karadžić: 1787—1864: Literacy, Literature, and National Independence in Serbia* (Vol. 27). Ann Arbor, MI: Michigan Slavic Publications.

Wilson, W. H. and Kawai'ae'a, K. (2007). I Kumu; I Lālā: 'let there be sources; let there be branches': teacher education in the College of Hawaiian Language. *Journal of American Indian Education*, 46(3), 37—53.

Winston-Allen, A. (2010). *Stories of the Rose: The Making of the Rosary in the Middle Ages*. University Park, PA: Penn State Press.

Wolf, E. (2003). The issue of language in democratization: the Niger experience in literacy and basic education. In A. Ouane(ed.), *Towards a Multilingual Culture of Education* (pp. 191—214). Hamburg: UNESCO Institute for Education.

World Bank. (2016). The international poverty line, September, <https://www.worldbank.org/en/programs/icp/brief/poverty-line> (last accessed 4 October 2020).

Wright, S. (2002). Language education and foreign relations in Vietnam. In J. W. Tollefson(ed.), *Language Policies in Education: Critical Issues* (pp. 225—244). Mahwah, NJ: Lawrence Erlbaum Associates.

Wright, S. (2004). *Language Policy and Language Planning: From Nationalism to Globalisation*. London and Basingstoke: Palgrave Macmillan.

Wright, S. (2012). Language policy, the nation and nationalism. In B. Spolsky (ed.), *The Cambridge Handbook of Language Policy* (pp. 59—78). Cambridge: Cambridge University Press.

Wright, S. (2016). *Language Policy and Language Planning: From Nationalism to Globalisation* (2nd edn). London and Basingstoke: Palgrave Macmillan.

Wylie, C. (1997). *Self-Managing Schools Seven Years On: What Have We Learnt?* Wellington: New Zealand Council for Educational Research.

Xu, D. (2004). The speech community theory. *Journal of Chinese Sociolinguistics*, 2(18—28).

Xu, D. (2015). Speech community and linguistic urbanization: sociolinguistic theories developed in China. In D. Smakman and P. Heinrich (eds), *Globalising Sociolinguistics* (pp. 115—126). Abingdon: Routledge.

Xu, D. and Li, W. (2002). Managing multilingualism in Singapore. In W. Lei, J.-M. Dewaele and A. Housen (eds), *Opportunities and Challenges of Bilingualism* (pp. 275—296). Berlin: Mouton de Gruyter.

Yagmur, K. and Kroon, S. (2006). Objective and subjective data on Altai and Kazakh ethnolinguistic vitality in the Russian Federation Republic of Altai. *Journal of Multilingual and Multicultural Development*, 27(3), 241—258.

Yates, L. and Terraschke, A. (2013). Love, language and little ones: successes and stresses for mothers raising bilingual children in exogamous relationships. In M. Schwartz and A. Verschik (eds), *Successful Family Language Policy* (pp. 105—125). Dordrecht: Springer.

Young, R. J. (2016). *Postcolonialism: An Historical Introduction*. Malden, MA and Oxford: John Wiley & Sons.

Young, R. W. (1977). Written Navajo: a brief history. In J. A. Fishman (ed.), *Advances in the Creation and Revision of Writing Systems* (pp. 459—470). The Hague and Paris: Mouton.

Young, R. W. and Morgan, W. (eds) (1943). *The Navaho Language*. Phoenix, AZ: U. S. Indian Service.

Young, R. W. and Morgan, W. (1980). *The Navajo Language: A Grammar and Colloquial Dictionary*. Albuquerque, NM: University of New Mexico Press.

Zanotti, L. (2016). *Radical Territories in the Brazilian Amazon: The Kayapo's Fight for Just Livelihoods*. Tucson, AZ: University of Arizona Press.

Zein, S. (2020). *Language Policy in Superdiverse Indonesia*. Abingdon and New York: Routledge.

Zein, S. (unpublished). *Language Policy Apparatus*.

Zhao, S. and Baldauf Jr., R. B. (2008). *Planning Chinese Characters: Reaction, Evolution or Revolution?* Dordrecht: Springer.

Zhou, M. (ed.)(2004). *Language Policy in the People's Republic of China: Theory and Practice since* 1949. Dordrecht: Kluwer Academic Publishers; Springer Science.

Zouhir, A. (2013). *Language situation and conflict in Morocco*. Paper presented at the 43rd Annual Conference on African Linguistics, Tulane University.

Zug, M. A. (2016). *Buying a Bride: An Engaging History of Mail-Order Matches*. New York: New York University Press.

Zwartjes, O. and Hovdhaugen, E. (eds)(2004). *Missionary Linguistics/Lingü. stica misionera*. Amsterdam and Philadelphia: John Benjamins.

Zwartjes, O., Mar. n, R. A. and Smith-Stark, T. C. (2009). *Missionary Linguistics IV/Lingü. stica misionera IV: Lexicography*. Selected papers from the Fifth International Conference on Missionary Linguistics, Merida, Yucatan, 14—17 March 2007(Vol. 114). Amsterdam and Philadelphia: John Benjamins Publishing.

语 言 索 引

（本索引后的页码为原著页码，即本书边码）

Adyghe 阿迪格语 122
Afrikaans 南非荷兰语/阿非利堪斯语 10, 18,31,96,98,170,172,177
Aghul 阿古尔语 121
Aikana 艾卡纳语 210
Ainu 阿伊努语 40,240
Akarimojong/Ateso 卡拉莫琼语/阿特索语 184
Ake 阿克语 211
Akhvakh 阿赫瓦赫语 212
Akkadian 阿卡德语 68
Albanian 阿尔巴尼亚语 177
Algerian Arabic 阿尔及利亚阿拉伯语 89
Allar 阿拉尔语 205
Altai 阿尔泰语 122,212
Amazigh 阿马齐格语 89
Amharic 阿姆哈拉语 31,163,183
Andh 安德语 206
Andi 安迪语 212
Apache 阿帕奇语 145,217
Apatani 阿帕塔尼语 206
Arabic 阿拉伯语 11,25,27—8,30,32, 35—6,41—2,48,52,55—6,59,64—5, 68,80—3,85—6,89—91,96—8,104, 113,133,136—7,147—52,161,170—5, 183,187,192—3,195
Aragonese 阿拉贡人 92
Aramaic 阿拉米语 36,60,63,68,151,195
Arawete 阿拉维特语 209
Archi 阿尔奇语 212
Armenian 亚美尼亚语 186
Assamese 阿萨姆语 116—17,205—6
Asturian 阿斯图里亚斯人 92

Asurini 阿苏里尼语 209
Atong 阿通语 205
Aulua 奥卢阿语 208
Avar 阿瓦尔语 122,212
Avava 阿瓦瓦语 208
Aweti 阿韦蒂语 210
Aymara 艾马拉语 28,110
Azerbaijan 阿塞拜疆 172
Azerbaijani 阿塞拜疆语 21,172,186,213
Baglaval 巴格拉瓦尔语 213
Bahasa Indonesia 印尼语 175,191—5
 see Indonesian 参见印尼
Baining 白宁语系 113
Bali 巴厘语 211
Baloch 俾路支语 205
Balti 巴尔蒂语 206
Bambara 班巴拉 81—2
Bantawa 班塔瓦语 206
Bashkort 巴什科尔特语 122
Basque 巴斯克人/语 31—2,34,43,73, 74,92,106,113,132—3,160—1,171, 174—5
Bauan 巴乌语 178
Bazigar 巴兹加尔语 205
Bellari 贝拉里语 205
Bengali 孟加拉语 21,31,109,116—17, 129,144,207
Berber 柏柏尔语 68,84,89—90
Bezhta 贝支达语 122
Bislama 比斯拉马语 78—9,99,119,208
Bodo 波多语 117—18,130
Bokmal 博克马尔语 41,147
Borana 博拉那语 167
Bororo 博罗罗语 210

337

Botlikh 博特利克语 212	English 英语 2,4,10—24,27—8,30—43,
Bouyei 布依语 140	47,48,50—61,63—4,66—7,69,71,75—
Breton 布列塔尼语 31,34,38,43,73—4,	91,96—104,107,110—15,117—52,
132,150,175	159—61,163—4,166—7,169—86,188—
Brokstat 布罗克斯达特语 206	97,202,206,208,211
Bura-Pabir 布拉—帕比尔语 211	Esperanto 世界语 105
Buriat 布利亚特语 122	Eton 伊顿语 208
Bushi 布西语 85	Even 伊文语 213
Cajun 卡真人 22,77	Evenki 鄂温克语 212
Cakfem-Mushere 卡克菲姆—穆希尔语 211	Extremaduran 埃斯特雷马杜拉语 92
Cantonese 广东话 15,20,31,140,196	Farsi 法尔西语/波斯语 21
Castilian Spanish 卡斯蒂利亚西班牙语 31,92	Fijian 斐济语 145
Catalan 加泰罗尼亚人/语 10,19,31—2,	Filipino 菲律宾语 149,153
34,43,73—4,92,113,132,144,160,172,	Finnish 芬兰语 172,174
174—5,191	Flemish 佛兰芒语 74,132,144
Central Maewo 中湄沃语 208	Fon 丰语 84
Chadian Arabic 乍得阿拉伯语 86	Francoprovencal 法兰克普罗旺斯语 113
Chamalal 查马拉尔语 212	French 法语 4,10—12,15,18—20,22—
Chechen 车臣语 122	3,26—8,30—2,36,40,43,47,50,59—
Cherokee 切诺基语 145	62,66—7,71—103,110,113,119,130—
Chinese 中文或汉语 165,182,188—9,202	3,136,144,147—53,159—61,167—77,
Choctaw 乔克托族 64	190,192—3,202
Chukchi 楚科奇语 212	Fula 富拉语 81,83
Chuvash 楚瓦什语 212	Fulfulde 富尔富尔德语 83,211
Comorian 科摩罗语 85	Gaelic 盖尔语 34,37,127,146—7,150,
Corsican 科西嘉语 74,132	170
Cree 克里语 110	Galicia 加里西亚语 92,160
Creole 克里奥尔语 28,77,80,85,149	Gapun 加普语 3
Croatian 克罗地亚语 177	Georgian 格鲁吉亚语 25,110,169,186
Czech 捷克语 13,15,51,101,144,179	German 德语 4,13,15,17—18,21,28,
Dargha 达尔加语 122	31,35—6,46,51,64,66,70—1,74,80,
Daw 道语 209	83,87—8,94,100—1,103,111,120,
Dekharu 德哈鲁语 206	132—3,138,144,159,161,168—9,173,
Dido 迪多语 212	190
Djoula 朱拉语 83	Ghodoberi 戈多贝里语 213
Djuka 杜卡语 145	Godwari 高德瓦尔语 206
Dolgan 多尔干语 212	Gourmanchema 古尔曼切玛语 83
Dorig 多里格语 208	Greek 希腊语 42,49,63,68,144
Dubli 杜布利语 206	Groma 格罗玛语 206
Duguri 杜古里语 211	Guajajara 瓜加迦拉语 209
Dutch 荷兰语 10,27—8,31,70—1,81,	Guarani 瓜拉尼语 99
85,95—6,167,175,177,192—3,195	Gujarati 古吉拉特语 21,116,124,205,
Dza 德查语 211	207
Eastern Baloch 东俾路支语 205	Gurung 古龙语 206
Eastern Magar 东马加尔语 207	Hainanese 海南话 196
	Haka 哈卡语 20,31
	Hakka 客家话 19,196

Hani 哈尼语 140
Hausa 豪萨语 84,121,211
Hebrew 希伯来语 4,10—11,15,22—3, 25,29,36,38—9,42—3,48,52,55—5, 63,100—1,104,107,113,124—5,127, 133—8,146—52,164,167,170,174,179, 195—6,201—2
Hebrew-Aramaic 希伯来阿拉米语 36
Hill Mari 希尔玛丽语 213
Himarima 希马里马语 209
Hindi 印地语 20—1,63,98,112,114—15,117—18,124—5,145,166—7,177, 196,205—7
Hinukh 希努克语 212
Hiw 希乌语 208
Hixkaryana 希克斯卡里亚纳语 209
Hmong 苗语 145
Hokkien 福建话 15,20,149,181,188
Hoklo 闽南话,河洛话 196
Horom 霍洛姆语 211
Hungarian 匈牙利语 46,144,167
Hunzib 汗哲博语 212
Iate 伊艾特语 210
Iceve-Maci 伊塞夫—马西语 211
Igbo 伊格博语 211
Iko 伊科语 211
Illocano 伊洛卡诺语 167
Indonesian 印度尼西亚语 15,18,35,43, 71,191—5
Ingariko 英加里科语 210
Ingush 印古什语 122
Irish 爱尔兰语 20,22,32,40,66,76,113, 123,146—8,151,172,176,196
Irula 伊卢拉语 205
isiNdebele 恩德贝勒语 172
isiXhosa 科萨语 172
isiZulu 祖鲁语 172
Italian 意大利语 11,31,66,70,94—5, 103,111,120,130—1,133,143,151,161
Jabuti 加布堤语 210
Jamamadi 贾马马迪语 209
Japanese 日语 13,21,28,35,40,42,54, 64,70—1,78,120,180,190,192—3,195
Javanese 爪哇语 35,175,192—4
Judeo-Arabic 犹太阿拉伯语 136
Judeo-Tat 犹太塔特语 213
Judezmo 朱代兹莫语 202

K'iche 基切语 60
Kaberverdianu 卡伯韦迪亚努语 72
Kabyle 卡拜尔语 89
Kachari 卡查里语 206
Kadiweu 卡迪维乌语 209
Kalmyk-Orak 卡尔梅克—奥拉克语 122
Kanakan 卡纳卡语 79
Kanauji 卡瑙济语 206,225
Karata 卡拉塔语 213
Karelian 卡累利阿语 122,212
Karen 克伦语 167
Karo 卡罗语 209
Kayapo 卡雅布语 209
Kazak 哈萨克语 140
Kazakh 哈萨克语 186
Khakas 哈卡斯语 122
Khamyang 坎伴语 205
Khanty 汉特语 212
Khek 客家话 196
Khmu 克木语 145
Khoisan 科伊桑语 112
Khvarshi 赫瓦尔希语 212
Kikuyu 基库尤语 185
Kirghiz 吉尔吉斯语 140
Kissi 基西语 83
Kiswahili 斯瓦希里语 31,98,184
Kituba 吉土巴语 87
Kodaku 科达库语 206
Kom 科姆语 116
Komi-Zyrian 科米—塞立恩语 213
Koongo 刚果语 93
Koraga 科拉加语 206
Korean 朝鲜语/韩语 101,140,149,169, 190
Koro 科罗语 208
Koryak 科里亚克语 213
Kpasham 克帕舍姆语 211
Kreol 克里奥尔语 85
Kui 库伊语 117,130,206
Kumbaran 昆巴兰语 206
Kurdish 库尔德语 41,50
Kurichiya 库里奇亚语 206
Kven 克文语 113
Labo 拉布语 208
Ladakh 拉达克语 206
Ladin 拉登语 113
Ladino 拉地诺语 36,136,152,179,202

Lahu　拉祜语　140
Lak　拉克语　122
Landsmal　挪威乡村语言　147
Latin　拉丁语　4,6,30,35,37,49,54—7,59,61,63,68,70,73,100,111,119,125,131—2,135,144,148,151—2,164,173—4,187
Latvian　拉脱维亚语　137,170,173
Lelepa　勒莱帕语　208
Lepcha　雷布查语　206
Lezgi　莱兹吉语　122
Lingala　林加拉语　87,93
Loyop　洛约普语　208
Loma　洛马语　145
Ludian　鲁甸语　213
Luganda　卢干达语　184
Lugbara　卢格巴拉语　184
Luo　鲁欧语　184
Luxembourgish　卢森堡语　190
Lyngngam　林甘姆语　206
Macedonian　马其顿语　177
Mahali　马哈利语　207
Mal Paharia　马尔帕哈里亚语　207
Majhi　马吉语　205
Majhwar　迈赫瓦尔语　205
Malagasy　马尔加什语/马达加斯加语　28,85—6,167
Malavedan　马拉韦丹语　207
Malay　马来语　20,31,35,149,181—2,191—3,195
Malayalam　马拉雅拉姆语　116,181,205—6
Mamainde　马曼德语　210
Mandarin　中文,汉语　19,20,28,31,36,52,101,109,110,139,140,144,149,152,167,169,181,188—9
Maninkakan　马林凯语　83
Mansi　曼希语　213
Māori　毛利语　4,9,10,12,23,32,37—8,40—2,55,95—7,110,113,140—3,147,151—2,169,173—4,180
Maquiritari　马基里塔里语　209
Marathi　马拉地语　207
Maxakali　马克萨卡利语　209
Mayan　玛雅语　59,113,134
Meadow Mari　草原马里语　122
Mehinaku　梅希纳库语　209

Miaou　苗语　140
Moksha　莫克沙语　213
Moldavan　摩尔多瓦语/摩尔达维亚语　173
Moldovan　摩尔多瓦语　47
Mongolian　蒙古语　109,140,169,187
Montenegrin　黑山语　177
Moore　摩尔语　83
Mossi　摩西语　83
Mvanip　姆瓦尼普语　211
Mwotlap　姆沃特拉普语　208
Myeni　米尼语　87
Navajo　纳瓦霍语　2,6,8—9,17,24,28,33,38—9,42—4,47—8,52,54—6,64,113,122,124,133,145,152,201
Ndunda　恩敦达语　211
Nenets　涅涅茨语　213
Nepali　尼泊尔语　63,116,205—7
Neverver　奈沃沃语　208
Newar　尼瓦尔语　206
Nganasan　恩加纳桑语　213
Ngbandi　恩巴恩迪语　87
Nhengatu　恩亨阿图语　210
Ninam　尼南语　209
Nnam　纳姆语　211
Nogai　诺盖语　122
Northern Pashto　北普什图语　207
Nynorsk　尼诺斯克语　41,147
Nzanyi　恩赞伊语　211
Occitan　奥克西坦语　31,34,38,43,47,73—4,132,150,175
Odia　奥迪亚语　116—17,129—30
Olulumo-Ikom　奥卢鲁莫—伊科姆语　211
Oriya　奥里雅语　129,206　see Odia　见奥迪亚语
Otomi　奥托米语　28,40
Palmyrene　巴尔米拉语　63
Panjabi　旁遮普语　28
Pardhan　帕尔丹语　207
Parsi　帕西语　207
Pattani　帕塔尼语　207
Patwa　帕特瓦语　80
Pe　佩语　211
Persian　波斯语　30,129,148
Pijin　皮金语　99
Polish　波兰语　59,155,173
Ponapean　波纳佩语　27
Portuguese　葡萄牙语　69,71—2,98,119,

120,209—10
Powari 波瓦里语 207
Pular 颇尔语 83
Putonghua 普通话 19,20,139,144,152,169,172,188—90
Quechua 盖丘亚语 12,41,110,133—4,150,167
Ralte 拉尔特语 205
Rama 拉马语 113
Rawat 拉瓦特语 205
Reli 热利语 207
Rogo 罗格语 211
Roma 罗姆语 92
Romanche 罗曼什语 103
Romani 罗姆语,罗姆人 213
Romanian 罗马尼亚语 172
Romansch 罗曼什语 31
Ruga 鲁嘎语 205
Rumanian 罗马尼亚语 173
Runyankole/Rukiga 闰扬科勒语/鲁基加语 184
Runyoro/Rutooro 尼奥罗语/芦陀罗语 184
Russian 俄语 11,13,7,21—5,28,36—7,47,59—66,92,98,101,109—10,118,121—2,137—8,148,153,159,161,167,169—70,173,186—7,212—30
Rutul 鲁图尔语 122
Sa 萨语 208
Sakao 萨高语 208
Sami 萨米语 37,172
Samoan 萨摩亚语 15,24,167
Sango 桑戈语 87
Sansi 桑斯语 205
Sanskrit 梵语 30,56,96—8,117,125
Santali 桑塔利语 116,207
Scots 苏格兰语 191
Selkup 塞尔库普语 122
Sepedi 塞皮迪语 172
Serbian 塞尔维亚语 144,177
Serbo-Croatian 塞尔维亚—克罗地亚语 10,32,59,66,173,177
Sesotho 塞索托语 172
Setswana 塞茨瓦纳语 112,172
Shanghainese 上海话 188
Sherpa 夏尔巴语 207
Shor 绍尔语 213

Sign 标识 4,19,58—9,122,169,173,180,185
Sindhi 信德语 31
siSwati 斯威士语/西斯瓦蒂语 172
Slovene 斯洛文尼亚语 177
Somali 索马里 85,144—5
Songuay 松圭语 81
Sorbian 塞尔维亚语 191
Spanglish 西班牙英语 50
Spaniolit 西班尼奥利特语 202
Spanish 西班牙语 11,28,34—5,39—40,59,70,77,80—1,90—3,98,104,110,113,119,133—4,150,170—1,179—80
Suruaha 苏鲁阿哈语 209
Surui 苏瑞语 210
Sussu 苏苏语 83
Swahili 斯瓦希里语 12,93,110,164,183—6
Swedish 瑞典语 18,167,172,174
Syriac 叙利亚语 90
Tagalog 他加禄语 149,153
Tahitian 塔希提语 78
Tamazight 塔玛齐格特语 89—90
Tamil 泰米尔语 20—1,145,149,181
Tangale 坦格尔语 211
Tat 塔特语 213
Tatar 鞑靼语 122,186,212
Telegu,Telugu 泰卢固语 116—17,207
Teochew 潮汕话 196
Terena 特雷纳语 210
Thai 泰语 165
Tibetan 藏语 109,123,140,143,152,169,188,206
Tinani 蒂纳尼语 207
Tindi 廷迪语 213
Tok Pisin 托克皮辛语 3,13,99
Tongan 汤加语 4,232
Tshivenda 特什文达语 172
Tukano 图卡诺语 210
Tulu 图鲁语 206
Tunisian Arabic 突尼斯阿拉伯语 89
Turkish 土耳其语 148,173
Tuval 图瓦语 122
Tuyuca 图尤卡语 167
Udmurt 乌德穆尔特语 213
Ukrainian 乌克兰语 25,47,148,150,153,169,173,186—7

Unua　乌努阿语　208
Urdu　乌尔都语　21,31,38,63,116,205—6
Uru-Eu-Wau-Wau　乌鲁尤沃沃语　210
Uyghur　维吾尔语　109,123,140,152,
　　169,188,190,199
Uzbek　乌兹别克语　186
Vai　瓦伊语　145
Veps　维普斯语　213
Vietnamese　越南语　78
Vori　沃里语　211
Waimiri-Atroari　怀米里—阿特罗里语
　　210
Wangkatha　旺卡塔语　113
Wapishana　瓦皮沙纳语　210
Welsh　威尔士语　34,38,40,143,170,
　　176—7
Whitesands　白沙语　208

Wolof　沃洛夫语　47,81,105
Xavante　沙万特语　209
Xibe　锡伯语　140
Xitsonga　齐聪加语　172
Yakkha　亚卡语　205
Yakut　雅库特语　122,212
Yi　彝语　28,140
Yiddish　依地语　6,11,23,32,36,39,54,
　　108,113,124,135—6,138,146,150—2,
　　175,179,195,213
Yoruba　约鲁巴语　121,211
Yotti　尤蒂语　211
Yupik　尤皮克语　145,213
Zakhring　扎克林语　206
Zhuang　壮语　140
Zoe　佐伊语　210

话 题 索 引

（本索引后的页码为原著页码，即本书边码）

Aasen, Ivar 伊瓦尔·阿森 146,149
Aavik, Johannes 约翰内斯·阿维克 144
Academie francaise 法兰西学术院 131, 143,148,150,175,201
Accademia della Crusca 秕糠学会 130
accommodation 语言顺应 11,13,17
advocates 语言提倡者 41,43,53,60, 127—8,136,140—1,143—4,146—7, 149—52,158,170
after-school or weekend community school 课后学校或周末社区学校 42
Algeria 阿尔及利亚 75,88—9,172
Anglicists 英国学者 129
Arabization 阿拉伯化 74,83,88—91
Army Specialised Training Program 美国陆军专业培训计划 36,64
Ataturk, Kemal 凯末尔·阿塔图尔克 148,153,173
AT&T Language Line 美国电报电话公司的语言连线翻译项目 58
attitudes and motivation 态度和动机 12
Australia 澳大利亚 13,17—9,21,36, 42—3,55,57,70,70—1,78—9,95—6, 111,113,157—8,170
Badan Bahasa 印尼语言发展与建设研究院 192—4
Bangladesh 孟加拉国 109,151,205
Belarus 白俄罗斯 170,187
Belgian Congo 比属刚果 93
Belgium 比利时 27,31,71,93,160,165, 172,174—5,177,190
Ben Yehuda, Eliezer 艾利泽·本·耶胡达 134—5,146
Berbers 柏柏尔人 89,92

Berlin conference 柏林会议 71,184
bilingual education 双语教育 26,32,38, 41—2,71,121,134,170,177
Bilingual Education Act(USA) 《双语教育法》 35,172
Bill 101(Quebec) 魁北克《101法案》 39—40,76,133,149
Bolivia 玻利维亚 33,38
Botswana 博茨瓦纳 112
Brazil 巴西 42,69,70—1,81,92,94,99, 110—11,118,120,123,125,209
Brexit 英国脱欧 160
British Army in India 英国驻印度军队 63
British Broadcasting Corporation 英国广播公司 53
British colonial schools 英国殖民学校 97
British East India Company 英国东印度公司 95
Brueghel 布鲁格尔 110
Bukele, Momulu Duwalu 莫莫洛·杜瓦鲁·布格磊 145
Burkina Faso 布基纳法索 83
Calandreta schools 奥克西坦语和法语双语学校 43
call centres 呼叫中心 51,104
Cameroon （英属）喀麦隆 87—8,94,113, 174
Cameroun （法属）喀麦隆 87—8
Canada 加拿大 31,35,39,42—3,55,66, 75—6,95—6,98,103—4,110,149—50, 155,157,170—2,176—7
Canadian Royal Commission on Bilingualism and Biculturalism 加拿大皇家双语双文

343

化委员会 167
Canary Islands 加那利群岛 92
Carnation revolution of 1974 葡萄牙1974年的康乃馨革命 69
Central African Republic 中非共和国 87,94
central curriculum control 中央政府对课程的控制 37
Chad 乍得 86,94
China 中国 4—6,19,28—9,31,34,43,56,78,83,95,99,116,138,140,158,169,172,174,188—90,197
Chinatowns 唐人街 45
Chinese diaspora 华裔社区 20,45
civilising function 教化功能 74
civilising role 教化角色 73
classical language planning 古典语言规划 163,201
climate change 气候变化 2,108,162
code switching 语码转换 18,20
colonial situations 殖民状况 47
colonialism 殖民主义 68—9,88,91,94,98—9,104—5,111,167
colonies of occupation 占领型殖民地 75
Commissioner of Official Languages 官方语言专员 133
commodification of language 语言商品化 104—5
communication media 交际媒体 54,56
Confucius Institutes 孔子学院 140,189
Congo-Brazzaville 刚果布 87
Congress of Vienna 维也纳会议 155
constitution 宪法 33—5,50,59,73,84—6,90—1,98—9,103,114—15,118,120—1,130,132,143,148,151,155,158,160—1,166—8,170—1,173—4,176—7,180,184—5,187,191,194,196
Cooper,Robert 罗伯特·库帕 201
corpus planning 本体规划 136,138,140,192
Council of Europe 欧洲委员会 156—7,160—2
Court Interpreters Act 《法庭口译员法》 59
creole 克里奥尔语 72,77,79—80,83,87,91,105,111,119,181,202
Dahomey 达荷美 84

Dalit or untouchable 达利特或不可接触者 167
Dante Alighieri 但丁·阿利吉耶里 143
Deaf 聋人 19,33,57,169
Declaration on the Rights of Persons belonging to National or Ethnic, Religious and Linguistic Minorities 关于民族、宗教和语言少数群体的权利宣言 157
Deixonne law 《戴克森法》 73—4,78
Delegation generale a la langue francaise et aux langues de France(DGLFLF) 法语和法国语言总代表处 131
democracies 民主 160,169,194,197
demography 人口结构 3—5,7,34,109,119,186
dialect levelling 方言拉平 11
Diamond,Jared 杰瑞德·戴蒙德 1
diaspora 侨民,侨胞 6,19—21,42,45,151,195
diglossia 双方言,双语体 80,193,195
diversity 多样性 1,4—6,16—17,30,46,49,71,81,105,108,112,117,119,122,125,140,150,161,168,170,122,125,140,150,161,168,170,188,190—1,193—4,196—200
Djibouti 吉布提 85
Dobrovský,Josef 约瑟夫·多布罗夫斯基 144
doctor-patient communication 医患交流 57
Dominica 多米尼克 79—80
economic motivation 经济动机 30,36,170
economic pressure 经济压力 6,20,30,100
economic value of language proficiency 语言能力的经济价值 102—3
elite closure 社会精英圈 74,171,186
English divide 英语鸿沟 14
English-medium schools 英语授课学校 40,101,135,183
environment 环境 1—6,10,12—14,16—18,22—4,41,45—6,62,107,121—2,128,155
Esther Martinez Native American Languages Preservation Reauthorisation Act 《埃斯特·马丁内兹美国土著语言保护再授权法》 143
Estonia 爱沙尼亚 21,51,144,172,186—7

Ethiopia 埃塞俄比亚 31,33,38,49,64,93,101,163,183,201
ethnography 民族志 46
European Bureau for Lesser-Used Languages (EBLUL)欧洲小语种管理局 156
European Charter for Regional or Minority Languages 《欧洲地区语言或少数民族语言宪章》 132,154,156,160—1
European Union 欧盟 34,154,156,159—61,188,190—1
Evsektsiya,the Jewish section of the Communist Party 苏联共产党犹太人分部 138
exogamy 外婚制 17—19,119
Expanded Graded Intergerational Disruption Scale(EGIDS) 扩展版代际语言差异级别表 7,113,115,124,178
expanded language repertoires 语库扩大 200
exploitation colonies 掠夺型殖民地 111
Fabra,Pompeu 庞培·法布拉 144
facilitated dialogue,辅助性对话 178
family language policy 家庭语言政策 4,8,11,17—19,21—4,27,45,53,128,139,179,189
Fishman,Joshua 约书亚·费什曼 3,46,67,113,124
Foreign Language and Area Studies programme 外语和区域研究项目 64
France 法国 11,30—1,34,38,42—3,47,71,75—5,77—8,80—1,83—90,131—2,144,150,160—1,172—5,190
Franco 佛朗哥 144
Francophonie 法语国家组织 175,774
French academy/Academie francaise 法兰西学术院
French Congo 法属刚果 86
French Equatorial Africa 法属赤道非洲 86
French Foreign Legion 法国外籍兵团 62
French Indochina 法属印度支那 74,87
French Polynesia 法属波利尼西亚 78
French West Africa 法属西非 82—4,87
Gabon 加蓬 87
Gaelic League 盖尔语联盟 127,146—7,150
Gaeltacht 盖尔特克司特区/爱尔兰语使用区 20,22,123,176,196
Gedud lemeginei hasafa(Legion to Defend the Language)希伯来语保护军团 135
German colonial empire 德意志殖民帝国 94
Germany 德国 6,15,31,35,60,71,87,93—5,132—3,169
globalization 全球化 1,6,15,28,32,47,51,55,69,71,99,105—6,111—12,122—3,150,189—90
globalism 全球主义 98
Graded Intergenerational Disruption Scale 代际语言差异级别表 109,113,179
Great Tradition 大传统 165,178—9,197
greetings 问候 48
Guiana 圭亚那 81
Guinea 几内亚 83
Guinea-Bissau 几内亚比绍 72
Guizot law 《基佐法》 73
Guojia Yuwen Wenzi Gongzuo Weiyuanhui 国家语言文字工作委员会 139
Haiti 海地 79—80
Haugen,Einar 艾纳·豪根 128,143
Hawaii 夏威夷 43,64
Hebrew Language Academy 希伯来语学院 146,150
Hebrew Language Committee 希伯来语委员会 127
Hebrew Language Council 希伯来语委员会 135—6
Hebrew-medium schools 希伯来语授课学校 136
hegemonic regimes 霸权政府,霸权国家 111
heritage and identity 祖裔与身份 101,123
heritage language 祖裔语 18,43,121,136,143,168,190—1,195
High Academy of the Quechua Language 盖丘亚语高级语言学院 134,150
Hindu nationalism 印度教民族主义 118,123,177
Hnahno 纳诺语 38
Hu Shih 胡适 144
Hyde,Douglas 道格拉斯·海德 146
immersion 语言沉浸 37,39—43,77,141—2
immigrants 移民 1,17,19,21—2,33,35,

345

40,43,45,49,55,57—9,63—4,75,85,93,
102,104,111,116,133,151,155,172,175,
195,198
immigration 移居 3,21—2,34,45—6,
59—60,63,76—7,85,123,137,150,170,
173,198
imperial languages 帝国语言 68,111,166
implementation of language policies 语言政
策的实施 7,9
India 印度 4,6—7,20—1,30—2,34,38,
45—6,55,63,70,84,95—8,101,105,
110—18,123—5,129—30,143,145,151,
165—7,174,177,179,188,191,196,200
Indian Army 印度军队 63,67
Indian Constitution 印度宪法 114,177
Indian diaspora 印度的海外侨民社区 6,
21
indigenous languages 土著语言 18,28,
34,38,42,54—5,69—73,79,84—5,91,
93,98,109,111,113,118—21,123—5,
158,170,174,178,183—4,191—4
Indochina 印度支那 74,78
Indonesia 印度尼西亚 20,31,70,174—5,
191,193—7
instrumental motivation 工具型动机 12,
100
integrative motivation 融入型动机 12,
111
intelligence agencies 情报机构 36,43,65
intergenerational language transmission 语
言代际传承 18,24
internal migration 国内移居 4,19,191
International Covenant on Civil and Political
Rights 《公民权利和政治权利国际公约》
59,154
International Organization for Standardization 国际标准化组织 10,115,164
interpretation services 口译服务 57—8,
60
interpreters 译员 57,60—1,64—6,97,
151,159,162,167,191
interviews 采访或访谈 17,22,46
Ireland 爱尔兰 55,66,123,146,150,160,
170,172—3,176,190—1,196
Israel 以色列 2,4,10—11,15,22,25,36,
38—9,42,51—2,54—5,57,65,100,104,
107,110,136,146,148,150—1,155,170—
1,173,175,191,195,201
Israel Defence Forces 以色列国防军 63
Italian Somaliland 意控索马里兰 95
Italy 意大利 51,63,93—5,130,143,160,
169,173
Ivory Coast 象牙海岸 83
Japan 日本 60,93,99,165,197
Java 爪哇 35,192
Jerusalem 耶路撒冷 5,17,45—9,52,61,
101,135,146
judge 法官 59—60,129
Karadžić,Vuk Stefanović 武克·斯特凡诺
维奇·卡拉季奇 144
Katharevousa 古体现代希腊语 144
Kazinczy,Ferenc 费伦茨·考津齐 144
Kenya 肯尼亚 163,167,183—5
Knudsen,Knud 克努德·克努森 147
Kōhanga Reo 语言巢计划 42,141—2,147
Korais,Adamantios 阿扎曼蒂奥斯·科莱
斯 144
Krauss,Michael 迈克尔·克劳斯 113,
125
Kura Kaupapa Māori 毛利语独立学校
37,141—2
language advocacy societies 语言提倡协会
132
language as an ethnic marker 语言作为族群
标识 102
language as human capital 语言作为人力资
本 102
language censuses 语言普查 46,165
language documentation 语言记录 124
language education policy 语言教育政策
34,37,97
language endangerment 语言濒危 108,
112—13,203
language loss 语言丧失 121,123
language maintenance 语言维持 3,5,11,
24,39—40,54,109,114,175,177
language management 语言管理 5,7,14,
17,24,43—4,51—2,60,62,67,73,76—7,
89,123—4,132,137—40,143,146,150—
1,163,171,173,188—91
language of instruction 教学语言 4,27,
35—6,40—1,43—4,71,78,87,137,139,
147,180,192—3,198
language police 语言警察 34,133,137,

151—2
language practices 语言实践 2,13—14,19,28,45,47,51,73,113,127—8,163,167,189,198,200,202
language problem 语言问题 66,73,106,128
language repertoire 语库 4,13,45,51,164,198,200
language revitalization 语言复活 7
language rights 语言权利 155—156,169,178
language shift 语言转用 3—4,6—7,11,19,22,26,28,40,55,99,101,108,111—12,117,122,141,148
language socialisation 语言社会化 49
Language Line Services 美国语言连线翻译公司 151
Latin America 拉丁美洲 32,37,45,70,120,138,148,174,184,197
Latvia 拉脱维亚 21,34,127,137,173,186—187
League of Nations 国际联盟 90,99,135,155
Lebanon 黎巴嫩 90—91,172
Lee Kuan Yew 李光耀 34
legal domain 司法域 60
Lenin 列宁 137—138,148,169
Leopold II 利奥波德二世 82,104,237
levels and domains 层级和语言域 55,64,200,213
linguanomics 语言经济学 100
linguicentrism 语言中心主义 1,7
linguicide 语言自杀 109
linguistic diversity 语言多样性 4—6,81,108,119,122,193
linguistic instrumentalism 语言工具主义 32
linguistic landscape 语言景观 46,48,102
linguistic minorities 语言少数群体 106,155,173,197
linguistic repertoire 语库 3,9—11,14,49,67,100,111,114,119,122—3,165,177,196,199
linguistic rights 语言权 124,154—5
linguists 语言学家 15,40,64,80,106,108—9,112—13,123,136,139,145,152,164,179,199—200,214

Lithuania 立陶宛 21—2,43,172,186—7
Long Tail 长尾 56
Louisiana 路易斯安那 22,77,92,167
Lusofonia 葡萄牙语国家 69,
Lusophone Africa 非洲葡语国家 72
lusotropicalism 葡萄牙热带主义 69
Maastricht Treaty 《马斯特里赫特条约》 73,132
Macaulay 麦考莱 96—9,129
Macaulay Minute 《麦考莱备忘录》 96
Madagascar 马达加斯加 38,85—86
madarsas 马达萨(伊斯兰教高级学校) 30
maktabs 麦克台卜(伊斯兰教启蒙学校) 30
Malaysia 马来西亚 32,178,193,195
Mali 马里 81—3
managers 语言管理者 13—14,27,34,43,54,57,60,127—8,140—1,143,148,150,158,168,170,198,200
Māori Language Act 《毛利语语言法》 142
Māori Language Commission 毛利语语言委员会 23,142
marketplaces 市场 47,101
Martha's Vineyard 马萨葡萄园岛 49
Martinique 马提尼克 79
Mataira, Dame Katarina 卡塔琳娜·马苔拉 147
Mauritania 毛里塔尼亚 82
Mauritius 毛里求斯 85
Mayotte 马约特岛 85
Medical interpretation 医卫领域的口译 57
Mexico 墨西哥 28,35,38,92
Micronesia 密克罗尼西亚 27,94
migrant heritage languages 移民祖裔语 18
migration 移居 19,23,29,119,191,193
minority language attrition 少数民族的语言流失 115
minority languages 少数民族语言 3,34,56,112,114,119,121,124,152,155—6,159,161,188
mixed marriages (语言)混合型婚姻 17—19
monolingual hegemony 单语霸权 7,118,132,168
Morocco 摩洛哥 25,89—90

347

mother-tongue education 母语教育 31
movies 电影 55
Mozambique 莫桑比克 71
multilingual workplace 多语职场 51
mutual unintelligibility 互懂度 10,164
named language 特定语言 8,10,60,62,143,164,179,200
National Defence Education Act 《国防教育法》65
national language policy 国语政策 7,178,197—8
National Security Education programme 美国国家安全教育项目 65
nationalism 国家主义或民族主义 74,94,105,118,125,148,168—70,177,180,185,195
natural intergenerational transmission 语言自然代际传承 3,116,179
Navajo code talkers 纳瓦霍语密码使用者 64
Navajo Nation 纳瓦霍族 39,52,55,152
neighbourhood 居住小区 4—5,8,11,22—3,28,45—51,55—7,198
neocolonialism 新殖民主义 104
Neoliberalism 新自由主义 105—6
New Caledonia 新喀里多尼亚 79
New Hebrides 新赫布里底群岛 78,99,119
New York department stores 纽约百货商场 49
New Zealand 新西兰 1,6,17,20,22,35,37—8,41—2,56—7,95—7,110,141—2,147,150,157,169,171,173,180,198
newspapers 报纸 54,76,136
Ngata, Sir Apirana 阿皮拉纳·恩加塔爵士 147
Niger 尼日尔 71,84
Nigeria 尼日利亚 7,16,88,94,118,121
North Korea 朝鲜 34,149,169,190,
Norway 挪威 8,37,41,45,113,146—7,160,173
nurture over nature 教养比天性更重要 22
obscenity 淫秽言语 50
Odisha(Orissa)奥迪沙邦（原称奥里萨邦）117,129—30,151
Office quebecois de la langue francaise (OQLF), 魁北克法语语言办公室 133

Official English Movement 英语官方化运动 170
One Belt One Road strategy "一带一路"倡议（我国官方译文是：Belt and Road Initiative） 140
one people, one territory and one language 一个民族，一片领土，一种语言 30,168
one person, one language approach 一人一语模式 18
Ordonnance de Villers-Cotteret 《维勒斯—考特莱特法令》 73
Orientalists 东方学者/东方学派 96,129
Oriya Language Movement 奥里雅语语言运动 129
Paises Africanos de Lingua Oficial Portuguesa(PALOP)官方语言为葡语的非洲国家 72
Pakistan 巴基斯坦 31,38,63,109,166,174,177,197
Palestine 巴勒斯坦 43,65,97,135—6,146,152,174,201
Papua New Guinea 巴布亚新几内亚 2—3,13,94,113,165
participant observation 参与性观察 46
People's Republic of China(PRC)中华人民共和国 5,19,34,83,138—9,169,188—9,197,202
Peru 秘鲁 41,110,134
Philippines 菲律宾 34,149,174
physical geography 自然地理 2
pidgin 皮钦语 13,78,91,105,111,119,202
planning 规划 202
plantation colonies 种植园型殖民地 75,79,91,111
police 警察 58—9,129,137,151,173
popular literacy education 大众识字教育 29
Portuguese colonies 葡萄牙殖民地 69—72
postcolonial nation, state 后殖民地国家 32,72,75,104,170—1
professional interpreters 职业口译员 57
public libraries 公共图书馆 54
public signage 公共标识 46,57,133,202
Puerto Ricans 波多黎各人 39,50
punishment 惩罚 38,169
Purges 大清洗运动 138

Putonghua 普通话 19—20,139,144,152, 169,172,188—90
Quebec 魁北克 10,19—20,22—3,30, 39—40,51,75—6,96,102,104,110,113, 117,127,133,137,149—50,167,170—1, 174—6
questionnaires 问卷 46,117
Quezon,Manuel L. 曼努埃尔·奎松 149
Quiet Revolution 寂静革命 76
radio 无线电 6,45,53—4,66,84,157, 175,198
recruit's problem 招聘问题 62
religious influences 宗教影响 35
religious language policy 宗教语言政策 44
religious schooling 宗教教育 26,29—30
repertoire 语库 33,45—6,48—9,51,53, 55—8,60,67,71,99—100,105,111,114, 116,119,122—4,151,163—5,167,177, 196,198—200,202
residential intensity 居住密度 5
Reunion 留尼汪岛 84—5
revernacularisation 语言再度口语化/语言再度本地化 206
reversing language shift 扭转语言转用 124
revitalization 语言复活 43,134,137,174, 195
Reza Shah Pahlavi 礼萨·沙赫·巴列维 34,148
Richelieu,Cardinal 枢机主教黎塞留 30, 34,50,73,79,131,144,148,168,175,201
Roach,James 詹姆士·罗奇 67
Roman Army 罗马军队 63
Royal Commission on Bilingualism and Biculturalism 皇家双语双文化委员会 167, 176
Russian Federation 俄罗斯联邦 7,118, 121—2,187
Russification 俄罗斯化 122—3,138,149, 159,187
sacred language 宗教语言 36,43
Sambotha,Thonmi 吞弥·桑布扎 143
scheduled languages 附则语言/(宪法)列表语言 20,114,116,118,130
school systems 学制 30,35,38,73,101, 129,174

Scotland 苏格兰 6,22,55,170,173
scribal schools 经书眷写学校 26,29,
self-management 自我管理 9,11,13—15
Senegal 塞内加尔 47,81—2
Sequoya 塞阔亚 145
service encounter 服务接触 47
settlement colonies 定居者殖民地 88,111
settler colonies 定居型殖民地 75,91,95
Shire Jama Ahmed 夏尔·贾马·艾哈迈德 144
Shohamy,Elana 艾拉娜·肖哈米 150, 201
Shong Lue Yang 杨雄录 145
simplified characters 简体字 139,188
Singapore 新加坡 18—20,23,32,34,36, 149,151,181—2,196
slavery 奴隶制 2,71—3,81—2,84,90,92
slaves 奴隶 69—72,75,77,79—80,84, 86,91—2,95,111,145
smartphones 智能手机 48,55
sociolinguistics 社会语言学 103,106
South Africa 南非 18,60,96,98,170—3, 177
South Korea 韩国 23—4,52,58,101
Soviet immigrants in Israel 以色列的苏联移民 42
Soviet Union 苏联 106,109,137—8,159, 169,173—4,180,187,197
Spain 西班牙 31,34,42,47,77,90,92—3,160—1,172,174
Spanish Empire 西班牙帝国 92
Stalin 斯大林 122,138,148,150,153,169
standard language 标准语言 19,28,33—4,41,51,129
State Language Centre of Latvia 拉脱维亚国语中心 137
status planning 地位规划 128,134
street signs 路标 47—8,52,101
sub-Saharan Africa 撒哈拉沙漠以南 16, 74,109,183
summer camp 夏令营 42
superdiversity 超多样性 45,191
Switzerland 瑞士 3,8,30—2,51,80,103
Syria 叙利亚 63,90—1
Taiwan 中国台湾 19,
Talmudic study 《塔木德经》学习 36
Tanzania 坦桑尼亚 31,38,94,98,164—

349

5,183—4

Te Ataarangi 成人毛利语复兴计划 37,147,150

teachers 教师 41—4,49—50,58,63,73,82,86,107,119—20,128—9,132,135,141,146 151—2,174—5 ,184—6,193,198,200

telegrams in Hebrew 用希伯来语书写的电报 135—6

television 电视 6,45,55,84,117,137,142,157,169,175

territorial solution 属地方法/属地方案 165,176,197

Thailand 泰国 32,50—1,165,168,175,178

theatre 剧院 55,136,138

Timor-Leste 东帝汶 70

Togoland 多哥兰 83

Tokyo 东京 47,49,101

topolects 方言 10,15,19—20,31,110,139,149,165,169,181—2,188—9,196,202

totalitarian state 集权国家 34,121,128,138,149—50,168,190,197

Toubon Law 《杜蓬法》 73,132,173,175

trading colonies 贸易型殖民地 75

traditional prayers 传统祷告 56

translanguaging 超语 125,186,198,200

Treaty of Versailles 《凡尔赛条约》 136,168

tribal languages 部落语言 116—17

triglossia 三语体系 111

Tunisia 突尼斯 11,89,94

Uganda 乌干达 16,164,183—4

UN Declaration on Indigenous Rights 《联合国土著人权宣言》 169

uncontacted tribes(Brazil)(巴西)封闭部落 120

Unicode 万国码 6,56,164

United Nations Declaration on Indigenous Rights 《联合国土著人权利宣言》 158

United States of America 美国 3,33,76—7,92,95,104,107,110—11,157,170

United States Army 美国军队 36,64

Universal Declaration of Human Rights《联合国世界人权宣言》 120,154

University of Cambridge Local Examinations Syndicate 剑桥大学考试委员会 67

upward socioeconomic mobility 社会经济地位上升 3,77,82,

urbanization 城市化 4,19,45—6,147,186,188,193

Utkala Bhasoddipani Sabha 奥迪亚语发展协会 129

Vaad Hale'umi(National Council)以色列全国委员会 136

Vanuatu 瓦努阿图 7,78—9,99,118—19

vernacularisation 语言本地化/口语化/白话化 38,43,134,167,174,195

Vidyasagar,Ishwar Chandra 伊斯瓦尔·钱德拉·维迪耶萨伽尔 144

Vietnam 越南 32,37,77—8

Waitangi Tribunal 怀唐伊仲裁机构 142

Wales 威尔士 19,35,37,55,96,106,170,173,176—7

wars and epidemics and corruption 战争、疫情和腐败 1

weekend and afternoon schools 周末和下午学校 24,42

Willems,Jan Frans 简·弗兰斯·威廉斯 144

workplace 职场 45,50—3,103,192

Yiddish school movement 依地语学校运动 39

Yishuv 犹太人定居点 136

YIVO(Yidisher Visnshaftlekher Institut)犹太研究学院 146

Young,Robert 罗伯特·扬 145,152

Yugoslavia 南斯拉夫 32,66,155,164,173—4,177

Zaire 扎伊尔 94

Zambia 赞比亚 164,183

译　后　记

　　迄今,我已翻译过斯波斯基的两本专著——《语言政策:社会语言学中的重要论题》(2011)和《语言管理》(2016),此外,我还翻译过他的几篇学术论文,因此,可以说我对斯波斯基的学术语言写作风格和语言政策思想还是比较熟悉的。于是,当南京大学中国语言战略研究中心的方小兵教授建议我翻译斯波斯基的最后一部专著《语言政策再思考》时,我欣然接受。然而,在翻译此书的过程中,我还是花费了大量的时间来查阅一些专业术语(如濒危语言名)和专有名词(如人名、地名、历史事件名),同时发现不少国外濒危语言的中文译名,我也不能确定其正确发音,这些都增加了翻译的难度。在内容涉及面广这方面,《语言政策再思考》跟斯波斯基前面两本译著相比则有过之而无不及,这本书非常具有全球视野的特点,国际案例比比皆是,它们涉及世界众多国家和地区的语言、政治、经济、地理、教育、历史、文化和法律等内容,进而帮助我们更好地理解和揭示人类语言生态、语言政策和语言管理之间的相互关系以及它们各自发展的一些基本规律。

　　在翻译此书的过程中,当我遇到一些翻译难点时经常会不由自主地想到严复提出的有关翻译的三个标准:信、达、雅,但在翻译实践中要科学地处理好这三者的关系也是不容易的。我的英译中翻译体会是,"信"就是在意思表达上要忠实于原文,因此理解原文是翻译的前提和基础,这是翻译的最低要求。但是,当译者发现原文存在不妥乃至错误的时候,译者就应该放弃"信",若还一味地追求"信",那就只会错上加错,误导读者,甚至损害国家利益。此时,译者不能让这种错误延续下去,更不能以牺牲国家的利益来追求翻译标准中的"信",因此,我在翻译此表时就进行了适当的"加工",没有按照原文来译印度的地名。在此,我想借用上海交通大学杨枫教授在《当代外语研究》2022年第1期上的一句话:"翻译不是原文的影子,而是原文的翅膀,使知识飞向更高、更远的天空。"至于翻译中的"达"和"雅",它们都涉及到译者的母语水平,这是一个永无止境的发展过程。"达"是如何在语码转换时准确地用中文明明白白地表达出来,否则就是茶壶煮饺子——有货倒不出。"雅"就是语言表达时要得体优雅,以便体现出译者较高的文化水平。总之,在翻译中,"信""达""雅"三者在不断地向译者提出挑战,"译者的尴尬"是难免的。

此外,我在翻译的过程中还深深地体会到恰当的译者主体性可使译著锦上添花。为此,这里我有几点解释需要告诉广大的读者朋友。第一,在该著的结构方面,原著做了一些尾注,并放在每一章的后面。但为了让读者更方便阅读,译著将这些尾注改为了脚注。第二,为了读者更好地阅读与理解该专著,译者也做了少量的"译者注",为了不与书中的"作者注"混淆,则将译者注的内容插入文内,并标注了"译者注"三个字。第三,我在翻译《语言政策:社会语言学中的重要论题》和《语言管理》时,都请斯波斯基写了中文版序言。很遗憾,本译著无法获得作者的中文版前言,因为斯波斯基先生于2022年8月在耶路撒冷逝世。

在译著即将付梓之际,我想借此机会衷心地感谢一路上帮助过我的人(根据得到帮助的时间先后来表达):首先,我要感谢南京大学中国语言战略研究中心的方小兵教授,他是该中心创办主任徐大明教授的高足,而徐老师是商务印书馆"语言规划经典译丛"的主编,因此,小兵老师为了这本书的翻译积极地与商务印书馆进行了各种业务联系,并举荐我继续翻译斯波斯基的这本专著。其次,我非常感谢美国马里兰大学(帕克分校)的周明朗教授,他学高德馨,著作等身,在国内外的语言政策和语言规划领域享有盛誉。他帮助我搜索有关英国爱丁堡大学出版社著作版权购买的电子邮箱,并答应我担任本译著的审订者。在审订过程中,他非常认真负责地核对原文和译文,并指出译稿中的不足,这充分证明了译著中审订环节的重要性。最后，本人在翻译以及添加"译者注"时，查阅了大量的词典、百科全书、百度知识以及相关的专业书籍，在此，不逐一列出它们的名字，谨借出版之时向这些资料的作者、编者和译者表达我真挚的谢意和崇高的敬意！

译本中漏译、误译或专业术语不地道之处难免。在此，敬祈广大读者原谅和斧正。

张治国

2023 年 11 月于上海临港

图书在版编目（CIP）数据

语言政策再思考 /（以）博纳德·斯波斯基著；张治国译. -- 北京：商务印书馆，2025. --（语言规划经典译丛）. -- ISBN 978-7-100-24317-9

I. H002

中国国家版本馆CIP数据核字第20247GD427号

权利保留，侵权必究。

语言规划经典译丛

语言政策再思考

〔以〕博纳德·斯波斯基 著
张治国 译 周明朗 审订

商 务 印 书 馆 出 版
（北京王府井大街36号 邮政编码100710）
商 务 印 书 馆 发 行
北京市艺辉印刷有限公司印刷
ISBN 978-7-100-24317-9

2025年1月第1版　　开本 787×1092　1/16
2025年1月北京第1次印刷　印张 23¼
定价：98.00元